KB213973

정치 · 사회
사상과
통일교육

한국윤리학회 학술 총서 02

정치·사회 사상과 통일 교육

한국윤리학회 엮음

조일수

박성근

신호재

조주현

김상범

허윤회

김형렬

임상수

박균열

신원동

박찬석 지음

울력

정치·사회 사상과 통일 교육

한국윤리학회 학술 총서 02

지은이 | 조일수 외
엮은이 | 한국윤리학회
펴낸이 | 강동호
펴낸곳 | 도서출판 울력
1판 1쇄 | 2025년 3월 20일
등록번호 | 제25100-2002-000004호(2002. 12. 03)
주소 | 08275 서울시 구로구 개봉로23가길 111, 8-402
전화 | 02-2614-4054
FAX | 0502-500-4055
E-mail | ulyuck@naver.com
정가 | 22,000원

ISBN 979-11-85136-77-6 93370

발간사

금번 한국윤리학회의 학술 총서 발간을 회원 여러분 모두와 함께 매우 기쁘게 생각합니다. 이번에 발간하는 『정치·사회 사상과 통일 교육』은 지난 2020년 본 학회 회장으로 취임하면서 학회 차원에서 의욕적으로 기획한 학술 총서 개발 프로젝트의 첫 결실입니다. 학교 안팎에서 연구와 교육 활동으로 바쁜 일정에도 불구하고, 본 학회와 도덕·윤리 교육 학문 공동체의 발전을 위한 애정과 헌신으로 정성스럽게 옥고를 준비해 주신 집필 교수님들 덕분에 소중한 한 권의 책이 빛을 보게 되었습니다.

학술 총서 발간 프로젝트는 전 지구적으로 휘몰아친 〈코로나19〉의 불편하고 익숙하지 않은 환경 속에서도 우리 학회의 오랜 전통을 일신하고 그동안 축적된 학회 회원들의 학문적 역량을 결집하고 이를 확산 공유하기 위한 아이디어에서 출발하였습니다. 그리고 이를 구체화하는 과정에서 사범대와 교육대학 윤리교육 학과/전공 교육과정의 표준화를 위한 토대를 제공하고, 도덕·윤리과 관련 임용 시험의 출제 범위와 난이도에 대한 공감대를 마련하며, 초·중등 교사 임용 시험 수험생들과 윤리 교육 전공 학생들의 주도적 학습을 위한 기본 텍스트로서의 의미를 더하게 되었습니다.

위와 같은 배경과 취지에서 학술 총서 개발은 교과 교육, 서양 윤리, 동양 윤리, 정치사회 사상 및 통일 교육 등 4개 영역으로 총서 발간의 범주를 설정하였습니다. 이에 따라 우리 학회 회원을 대상으로 영역별 10인 내외의 집필진을 선정하였고, 단행본 개발 방향과 지침을 공유하면서 분야별 집필 책임자를 중심으로 원고를 준비해 왔습니다. 그 과정에서 각 영역별 집필 내용의 범위와 깊이에 대한 충분한 소통과 논의를 통해 학회 구성원들의 공감대를 형성하였고, 이를 토대로 각 영역의 전문가들이 필진으로 참여하여 기본 교재로서의 신뢰성과 완성도를 높이고자 하였습니다.

금번에 발간하는 학술 총서는 도덕 윤리 교육의 정체성을 다시금 확인하는 계기가 되는 것은 물론 도덕·윤리 교육을 구성하는 주요 학문 분야에 대한 전반적 논의를 심화하고 이를 집대성하여 보급한다는 점에서 그 의미가 크다고 생각합니다. 또한 초·중등 교사 임용 시험을 준비하는 예비 수험생들에게 보다 체계적이고 친절한 안내서의 역할을 할 수 있을 것으로 기대합니다.

학술 총서의 두 번째 단행본으로 발간하는 『정치·사회 사상과 통일 교육』은 서구 근현대를 관통하는 주요 정치 및 사회 사상을 망라하는 심도 있는 내용과 체계적인 구성으로 정치 사회 사상 전반에 대한 포괄적 접근과 균형 잡힌 이해를 위한 최적의 지침서가 될 것입니다. 아울러 한국 사회가 직면하고 있는 남북한 관계와 통일 문제 그리고 학교 통일 교육의 핵심을 파악하는 안내서가 될 것입니다. 이를 통해 복잡하고 다양한 정치 사회 현상의 본질을 꿰뚫어 볼 수 있는 이념적 토대를 모색하고, 시민으로서의 바람직한 삶에 대해 성찰하고 행동할 수 있는 기반을 제공할 수 있을 것으로 생각합니다.

끝으로 우리 학회의 학술 총서 개발을 위한 아이디어를 다듬고 구체화하고 단행본이 발간되기까지의 지난한 과정 동안 귀중한 시간과 애정을 쏟아 준 류지한, 조일수, 김국현, 김남준, 신원동 교수님과 김진선 박사님, 그리고 보이지 않는 곳에서 학회와 학문 공동체의 발전을 위해 연구와 교육에 매진하고 있는 학회 회원분들께 깊은 감사의 말씀을 드립니다. 아울러 어려운 출판 여건에도 불구하고 여러 필진의 소중한 생각과 정성을 함께 엮어 한 권의 아름다운 책으로 펴내 준 울력에 감사의 마음을 전합니다. 감사합니다.

2025년 2월
한국윤리학회 제31대(2020-2021) 회장
제주대학교 교육대학 교수 변종헌

일러두기

1. 이 책은 띄어쓰기를 원칙으로 하였다. 하지만 국립국어원 표준국어대사전에 수록된 어휘는 붙여 썼다. 그리고 직접 인용인 경우 인용한 원문대로 표기하였다.
2. 본문에서 책, 학술지 등은 『 』로 표시하였고, 논문, 기사 등은 「 」로 표시하였다. 원어로 표시할 경우, 책, 학술지 등은 이탤릭체로, 논문, 기사 등은 " "로 표시하였다.
3. 본문 중에서 출처를 표시할 경우 ( ) 안에 저자명과 출판연도, 쪽수를 표기하였다.

차례

1

자유주의 및 공동체주의 사상

조일수

서울대학교 사범대학 윤리교육과를 졸업하고 동 대학원에서 「디지털민주주의 형성을 위한 민주시민성 연구」로 박사 학위를 취득하였다. 한국교육과정평가원 부연구위원을 거쳐 현재 충북대학교 윤리교육과 교수로 재직하고 있으며, 주요 관심 분야는 정치철학 및 정치사상, 시민 교육 등이다. 주요 논문으로 「왈쩌(M. Walzer)의 정의 전쟁론에 대한 비판적 고찰」, 「공화주의적 애국심에 대한 연구」, 「공화주의적 시민성에 대한 연구」, 「정치적 의무의 정당성 여부에 대한 연구」, 「학교 시민교육의 방향에 대한 연구」, 「애국주의와 세계시민주의의 양립가능성 연구」, 「디지털 시민의식에 대한 규범적 연구」, "Digital Democracy and the Citizenship for the Information Age" 등이 있고, 『정보화시대의 사이버윤리』(공역)를 번역하였다.

* 이 장은 『윤리연구』, 제142호(2023)에 게재된 「자유주의 및 공동체주의 사상에 대한 연구」를 수정 · 보완한 것이다.

I. 서 론

오늘날 우리 사회가 지향하는 중요한 정치 이념 중의 하나가 자유주의라는 점에 대해서는 이론의 여지가 없다. 그러나 자유주의가 무엇이냐에 대해서는 다양한 의견들이 개진되어 왔고, 심지어 대립되는 것처럼 보이는 견해들이 자유주의라는 명칭으로 통용되기도 한다. 이것은 자유주의적 정치가 오랜 기간 지속되어 오면서 사회적 · 역사적 상황의 변화에 따라 그 모습을 계속 변신해 온 것에 기인하는 것처럼 보인다.

그렇지만, 자유주의를 관통하는 핵심 아이디어는 몇 가지를 추출해 볼 수 있다.

> (자유주의의 핵심 테마는) 개인에 대한 헌신 그리고 사람들이 자신의 관심사를 실현할 수 있는 사회를 건설하고자 하는 욕구이다. 자유주의자들은 무엇보다도 인간이 이성을 지닌 개별적 존재라고 믿는다. 이것은 개개인이 다른 모든 사람들의 자유에 상응하는 가능한 최대한의 자유를 향유해야 한다는 것을 의미한다. 하지만 비록 개인들이 동등한 법적 · 정치적 권리를 부여받았다고 할지라도, 그들은 각자의 재능과 일하고자 하는 의지에 따라 보상을 받아야 한다. 자유로운 사회는 시민들을 전제적 정부의 위험으로부터 보호하기 위해 고안된 입헌주의와 동의라는 한 쌍의 원칙에 따라 정치적으로 조직되어 있다. (Heywood, 2014: 48)

헤이우드(A. Heywood)는 개인의 자유와 의지에 대한 중시 그리고 그것을 보장하기 위한 제도적 장치를 자유주의의 핵심 아이디어로 보고 있다. 한편 자유주의의 의미를 국가 및 종교 권력으로부터 벗어난 사적 영역의 구축과 사적 영역에서 개인의 자유로운 선호 추구와 연관하여 논의하기도 한다.

'자유주의'의 의미를 … 전제정과 절대주의 체제 및 종교적 불관용에 맞서 선택의 자유와 이성 및 관용의 가치를 지지·고무하려는 시도를 의미하는 것으로 사용할 것이다. 한편에서 성직권과 교회에 대해 다른 한편에서 '전제 군주' 권력에 대해 도전하면서, 자유주의는 군주의 권력을 제한하는 것과 함께 양자로부터 독립적인 독특한 사적 영역을 규정하고자 시도했다. 이런 기획의 핵심 목표는 종교의 지배로부터 정체를 해방시키고 정치의 간섭으로부터 시민사회(개인 생활, 가족 및 직업 생활)를 해방시키는 것이었다. 점차 자유주의는 종교적·경제적·정치적 문제 — 사실상 일상생활에 영향을 미치는 모든 문제 — 에서 개인이 자유롭게 자신의 선호를 추구할 수 있어야 한다는 교의와 결합되었다. … 핵심 메커니즘으로서 입헌 국가와 사적 소유, 그리고 경쟁적 시장 경제를 주창한다는 점에서 이들 모두는 공통적이었다. (Held, 2010: 123-124)

위와 같은 내용을 종합해 볼 때, 자유주의는 인간의 이성에 대한 믿음, 자신의 의지나 선택에 따른 삶의 영위, 동등한 자유와 권리 및 관용, 사적 소유와 시장경제, 개인의 동의에 근거한 사회와 입헌주의 및 제한 정부 등을 의미하는 것으로 이해할 수 있다.

이러한 자유주의 이념의 형성은 근대 시민사회의 성장과 궤를 같이한다(전상국, 2002: 212). 16세기 이후 근대 시민의 등장은 중세의 억압과 예속, 착취의 신분 체제를 와해시켰다. 부국강병을 추구하는 중상주의 정책과 초기 자본주의는 구지배계급인 토지 귀족을 서서히 몰락시켰으며, 근대의 시민들에게 구지배계급이 독점해 온 영업과 상업의 자유와 같은 경제적 자유를 요구하도록 하였다. 당시의 신흥 시민계급과 자본가계급은 특히 대외 무역에서 타국과의 경쟁적 이익 추구 활동을 위한 강력한 국가의 지원과 장려를 일정 부분 환영했다. 그러나 차츰 자신의 정치, 사회, 경제적 지배력이 확고해지면서 국가의 지원과 장려가 거추장스런 간섭과 개입으로 여겨지자 이러한 변화된 상황에 조응하는 정치 이념의 필요성이 대두되었다. 이에 자유주의는 국가를 대외적 안보를 위한 정치·군사적 역할과 원활한 시장과 생산 활동을 위해 필요한 국내 사회질서와 치안을 보장할 행정적 역할에만 국한시킨 자유방임적 야경국가를 주장하게 되고, 그 철학적, 이념적 기반을 자연법사상과 사회계약론에서 찾게 된다(전상국, 2002: 212). 이 글에서는 이러한 자유주의를 '고전적 자유주의'라 명명한다.

자연법사상과 사회계약론 등을 중심으로 한 근대 자유주의 사상은 구체제의 해체와 새로운 국가 질서의 수립에는 기여했지만, 노동자·농민 등의 삶의 조건을 악화시킨다는 취약점이 있었다. 특히 18세기의 산업혁명과 그 이후 산업자본주의의 급속한 발전은 노동자·농민 등을 피폐한 삶으로 전락·소외시키고 경제적 불평등을 가속화시켰다. 이러한 상황에서 자유주의는 노동자혁명을 주장하는 사회주의 이념과 경쟁하면서 노동자를 비롯한 사회적 약자의 삶과 복지를 증진해야 하는 부담을 안게 되었다. 또한 자본주의경제가 주기적으로 맞이하는 불황과 경제공황은 자유주의 이념에 일대 수정을 가져오게 하였다. 그리하여 자유주의국가는 19세기 후반 이후 점차 사적 경제에 대한 개입과 계획을 확대하고 분배 문제의 향상을 위한 복지 정책을 추진하면서 복지국가로 변화하였다. 이 글에서는 이러한 상황의 자유주의를 '복지 자유주의'라 명명한다.

그러나 복지 자유주의는 1970년대부터 다양한 모습으로 변화하였다. 예를 들어, 합당한 다원주의 사회에서 상이한 포괄적 교리(교설)를 지닌 자유롭고 평등한 시민들 간에 어떻게 안정된 정당한 사회를 지속하는 것이 가능한지를 논의하는 정치적 자유주의 그리고 1970년대 이후 복지국가가 보여 준 생산성과 이윤율 하락, 국가의 과중한 재정 부담, 경제 침체, 복지병이라는 노동 윤리의 도덕적 해이 등을 비판하며 작은 정부와 최소 국가를 주장하는 자유 지상주의 등 다양한 모습으로 변모하였다. 이 글에서는 이와 같은 자유주의를 '현대의 자유주의'라 명명하고 간략히 논의하려 한다.

한편, 현대 자유주의가 안고 있는 이론적, 실제적 문제점에 대한 지적과 대안 제시가 1980년대부터 지속되어 왔다. 공동체주의자라 불리는 일군의 학자들은 정치적 · 문화적 공동체를 '보다 통합된, 보다 상호 의존적인, 그리고 개인의 삶에 의미를 부여하는, 정서적으로 풍요로운 장'(Fowler, 1991: 161; 유홍림, 2002: 119에서 재인용)으로 재개념화하고 이를 이론적, 정치적 영역 모두에서 복원시키려 노력하였다(유홍림, 2002: 119). 현대 공동체주의자들의 자유주의 비판은 주로 1971년에 출간된 롤스(R. Rawls)의 『정의론』에 초점을 두고 전개되었다. 현대의 공동체주의자들은 자유주의가 가지고 있는 인간관과 사회관(공동체와 그 규범에 선행하는 인간과 그들의 선택과 합의에 의해 형성된 협력 체계로서의 사회), 방법론적 개체주의, 선관에 대해 중립적인 정의관과 국가관 등을 비판하고, 현대사회의 도덕적 혼란 현상을 자유주의의 책임으로 돌렸다. 그들은 또한 현대사회에서 덕을 강조하는 목적론적 윤리 체계의 부활과 공동선의 정치를 주장하였다. 이 글에서는 이러한 주장을 '현대의 공동체주의'라 명명하고 그들의 입장과 더불어 자유주의와 공동체주의의 논쟁을 간략히 검토해 보려 한다.

II. 자유주의 사상의 흐름

자유주의는 일군의 사상가들에 의해 주장된 '하나의' 일관된 사상 체계라고 볼 수 없다(유홍림, 2003: 82). 자유주의는 특수한 역사적 · 사회적 배경 하에서 다양한 의미를 지니는 '자유'라는 가치를 실현하기 위한 정치 · 경제 · 문화적 측면의 이론적이고 실제적인 노력을 총괄하는 일련의 느슨한 사상 전통이라 할 수 있다. 체계적인 정치적 이념로서의 자유주의는 19세기 이전에는 존재하지 않았다(Heywood, 2014: 48). 그러나 '자유주의(liberalism)'라는 용어를 사용하지는 않았지만, 홉스(T. Hobbes)나 로크(J.

Locke) 같은 사회계약론자들, 벤담(J. Bentham)과 밀(J. S. Mill)과 같은 공리주의자들 그리고 스미스(A. Smith)와 같은 근대 이론가들의 저서에서 자유주의적 요소를 찾아볼 수 있다. 이러한 시기의 이론가들은 대체적으로 자유를 소극적 의미로 해석하였다. 즉, 외부로부터의 장애나 간섭이 없는 상태를 자유로운 상태로 간주하고, 국가의 역할을 치안과 국방에 국한하여 최소화하려는 입장을 취하였다. 그러나 19세기 후반과 20세기 초반에 이르러 역사적·사회적 상황의 변화에 따라, 자유를 단지 외부 강제가 없는 상태라기보다는 자신의 소질을 계발하고 그에 따라 행동할 수 있는 능력이나 힘이라는 적극적 의미로 해석하기 시작하였다. 즉, 자유를 자신이 이성적으로 설정한 목표를 달성하는 데에 장애가 없는 상태로 간주하고, 국가에게 빈곤·질병·편견·무지와 같은 개인의 자유와 기회를 가로막는 장애물을 제거하는 역할을 적극적으로 시행할 것을 주문하였다. 이 절에서는 자유주의를 소극적 자유를 강조하는 고전적 자유주의와 적극적 자유를 중시하는 복지 자유주의로 구분하여 검토해 보고, 현대에 이르러 다양한 유형으로 변화한 자유주의를 개관해 보려 한다.

1. 고전적 자유주의

자유주의 사상의 철학적 바탕은 일반적으로 자연법과 사회계약론의 전통에서 찾아볼 수 있다. 사회계약론자인 홉스는 대체적으로 자유주의자로 분류되지는 않지만, 자유주의 철학의 선동자로 간주된다(Courtland, Gaus & Schmidtz, 2022: 2). 왜냐하면 그는 시민이 왜 주권에 충성해야 되느냐라는 질문과 관련하여, 그 이전과는 달리 시민이 왕의 자산(property)이 아니라, 오히려 왕이 시민에 의해 권한이 부여되었다는 입장을 개진하였기 때문이다. 한편, 홉스는 자유를 소극적 의미로 이해하였다. 일반적으로 고전적 자유주의자들은 국가의 법과 강제력을 '필요악'으로 상정하고 있는데, 이러한 인식의 단초는 '법률이 불문에 부친 행위에 대해 자유가 있다'는 홉스의 저술에서 이미 드러나고 있다.

> 자유(liberty, freedom)는 본래 저항의 부재를 의미한다. 여기에서 저항이
> 란 외부적 장애를 말한다. … 자유인(freeman)이란 '스스로의 힘과 지력
> 으로 할 수 있는 일들에 대하여 자기가 하고자 하는 것을 방해받지 않는
> 인간'을 뜻한다. … 법률이 불문에 부친 모든 종류의 행위에 대하여 인간
> 은 자신의 이성이 가장 유리하다고 시사하는 것을 행할 자유를 지닌다.
> (Hobbes, 2012: 279-282)

또 다른 사회계약론자인 로크는 자연 상태에서 인간은 자연법에 의해 생
명 · 자유 · 재산의 권리를 가진다고 주장하였다. 그는 이에 근거하여 시민
의 평등한 자유를 옹호하였고, 정부(정치권력)는 시민의 동의에 의해서만 형
성되며 그 목적은 자연 상태의 권리를 보호하기 위한 것임을 명확히 하였
다. 즉, 로크는 개인의 동의 혹은 개인의 동의에 근거하여 형성된 정부만이
법률을 만들 수 있으며, 법률의 목적은 또한 자연권의 보존임을 명확히 하
여 제한 정부의 기초를 다졌다.

> 자연의 상태에는 자연상태를 지배하는 하나의 자연법이 있는데, 그것은
> 모든 사람을 구속하고 있다. … 이러한 이성의 소리에 약간이라도 귀를 기
> 울이게 되면, 사람들은 누구나 다른 사람의 생명 · 건강 · 자유 또는 소유
> 물을 손상시켜서는 안된다는 사실을 알게 되는 것이다. (Locke, 1995: 16)

인간이 이 세상에 태어나면서부터 갖게 되는 자연적인 자유를 포기하고,
시민적 사회의 구속을 받게 되는 유일한 길(방법)은, 다른 사람과 결합하여
하나의 공동사회를 형성하는데 동의하는 일이다. 그런데 그렇게 하는 목
적은, 각각 자기네들의 재산(소유물)을 안전하게 향유하며, 또한 공동사회
에 속하지 않는 자에 의한 침해에 대해서 보다 더 공고한 안정성을 보장받

음으로써 서로 안락하고 안정하며 평화로운 생활을 보내려는 데 있다. …
어떤 공동사회를 움직이게 하는 것은 오직 그것을 구성하는 각 개인의 동
의뿐이다. (Locke, 1995: 139-140)

… 적어도 공중(public)이 선임한 입법부에 의해서 시인되지 않는 한, 법률
로서의 효력도, 구속력(강제력)도 갖지 못하는 것이다. … 어느 누구도 그
들 자신의 동의와 또한 그들로부터 수여된 권위에 의거하지 않고서는 사
회에 대해서 법률을 만들 수 있는 권력을 가질 수는 없다. (Locke, 1995:
189-190)

한편 로크보다 약 1세기 후에 등장한 애덤 스미스(A. Smith)는 자유기업
과 자본주의 원칙의 기반을 만들었다. 그는 『도덕 감성론』에서 개진한 자
연과 인간 본성에 대한 근본적 이해를 토대로 『국부론』을 통해 자유방임과
자유기업을 적극적으로 옹호하였다. 그는 국가의 복지는 국부(오늘날의 용
어로는 국민총생산GNP)와 분리될 수 없다는 명제를 제시하며, 각 개인은 자
신의 생산 확대에 관심이 있으므로 각 개인을 자유롭게 내버려두면 총생산
이 확대될 것이라고 주장한다. 그에 의하면, 사람들로 하여금 타인이 원하
는 상품과 서비스를 제공하도록 동기를 부여하는 데 이기심만 한 것이 없
다. 이러한 개인의 이익 추구는 국부의 증진과 공공의 이익으로 연결될 것
이며, 이것은 '보이지 않는 손'의 작용이라는 것이다.

각 개인이 최선을 다해 자기 자본을 본국 노동의 유지에 사용하고 노동생
산물이 최대의 가치를 갖도록 노동을 이끈다면, 각 개인은 필연적으로 사
회의 연간수입이 가능한 한 최대의 가치를 갖도록 노력하는 것이 된다. 사
실 그는, 일반적으로 말해서, 공공의 이익(public interest)을 증진시키려고
의도하지도 않고, 공공의 이익을 그가 얼마나 촉진하는지도 모른다. … 그
는, 다른 많은 경우에서처럼, 보이지 않는 손(an invisible hand)에 이끌려

서 그가 전혀 의도하지 않았던 목적을 달성하게 된다. 그가 의도하지 않았던 것이라고 해서 반드시 사회에 좋지 않은 것은 아니다. 그가 자기 자신의 이익을 추구함으로써 흔히, 그 자신이 진실로 사회의 이익을 증진시키려고 의도하는 경우보다, 더욱 효과적으로 그것을 증진시킨다. 나는 공공이익을 위해 사업을 한다고 떠드는 사람들이 좋은 일을 많이 하는 것을 본 적이 없다. (Smith, 2013: 552-553)

위와 같은 스미스의 관점에서 본다면, 정부는 경제적 교환과 관련된 아주 적은 일만을 해야 한다. 그는 정부가 오직 세 가지의 적절한 기능만을 갖는다고 주장한다. 첫째, 정부는 외부의 침입에 맞서 자국을 방어해야 한다. 둘째, 정부는 주로 재산권을 보호함으로써 정의를 증진시키고 질서를 유지해야 한다. 마지막으로 정부는 공교육뿐만 아니라 도로, 교량, 운하, 항구(오늘날의 용어로는 사업 수행에 필수적인 '하부구조') 등과 같이 사기업이 제공할 수 없는 특정한 공공사업과 제도를 마련해야 한다. 그 밖의 다른 모든 문제는 자기이익을 추구하는 개인들이 적당하다고 여기는 대로 마음껏 행동할 수 있는 자유를 누려야 하는 개인들의 사적인 일로 남겨 두는 것이 최선이다(Ball & Dagger, 2011: 129-131). 이처럼 스미스는 경제문제와 관련하여 보이지 않는 손이 작용하는 자유방임 정부를 적극 옹호하였다.

공리주의 사상가인 밀(J. S. Mill)은 근대 자유주의와 민주주의 사상의 방향을 전반적으로 설정했다. 그는 자유주의와 관련하여 개인이 누릴 수 있는 자유의 범위는 어디까지인가라는 문제에 매달렸다. 또한 그는 자유민주주의 정부 또는 대의 정부란 사람들이 개인적 만족을 어디까지 추구할 수 있는지 그 경계를 확립해 주는 것뿐만 아니라, 민주주의 그 자체가 개인성을 자유롭게 계발시키는 주요한 측면이 있음을 강조했다(Held, 2010: 163 참고).

밀은 자신의 육체나 정신을 보위하는 최고 적임자는 자기 자신이라는(Mill, 2010: 37-38), 즉 자신에 대해서는 각자가 주권자라는 관점에서 개인의 개별성과 자율성을 강조했다. 이러한 개인을 상대로 사회가 정당하게 행사할 수 있는 권력의 한계는 무엇인가? 이 질문과 관련하여 밀은 위해 원리(harm principle)를 제시한다.

> 나는 이 책에서 자유에 관한 아주 간단명료한 단 하나의 원리를 천명하고자 한다. 이를 통해 사회가 개인에 대해 강제나 통제 — 법에 따른 물리적 제재 또는 여론의 힘을 통한 도덕적 강권 — 를 가할 수 있는 경우를 최대한 엄격하게 규정하는 것이 이 책의 목적이다. 그 원리는 다음과 같다. 인간 사회에서 누구든 — 개인이든 집단이든 — 다른 사람의 행동의 자유를 침해할 수 있는 경우는 오직 한 가지, 자기 보호를 위해 필요할 때뿐이다. 다른 사람에게 해(harm)를 끼치는 것을 막기 위한 목적이라면, 당사자의 의지에 반해 권력이 사용되는 것도 정당하다고 할 수 있다. 이 유일한 경우를 제외하고는, 문명 사회에서 구성원의 자유를 침해하는 그 어떤 권력 행사도 정당화될 수 없다. … 다른 사람에게 영향(concern)을 주는 행위에 한해서만 사회가 간섭할 수 있다. 이에 반해 당사자에게만 영향을 미치는 행위에 대해서는 개인이 당연히 절대적인 자유를 누려야 한다. 자기 자신, 즉 자신의 몸이나 정신에 대해서는 각자가 주권자인 것이다. (Mill, 2010: 32-33)

물론 위와 같은 원리가 정신적으로 성숙한 사람에게만 적용된다는 것은 틀림없다. 어린아이나 젊은이 등 다른 사람의 보호를 받아야 할 처지에 있는 사람들, 미개 사회에 사는 사람들은 제외된다(Mill, 2010: 33-34).

밀은 또한 자유의 기본 영역 3가지를 제시한다(Mill, 2010: 36-37). 첫째, 내면적 의식의 영역이다. 과학·도덕·신학 등 모든 주제에 대해 양심의 자유, 생각과 감정의 자유, 절대적인 의견과 주장의 자유, 그리고 의견 표현과 출판의 자유를 누려야 한다는 말이다. 둘째, 사람들은 자신의 기호를 즐기고 자기가 희망하는 것을 추구할 자유를 지녀야 한다. 각각의 개성에 맞게 자기 삶을 설계하고 자기 좋은 대로 살아갈 자유를 의미한다. 셋째, 모든 사람은 결사의 자유를 누린다. 타인에게 해가 되지 않는 한, 그리고 강제나 속임수에 의해 억지로 끌려온 경우가 아니라면, 모든 성인이 어떤 목적의 모임이든 자유롭게 결성할 수 있어야 한다는 것이다.

밀에게 있어서, 민주주의 정부에서는 특히 생각과 토론의 자유가 중요하다. 심지어 전체 인류 가운데 단 한 사람만이 다른 생각을 가지고 있더라도 그 사람에게 침묵을 강요하는 것은 어떤 한 사람이 다른 모든 사람에게 침묵을 강요하는 것만큼 옳지 못하다고 주장한다(Mill, 2010: 44). 그는 4가지 이유를 들어 생각과 토론의 자유가 인간의 정신적 복리를 위해 중요하다고 설명한다.

> 첫째, 침묵을 강요당하는 모든 의견은, 그것이 어떤 의견인지 우리가 확실히 알 수는 없다 하더라도, 진리일 가능성이 있다. 이 사실을 부인하면 우리 자신이 절대적으로 옳음(infallibility)을 전제하는 셈이 된다. 둘째, 침묵을 강요당하는 의견이 틀린 것이라 하더라도, 그것이 일정 부분 진리를 담고 있을지도 모른다. 셋째, 통설이 진리일 뿐만 아니라 전적으로 옳은 것이라고 하자. 그렇다 하더라도 어렵고 진지하게 시험을 받지 않으면 그것을 받아들이는 사람들 대부분은 그 진리의 합리적 근거를 그다지 이해하지도 느끼지도 못한 채 그저 하나의 편견과 같은 것으로 간직하게 될 것이다. 뿐만 아니라 네 번째로 그 주장의 의미 자체가 실종되거나 퇴색되면서 사람들의 성격과 행동에 큰 영향을 미치지 못하게 될 것이다. (Mill, 2010: 102-103)

2. 복지 자유주의

고전적 자유주의의 정치적 전통은 19세기 후반 및 20세기 초에 이르러 수정되기 시작하였다. 19세기 후반부터 노동자, 농민, 도시 빈민 등의 상대적 빈곤, 실업, 질병, 기회의 제한, 무지 등의 문제는 개인의 문제를 넘어서 사회적 문제로 대두하기 시작하였다. 사람들이 진정 자유롭기 위해서는 이러한 문제들로부터 해방되어야 한다는 인식이 대두되었다. 그리하여 국가는 모든 사람이 평등한 삶의 기회를 향유하도록 보장해 주어야 한다는 주장이 설득력을 얻기 시작했다.

복지 자유주의의 초기 사상가 중의 한 사람인 그린(T. H. Green)은 자유주의의 핵심은 언제나 개인의 자유로운 성장과 발전을 가로막는 장애물을 제거하려는 소망이었다고 주장한다. 과거에는 그러한 소망이 사람들 스스로 적당하다고 생각하는 대로 자유롭게 살고, 시장에서 경쟁할 수 있도록 정부의 권한을 제한하는 것을 의미했다. 그러나 이제는 자유와 기회를 여전히 가로막는 또 다른 장애물, 곧 빈곤·질병·편견·무지와 같은 장애들을 인식하고 그것들을 극복하는 것이 필요한 때라는 것이 그린의 인식이었다. 그린은 더 나아가 '이러한' 장애물을 극복하기 위해 국가 권력을 끌어들이는 것이 필수적이라고 주장했다(Ball & Dagger, 2011: 143-144).

위에서 본 것처럼, 복지 자유주의자들은 자유를 소극적 의미에서 적극적 의미로 해석하였다. 자유를 단순히 외부 간섭이 없는 상태로 내버려두는 것이 아니라, 자신의 능력을 충분히 발전시키면서 무엇인가를 할 수 있는 적극적인 힘 또는 능력을 의미하는 것으로 이해했다. 또한 그들은 개인의 자유를 중시하는 사람은 자유에 대한 장애물이 존재하는 상황을 극복하기 위한 조치를 취하고 싶어 할 것이라고 주장한다(Ball & Dagger, 2011: 143). 그리하여 그린을 비롯한 복지 자유주의자들은 정부를 통해 사회가 공립학교와 병원을 건립하고, 극빈자를 구제하며, 노동자들의 건강과 번영을 증진하기 위해 노동 조건을 규제해야 한다고 믿었다. 오직 그러한 공적 원조를 통해서만 사회의 가난하고 힘없는 자들이 진정으로 자유로워질 수 있다(Ball & Dagger, 2011: 144). 따라서 국가는 복지 사업에 적극적으로 뛰어들 필요가 생겼고, 실제로 19세기 후반부터 서구의 일부 국가는 복지 사업을 적극적으로 시행하기 시작했다.

한편, 1870년대와 80년대의 대불황과 1929년 이후 장기간의 대공황은 고전적 자유주의의 경제 이론(고전학파)이 더 이상 현실과 맞지 않음을 분명히 보여 주었다. 심각한 불황과 대규모 실업의 원인을 설명하고 그 대책을 제시할 수 있는 새로운 경제학이 필요했다. 이러한 시대적 요구를 충족하기 위하여 등장한 것이 케인스(J. M. Keynes)의 거시경제학이다(이근식, 2011: 86).

케인스의 유효수요 이론은 고전적 자유주의 시대의 경제 이론, 즉 고전학파의 완전고용 이론과 세이의 법칙을 정면으로 부정하였다. 세이의 법칙은 공급이 수요를 창출한다고 하였지만, 이와 반대로 케인스의 유효수요 이론에 의하면 자본주의경제에서는 수요가 공급을 창출한다. 즉, 상품은 팔릴 만큼만 생산되며, 상품의 총생산(국민소득)은 상품에 대한 총수요에 의해 결정된다. 그러나 불황이 발생하면 노동에 대한 수요가 감소하고, 이는 다시 노동자들의 소비를 감소시킴으로써(총수요를 감소시킴으로써) 불황을 더욱 악화시키는 불황과 실업의 확대 재생산이라는 악순환이 진행된다(이근식, 2011: 87).

케인스에 의하면, 불황에서 경제가 탈출할 수 있는 유일한 방법은 이익을 고려할 필요가 없는 정부가 재정지출을 증가시켜서 총수요를 증가시키는 것이다(이근식, 2011: 89). 이러한 이론에 입각하여 케인스는 공공사업이나 구호 사업의 확대 등과 같은 정부의 재정지출 확대를 통한 총수요 창출을 불황과 실업을 위한 대책으로 제시하였다. 이것은 전통적인 정부의 균형재정론을 거부하는 것이다. 즉, 케인스는 정부가 상황에 따라서 적자 재정이나 흑자 재정과 같은 불균형재정을 취하는 것이 필요하다고 보았다(이근식, 2011: 89-90). 자본주의경제에서 완전고용이 아니라 실업이 상당히 존재하는 불완전고용이 일반적임을 이론적으로 설명한 케인스의 이론을 주류 경제학이 받아들임에 따라서 시장경제에 대한 신뢰가 무너지고 경제정책도 자유방임주의에서 개입주의로 바뀌게 되었다. 이후 복지 자유주의에서의 경제 이론(신고전학파 종합)은 불황으로 인한 실업의 해결을 위해서만이 아니라, 빈부 격차, 독과점, 환경 파괴, 공공재의 부족 등 자유방임 시장

경제에서 나타나는 시장의 실패를 시정하기 위해서 정부가 경제에 개입하는 것은 필요하며 유효하다고 보았다(이근식, 2011: 92). 이에 따라 1930년대 이후 국가의 경제 개입과 계획 그리고 복지 정책의 시행은 더욱 확대되어 갔다.

3. 현대의 자유주의

1970년대 초반에 석유파동이 발생할 때까지 서구 자유주의국가들은 대체적으로 케인지안 중심의 복지 자유주의가 지배하였다. 그리하여 시장 실패를 교정하기 위한 정부의 개입과 복지 시행은 점점 확대되어 왔다. 그러나 서구 선진국의 복지 정책은 국가 경제에 과도한 부담을 주기 시작했으며, 정부 실패로 인한 생산의 효율성 저하는 사회적 문제로 대두되었다. 특히 1980년대에 이르러 영국의 대처주의(Thatcherism)와 미국의 레이건주의(Reaganism)의 풍미는 자유주의의 흐름을 다시 한 번 변화시켰다. 당시의 영국과 미국에서는 각종 경제 규제의 철폐, 공공복지의 축소, 공기업의 민영화, 노동시장의 유연화 등을 핵심 정책으로 삼으며 시장 메커니즘에 대한 믿음을 부활시키려는 신자유주의의 움직임이 강력하게 등장하였다.

이러한 신자유주의의 입장을 대표하는 이론가 중의 한 명이 하이에크(F. A. Hayek)이다. 하이에크는 우선 인간 의식의 불완전성을 지적한다. 그에 의하면, 인간은 사고 능력과 지식에서 모두 불완전하므로 사실을 정확하게 인식하기 힘들다. 따라서 인간이 사전 설계에 따라 사회를 의도적으로 계획하려는 어떤 형태의 시도도 성공하지 못한다고 지적하며(이근식, 2011: 106-111 참조), 정부의 경제 개입과 분배 정의 추구를 신랄하게 비판한다. 국가의 관료들은 그들이 아무리 유능하다고 할지라도 그들이 통제하기 어려운 엄청난 양의 정보와 복잡성에 직면하기 때문이다(Heywood, 2014: 81).

하이에크는 인간이 특정한 목적에 맞추어서 의도적으로 설계하여 인위적으로 만든 인조된 질서는 불완전한 이성과 지식으로 인해 원래 의도한 목적과 달리 나쁜 결과를 초래하기 쉬운 반면에 진화를 통하여 저절로 형성된 자생적 질서는, 그 작동 메커니즘은 충분히 이해할 수 없지만, 자연적으로 형성된 것이므로 옳은 질서라는 입장을 취한다(이근식, 2011: 115-116). 스미스의 '보이지 않는 손'의 아이디어를 이어받은 하이에크는 시장 메커니즘이 대표적인 자생적 질서 중의 하나로 경제계획이 가져다주지 못하는 많은 이점을 가져다준다고 주장한다. 예를 들어, 시장은 장기적인 평형을 지향하는 경향이 있기 때문에 자기 규제적이다(Heywood, 2014: 81). 시장은 교환의 원리를 활용함으로써 개인들이 각자 상이한 목표들을 추구하면서도 함께 자유롭고 평화롭게 살 수 있도록 한다. 또한 시장은 수요와 공급에 관한 수많은 정보가 시장 가격이라는 하나의 지표로 종합되어 나타나게 함으로써 이를 보고 사람들이 합리적인 경제활동을 할 수 있도록 하며, 시장에서의 경쟁은 어떤 생산 방법이 가장 효율적인지를 발견할 수 있도록 함으로써 재화들이 가장 효율적으로 생산되도록 한다(이근식, 2011: 174). 이처럼 하이에크는 시장 메커니즘을 신봉하여 개인의 경제 활동을 최대한 개인에게 맡겨 두며, 정부의 경제 개입을 최대한 배제하려 노력한다.

한편 하이에크는 국가가 법에 의해 지배되어야 함을 인정하면서도 그 법은 사회적 자원이 사용되는 일반적 규칙만을 제시할 뿐이고, 자원의 세세한 사용 목적과 방법은 개인의 자유에 맡겨 두어야 한다는 것을 강조한다.

> … 법의 지배란 정부가 모든 행동에서 미리 고정되고 선포된 규칙들에 의해 제약되는 것을 의미한다. … 법의 지배 아래에서는 정부는 가용자원들이 사용될 수 있는 조건들을 결정하는 규칙들을 확정하는 것에 자신의 일을 한정하고, 이 자원들이 어떤 목적들에 사용되어야 할지에 대한 결정은 개인들에게 맡겨 둔다. (Hayek, 2018: 121-122)

법의 지배는 그래서 입법의 범위에 대한 제한을 의미한다. 법의 지배는 입법의 범위를 형식적 법으로 알려진 것과 같은 종류의 일반적 규칙들로 제한하며, 특정한 사람들을 직접 목표로 둔 입법이나 혹은 누구든 그와 같은 차별을 위한 목적으로 국가의 강제력을 사용할 수 있도록 허용하는 입법을 배제한다. (Hayek, 2018: 135)

하이에크에 의하면, 자유주의국가는 반드시 그 법의 특정한 효과들의 예측이 불가능한 형식적 법(Hayek, 2018: 131)을 입법해야 한다. 즉, 자유주의국가의 법은 개인들이 자신의 다양한 목적을 추구하는 데 있어 도구로서 이바지할 수 있는 규칙들을 제공하는 데에 한정되어야 하고, 그 규칙의 효과는 개인의 자유로운 선택과 행위에 따라 달라져야 한다. 정부는 오직 일반 규칙 ― 생명, 자유, 재산을 광범위하게 보호하는 규칙 ― 을 시행하기 위해서만 시민사회에 정당하게 개입할 수 있다. 즉, 자유롭고 자유주의적인 민주적 질서는 사람들이 자신의 재산을 어떻게 사용해야 하는지를 구체적으로 명시하는 규칙의 제정과는 양립할 수 없다. 만일 사람들이 스스로 자신의 목표를 결정할 수 있는 능력에 대해 정부가 간섭한다면, 그 정부는 강압적인 것이 된다. 그런 강제의 대표적 사례가 '분배적 정의' 혹은 사회적 정의를 강요하는 것이다(Held, 2010: 389-390).

한편 노직은 로크부터 밀에 이르는 고전적 자유주의의 유산을 재정립하여 개인의 자유를 최대한으로 보장할 수 있는 정치체제와 정의 원칙을 정당화하고 있다. 이러한 그의 입장을 자유 지상주의(libertarianism)라 규정하기도 한다. 그는 우선 '사회계약이 없는 자연 상태 이론'(장동진, 2001: 104)을 통해 최소 국가(minimal state)를 정당화한다. 최소 국가는 그 기능이 강압·절도·사기로부터의 보호, 계약 집행 등의 좁은 범위로 한정되며, 그 이상의 행위를 하는 포괄적 국가는 특정의 것들을 하도록 강제되지 않을 개인의 권리를 침해하는 것이다(Nozick, 2000: 11). 노직은 또한 소유 권리론(entitlement theory)을 통해 자유주의 사회에서의 정의 원칙을 제시하고 있다. 그는 정의는 분배의 문제가 아니라 소유의 문제라는 점을 강조하며, 분배적 정의의 완결된 원리는 그 분배 하에서 모든 사람들이 자신들이 소유하고 있는 것에 대한 소유 권리를 소유하는 것이라고 주장한다. 즉, 정의로운 상황으로부터 정의로운 단계를 거쳐 발생하는 것은 무엇이나 그 자체도 정의롭다는 것이다(Nozick, 2000: 193). 노직은 개인 이외에 다른 어떤 사회적·정치적 실체도 존재하지 않는다는 가정에서 출발해, 사회에 대해 특정의 우선순위나 분배 유형을 명확히 제시해 주는 어떤 일반 원칙도 정당화될 수 없다고 주장한다. 인적·물적 자원을 조직(또는 관리)하는 유일하게 정당한 방식은, 서로 경쟁적 교환을 하는 개인들의 방해받지 않는 활동에 의해 우연적이고 임시적으로 협상이 이루어지는 것이다. 즉, 그는 정당화될 수 있는 유일한 정치제도는 자유를 위한 틀을 유지시키는 제도, 즉 개인의 자율성이나 권리를 유지하는 데 기여하는 제도라는 점을 명확히 부각시키고 있다(Held, 2010: 382-383).

1990년대에 이르러서는 포괄적 자유주의와 구분되는 정치적 자유주의가 등장하였다. 롤스는 1993년에 간행된 『정치적 자유주의』를 통해 합당하지만 양립 불가능한 종교적·철학적·도덕적 교리(포괄적 교리)를 지닌 자유롭고 평등한 시민들 간에 어떻게 안정되고 정당한 사회가 가능할 것인가에 대한 해답을 제시하려 한다. 그는 자신이 제시한 정의의 두 원칙을 근본적으로 계승한 '정치적 자유주의'를 그 해답으로 제시하였다. 롤스는 『정의론』에서 정의 일반의 도덕적 원칙이 그 범위에 있어 정치적 정의관과 구분이 엄격하게 이루어지고 있지 않다는 점, 즉 포괄적이고 도덕적인 교리와 정치적 영역에 한정된 관점들의 양자 간에 아무런 대조가 이루어지고 있지 않다는 점을 스스로 비판하며(Rawls, 2003: xx), 정치적 자유주의는 가치론, 윤리 이론, 인식론 혹은 인간과 사회에 대한 형이상학 등을 포함하는 포괄적 교리가 아니라고 주장한다(Courtland, Gaus & Schmidtz, 2022: 8). 그에 의하면, 정치적 자유주의의 목적은 또 다른 하나의 포괄적 교리를 추가하는 것이 아니라, 그러한 논쟁적인 포괄적 교리들 간의 중립적인 정치적 틀을 제공하는 것이다.

롤스의 정치적 자유주의 개념은 대체적으로 볼 때 기본적인 시민적 자유와 민주적 과정을 지지하는 헌법 원칙으로 제한되며(Courtland, Gaus & Schmidtz, 2022: 8), 앞서 언급된 전통적인 자유주의 이론(예를 들어 고전적 자유주의, 복지 자유주의)보다는 좁은 정치적 영역으로 그 범위를 제한한 것으로 보인다. 즉, 밀과 칸트의 포괄적 자유주의(comprehensive liberalism)가 인생 전반 그리고 삶의 전 영역에 걸쳐 작용하는 이념이라면, 정치적 자유주의는 공적 시민이 공적 활동을 하는 과정에서 작용하는 이념이다. 예를 들어, 정치적 자유주의에서 '자율성'은 정치적 가치로서 정치적 정의의 원칙을 확증하고 기본적 권리와 자유의 보호를 향유함으로써 공적 생활에서 실현된다. 반면에 칸트와 밀의 포괄적 자유주의에서 윤리적 가치인 '자율성'은 인생 전반, 즉 사회적 삶과 개인적 삶 모두에 적용되어 실현되는 것이다(Rawls, 2003: 97). 이처럼 정치적 자유주의는, 현대사회는 합당하지만 상이한 포괄적 교리들이 가득 찬 합당한 다원주의 사회이므로, 자유주의는 정치적 영역으로 국한되어야 한다는 주장이다. 달리 말하여, 정치적 자유주의는 포괄적 자유주의와는 다르게 정치적 영역에서만 자유주의적 틀을 적용하려 한다.

III. 현대의 공동체주의 사상

현대의 공동체주의(communitarianism)는 자유주의에 대한 여러 가지 비판들을 제기하며 1980년대 이후부터 본격적으로 등장하였다. 현대 공동체주의자들의 주장은 공동체의 가치와 의미의 부활을 주장한다는 점에서는 공통점이 있지만, 그러한 주장의 배경에는 상당한 견해 차이도 존재한다. 예를 들어 샌델(M. Sandel)이나 매킨타이어(A MacIntryre)는 아리스토텔레스적인 목적론에 근거를 둔 공동체 전통의 부활을 주장하지만, 왈처(M. Walzer)나 테일러(C. Taylor)는 아리스토텔레스의 목적론과 관계없이 공동체 내의 공유된 가치(shared understanding)와 정체성을 강조한다.

공동체주의 진영 내의 다양한 견해에도 불구하고 그들 모두가 관심을 가지는 근대 자유주의적 이론, 문화, 제도의 비판에 있어서는 몇 가지 공통된 주장을 발견할 수 있다. 첫째, 자유주의는 인간의 행복한 삶의 필수적 조건인 공동체를 평가절하 하고 나아가 와해시키며, 둘째로 정치적 공동체와 정치적 삶 자체에 목적이 아닌 단순한 수단으로서의 의미만을 부여한다는 것이다. 셋째로 자유주의는 비계약적 의무의 형태인 가정과 공동체적 의무의 중요성에 대한 적절한 설명을 제시하지 못하며, 넷째로 자아 정체성의 '귀속성 및 피조성(embeddedness and constitutedness)'을 인식하지 못하고 추상적 자아 개념을 이론화의 기초로 하는 결함을 갖는다. 마지막으로 자유주의는 정의(justice)를 사회제도의 최우선적 덕목으로 인식하고 그 중요성을 높게 평가하는 오류를 범한다(유흥림, 2003: 121).

공동체주의자들의 자유주의 비판은 특히 1971년에 출간된 롤스(J. Rawls)의 『정의론』에 중점을 두고 전개된다. 그 주요 내용은 자유주의의 도덕적 규범이 사회에 선행해 실재하는 독립된 자유로운 개인의 권리와 계약과 합의에 따른 사회라는 인간관 및 방법론적 개체주의, 그로 인한 권리 근거적 · 의무론적 · 절차적 · 중립적인 정의관과 사회관 등에 대한 비판이 주류를 형성하고 있다. 공동체주의자들은 자유주의가 공동체와 덕과 같은 가치의 상실에 대한 책임이 있다고 비판하면서, 공동체주의는 도덕적 규범과 그에 따른 사회와 정의는 보편적이고 추상적인 것이 아니라, 역사적 공동체의 특수한 사회 · 문화적 전통에 내재한다고 보는 방법론적 총체주의(methodological holism)를 취한다. 그리고 단순한 교정적 의미에 머무는 정의보다는 덕과 목적을 강조하는 목적론적 윤리 체계로 공동체의 통합성을 제공하려 하며, 개인은 도덕적 주체로서 추상적 자아가 아니라 공동체의 전통과 가치를 통해 형성된다고 본다. 또한 도구적 합리성과 그에 따른 이기심의 추구뿐만 아니라 타자와 사회의 선과 같은 가치를 추구하는 존재이며, 정치적 공동체는 개인들이 적극적 참여와 토론을 통해 시민적 덕목과 자아를 실현하는 본질적 가치를 갖는 것으로 주장한다(전상국, 2002: 214-215). 이러한 공동체주의자들의 주요 주장을 샌델과 매킨타이어를 중심으로 조금 더 상세히 검토해 보자.

1. 샌델의 자유주의 비판 및 목적론

샌델은 1982년에 출간된 『자유주의와 정의의 한계(*Liberalism and the Limits of Justice*)』를 통해 현대의 도덕·법·정치 철학에서 자주 거론되는 형태의 자유주의를 '의무론적 자유주의'라 지칭하며 비판한다. 그는 우선 의무론적 자유주의를 다음과 같은 핵심 테제로 진술한다.

> 사회는 다수의 인격으로 구성되어 있고, 그 각각은 자신의 목표, 관심, 선관(善觀)을 가진다. 그리고 어떤 특정 선관도 가정하지 않는 원리에 따라 작동할 때 그 사회는 가장 질서정연하다. 무엇보다 사회 복지를 극대화하거나 다른 방식으로 선을 증진시킨다고 해서 이런 규제 원칙이 정당화되지는 않는다. 오히려 옳음 개념에 상응한다는 것, 그리고 도덕적 범주가 선보다 앞서 주어지며, 선과는 아무 관련 없음을 보여주는 것이 그 정당화 방식이 된다. (Sandel, 2017: 68)

샌델에 의하면, 위와 같은 의무론적 자유주의는 무엇보다 옳음(정의)을 좋음(선)보다 우선하는 정의에 관한 이론이다(Sandel, 2017: 67). 의무론적 자유주의는 여타의 정치적·사회적 가치의 요구는 결코 정의의 요구를 압도할 수 없으며 시민 개개인의 권리는 여타의 이익이나 목표를 위해 희생할 수 없다고 주장하면서 정의에 도덕적 우선성을 부여한다. 또한 의무론적 자유주의는 정의의 가치가 특권적으로 정당화되는 것으로 본다. 즉, 옳음은 단지 좋음에 선행한다는 의미에서 뿐만 아니라 그 원칙이 좋음과 별개로 도출된다는 의미에서 좋음에 우선한다(Mulhall & Swift, 2005: 76-77).

선(좋음)에 대한 정의(옳음)의 우선성은 사회와 공동체로부터 유리된, 자유롭게 선택할 수 있는 개인으로 귀착된다. 즉, 자아(the self)에 대한 자유주의적 입장에서 개인은 현존하는 사회적 관습에로의 참여에 대해 자유롭게 의문을 제기하고, 그러한 사회적 관습들이 더 이상 추구할 만한 가치가 없다고 여겨지면, 그들은 그 실행에 참여하지 않기로 자유롭게 선택할 수 있다(Kymlica, 2008: 310). 롤스는 이러한 자유주의적 견해를 '자아는 그것에 의해 인정되는 목적들보다 우선한다'라고 표현하였다(Rawls, 1986: 569). 즉, 롤스의 인간은 공동체와 무관하게 자율적으로 자신의 삶의 목적, 선관 등을 선택하는 능력을 가진다. 이런 인간관은 개인이 지닐 수 있는 욕구와 목적의 내용에 어떠한 제약도 가하지 않는다(Mulhall & Swift, 2005: 86).

이런 롤스의 입장에 대해 샌델은 자아는 목적들에 대해 우선하지 않으며, 오히려 그 목적들에 의해서 구성된다고 주장한다. 즉, '자아의 정체성은 자기 이전에 주어진 목적에 비추어 구성된다'(Sandel, 2017: 160). 우리는 '나'를 내 '목적들'로부터 구별해 낼 수 없다. 즉, 나의 '목적들'이 '내가 누구인지'를 말하는 나의 자아와 정체성을 구성한다. 샌델에 의하면, 최소한 우리들 자아의 일부는, 우리가 선택하지 않았지만 특정하게 공유된 사회적 맥락 속에 각인된 우리 존재로 인해 우리가 발견하는 목적들로 구성되어 있다(Kymlicka, 2008: 315). 이런 맥락에서 샌델은 원초적 상황에서 무지의 베일을 쓴 채로, 즉 특정한 역사적·사회적 목적을 배제한 채로 사회의 근본 운영 원리를 선택하는 자아를 무연고적 자아(unencumbered self)라고 비판한다. 이런 자아는 공동체에 참여함으로써 가능한 자아의 구성적 목적과 정체성을 갖지 못한 채 박탈된 것이며, 심사숙고할 수 있는 자기반성으로서의 어떠한 인격도 남아 있지 않다(전상국, 2002: 216).

나아가 샌델은 차등의 원칙에 대해 사회는 공유된 가치도 없이 독립적으로 목적을 갖는 무연고적 자아가 수단적으로 선택한 협동 체계에 불과하다는 사회관에서는 비일관된 모순적 주장이라 비판한다(Mulhall & Swift, 2005: 100). 이러한 비판은 크게 두 가지 점에 의거한다. 첫째, 롤스는 사람들이 자기 재능의 결실에 대한 응분의 자격을 갖지 않는다는 주장을 옹호하기 위해, 사람들과 그들 자신이 지닌 것 — 재능, 특성, 능력, 자산 — 간의 구분에 매우 강하게 매달려야 했다. 롤스는 자아와 자아가 지닌 것들을 너무 예리하게 구분함으로써 주체를 육체에서 극단적으로 분리시키는 칸트류의 함정에 빠지는 위험에 봉착하게 된다(Mulhall & Swift, 2005: 100). 둘째, 설령 개인과 그의 자연적 자산의 구분이 개인의 자산 향유 자격을 부인하는 결론을 정당화해 준다는 점을 받아들인다고 해도, 그 구분이 사회가 자산 향유 자격을 가진다는 결론을 정당화하는 것은 아니다. 샌델은 차등의 원칙은 개인들이 지닌 자산은 그것을 공동으로 소유하는 주체 — 공동체 — 에 속하기 때문에 공유되는 것이라고 주장한다. 개인으로서 나의 정체성이 부분적으로 내가 공동체 구성원이라는 점에 의해 이루어진다면 그리고 내가 공동체와 동료들을 근원적인 의미에서 동일시한다면, 내가 일해서 얻는 결실을 공동체의 다른 구성원들에게 재분배하는 것은 나를 나와 전혀 상관없는 다른 사람들의 목적을 위한 수단으로 사용하는 것이 아니라는 주장이다(Mulhall & Swift, 2005: 101). 즉, 롤스와 달리, 자아에 대한 상호 주관적 관점 그리고 공동체에 대한 근원적 관점에 의거해야만 차등의 원칙이 정당화될 수 있다는 것이다.

샌델은 무연고적 자아 대신에 공동체의 다른 구성원과 공유하는 가치 있는 삶의 개념에 의해 구성되는 상호 주관적인 구성적 자아를 주장한다. 인간이란 특정 가족, 공동체, 민족의 성원, 국가의 시민으로서의 특정한 인간으로 이해되며, 이때 자기 해석적 존재인 인간은 역사와 자신의 욕구에 대한 본질적인 판단과 자기반성을 통해 자신의 정체성을 구성하게 된다. 이는 타인과의 상호 연대와 연관성 속에 보다 강하게 형성되며, 공유된 자아이해라는 공동성을 가진 역사적 공동체 속에서의 참여로 완성된다고 샌델은 주장한다. 그래서 자유주의의 권리의 정치보다는 정치적 참여와 시민적 덕성을 통해 단순한 사익 추구를 초월한 공동선의 추구에 가치를 두는 공화적인 공동선의 정치를 대안으로 제시한다(전상국, 2002: 216).

2. 매킨타이어의 덕 윤리

샌델이 주로 롤스의 정의 이론에 초점을 맞추어 자유주의를 비판했다면, 매킨타이어는 샌델보다 폭넓게 자유주의를 포함한 근대 이후의 도덕 및 정치 철학에 나타난 근대성을 비판하였다. 매킨타이어의 주장은 크게 두 부분으로 나누어 볼 수 있다. 우선 첫째로 그는 근대의 감정주의(주정주의, emotivism) 윤리론과 그 문화적 영향력을 비판하면서, 아울러 계몽주의 전통의 도덕철학과 니체적 상대주의를 실패한 규범론의 예로 부각시킨다. 둘째로 그는 이러한 비판을 근거로 도덕 이론과 실천에 있어 진정한 객관성의 토대로서 목적론적 체계의 재도입을 시도한다(유홍림, 2003: 124). 이러한 그의 주장을 조금 더 자세히 살펴보자.

매킨타이어는 우선 오늘날의 도덕 · 정치 문화는 혼돈의 상태라고 진단한다. 이것은 도덕 · 정치 문제에 대한 사람들의 견해가 서로 전제하고 있는 입장이 근본적으로 통약 불가능(incommensurable)하기 때문이다. 즉, 사람들 각자의 주장은 자신의 근본적 전제에서는 합리적으로 도출될 수 있지만, 그 전제 자체는 서로 간에 통약 불가능하다. 그리하여 도덕 · 정치 문제에 대한 사람들의 도덕적 논쟁은 원천적으로 합의가 불가능하다. 매킨타이어에 의하면, 이것은 오늘날의 문화가 주정주의(감정주의)적이기 때문이다. 그는 현대 문화의 주정주의적 운명은 도덕에 합리적 정당화를 제공하려는 계몽주의적 기획이 실패하면서 이미 예정되었다고 주장한다(Mulhall & Swift, 117). 그는 근대 자유주의의 개인주의가 소위 계몽주의적 기획을 통해서 자율적 개인의 도구적 이성이 도덕성에 대한 보편적인 합리적 정당화를 제공하기를 기대해 왔으나, 도구적 이성은 도덕적 추론에서 자연적 목적을 배제함으로써 역사적 사회 공동체에서 유리된 허구적인 자유, 권리, 계약과 같은 추상적인 도덕 규칙의 의무설로 귀착되었을 뿐이라고 비판한다(전상국, 2002: 217).

… 18세기의 도덕철학자는 반드시 실패할 수밖에 없는 기획에 매달려 있었던 셈이다. 왜냐하면 그들은 정말로 인간 본성의 특정한 이해 속에서 도덕적 신념의 합리적 토대를 발견하려고 시도하였기 때문이다. 그러나 그들이 물려받고 있는 일련의 도덕적 명령과 인간 본성의 개념은 분명 서로 어긋날 수밖에 없도록 고안되어 있었다. … 이들은 한 때 정합적이었던 사유와 행위의 도식 중에서 비정합적인 단편들만 상속받았다. 자신들이 처해 있는 독특한 역사적 · 문화적 상황을 인식하지 못했기 때문에, 그들은 스스로 약속한 과제가 불가능하고 실행할 수 없는 성격을 가졌음을 인식할 수 없었다. (MacIntyre, 1997: 93-94)

매킨타이어에 의하면, 계몽주의 철학자들은 상이한 역사적 · 문화적 맥락과 상이한 인간 본성에 대한 이해에 근거하여 형성된 도덕 규칙들에 대해서 그것들의 합리적 토대를 발견하고 정당화하려는 시도를 하였다. 그들이 정당화시키고자 했던 도덕 규칙들은 아리스토텔레스와 중세를 거쳐 발전되어 온 목적론적 도덕 체계 속에서 형성되고 발전된 것이었다. 이러한 도덕 체계 속에서는 우연적 존재로서의 인간과 가능적 존재로서의 인간이 구분된다. 즉, 목적론적 도덕 체계는 가능성으로서의 인간(잠재태)과 실제 상태로서의 인간(현실태)의 구분 혹은 인간 본성의 진정한 목적이 무엇인가라는 설명이 전제된다. 인간은 잠재력이 성취될 때까지(즉, 목적telos에 도달할 때까지) 경험과 실천 이성의 지도를 받아야 한다. 이러한 역사적 · 문화적 맥락과 인간 본성의 이해에서 도덕규범들이 형성되었다. 그럼에도 불구하고 계몽주의 철학자들은 인간의 목적이나 충만한 상태의 본성을 지닌 인간을 생각하지 않고, 단지 인간 본성의 현재 상태로부터 기존의 도덕규범들을 합리적으로 연역하려 했다. 이러한 계몽주의적 기획은 실패할 수밖에 없고 도덕적 혼란은 불가피한 것이다. 그러므로 도덕의 의미를 복원하려면 목적이라는 개념을 끌어들이는 것이 필수적이다. 인간 본성의 최고 혹은 최종 상태를 파악하면, 그런 목적이 발전하고 실천되는 데 기여하는 품성이나 행동 유형과 그렇지 못한 것들을 구분할 수 있게 되며, 후자는 '나쁜' 것으로, 전자는 '좋은' 것으로 간주할 수 있게 되기 때문이다(Mulhall & Swift, 2005: 119-120).

그리하여 매킨타이어는 아리스토텔레스적인 덕(탁월성)의 부활을 주장한다. 그에 의하면, 인간은 일정한 목적을 지니게 하는 특수한 본성을 지닌 존재로 이해된다. 덕은 인간으로 하여금 특별히 '인간 목적(human telos)'으로 나아가게 해 주는 품성의 탁월함이다(Mulhall & Swift, 2005: 122). 이러한 덕(탁월함)의 윤리를 부활해야 한다. 즉, 모든 도덕적 판단과 행위가 진정한 도덕적 체험이 되려면 아리스토텔레스적인 목적론의 체계가 전제되어야 한다(유홍림, 2003: 128). 그러나 매킨타이어는 폴리스와 다른 현대사회의 특징을 고려하고, 또 아리스토텔레스의 형이상학적 인간관과 결별하여 아리스토텔레스의 윤리 체계를 '재구성'해야 한다고 주장한다. 그리하여 그는 '실천', '삶의 서사적 통일성' 그리고 '전통'의 개념을 동원하여 아리스토텔레스의 윤리 체계를 재구성하고 현대사회의 도덕에 합리적 틀을 제공하려 하였다.

매킨타이어는 우선 '실천'(실행, practice)을 다음과 같이 설명하고 있다.

> 내가 말하고자 하는 "실천"은, 특정한 활동 형식에 적합하고 또 부분적으로는 이 활동 형식을 통해 정의된 탁월성의 기준을 성취하고자 하는 시도의 과정에서 이 활동 형식에 내재하고 있는 선들이 이 활동을 통해 — 탁월성을 성취할 수 있는 인간의 힘과, 관련된 목표와 선들에 관한 인간의 표상들이 체계적으로 확장되는 결과를 가져오는 방식으로 — 실현되는, 사회적으로 정당화된 협동적 인간 활동의 모든 정합적, 복합적 형식을 뜻한다. (MacIntyre, 1997: 277-278)

실천은 사회적으로 정당화된 인간의 상호 협동적인 정합적, 복합적 활동을 의미한다. 여기서 주목할 것은 "내재하고 있는 선들이 이 활동을 통해 실현되는"이라는 표현이다. 내재하고 있는 선(내적 선)은 실천 자체가 아닌 다른 활동에 의해서는 성취될 수 없는 선을 말한다(Mulhall & Swift, 2005: 124). 즉, 실천은 그 활동에 고유하게 내재한 선(내적 선)이 있는 활동을 행하는 것이다. 실천의 내적 선을 실현한다는 것은 그 실천을 탁월하게 수행하는 것, 즉 덕이 있는 것이며, 그 실천을 탁월하게 수행할 수 없으면, 즉 탁월성(덕)이 없으면, 내적 선을 제대로 성취할 수 없다. 한편, 실천에 참여하려면 그 실천이 요구하는 표준과 방식이 지니는 권위를 수용해야 한다. 예를 들어, 체스를 실천하여 체스의 내적 선을 성취하려면, 나 자신의 선호나 취향과는 관계없이, 체스의 규칙을 수용할 수밖에 없다. 이처럼 개인이 공유된 작업에 참여하고 공동체 속에서 오랜 세월에 걸쳐 결정된 표준들을 받아들임으로써 개인은 주정주의의 위협을 견뎌 내는 삶의 양식에 입문할 수 있게 된다(Mulhall & Swift, 2005: 127).

그런데 인간의 삶은 수많은 실천으로 이루어진다. 때에 따라서는 여러 가지 실천들이 요구하는 사항들이 상충할 수 있다. 예를 들어 훌륭한 체스 선수에게 요구되는 것은 훌륭한 부모에게 요구되는 것과 상충할 수 있다. 경합하는 요구 사항들은 인간의 삶을 위태롭게 할 수 있다. 매킨타이어에 의하면, 우리는 이러한 문제 상황에서 '삶의 서사적 통일성'을 통해 해결한다.

> 인간은, 그가 만들어내는 허구들 속에서 뿐만 아니라, 자신의 행위와 실천에 있어서도 본질적으로 하나의 이야기를 말하는 동물이다. … "나는 무엇을 해야만 하는가?"라는 물음에 대해 나는 이에 선행하는 물음, 즉 "나는 어떤 이야기 또는 이야기들의 부분인가?"라는 물음에 답할 수 있을 때에만, 대답할 수 있다. (MacIntyre, 1997: 318)

우리가 어떤 행위를 이해한다는 것은 그 행위자의 삶과 그 행위의 배경을 알 때 가능한 일이다. 달리 말해 삶의 서사적 내력은 그 행위를 특징짓기 위해 필요하다. 그러므로 행위는 기본적으로 역사적 성격을 지닌다. 삶의 서사적 내력은 삶에 일정한 목적론적 성격을 부여한다(Mulhall & Swift, 2005:

129). 이러한 삶의 서사적 통일성은 상이한 실천들의 요구 사항이 상충할 때 합리적인 선택을 내릴 수 있는 틀을 제공한다.

> 우리 모두가 우리의 상황들을 하나의 특수한 사회적 정체성의 담지자로서 파악한다는 것이 중요하다. 나는 누군가의 아들 또는 딸이고, 누군가의 사촌 또는 삼촌이다. 나는 이 도시 또는 저 도시의 시민이며, 이 동업조합 또는 저 직업집단의 구성원이다. 나는 이 씨족에 속하고, 저 부족에 속하며, 이 민족에 속한다. 그렇기 때문에 나에게 좋은 것은 이러한 역할들을 담당하는 누구에게나 좋아야 한다. 이러한 역할의 담지자로서, 나는 나의 가족, 나의 도시, 나의 부족, 나의 민족으로부터 다양한 부채와 유산, 정당한 기대와 책무들을 물려받는다. 그것들은 나의 삶의 주어진 사실과 나의 도덕적 출발점을 구성한다. 이것은 나의 삶에 그 삶의 도덕적 특수성을 부분적으로 제공한다. (MacIntyre, 1997: 324)

이처럼 나는 나의 도덕적 정체성을 가족, 이웃, 도시, 부족과 같은 공동체의 구성원 자격 속에서 발견한다. 이같이 나의 정체성을 형성하는 사회적 유산의 핵심적인 부분 중의 하나는 '전통'이다. 전통은 일련의 실천으로 이루어지는 것으로 그 실천들의 중요성과 가치를 이해하는 방식이다. 전통은 그런 실천들이 형성되게 하고 또 세대를 통해 전승되게 하는 매개체이다 (Mulhall & Swift, 2005: 132). 이러한 전통은 개인이 선의 탐색을 어떻게 추구할 것인가를 합리적으로 결정하는 데 필요한 자원이 된다. 즉, 나의 가치 있는 삶은 전통 속에서 형성되고 전통 속에서 실현될 수 있다.

3. 자유주의와 공동체주의 논쟁

지금까지 샌델과 매킨타이어를 중심으로 공동체주의자의 주장을 간략히 검토해 보았다. 그들 이외에도 테일러(C. Taylor), 왈처(M. Walzer), 에치오

니(A. Etzioni) 등 많은 현대의 공동체주의자들은 현대 자유주의 정치철학이 안고 있는 문제점을 이론적으로 지적해 줌으로써 자유주의 자체에 대하여 깊은 숙고를 할 수 있는 반성의 기회를 주었다. 더불어 현실적으로 자유민주 사회가 안고 있는 제반 문제점을 공동체의 관점에서 생각하고 반성할 수 있는 기회를 부여함으로써 새로운 대안 모색의 필요성을 제기하였다(장동진, 2001: 165).

현대의 공동체주의자들은 앞서 언급한 것처럼 대체로 롤스의 『정의론』을 중심으로 현대 자유주의를 비판한다. 이러한 비판에 대해 롤스는 『정치적 자유주의』를 통해 공동체주의자들의 비판에 대응하였다. 뮬홀과 스위프트(S. Mulhall and A. Swift)는 현대 공동체주의자와 현대 자유주의자의 논쟁을 인간관, 반사회적 개인주의, 보편주의, 주관주의/객관주의, 반완전주의와 중립성이라는 다섯 가지 논제로 정리하고 있다.

첫 번째로, '인간관'과 관련하여 공동체주의자들은 자유주의자들이 상정하는 인간(자아)은 사회 이전에 개인으로 혹은 공동체와 아무런 연고도 없이 존재한다는 관점, 즉 개인들이 자신의 목적과 가치 그리고 선과 공동체에 대해 갖는 애착이 그들의 정체성을 이루는 근원적인 부분이 될 수 있는 가능성을 허용하지 않는다고 비판한다(Mulhall & Swift, 2005: 211). 이러한 비판에 대해 롤스는 자신의 인간관이 정치적인 관점이라는 점을 강조한다. 즉, 롤스의 인간관은 사람들이 공적 정치 영역의 구성원인 한에 있어서만 적용되며, 삶의 다른 어떤 측면에도 적용되지 않는다(Mulhall & Swift, 2005: 250). 롤스는 정치적 인간관은 도덕적 이상을 지향하는 도덕적 인간관이 아니며, 정치적인 공동의 문제를 해결하는 데 있어서 현실적 인간이 지니는 문제를 극복하기 위해서는 정치적 인간관의 설정이 불가피하다고 주장한다(장동진, 2001: 179).

두 번째로, 공동체주의자들은 롤스의 관점이 '반사회적 개인주의'라고 공격한다. 뮬홀과 스위프트에 의하면, 반사회적 개인주의라는 명명을 통해 서로 연관되지만 구별되는 두 가지 문제가 제기된다. 우선 개인의 목적과 가치, 정체성은 그가 속해 있는 보다 광범위한 공동체와 별개로 존재하는 것으로 간주될 수 있다(Mulhall & Swift, 2005: 211). 즉, 롤스의 반사회적 개인주의 관점은 사람들이 선과 자기 자신에 대해 가지는 생각이 사회적 배경에 의존한다는 중요한 철학적·사회학적 진리를 부인하고 있다고 비판된다(Mulhall & Swift, 2005: 256). 이러한 비판에 대해 롤스는 완전한 공지성의 조건(full publicity condition) 개념을 동원하여 자신의 입장을 옹호한다. 즉, 공지성은 시민들이 그들의 자아관, 즉 자신의 특성과 목적에 대한 관점을 형성함에 있어 사회의 기본 구조가 광범위한 영향을 끼친다는 점을 알고 또 이를 수용할 수 있다는 것을 보장해 준다(Mulhall & Swift, 2005: 258-259). 또한 롤스는 공정으로서의 정의 그 자체가 사람들로 하여금 자신들이 자유롭고 평등한, 즉 정의감을 가질 수 있으며 선 관념을 형성·수정·추구할 수 있는 자유롭고 평등한 존재임을 알도록 도와주는 교육적 역할을 수행한다(Mulhall & Swift, 2005: 259)는 반론을 제기한다. 그리고 '반사회적 개인주의'는 사람들로 하여금 공동체의 구체적인 제반 선 — 특히 정치 공동체의 선 — 의 참된 의미를 깨닫지 못하게 하는 실질적인 오류를 범한다는 비판이 제기된다(Mulhall & Swift, 2005: 211). 왜냐하면 롤스는 정치를 단지 사람들이 오직 자신의 사적 이득을 추구하기 위해 다른 사람들과 협력하는 장으로 간주함으로써, 동료 시민들 간의 유대가 사람들의 삶에 있어 중요한(혹은 가장 중요한) 근원적 애착으로 작용할 수 있는 여지를 무시하기 때문이다(Mulhall & Swift, 2005: 256). 이러한 비판과 관련하여 롤스는 포괄적인 종교적, 철학적 혹은 도덕적 교리에 의해 통합된 공동체는 정치사회의 수준에서는 가능하지 않거나 바람직하지 않다고 본다(Mulhall & Swift, 2005: 260). 반면에 공동체의 선이 정치 외적 수준에서 실현되어야 한다는 점은 전적으로 받아들일 수 있다고 응수한다(Mulhall & Swift, 2005: 261). 롤스는 또한 공정으로서의 정의가 정착된 질서 정연한 사회에서 시민들은 공동의 목적, 즉 정치적 정의라는 목적을 공유한다고 주장한다. 이러한 목적은 시민들이 자신뿐만 아니라 서로를 위해서 필요로 하는 것으로서 정치 · 사회 제도들이 정당하다는 것을 보장하고, 사람들에게 정의를 제공하는 그런 목적이다(Mulhall & Swift, 2005: 262).

세 번째로, 공동체주의자들은 롤스의 정의론이 사회가 지니는 문화 특수성에 전혀 관심을 기울이지 않은 채 보편적 · 초문화적으로 적용되기를 의도한다는 비판을 제기한다(Mulhall & Swift, 2005: 211). 이러한 비판에 대해 롤스는 자신의 정의관이 입헌 민주 사회의 공적 정치문화로부터 도출된다는 점을 강조함으로써, 자신의 정의론 전반이 대단히 문화 특수적임을 보여 준다(Mulhall & Swift, 2005: 265). 이것은 롤스 자신이 제시하는 해결 방법과 정의관의 내용이 자유주의적 전통을 배경으로 하는 사회를 전제로 하여 성립한 것임을 강조함으로써 보편 이론으로서의 가능성을 스스로 제한하고 있는 것으로 보인다. 그럼에도 불구하고 여전히 정의의 두 원칙의 성격은 자유주의를 근간으로 한 입헌 민주 사회에서는 보편적인 것임에는 틀림없다(장동진, 2001: 181).

네 번째로, 주관주의/객관주의 관련 논쟁은 자유주의에서 개인이 자신의 목적과 가치, 선 관념을 선택하는 것은 자의적이라는 점과 연관된다(Mulhall & Swift, 2005: 212). 이 점과 관련하여 공동체주의자들은 롤스가 가치판단의 합리성과 객관성에 대해 철학적 회의주의에 빠져 있다고 공격한다(Mulhall & Swift, 2005: 273). 이러한 비판에 대해 롤스는 정치적 구성주의와 중첩적 합의의 개념을 동원하여 자신의 입장을 옹호한다. 정치적 구성주의는 경합하는 원칙들 사이에서 판단을 내림에 있어 그들 원칙이 도덕적 가치의 독립된 질서에 부합하는지 여부에 의거하지 않으며, 단지 그들 원칙이 마련하는 정치적 구성이 합당한지 여부에만 의거한다(Mulhall & Swift, 2005: 275). 즉, 정치적 구성주의는 가치의 합리성과 객관성에 대한 형이상학적 교설에 대한 논쟁을 피하고자 한다(Mulhall & Swift, 2005: 276). 만약 정치적 구성주의에 진리 개념이 없다면, 어떤 정치적 원칙이나 판단이 객관적이라는 것을 어떻게 설명할 수 있는가(Mulhall & Swift, 2005: 276)라는 질문에 대해 롤스는 중첩적 합의의 개념으로 응수한다. 즉, 중첩적 합의 — 합당한 포괄적 교설들이 나름의 이유에 입각해서 동일한 정치관을 지지하는 — 라는 것은 우리가 우리 자신의 포괄적 교설의 관점에서 어떤 정치관을 평가할 때 그 정치관의 도덕적 진리에 대해 얘기할 수 있음을 의미한다(Mulhall & Swift, 2005: 277). 더 나아가 롤스는 합당한 포괄적 교설들이 정치적 자유주의를 지지하는 점에서 일치한다는 바로 그 사실이 결국 정치적 자유주의가 참이라는 좋은 증거임을 강하게 암시한다(Mulhall & Swift, 2005: 278).

마지막으로, 롤스는 국가는 사람들이 포괄적인 가치에 따라 사람들을 행동하도록 하는 일을 자제하고 그들 자신의 개인적 선택과 각자의 선 관념에 따라 삶을 영위할 수 있도록 하는 중립적인 틀을 제공해야 한다고 주장해 왔다. 즉, 그는 자신의 정치 이론이 옳음을 좋음에 우선시킨다고 주장함으로써 정치적 반완전주의(anti-perfectionism)와 중립성(neutrality)을 표방해 왔다(Mulhall & Swift, 2005: 279). 그러나 공동체주의자들은 롤스의 정의론이 경합하는 선 관념들 사이에서 겉보기보다 훨씬 덜 중립적이라고 비판한다(Mulhall & Swift, 2005: 212). 즉, 정치 영역에서 선에 대한 호소를 금지하려는 정치 이론은 그 자체가 하나의 선으로 작용한다. 명백히 자유주의적 선 관념의 타당성을 전제하고 있다는 것이다(Mulhall & Swift, 2005: 279). 달리 말해 정치적 영역에서 선 관념을 배제하는 것 자체가 특정한 선 관념인 것이다(Mulhall & Swift, 2005: 279-280). 또한 반완전주의와 중립성 이론으로 귀결되는 자유주의 사회는 시민들의 선 관념들 중에서 모든 시민의 자율성을 보호하기 위해 명시적으로 재가되는 것이 아닌 것들을 차별할 수 있다는 점도 지적된다(Mulhall & Swift, 2005: 212). 이러한 비판에 대해 롤스는 공정으로서의 정의가 선 관념들 사이에서 중립적이라는 말의 의미는 그것이 어떤 특정한 포괄적인 종교적 · 철학적 · 도덕적 교설도 전제하지 않는다는 의미라고 해명한다. 즉, 공정으로서의 정의는 정치 영역에만 적용되며, 공유된 공적 정치 문화에 내재하는 이념들로부터 만들어진다. 따라서 인간의 삶 전반 — 정치 영역의 안과 밖 모두 — 에 관한 어떤 특정한 관점에 대해서도 그 일부를 이루거나 그 관점의 진리 여부에 의존하지 않는다. 그리하여 그것은 시민들이 지지할 수 있으며 실제로 지지하는 합당한 포괄적 교설들 간에 공통된 근거에 기초한다는 의미에서 중립적이다(Mulhall & Swift, 2005: 280).

이상에서 자유주의와 공동체주의의 논쟁을 인간관, 반사회적 개인주의, 보편주의, 주관주의/객관주의, 반완전주의와 중립성이라는 다섯 가지 논제로 검토해 보았다. 자유주의와 공동체주의의 논쟁은 현대 자유주의 정치 이론이 지니고 있는 이론적 문제점을 지적하고 또한 현실의 자유주의 사회에서 드러나고 있는 병리적 현상에 대한 진단과 처방을 제시하였다는 점에서 매우 의의가 있다고 할 수 있다.

참고 문헌

유홍림(2003), 『현대정치사상연구』, 경기: 인간사랑.

이근식(2011), 『신자유주의』, 서울: 기파랑.

장동진(2001), 『현대자유주의 정치철학의 이해』, 서울: 동명사.

전상국, 「자유주의와 공동체주의 논쟁」. 최상용 외(2002), 『인간과 정치사상』, 경기: 인간사랑.

Ball, T & R. Dagger, *Political Ideology and the Democratic Ideal*, 정승현·강정인 외 4인 역(2011), 『현대정치사상의 파노라마』, 서울: 아카넷.

Courtland, S. D., G. Gaus & D. Schmidtz(2022), "Liberalism", The Stanford Encyclopedia of Philosophy (Spring 2022 Edition), Edward N. Zalta (ed.), URL = 〈https://plato.stanford.edu/archives/spr2022/entries/liberalism/〉.

Fowler, R. B. (1991), *The Dance with community*, Lawrence: Univ. Press of Kansas.

Hayek, F. A., *The Road to Serfdom*, 김이석 역(2018), 『노예의 길』, 서울: 자유기업원.

Held, D., *Models of Democracy*, 박찬표 역(2010), 『민주주의의 모델들』, 서울: 후마니타스.

Heywood, A., *Political Ideology*, 양길현·변종헌 역(2014), 『사회사상과 정치 이데올로기』, 서울: 오름.

Hobbes, T., *Leviathan*, 진석용 역(2012), 『리바이어던 1』, 경기: 나남.

Kymlica, W., *Contemporary Political Philosophy*, 장동진 외 3인 역(2008), 『현대 정치철학의 이해』, 경기: 동명사.

Locke, J. *Two Treatises of Government*, 이극찬 역(1995), 『시민정부론』, 서울: 연세대출판부.

MacIntyre, A., *After Virtue*, 이진우 역(1997), 『덕의 상실』, 서울: 문예출판사.

Mill, J. S., *On Liberty*, 서병훈 역(2010), 『자유론』, 서울: 책세상.

Mulhall S. & A. Swift, *Liberals and Communitarians*, 김해성·조영달 역(2005), 『자유주의와 공동체주의』, 서울: 한울.

Nozick. R., *Anarch, State and Utopia*, 남경희 역(2000), 『아나키에서 유토피아로』, 서울: 문학과 지성사.

Rawls, J., *A Theory of Justice*, 황경식 역(1986), 『사회정의론』, 서울: 서광사.

Rawls, J., *Political Liberalism*, 장동진 역(2003), 『정치적 자유주의』, 서울: 동명사.

Sandel, M., *Liberalism and the Limits of Justice*, 이양수 역(2017), 『정의의 한계』, 서울: 멜론.

Smith, A., *The Wealth of Nations*, 김수행 역(2013).『국부론』, 서울: 비봉출판사.

2

도덕교육의 관점에서 바라본 공화주의

박성근

서강대학교 인문대학 철학과를 졸업하고 서울대학교 사범대학 윤리교육과 대학원에서 석사 및 박사 학위를 취득하였다. 현재 제주대학교 사범대학 윤리교육과 교수로 재직하고 있으며, 주요 관심 분야는 정치철학 및 정치사상, 통일 교육, 시민 교육 등이다. 주요 논문으로 「신로마 공화주의에서 공동선 개념의 의미」, 「페팃의 헌정적 공화주의와 도덕 교육의 과제」, 「마키아벨리 공화주의의 도덕 교육 적용 연구: 「로마사 논고」를 중심으로」, 「존 롤스의 정의론과 도덕 교육」 등이 있고, 「모드락 시민성과 시민교육」(공저) 등의 책을 펴냈다.

* 이 장은 『윤리연구』 제141호(2023)에 게재된 「도덕 교육의 관점에서 바라본 공화주의」를 수정 · 보완한 것이다.

I. 서론

공화주의는 2015 개정 교육과정의 도덕과 교육과정에 도입된 이후 관심도가 높아지고 있는 사상이다. 공화주의는 아테네의 아리스토텔레스(Aristoteles), 로마의 키케로(M. T. Cicero) 등의 고전적 학자들에게서 시작되었으며, 1980년대 미국의 자유주의-공동체주의 논쟁에서 두 사상의 대안적 역할로 주목받게 되면서 세계 정치사 및 정치철학 학계에서 새로운 부활을 맞이한 사상이라 할 수 있다.

20세기 중후반 정치철학 논의에서 롤스(J. Rawls)를 위시한 자유주의 학자들은 좋은 삶은 개인이 선택해야 하고, 사상과 양심의 자유는 국가의 간섭 없이 보장되어야 한다고 주장하였다. 그러나 공동체주의자들은 자유주의가 사익(私益)만을 추구하는 원자적 개인들을 양산할 뿐이라고 주장하면서 모든 도덕적 문제를 중립적 관점에서만 해결하려는 자유주의의 절차적 공정성 개념의 한계를 지적하였다.

이에 다시 자유주의자들은 공동체주의가 시민으로 하여금 무리하게 정치 참여를 강요하거나 공동선 혹은 단일한 사회적 목적을 추구하도록 함으로써 개인의 자유와 권리를 억압할 가능성이 매우 높다고 비판하였다. 이러한 대립적 상황에서 자유주의의 핵심 가치인 '자유의 실현'을 보장하면서도, 공동체주의의 '적극적 정치 참여를 통한 공동선 및 공익의 추구'를 가능하게 할 수 있는 대안으로 공화주의가 등장하게 된 것이다. 공화주의는 국가의 공동선을 증진하는 법을 제정하고, 시민들 모두가 이를 따르고자 노력할 때, 비로소 자유가 실현되고 보장될 수 있다는 관점에서 자유주의와 공동체주의의 한계를 동시에 보완하는 사상으로 평가받고 있다.

현대 공화주의 사상은 '아테네 전통의 공화주의'와 '로마 전통의 공화주의'로 구분되어 전개되고 있다. 전자의 학자로는 샌델(M. Sandel)을, 그리고 후자의 학자로는 비롤리(M. Viroli)와 페팃(P. Pettit)을 들 수 있다. 아테네 전통의 공화주의는 주로 시민의 역할을 강조하면서 개인의 적극적 정치 참여를 강조한다. 이에 비해 로마 전통의 공화주의는 적극적 정치 참여에 대한 강조보다는 법과 제도의 구축을 통해 개인의 자유를 확보하는 것에 보다 관심을 두는 경향이 강하다.

두 공화주의 이론이 지닌 차이점에도 불구하고, 두 이론 모두 시민적 덕성을 통한 자유의 성취, 법과 제도를 통한 공동선의 실현을 목표로 한다는 점에서 동일한 공화주의적 가치와 이상을 목표로 한다는 것에 이론의 여지가 없을 것이다. 이에 이 장은 두 공화주의 이론이 지닌 차이점을 명료히 밝히는 것에 초점을 맞추는 것이 아닌, 공화주의 사상 자체가 지닌 규범적 가치와 이상을 확인하는 것에 그 목적을 두고자 한다.

공화주의는 시민들로 하여금 사회적 소통과 대화를 전제로 하는 높은 수준의 통합적 능력과 의지를 요구한다는 점에서 오늘날 우리나라 사회에 시의적절한 함의와 가치를 제공할 수 있다. 지역 갈등과 세대 갈등, 남녀 갈등과 같은 분열의 정치가 현존하는 대한민국의 정치적·사회적 현실에서 특정 개인과 집단의 이익이 아닌 국가의 공동선을 시민 모두가 함께 실현해야 한다는 공화주의의 이상은 분명 시사점이 적지 않기 때문이다.

장차 우리나라를 이끌어 갈 중추적 역할을 해야 할 학생들에게 자유와 준법의 인과성, 정부 정책에 대한 지속적 견제와 신뢰의 중요성, 자유를 위해 투쟁했던 선조들에 대한 기억과 기념과 같은 공화주의적 가치를 반영한 교육이 실현될 수 있다면, 기존의 자유주의 및 공동체주의가 갖는 교육적 의미와는 구별될 수 있는 시민교육적 가치를 함양하도록 할 수 있을 것이다.

이 장은 고대의 아리스토텔레스와 키케로, 근대의 마키아벨리(N. Machiavelli)와 루소(J. J. Rousseau), 현대의 샌델, 비롤리, 페팃 등 주요 공화주의 학자들의 사상을 개괄한 후, 공화주의의 핵심 개념인 혼합정, 자유, 법치, 덕성, 애국심의 관계성을 유기적으로 이해하는 데 초점을 두고자 한다. 그리고 이러한 과정은 결과적으로 공화주의가 지닌 시민 교육적 가치를 확인하고 검토하는 데 도움을 줄 것이다.

II. 고대와 근대의 공화주의

1. 아리스토텔레스와 키케로의 공화주의: 혼합정과 시민적 덕성을 통한 공동선의 실현

아테네 민주정은 솔론(Solon), 클레이스테네스(Cleisthenes), 페리클레스(Pericles)를 통해 전성기를 이루었다. 이들은 귀족층의 힘을 약화시키지 않으면서도 일반 시민들도 법적·정치적으로 권력을 행사할 수 있도록 정치 체제를 구성하고 운영하였다는 점에서 실질적으로 공화주의의 이념을 실천한 것으로 평가받는다.[1] 그러나 아테네 민주정은 페리클레스 이후 인민 계급 중 하나인 테테스(Thetes)가 민회를 장악하여 자신들의 이익만을 고집하게 되면서 원로원 계층과의 극단적 갈등을 빚게 되는 위기를 맞게 된다. 이러한 아테네의 정치적 분열을 극복하기 위해 아리스토텔레스는 민주정과 귀족정의 조화를 통해 계급 갈등을 해소하고, 이를 통해 과거 아테네 민주정의 본질과 이상을 회복해야 한다고 주장한다(아리스토텔레스, 2017: 152).

다만 아리스토텔레스는 국정에 참여하는 시민들이 일정한 덕성을 갖추어야만 혼합정이 성공할 수 있을 것이라고 본다.

---

[1]. 솔론은 귀족들이 가난한 인민을 노예로 삼는 것을 막고, 클레이스테네스는 도편추방제를 실시하는 등 여러 계층이 동등한 정치적 권한을 행사할 수 있게 하여 공동체 구성원들의 대립과 분쟁을 해소하였으며, 페리클레스는 사적인 자유가 공적인 방종으로 흐르지 않도록 국정을 운영하였다.

그러나 국가가 훌륭해지는 것은 행운의 소관이 아니라, 지혜와 윤리적 결단의 산물이다. 훌륭한 국가가 되려면 국정에 참여하는 시민들이 훌륭해야 한다. 그런데 우리의 시민들은 모두 국정에 참여한다. 따라서 우리는 어떻게 해야 사람이 훌륭해질 수 있는지 고찰해봐야 한다. 시민 각자가 훌륭하지 않아도 시민 전체가 훌륭할 수는 있겠지만, 시민 각자가 훌륭한 것이 더 바람직하다. 각자가 훌륭하면 전체도 훌륭할 것이기 때문이다.
(아리스토텔레스, 2020: 403)

국가 공동체의 안정을 위해 아리스토텔레스는 시민은 어떤 행위에 의해 훌륭해질 것인지, 그리하여 최선의 삶의 목적은 무엇인지에 대해 알고 있어야 하며 이를 실천할 수 있어야 한다고 말한다.[2]

귀족정과 민주정의 조화에 초점을 맞추었던 아리스토텔레스의 혼합정 이론에서 더 나아가, 로마의 키케로는 귀족적 요소와 인민의 권한적 요소에 더해 왕권적 요소의 중요성을 강조한다.[3] 그는 왕정, 귀족정, 민주정을 혼합하여 구성한 정치체제가 공화국의 계급 간 평등을 보장하고 체제적 안정성을 확보할 수 있다고 생각한다. 그에 따르면, 왕정은 인민들의 법적 참여가 보장되지 못할 수 있고, 지혜와 덕을 갖춘 귀족들이 다스리는 정체는 부와 권력의 불균형이 심화되어 인민들이 법 제정이나 운영에서 배제되는 문제점을 지니며, 민주정은 인민들의 지혜와 탁월함의 부재로 인해 평등한 권한이 오히려 독으로 돌아올 수 있기 때문이다.

특히, 키케로는 공화국의 왕은 이론적 지혜와 정치적 지혜를 겸비하여

---

2. 이와 같은 아리스토텔레스의 입장은 '좋은 시민'은 '좋은 사람'이어야 한다는 그의 정치철학의 핵심을 대변하는 것으로, 아리스토텔레스가 정치와 도덕을 구분하는 근대의 자유주의적 정치철학자들과는 다른 길을 걸었음을 알 수 있게 해 주는 대목이라 할 수 있다(곽준혁, 2016: 205).
3. 키케로는 집정관(consul)은 최상위의 집행권을 발휘하면서 원로원(senatus)과 민회를 소집하여 국가를 통치하고, 원로원은 군주에게 조언을 하고 발의된 법안을 심의하며, 투표에 의해 선출된 공무원들로 구성된 민회는 행정관을 선출하거나, 법률을 승인하거나 거부하는 역할을 해야 한다고 주장한다.

'계급들의 화합(concordia ordinum)'을 이끌어 낼 수 있는 능력과 덕성을 갖추어야 한다고 주장한다(Radford, 2002: 18-19). 이상적 지도자는 정의, 신중함, 관용, 용기, 영혼의 탁월함, 예의 바름, 탁월한 수사 등과 같은 덕성들도 함양해야 하지만, 무엇보다 요구되는 중요 덕목은 귀족과 시민들의 갈등을 조정하여 국가 정의를 실현하고 시민들의 안전과 자유를 보장해야 한다는 것이다(Radford, 2002: 19).

또한, 키케로는 공화국이 안정적으로 유지되기 위해서는 '법치'가 필요하다고 역설한다. 그는 법률이란 '자연의 본성에 따르는 최고의 이치'라고 주장하면서 법률이 지닌 신성함을 강조한다(키케로, 2007b: 70). 그에게 법은 현상에 비친 이론이나 외적 사물에 근거한 억견에 근거하여 제정될 수 없다. 키케로는 이러한 법의 특징에 근거하여 공화국은 단순히 사회적 관습이나 정치적 권력에 의해 좌우되어서는 안 되며, 자연의 준엄함과 보편적 신성함에 근거하여 정의롭게 운영되어야 한다고 주장한다. 즉, 그에게 공화국은 단순히 사익을 위한 것이거나 관습적인 것이 아니라, 이성적 판단력을 갖춘 인간들이 보편적 본성에 의거하여 합의한 정치체제를 의미한다.

> 국가는 인민의 것입니다. 인민은 어떤 식으로든 군집한 인간의 모임 전체
> 가 아니라, 법에 대한 동의와 유익의 공유에 의해서 결속한 다수의 모임입
> 니다. 한편 인간이 결합하는 첫 번째 이유는 인간들의 연약함이라기보다
> 는 인간의 자연스러운 어떤 것, 마치 군집성(congregatio) 같은 것입니다.
> (키케로, 2007a: 130)

키케로의 국가론은 자신의 이익과 안전을 보장받기 위해 절대자에게 복종하는 근대의 홉스적 사회계약론과는 구별되는 것이다. 키케로에게 국가는 사회적 본성을 지닌 인민들이 사익뿐만 아니라 공공선의 실현을 위해 서로 공유하고 있는 정의감에 기초한 결과물로서, 단순히 전정치적(pre-political) 사람들이 사익을 보장받기 위해 계약하여 발생하는 도구적 국가

관과는 구분된다고 할 수 있기 때문이다. 키케로에게 국가는 야만적인 사람들이 자신의 욕망을 추구하기 위해 만든 결과물이 아닌, 자유롭고 평등한 시민들이 법과 이성에 근거하여 정의와 최선의 삶을 실현하기 위해 서로 토론하며 설득하는 공동체로 규정된 것이다.

이상의 고대 공화주의의 흐름을 요약하면, 아리스토텔레스가 민주정으로의 과도한 경향성을 제어하기 위한 귀족적 요소의 도입과 시민적 덕성의 필요성을 강조함으로써 공화주의의 단초를 마련하였다면, 키케로는 아테네 도시국가보다 더욱 방대해진 로마제국의 정치적 상황을 고려하여 사회적 조화와 통합을 마련하는 왕의 역할과 덕성을 강조하는 한편, 인간을 이성적 존재이자 자연 본성적 존재로 규정하면서 정의로운 법률에 의해 시민들의 자유와 법적 평등을 실현하기 위한 공화주의의 토대를 마련했다고 정리할 수 있을 것이다.

2. 마키아벨리의 공화주의: 소란과 갈등을 통한 계층 간 조화 지향

마키아벨리는 로마 키케로의 공화주의를 계승하여 근대 공화주의의 초석을 놓은 학자로 평가받는다. 그의 공화주의 정치철학은 17세기 해링턴(J. Harrington)으로 이어져 현대의 비롤리, 페팃 등의 현대 로마 전통의 공화주의 사상을 형성하는 데 중요한 역할을 수행한다. 마키아벨리의 공화주의 정치철학은 『군주론』과 『로마사 논고』를 통해 파악할 수 있다. 『군주론』의 경우는 흔히 군주국을 운영하는 지도자의 교활한 통치술과 관련된 책으로 알려져 있지만, 사실 『군주론』은 공화국을 통치하는 군주의 덕성과 역량에 대해 많은 서술을 할애하고 있다는 측면에서 그의 초기 공화주의 사상을 엿볼 수 있는 책이다. 다만 『군주론』은 당시 피렌체에서 벌어지고 있었던 계급 간의 심각한 갈등 상황을 극복해야 하는 군주의 능력과 덕성에 대해 서술한다는 점에서, 아리스토텔레스의 '우정의 덕성'이나 키케로의 '품위의 덕성'과 같은 고전적인 미덕과는 다른 보다 현실적 관점의 덕성을 제시한다는 점에서 그 차이점을 갖는다.

키케로가 규정하는 군주가 국가의 모든 계급을 조화롭게 만들 수 있는 정치적 지혜를 발휘하는 관대함과 미덕을 갖춘 인물이라면, 마키아벨리의 군주는 관대함과 인색함이라는 덕성을 상황에 맞게 자유자재로 발휘할 수 있어야만 하는 존재로 설정된다. 군주가 정직하고 관용적인 덕성만을 지닐 경우, 국가의 다양한 이해관계가 얽힌 문제들을 해결하지 못할 수 있기 때문이다. 일반 시민은 타인의 은혜를 쉽게 잊고 위선과 기만에 능한데다가 단기적 이익에 매몰되는 경향성을 갖기 때문에, 군주는 모름지기 법치라고 하는 신의에 근거한 원칙적 통치 외에도 때로는 기만책과 같은 위협적인 정치적 기술을 발휘할 수 있어야 한다는 것이다(마키아벨리, 2008: 114).

마키아벨리는 군주의 덕성뿐만 아니라 군주, 귀족, 인민의 계급 간 조화 문제와 관련해서도 키케로와 다른 입장을 나타낸다. 키케로에게 '정치적으로 산다는 것(vivero politico)'은 법치를 통해 각 계급의 시민들이 서로 우정과 미덕을 나누면서 지속적인 화합을 유지하여 나가는 것이다. 그러나 마키아벨리에게 정치적으로 산다는 것은 '고요한 화합'이 아닌, '투쟁과 갈등이 있는 화합'을 의미한다. 마키아벨리는 키케로의 비전인 '계급들의 화합'의 필연성을 거부하면서 국가적 내부 분열이 오히려 공화국의 발전을 창출하며, 공화국의 자유는 귀족과 인민의 대립과 불화를 통해 역설적으로 보장될 수 있다고 주장한다. 이에 대해 『로마사 논고』의 내용을 살펴보자.

귀족과 평민 간의 내분을 비난하는 자들은 로마를 자유롭게 만든 일차적 원인을 비난하고 그러한 내분이 초래한 좋은 결과보다는 그것들에게 유래하는 분란과 소동만을 고려하는 것처럼 내게 보인다. 그들은 모든 공화국에는 두 개의 대립된 파벌, 곧 인민의 파벌과 귀족의 파벌(umori)이 있다는 점 그리고 로마가 자유를 향유할 수 있도록 제정된 모든 법률은 그들의 불화에서 비롯된 것이라는 점을 깨닫지 못하고 있다. … 이토록 좋은 모범적 처신은 좋은 교육에, 좋은 교육은 좋은 법률에, 좋은 법률은 많은 이들이 무분별하게 규탄하던 그러한 대립과 불화에 기원을 두고 있기 때문이다. 즉 그 결과를 엄밀히 검토한 자라면 누구나 그러한 대립이 공동 선에 유해한 추방이나 폭력보다는 공공의 자유에 도움이 되는 법률과 제 도를 생산해냈다는 점을 발견하게 될 것이기 때문이다. (마키아벨리, 2019: 96-97)

　이러한 마키아벨리의 '계급 간의 소란과 갈등을 통한 균형'의 통치 방식 은 이후 공화주의 전통에서 공화국이 단원성(單元性)을 추구하기보다는 다 원성(多元性)과 연방성(聯邦性)을 추구해야만 한다는 주장에 영향력을 발휘 하게 된다(비롤리, 2012: 88). 단원적 국가는 궁극적으로 권위적이거나 억압 적 성격을 가질 수밖에 없는데, 이는 공화국에 속한 개인들의 자율과 창의 성을 질식시켜 시민과 사회의 번영을 저해하기 때문이다(비롤리, 2012: 88).

　마키아벨리는 갈등과 대립을 행정적으로 제도화하는 방법을 구상하는 데, 그것은 바로 이전의 공화주의 학자들이 주장한 것과 같이, 혼합정을 성 공적으로 운영하는 것이다. 마키아벨리는 로마 공화정을 사례로 들면서 부 와 가난의 여부와 관계없이 최고 행정직과 같은 공직은 모든 시민들에게 열려 있어야 하며, 호민관이 원로원을 치열하게 견제할 수 있는 법이 제정 되고 집행되어야만 국가의 안정과 평화가 실현될 수 있다고 주장한다.[4]

　또한, 마키아벨리는 공화주의 전통의 자유 개념을 본격적으로 논의한 학 자이기도 하다. 그는 로마인들의 자유를 예로 들면서, 자유를 '노예가 아닌 상태' 또는 '시민들이 국가 권력이나 타인의 자의적 간섭으로부터 벗어나기 위한 정치사회적 조건'으로 이해한다(곽준혁, 2014: 258-259). 마키아벨리는 비예속적 상태로서의 자유는 혼합정과 법치라는 제도적 정책을 통해서 실 현되는 것이기는 하지만, 무엇보다 시민들의 유덕함이 수반되어야만 완벽

---

4. 다만 마키아벨리의 공화주의는 귀족 중심의 저변이 좁은 정체(governo stretto)보다는 인민 중 심의 저변이 넓은 정체(governo largo)를 근간으로 한다는 점에서 앞선 아리스토텔레스와 키 케로의 귀족 중심의 공화주의와는 차별점을 갖는다.

히 성취될 수 있는 것이라고 말한다. 따라서 마키아벨리에게 시민들의 자유는 헌법과 같은 형식적(formal) 구조에 의해서만 실현되는 것이 아니라, 실천적인(practical) 삶을 통해서만 가능한 것이며, 동료 시민들의 끊임없는 상호 관계의 작용 속에서 성취될 수 있는 사회적 이상으로서 간주된다.

3. 루소의 공화주의: 일반의지를 통한 사회적 자유의 성취

루소의 정치철학은 자유주의로 읽히기도 하지만, 그 반대로 전체주의, 더 나아가서는 공동체주의, 공화주의로까지 해석되기도 한다(김용민, 2016: 167-168). 국가 성립의 이유를 자유의 실현이라는 관점에서 접근한다는 점에서 자유주의로 여겨질 수 있지만, 자유는 결국 전체 시민의 의지가 합일된 일반의지에 의해 실현될 수 있다는 점을 강조한다는 점에서 강한 형태의 공동체주의나 전체주의로 이해되기도 한다. 그러나 루소가 시민의 자유와 평등을 보장하기 위해 공화국의 법치를 강조한다는 점에서 그를 공화주의자로 평가할 여지는 충분하다(김용민, 2016: 167-169).

아리스토텔레스, 키케로, 마키아벨리와 같은 공화주의자들이 계층 간의 화합, 그리고 법치와 덕성이 수반되는 혼합정체의 운영을 공화주의의 필수 요소로 강조한 데 비해, 루소는 개인의 자유가 사회계약을 통해 어떻게 보장될 수 있는지를 중점적으로 규명한 학자이다. 루소는 "아무도 태어나면서부터 자기의 동포를 지배할 권위를 갖고 있지 않으며 또한 폭력은 어떠한 권리도 조성할 수 없다"(루소, 2009: 188)라고 주장하면서 인간은 누구나 평등한 자유를 지니고 있음을 분명히 한다. 또한, "전제 군주는 그 백성들에게 사회적인 안일을 가져다준다고 말하는 사람도 있다. 그러나 만일 임금의 야심으로 말미암아 백성들이 겪어야 하는 전쟁이나 또는 임금의 끝없는 탐욕이나 각료들의 학정 등이 백성들 사이의 알력 이상으로 백성들을 괴롭힌다면 백성들은 이러한 안일 속에서 무슨 도움을 바라겠는가?"(루소, 2009: 188)라는 주장을 통해 전제 군주정이 비록 일시적 자유를 제공할 수는 있어도, 궁극적으로는 언제든 자의적 지배를 일삼을 수 있음을 지적한다.

루소는 리바이어던이라는 강력한 통치자의 권력에 의존하는 홉스식의 사회계약이 비록 모든 시민들의 안전을 보장한다고 하더라도, 그러한 사회계약의 방식은 각 개인들을 필연적으로 복종과 예속의 길로 인도할 것이라고 주장한다. 홉스와 달리 루소는 개인의 일부 자유가 속박되더라도 안전과 평화를 얻는 것이 아닌, 통치자와 타인의 자의적 예속 자체에서 벗어나는 것을 사회계약의 목적으로 삼는다. 그리하여 루소는 모든 사람이 모두와 결합을 하면서도 오직 자기 자신에게만 복종함으로써 여전히 자유로운 상태를 유지할 수 있는 계약 방식을 찾고자 한다. 그것이 일반의지에 의한 계약방식이다. 그는 일반의지를 "개인과 개인이 연합하여 공동의 힘으로 각 개인의 생명과 재산을 방어하고 보존하는 일종의 연합 형태를 발견하고, 이에 의해 각 개인은 전체에 결합하지만 종전처럼 자기 자신에게만 복종하고 전처럼 자유를 잃지 않는 연합 형태"(루소, 2009: 195)로 규정한다. 루소에 따르면, 일반의지에서 벗어나게 되면 누군가의 자의적 의지와 지배에 종속될 수밖에 없으며, 결과적으로는 자유를 누리지 못할 가능성이 높아진다.

루소는 일반의지라는 결합 장치를 통해 비로소 공화국과 시민의 개념이 보다 명확해질 수 있다고 주장한다.

> 이 결합 행위는 곧바로 특정한 계약자 하나하나를 대신하여 하나의 정신적이고 집합적인 단체를 만들어 낸다. 이 단체는 집회에서의 투표자와 같은 수의 구성원으로 이루어진다. 또 이와 같은 행위를 통해 그 통일된 공동체의 정체성과 생명, 의지를 부여받는다. 이와 같이 모든 사람들의 결합으로 형성되는 이 공적인 인격은, 예전에는 '도시국가'라고 불렸으나 지금은 '공화국' 또는 '정치체'라고 불린다. 즉 수동적으로는 구성원들로부터 '국가'라고 불리고, 능동적으로는 '주권자'라고 불린다. 또한 비슷한 것들끼리 비교할 때는 '권력체'라고 불린다. 그 구성원에 대해서는 집합적으로 '국민'이라고 불리며, 그 하나하나에 대해서는 주권에 참여한다는 의미로

'시민' 그리고 국가의 법률에 복종한다는 의미로 '백성'이라고 불린다. (루소, 2022: 166)

그러나 이러한 일반의지는 자칫 모든 개인들의 의지의 총체적 양도로서 구성된 것이기에 절대적 권력을 갖게 되는 것이며, 결국 홉스식의 전체주의적 사고와 별반 다를 것이 없다는 비판에 노출된다. 이에 루소는 일반의지를 통한 사회계약은 각 개인이 그가 갖고 있는 일체의 권리와 함께 자기를 공동체에 전적으로 양도하는 행위로서, 이는 각 개인의 조건을 평등하게 함으로써 자의적 종속 관계의 가능성을 사전에 차단할 수 있는 장치라고 간주한다. 즉, 각 개인은 자기를 전체에게 양도하는 것이지 어떤 한 개인에게 양도하는 것은 아니기 때문에, 그는 자연적 자유를 포기하는 대신 시민적·사회적 자유를 얻게 된다는 것이다(루소, 2009: 196).

마지막으로, 루소는 국가 내의 당파들의 존재로 인하여 일반의지가 실제로는 항상 쉽게 도출되기 어려울 수 있다는 점에 대해서도 언급한다. 이러한 가능성에 대해 루소는 공동의 이익을 염두에 두는 일반의지와 달리, 사적인 이익을 염두에 두는 전체의지는 개인들의 의지를 총합한 것에 불과한 것인데, 전체의지 중에서 개인들의 사적 이익에서 지나친 것과 부족한 것들을 가감하여 상쇄한다면 그 차이의 합계로서 일반의지가 충분히 형성될 수 있다는 점을 들어 대응한다(루소, 2009: 209). 즉, 개인들의 의사가 다르더라도 서로가 의견을 조정함으로써 일반의지를 만들어 갈 수 있다는 것이다. 나아가 일반의지가 충분히 표출되기 위해서는 국가 내의 당파성을 없앨 수 있는 시민들의 정치 참여에 대한 열망과 의지가 필요하다는 것이 루소의 판단이다(루소, 2009: 209).

III. 현대의 공화주의

1. 샌델의 공화주의: 형성적 정치를 통한 시민적 공화주의의 완성

샌델은 매킨타이어(A. MacIntyre), 테일러(C. Taylor), 왈처(M. Walzer)와 함께 공동체주의자로 분류되기도 하지만, 본인 스스로는 시민적 공화주의자로 불리기를 원한다. 그는 절차적 · 중립적 자유주의를 통해서는 대리모 임신 문제, 임신중절 논란, 동성 결혼 합법화 논쟁 등과 같은 교착 상태에 빠진 도덕적 문제들을 해결할 수 없다고 지적하면서, 이와 같은 윤리적 문제를 해결하기 위해서는 절차적 · 중립적 자유주의를 벗어나 공공선을 성취하기 위한 시민들의 정치적 우정과 참여 의무를 고취시킬 필요가 있다고 주장한다(Sandel, 2009: 260-269).

특히, 샌델은 아리스토텔레스의 정치철학적 전통에 근거하여 시민들이 공동선을 위해 도덕적 · 철학적 · 종교적 교설에 입각한 토론에 적극적으로 참여한다면 공동체의 삶을 보다 좋은 방향으로 이끌어 갈 수 있을 것이라고 주장한다(Sandel, 2009: 240-243). 물론 샌델은 본인의 시민적 공화주의 사상이 선에 대한 일치된 생각을 강요하여 개인의 선택과 의지를 무시한다는 (아테네 전통의 공화주의에 대한 전형적 비판점인) '집단주의 비판'에 노출될 수 있음을 인정한다. 그러나 샌델은 사회적 · 도덕적 문제점들을 해결하는 데 있어 적극적 정치 참여로서의 시민적 공화주의는 반드시 고려되어야 한다고 강조한다.[5]

---

5. 아리스토텔레스 전통의 또 다른 시민적 공화주의로서 아렌트를 들 수 있다. 유대인 가정 출신의 아렌트는 『전체주의의 기원』(1951)을 통해 본격적으로 정치철학 사상가로의 길을 걷게 되었으며, 이후 『인간의 조건』(1958), 『예루살렘의 아이히만』(1963) 등의 저작을 발표하면서 정치철학 학계에서 전체주의적 사고와 믿음에 대항하는 학자로서 각인되고 있다. 그녀는 전체주의적 믿음을 결코 이해할 수 없는 근본악으로 규정한다. 그런데 이러한 근본악은 매우 특별한 상황에서 비롯되는 것이 아니다. 『예루살렘의 아이히만』에서 그녀는 아이히만이 저지른

샌델은 현대 정치철학의 공공 이념인 자유주의를 비판적으로 검토함으로써 시민적 공화주의가 가진 설득력을 드러내고자 한다. 그가 검토의 대상으로 삼는 주요한 자유주의 사상은 바로 롤스의 평등주의적 자유주의이다. 그에 따르면, 롤스의 평등주의적 자유주의는 '공정으로서의 정의'의 개념을 통해, 또 다른 유력한 공공 철학인 공리주의와 자유 지상주의의 한계점을 보완한다. 롤스는 자칫 사회의 효용을 극대화한다는 명목으로 개인의 자유와 권리를 침해할 가능성이 높은 공리주의의 문제점을 질서 정연한 사회의 모델을 제안함으로써 극복하며, 너무 열악한 경제적·사회적 위치에 처할 경우, 평등한 자유와 권리의 가치를 온전히 실현할 수 없다는 점을 근거로 공정한 기회균등과 차등의 원칙을 정당화하여 자유 지상주의의 한계점에서 벗어난다(Sandel, 2009: 151-153).

하지만 샌델은 개인의 선택권과 권리를 강조하는 롤스의 중립적 자유주의는 자유를 약속할 뿐, 자유를 보장하지는 못한다고 주장한다. 이는 샌델이 자유를 개인의 선택권 보호로서 규정하기보다는 공동체가 처한 문제들에 대해 동료 시민들과 함께 숙고하고 정치 공동체를 더 나은 방향으로 이끌어 가는 데 헌신하고자 하는 자치적 활동의 결과로서 정의하기 때문이다(샌델, 2015: 18). 자신의 목적을 선택하고 타인의 권리를 존중하는 능력만으로는 자유를 성취할 수 없으며, 오히려 자유는 공적인 일에 대한 관심 그리고 소속감과 같은 공동체와의 도덕적 유대 등을 통해 실현될 수 있다는 것이다(샌델, 2015: 18).

샌델에 따르면, 자유주의적 자유관이 추구하는 의무는 인간이라면 누구나 권리를 보장받아야 한다는 보편적 의무와 동의를 통해 혜택을 누릴 경

유대인 학살은 그의 악마적 성격에서 비롯된 것이 아니라, 자신에 대한 성찰과 반성이 결여된 상태로 단순히 자신에게 주어진 직무만을 수행하였기 때문이라고 주장한다. 즉, 누구나 전체주의적 사고에 빠지게 될 수 있는 가능성을 항상 갖고 있다는 것이다. 아렌트는 이러한 총체적 지배에서 벗어나기 위해서는 정치 공간에서 시민들이 법에 기반을 두는 시민적 권력을 형성하고 이성적 언어를 통해 자치(self-government)를 실현해야 한다고 주장한다(김선욱, 2021: 51-58).

우 발생하는 자발적 의무로만 구성된다(샌델, 2015: 29). 따라서 자유주의적 자유관은 공동체 구성원들 사이의 시민적 의무와 도덕적·정치적 유대를 설명할 수 없다. 이에 비해 샌델은 보편적 의무와 자발적 의무 외에도 우리는 동료 시민들과 함께 공동선을 고민하는 과정에서 서로에 대한 충성과 책임이라는 시민적 의무와 덕성을 자연스럽게 발휘하게 된다고 주장한다. 이러한 점에서 샌델의 공화주의 자유관은 자유주의적 자유관과 달리 형성적 정치(formative politics)를 요구한다고 볼 수 있다(샌델, 2015: 18). 즉, 시민들로 하여금 보다 자치에 참여할 수 있도록 정치적 차원에서 그들의 인격적 성품과 시민성을 함양시킬 수 있는 방안을 마련하고자 하는 것이다.

아리스토텔레스로 대표되는 아테네 전통의 공화주의를 계승하는 샌델의 시민적 공화주의는 개인의 성향, 애착, 헌신과 같은 자치 실현에 본질적인 요소들을 단지 사적인 문제가 아닌 공적인 문제로 간주한다. 이와 관련된 그의 주장을 살펴보자.

> 공화주의적 견해는 자유를 자치(自治)의 결과로 본다. 나는 자치의 운명을 통제하는 정치 공동체의 일원이자 정치 공동체에서 벌어지는 일들을 좌우하는 결정에 참여하는 자인 한에서 자유롭다. 달리 말해, 공화주의적 견해는 자유를 자치라든가 자치를 떠받치는 시민의 덕과 내적으로 연결되어 있는 것으로 본다. 공화주의적 자유는 시민적 덕의 함양에 의존하는 특정한 형태의 공적 생활을 요구한다. (샌델, 2015: 45)

샌델은 공화주의 정치는 단순히 시민들의 이익이 아니라 시민들의 정체성에 주목하며, 특정한 형태의 공적 생활과 목적을 시민들의 덕성으로 형성할 수 있게끔 노력한다고 주장한다(샌델, 2015: 44-45). 즉, 샌델에게 있어 인간이 본질적으로 자유로울 수 있는 유일한 경우는 공동선에 대해 숙고하고 공화국의 공공 문제에 참여할 때로 한정되는 것이다.

이러한 아테네 전통의 공화주의에 기반을 둔 샌델의 공화주의는 비롤리,

페팃과 같은 로마 전통의 공화주의자들에게 비판의 대상이 된다. 왜냐하면 형성적 기획은 공통점이 거의 없는 수많은 사람들에게 공통의 목적과 관점을 제안하는 과정에서 억압의 위험이 커지게 되기 때문이다(샌델, 2015: 423). 같은 공화주의 관점이라고 하더라도 비롤리, 페팃과 같은 로마 전통의 공화주의자들은 혼합정과 헌정주의라는 법적 · 정책적 제도를 통해 자유를 성취하는 조건을 형성하는 데 보다 초점을 맞춘다. 또한, 덕성과 관련해서도 로마 전통의 공화주의자들은 시민들의 적극적 참여가 오히려 동료 시민들을 자의적으로 지배할 가능성을 높인다는 점에서 정부에 대한 견제력 수준의 시민적 교양만을 요구한다.

그러나 이러한 비판에 대해 샌델은 자신의 공화주의는 시민들에게 공통의 목적과 선을 강요하려는 것이 아니라 공동선에 대한 숙고된 신념을 향유할 수 있는 독립적 판단력을 육성하고자 한 것일 뿐이라고 대응한다(샌델, 2015: 424). 그는 자신의 형성적 기획에 기반을 둔 시민적 공화주의는 건전한 의견의 충돌과 오랜 논쟁을 허용함으로써 오히려 불일치를 정치적으로 수행하는 것으로 바라보아야 한다고 주장한다(샌델, 2015: 425).

2. 비롤리의 공화주의: 자유와 덕성, 그리고 애국심

비롤리는 로마 전통의 공화주의의 핵심 개념인 공화국에 대한 정의, 자유의 의미, 시민적 덕성에 초점을 맞춰 공화주의 사상을 재구성한다.[6] 그에 따르면, 공화주의는 "자유의 원리를 숭상하면서 이 자유를 획득하고 유지하는 정치적, 법적 수단이 무엇인지를 설명하려고 한 정치이론체계"(비롤리, 2012: 33-34)이며, 공화국은 "법과 공공선에 기반을 두고 주권자인 시민들이 만들어낸 정치 공동체"(비롤리, 2012: 15)이다. 비롤리는 공화국의 구성원들이 '정치적 차원의 덕성'을 발휘함으로써 '예속되지 않는 자유로서의 공

---

6. 비롤리는 키케로, 마키아벨리와 같은 학자들에게서 로마 전통의 공화주의 사상의 흐름을 찾아내어 이를 체계적으로 정리하는 데 공헌한 현대 공화주의 사상가이다.

공선'에 대한 열망을 '법치'를 통해 함께 성취해야 한다고 본다. 그는 정치적 의사 결정을 통해 시민 모두가 동일한 영향을 받기 때문에 시민들은 자신의 이익을 위해서라도 공공선의 논의에 참가해야만 한다고 주장한다(비롤리, 2012: 35).[7] 여기에서 공공선이라 함은 "남에게 예속(dependence)되는 것도 원치 않고 또한 남들을 예속시켜 사적으로서 지배(domination)하려는 야심도 없는 그런 시민들에게 이로운 것"(비롤리, 2012: 36)을 의미하는데, 앞선 공화주의자들과 마찬가지로 비롤리 역시 혼합정을 통해 토론과 견제의 장(場)을 마련함으로써 공공선을 성취하고, 이러한 일련의 과정을 법적 제도를 통해 운영해야 한다고 주장한다.

　비롤리는 흔히 공화주의가 자유주의의 대안적 사상으로 평가받지만, 오히려 자유주의가 공화주의의 유산을 물려받은 정치 이념일 뿐이라고 주장한다(비롤리, 2012: 39). 로크 등 자유주의자들이 말하는 권력분립 이론은 공화주의의 혼합정 이론에서 영향을 받은 것이며, 개인의 생명, 자유, 소유를 헌법적·법률적 규범을 통해 보호하려는 정치적 개인주의는 공화주의의 법치 전통에 기인한 것으로 본다. 하지만 자유주의가 공화주의와 다른 독특한 개념이 하나 있는데, 그것은 바로 인간의 권리를 자연적이고 생래적인 것으로 규정한다는 점이다(비롤리, 2012: 40). 그에 의하면, 자연권 개념은 자유주의의 매우 중요한 철학적 기초를 형성함에도 불구하고, 권리는 오직 법과 공화국의 관습에 의해 형성될 수 있다는 관점을 간과한 개념이다. 왜냐하면, 공화주의 입장에서 볼 때, 자유와 권리는 타인의 자의적이고 예속적 지배에서 벗어나는 것을 의미하며, 이는 오직 공화국의 관습과 규범이 반영된 법에 복종할 때에만 가능한 것이기 때문이다.

---

7. 그러나 뒤에서 서술하지만, 비롤리는 정치 참여가 반드시 직접민주주의나 참여 민주주의를 의미하지는 않는다고 강조하면서, 대의제가 충분히 공공선을 실현할 수 있는 공화주의 원리로 작동할 수 있다고 주장한다(비롤리, 2012: 38). 공회에 참여하는 사람들은 충분히 특정 개인과 집단에 대한 이익을 대변하는 편파적 행위를 하지 않을 수 있는 능력을 지니며, 헌법적 제약이 충분히 갖추어진다면 대의제를 기반으로 한 정치 참여를 통해서도 공화국의 공동선을 성취할 수 있다는 것이다(비롤리, 2012: 38).

비롤리는 자유주의의 '간섭만 받지 않으면 자유를 누리는 것이라는 생각'은 공화주의의 '사적(私的) 형태의 주종적 지배 자체가 존재하지 않는 상태로서의 자유 개념'에 비해 설득력을 갖지 못한다고 주장한다. 왜냐하면 많은 공화주의 사상가들은 간섭이 없더라도 지배되거나 예속될 수 있는 조건 혹은 가능성에 주목하여 왔기 때문이다. 주인이 아무리 친절하고 간섭이 없다고 하더라도 그 주인이 언제라도 자의적 지배를 행사하여 노예를 괴롭힐 수 있는 조건 혹은 가능성이 상존한다는 측면에서 노예는 자유를 누리고 있다고 할 수 없기 때문이다. 자유주의의 불간섭 자유는 단지 행동의 자유가 실제로 억압되고 제한받는 것에만 초점을 맞추는 개념이라면, 공화주의의 '예속 자체의 부재로서의 자유'는 행동의 실제적 침해뿐만 아니라 행동의 자유가 억압될 수 있는 가능성과 그러한 억압적 행동의 정치적·사회적 조건들까지도 고려하는 개념이기 때문에 자유주의의 자유와 구별되는 보다 포괄적 개념이라는 것이 비롤리의 판단이다(비롤리, 2012: 48-49).

또한 비롤리는 공화주의의 자유 개념이 민주주의의 자유 개념과도 구분될 수 있다고 주장한다. 그가 보기에 "민주주의가 말하는 자유는 주권적 의사결정 과정에 직접 참여하는 일종의 적극적 자유"(비롤리, 2012: 47)를 의미한다. 하지만 공화주의의 자유는 개인이 타인의 지배와 자의에서 벗어나고자 하는 일종의 소극적이고 방어적 형태의 자유를 의미한다(비롤리, 2012: 47). 시민들이 정치과정에 참여하여 법을 제정하고 운영하려는 노력과 의지는 공화주의 실현의 중요한 요소이기는 하지만, 그러한 참여가 과잉되어 자칫 다수의 횡포가 발생함으로써 소수자들에게 자의적 지배를 행사할 수 있기 때문이다.

이에 비롤리는 자의적 예속에서 벗어날 수 있는 헌정적이고 정치적인 수단이 형성된다면 시민들은 충분히 대의적 관점에서도 자신의 자유를 실현할 수 있는 기회를 마련할 수 있다고 본다. 이러한 면에서 비롤리는 민주주의는 정치 참여를 민주제도들을 강화할 '목적'으로 간주하는 데 비해, 공화주의는 그것을 자유를 수호하고 자격을 갖춘 시민을 지도자로 선출함으로써 사적 주종 관계를 혐오하는 정치 문화를 증진하고자 하는 필수적 '수단'으로 간주할 뿐이라고 주장한다(비롤리, 2012: 47).

그러나 비롤리가 정치 참여를 목적이 아닌 수단으로 생각한다고 해서 시민들의 열정과 의지를 경시하는 것은 아니다. 그는 "공화주의는 정치적 자유에 관한 사상일 뿐만 아니라 정치적 자유의 실현과 유지에 꼭 필요한 열정(passion)에 대한 이론이기도 하다"(비롤리, 2012: 49)라고 주장한다. 그는 시민적 덕성(시민적 비르투 혹은 시민 윤리)이 살아 숨 쉬는 곳에서만 자유가 살아남을 수 있다고 말하면서, "공공선에 봉사하겠다는 시민들의 각오와 능력"(비롤리, 2012: 145)으로서의 덕성이 공화국의 시민들에게 반드시 필요하다고 주장한다.

비롤리는 시민적 덕성의 필요성에 대한 요구가 자칫 집단의 특정 선과 목적만을 강요하거나 옹호해야 한다는 의미로 이해될 수 있다는 점을 인지한다(비롤리, 2012: 146). 이는 시민적 덕성에 대한 요구가 커질수록 "시민들은 다른 것에 대해서는 덜 관대해지고 자신들의 것에 대해서는 더욱 열광적으로 될 가능성"(비롤리, 2012: 146)이 높아질 것이기 때문에, 정치를 위험한 상황으로 이끌 수 있다는 것에 대한 우려이다. 이에 비롤리는 시민적 덕성이 배타적이거나 편파적인 것이 아니라, 평범한 세련미를 갖춘 관용적인 것이라고 주장하면서 그와 같은 위험적 요소를 크게 걱정할 필요는 없다고 주장한다(비롤리, 2012: 49).

비롤리는 "시민적 덕성이 부패하고 정의롭지 못한 것에 대한 숭고한 저항을 의미하기 때문에 극도의 엄격함을 요구하지 않을까?"라는 편견을 가질 수 있지만, 사실은 그렇지 않다고 주장한다(비롤리, 2012: 152). 그에 따르면, 시민적 덕성은 불의한 것에 맞서 나의 소중한 동료 시민들을 지키고자 하는 매우 경건한 행위로 볼 수 있는 여지가 충분히 있기는 하지만, 반드시 자기를 희생시킬 정도의 열정을 요구하지는 않는다(비롤리, 2012: 154). 오히려 시민적 덕성은 자유와 안전을 증진할 때 발생하는 달콤함을 사랑하는 선에서 발휘될 필요가 있다고 본다(비롤리, 2012: 155-156). 즉, 안전한 거리, 좋은 공원, 잘 관리된 광장, 좋은 학교와 병원들을 이용하고 싶은 정도의 동기들만으로도 충분히 덕성은 성립될 수 있다는 것이다(비롤리, 2012: 160).

비롤리의 시민적 덕성에 대한 강조는 그의 애국에 대한 관점으로 이어지게 된다. 그에게 애국은 공화국의 시민들이 공공선으로서의 자유를 함께 성취해 나가는 과정에서 발생하는 정치적 우정을 의미한다. 즉, 그에게 애국은 단순히 같은 영토에서 태어났다는 점, 같은 종족에 속한다는 점과 같은 민족주의적이고 자연적인 요소들에 의해 발생하는 것이 아닌, 공화국의 자유를 정치 세계 내에서 함께 경험하고, 그 자유를 기억하고 갈망하고자 하는 동료 시민들과의 자발적 우정과 의지를 통해 형성되는 것이다(비롤리, 2012: 50-54).

> 우리는 한때 독재에 대한 항거 또는 자유를 향한 투쟁의 역사를 기념함으로써, 우리가 모두 함께 고통받았던 역사의 한 페이지를 회고함으로써, 그리고 우리가 열사들과 공화국에 몸 바쳤던 사람들, 그리고 통일을 이루어 낸 사람들을 이야기함으로써 이러한 이야기를 듣는 모든 이들의 가슴 깊이 자신들도 그러한 업적을 만들어야 한다는 도덕적 의무감을 일깨울 수 있다. … 우리의 역사에 의미와 가치를 부여하기 위해 우리는 그 역사를 이해해야 하고, 느껴야 하고, 거듭 생각해 봐야 한다. 정확한 단어들과 적절한 톤으로 기념하기 위해 우리는 공화국의 이상이 무엇인지, 그리고 이러한 이상이 그 실현을 위해 온몸을 바쳐 헌신했던 사람들에게 무엇을 의미했는지를 이해해야만 한다. (비롤리, 2012: 187-189)

이와 같이 비롤리는 공화국의 선조들이 행했던 자유를 향한 투쟁의 역사에 대해 기념하고 기억함으로써 시민들로 하여금 애국심을 고취시킬 수 있을 뿐만 아니라, 더 나아가서는 자신이 속한 국가를 시민 공동체로 만들어야겠다는 도덕적 의무감을 부여할 수 있을 것이라고 주장한다(비롤리, 2012: 187-189).

3. 페팃의 공화주의: 비지배 자유와 입헌적 민주주의, 그리고 시민적 견제력으로서의 덕성

페팃의 공화주의 사상은 크게 비지배 자유, 입헌적 민주주의, 시민의 견제력과 덕성이라는 3가지 축으로 전개된다. 우선 그는 키케로, 마키아벨리, 18세기 영국 공화파의 주장들 속에서 재발견한 비지배 자유의 개념을 철학적으로 정교화하는 작업을 한다. 이후에 그는 비지배 자유의 이상을 법의 제국과 권력 분산, 반다수결주의 조건 등을 이용하여 국가 제도에 적용할 수 있는 방안을 제시하고, 이러한 입헌적 민주주의로서의 공화주의를 보다 완벽히 실현하기 위한 방법으로 시민들의 교양에 입각한 지속적인 견제 의지와 노력의 필요성을 제안한다.

페팃은 비지배 자유를 명료히 설명하기 위해 지배의 개념을 먼저 설명한다. 그는 지배는 자의적 간섭을 할 수 있는 실제적 능력을 지닌 사람이 타인을 위협하거나 의도적으로 조작을 할 경우에 발생한다고 주장한다(Pettit, 1997: 52-53). 그에 따르면, 조작(manipulation)이란 눈에 띄지 않게 사람들의 신념을 기만적으로 형성하려고 하거나 행위의 결과를 인위적으로 왜곡하는 것을 말한다(Pettit, 1997: 52-53). 그리하여 신체에 대한 강제와 처벌을 빌미로 한 위협과 같이 눈에 보이는 자의적 간섭 행위뿐만 아니라, 아무 이유 없이 응급 약품 판매를 거부하는 약사의 행위도 지배 행위로 규정된다.

페팃은 지배가 부재한 상태를 비지배 자유라고 규정하고, (비롤리와 유사하게) 이를 벌린이 말한 소극적 자유 개념 및 적극적 자유 개념과 구별한다. 그에 따르면, 비지배 자유는 '간섭 없는 지배'를 경계한다. 소극적 자유는 간섭의 부재, 즉 불간섭만을 강조하지만, 비지배 자유는 간섭이 없어도 타인의 자의적 지배가 가능할 수 있다는 점을 설명하기 때문에 보다 설득력 있는 자유 개념이라는 것이다. 노예의 입장에서 그의 주인이 친절하고 간섭이 없다고 하더라도, 그는 언제든 지배당할 가능성과 불안함을 안고 살아간다는 점에서 자유를 누린다고 볼 수는 없기 때문이다.

또한 페팃은 '지배 없는 간섭'은 허용될 수 있다는 점에서 불간섭 자유에 비해 비지배 자유가 보다 설득력이 있다고 주장한다. 나의 이익을 보장하는 타인 혹은 정부의 간섭이 있다고 가정해 보자. 이러한 간섭이 내가 그러한 의견에 따를 것이라고 허용하는 조건 아래에서만 작동된다면, 그것을 자의적 지배라고 할 수는 없으며, 오히려 나의 자유를 보장하는 것이라고 할 수 있을 것이다. 즉, 내가 나의 이익을 보장하기 위해 허용하는 타인의 간섭은 자의적 간섭이 아니기 때문에 오히려 자유라고 할 수 있다는 것이다. 이에 대한 페팃의 주장을 살펴보자.

> 인민의 일반적 이익과 사고에 체계적으로 응답하는 법은 간섭이라는 형태로 나타나지만, 인민의 자유를 훼손시키지 않는다. 이때의 법은 지배하지 않는 간섭자이다. 공화주의자들은 근대주의적 방식과 달리, 법은 인민을 강제하고 그들의 자유를 줄이는 반면 법이 초래하는 것 이상의 간섭을 방지함으로써 그 손실을 보상한다고 말하지는 않는다. 오히려 적절하게 제정된 법은 이와 같이 보상을 논하는 입장, 즉 이 보 전진을 위한 일 보 후퇴라는 입장의 토대를 잠식한다는 점에서 자유를 구성하는 요소인 것이다. (페팃, 2012: 98)

위의 주장에서 보는 바와 같이, 페팃은 '지배 없는 간섭'으로서의 법은 비록 간섭이 있다고 하더라도 결과적으로는 나의 이익을 보장해 줄 수 있다는 점에서 '간섭 없는 지배'의 발생 가능성을 미리 방지할 수 있다고 강조한다. 즉, 법에 대한 이러한 관점 차이를 통해 불간섭 자유보다 비지배 자유가 보다 이상적 자유 개념이라는 점을 드러내고 있는 것이다.

페팃은 비지배 자유를 적극적 자유의 개념과도 구분한다. 비지배 자유는 시민들이 직접 자기의 의사를 관철하려는 적극적 개념이 아니며, 공적 권력과 지위를 누리기 위한 권위적 개념 역시 아니다. 비지배 자유는 설령 본인의 의사가 정치에 반영되지 않더라도, 즉 간접적 방식으로 단지 자의적 간섭과 지배에서 벗어날 수 있다면 그것에 만족하는 소극적이고 수동적인 개념이라고 할 수 있다(Pettit, 1997: 27-28). 공화주의는 인민들의 통제력과 참여의 열정을 강조하지만, 한편으로는 이러한 시민들의 적극적 참여가 오히려 특정 집단의 이익을 대변하는 수단으로 전락할 위험성을 경계해야 한다고 주장한다. 이러한 점에서 페팃은 비지배 자유는 자치에 강조점을 둔 자유라기보다는 자의적 간섭과 지배로부터의 안전을 지키기 위한 소극적이고 방어적인 개념이라고 주장한다.

그렇다면 페팃이 말하는 비지배 자유 달성을 위한 국가 제도적 전략은 무엇일까. 이에 대해 페팃은 상호 권력 전략과 헌법 규정 전략을 제안한다. 상호 권력 전략은 지배자와 피지배자의 권력이나 부와 같은 자원을 서로 같게 만드는 전략이다. 하지만 페팃은 이러한 상호 권력 전략은 간섭이 발생할 경우, 개인 스스로의 방식으로 해결해야만 한다는 점에서 현실에서는 실현되기가 매우 어려울 것으로 판단한다(Pettit, 1997: 67-68). 만일 타인이 나를 간섭하려고 할 경우, 나는 그러한 간섭에 대해 상대방에게 당신의 행위가 처벌을 받을 수도 있을 것이라고 경고를 할 수밖에 없지만, 사실상 이러한 행위는 실제적 간섭이 이루어지지 않을 경우에 내가 상대방을 오히려 자의적으로 간섭하거나 위협할 수 있는 행위로 간주될 수 있기 때문이다.

이에 비해 헌법 규정 전략은 타인으로 하여금 자의적 간섭을 단념하게 하는 방법이 아니라, 헌법적 권위를 이용하여 지배 자체를 근본적으로 없애는 방법이라고 할 수 있다(Pettit, 1997: 67-68). 헌법은 그 자체로 우리를 지배하기보다는 우리들의 이익을 충분히 고려하는 공공선에 따른다는 점에서 비지배 달성을 위한 전략으로 정당화될 수 있다는 것이 페팃의 생각이다(Pettit, 1997: 68). 빈부 격차, 인종차별 문제, 남녀 불평등 문제 등을 극복함에 있어 각 개인들이 각개전투 형식으로 비지배를 추구하는 것은 오히려 사회적·구조적 문제점들을 회피하는 것과 마찬가지라고 할 수 있다(Pettit, 1997: 92-95). 즉, 홉스의 전쟁 상태를 해결하는 것과 같이 그 과정이 매우 험난한 상호 권력 전략보다는 지배적 요소를 미리 고려하여 입헌적 체제를 갖추는 헌법 규정 전략이 비지배 달성에 더 좋은 결과를 가져올 것이라는 점이다.[8]

페팃은 헌정주의가 그 자체로는 완벽하지 않으며, 민주주의의 도움을 받아야만 한다고 주장하면서 그만의 독특한 입헌적 민주주의 개념을 설명한다. 페팃에게 헌정주의는 국가가 시민들을 자의적으로 지배할 가능성을 사전에 차단하고자 하는 필요성과 관련된 것이며, 민주주의는 공화주의 국가에서 정책 결정 권력에 대해 시민들이 행할 수 있는 민주적 통제 권한의 필요성과 연관된 것이다(Pettit, 1997: 172). 헌정주의의 핵심 조건은 국가의 어떠한 개인이나 집단도 국가적 수단들에 대한 재량권을 가져서는 안 되며, 개인의 변덕에 좌우되는 조작을 허용해서는 안 된다는 관점에서 '조작 불가능성'이라고 할 수 있다(Pettit, 1997: 172-174). 이러한 조작 불가능성은 3가지 조건을 요구하는데, 사람의 제국이 아닌 법의 제국이어야 한다는 '법

---

8. 페팃은 헌법 규정 전략을 채택함으로써, 공화국의 시민들은 타인의 지배를 받을 걱정에서 벗어나 삶의 계획을 보다 안정적으로 마련할 수 있으며, 상사의 행동에 아첨을 하면서 자의적 지배를 벗어나려고 육체적·정신적 비용을 지불할 필요가 없어지는 것과 같은 도구적 효과를 거둘 수 있다고 본다(Pettit, 1997: 83-90). 나아가 페팃은 비지배 자유는 도구적 선을 넘어 롤스가 말한 기초적 선(primary goods)으로의 역할도 가능하다고 말한다. 페팃이 보기에 비지배 자유는 권리, 자유, 기회, 소득, 부, 자존감과 같이 누구에게나 유용한 것으로 가정되는 선의 위상을 지니고 있기 때문이다(Pettit, 1997: 90-91). 페팃은 도구적 선이자 기초적 선으로서의 비지배 자유를 보장하기 위한 헌법적 규정과 공화국의 제도적 특징을 구체적으로 제안한다. 그는 비지배 자유 보장을 위한 입헌적 국가의 제도적 시스템은 의무론적 관점의 제약의 형태로 실현되는 것이 아닌 결과론적 관점의 목적 추구의 형태로 성취되어야 한다고 주장한다. 다시 말해 비지배 자유는 원칙론을 고수하는 제약과 통제의 개념이 아닌, 상황에 맞는 융통성을 발휘함으로써 성취되어야 하는 목적적 개념이라는 것이다. 이를 설명하기 위해 페팃은 평화 추구를 예로 든다. 평화를 국가가 행해야 할 제약, 통제, 제한으로 본다면, 전쟁과 같은 방식은 원칙적으로 금지될 것이다. 하지만 평화를 실현하기 위해서 국가는 때로는 전쟁과 같은 비평화적 요소로 평화를 달성할 수 있어야 할 것이다. 전자가 평화에 대한 제약의 관점이라면, 후자는 목적의 관점이라고 할 수 있을 것이다. 페팃은 평화 추구와 마찬가지로, 적절한 법의 유지가 어려울 것 같은 곳에서 비지배 자유라는 대의를 실현하기 위해 때로는 절대 권력이 용인될 수 있는 경우도 발생할 수 있다고 본다. 그러나 페팃은 비지배를 위해서 목적론적 방향성을 취하는 것이 때로는 자의적 지배의 가능성을 가질 수 있기 때문에 롤스가 말한 반성적 균형을 통해 직관에 어긋나는 결과론적 방식을 견제할 필요가 있음을 강조한다.

의 제국 조건', 법률적 권력들을 분산시켜야 한다는 '권력 분산의 조건', 다수결에 의해 만들어지는 법에 대해 시민들이 저항할 수 있어야 한다는 '반다수결주의 조건'이 그것이다(Pettit, 1997: 174-183).

법의 제국 조건은, 법은 보편적이어야 하며, 적용되는 사람들에게 미리 공지되어야 하고, 누구나 이해 가능한 언어로 표현되어야 한다는 세부 조건 등을 통해 실현될 수 있으며, 권략 분산의 조건은 양원제와 연방제 같은 시스템을 도입하는 방안을 통해 구현될 수 있다(Pettit, 1997: 173-180). 마지막으로, 반다수결주의 조건은 법을 제정하는 과정에서 다수결의 힘에 의해 지배되어서는 안 된다는 점을 의미하는 것으로, 다수는 쉽게 형성되며 또한 자의적 권력을 행사할 가능성이 높다는 점에 주목한다. 따라서 페팃은 다수를 제한하기 위한 제도적 방안으로 의회를 이원화하는 방식과 법률에 대한 헌정적 제약을 활성화하는 방법, 권리장전의 도입과 같은 방식을 제안한다(Pettit, 1997: 180-183).

이러한 반다수결주의 조건은 자연스럽게 시민들의 민주주의적 행위, 즉 견제력(contestability)[9]의 필요성을 요구한다. 반다수결주의 조건이 법적·정책적 조건이라면, 견제력은 시민들의 민주적 참여와 의지의 조건이라고 할 수 있다. 페팃은 동의보다는 견제가 국가의 자의적 지배를 없애기 위한 효율적 방법이라고 판단한다. 그는 '과거의 내가' 임신중절 문제에 반대하였다고 하더라도, 시간과 여건이 바뀐 '현재의 나는' 임신중절 문제에 대해 찬성을 할 수도 있다는 점에 주목하면서, 민주적 자율과 자치는 새로운 문제 상황이 발생할 때, 각자의 신념과 욕망을 적절히 검토하는 것이라고 말한다. 즉, 페팃은 현 입법부의 입법 행위에 대해 과거에 내가 동의했다고 하더라도 이들의 입법 행위에 부당함을 느낀 현재의 내가 해당 법률을 새로운 시각으로 검토·검증하는 것은 불가능한 것은 아니며, 오히려 이러한 견

---

9. 'contestability'는 원어의 의미를 살릴 경우 반론 가능성으로 번역하는 것이 일반적이라고 볼 수 있으나, 정부 정책에 대한 시민들의 감시와 참여적 덕성의 의미가 보다 잘 드러날 수 있도록 여기에서는 견제력으로 번역하고자 한다.

제력의 행사가 시민에 대한 국가의 자의적 지배 행사를 없앨 수 있는 좋은 방안이 될 수 있다고 주장한다.

이와 같은 페팃의 주장은 비지배 자유를 성취하기 위한 국가적 · 제도적 차원의 법적 체계가 완성되었다고 하더라도 그것의 운영 과정에서 시민들의 의사에 반하는 결정이 언제라도 발생할 수 있다는 점, 그리고 그것이 시민들을 자의적으로 간섭할 수 있을 가능성이 존재한다는 점에서 시민들은 이를 견제할 수 있는 능력과 태도를 항상 견지해야 한다는 것으로 파악할 수 있다. 그리고 이러한 그의 주장은 법과 제도만 온전히 구성되어 있으면 그 자체로 타인의 불간섭을 충분히 보장할 수 있다고 믿는 불간섭 자유주의와 달리, 비지배 자유는 법과 제도(헌정주의) 외에도, 시민들의 적극적 노력과 덕성(민주주의)의 필요성이 반드시 수반되어야 한다는 점을 일깨워 준다. 즉, 비지배 자유는 제도에 인과적으로 따라오는 것이 아니라, 시민들이 능동적으로 법과 제도를 구성함으로써 실현되는 입헌적 민주주의를 통해 실현될 수 있다는 것이다(Pettit, 1997: 106-109).[10]

이제 우리는 페팃이 말하는 민주주의적 견제력을 구체적으로 살펴봄으로써 그의 공화주의 사상에 대한 이해를 마무리할 수 있을 것이다. 페팃은 법에 의해서만 통치되는 국가는 불완전하다고 본다(Pettit, 1997: 241). 그 사회의 법은 근본적으로 시민적 규범에 근거하기 마련이다. 그리고 시민적 규범은 그 사회 시민들의 생각과 교양의 집합적 규칙성에 기반한다(Pettit, 1997: 241-243). 따라서 시민들은 공직자들이 뇌물 수수나 성매매와 같은 정치적 부패가 있는지를 면밀히 관찰해야 하고, 환경오염, 학교 및 가정 폭력, 공원이나 도로와 같은 공적 공간의 사용 문제에 대해서도 각별히 관심

---

10. 물론 페팃은 시민적 덕성을 강조할 경우 적극적 자유를 강조하는 민중주의, 직접민주주의, 공동체주의와 별반 다를 것이 없을 수 있지 않느냐는 비판이 있을 수 있다는 점을 인정한다. 제도와 비지배 자유 간의 비인과적 관계는 다수의 억압이라는 위험성을 내포하는 것일 수 있기 때문이다. 하지만 페팃은 비지배 자유를 염두에 둔 법과 제도는 민중주의, 직접민주주의, 공동체주의보다는 비지배 자유를 보호하기 위해 디자인되었기 때문에 그러한 우려를 할 필요는 없다고 대응한다(Pettit, 1997: 108-109).

을 가져야 한다. 이러한 경계심을 통해 시민적 규범이 형성되고, 비지배 자유를 향유하기 위한 법 제정으로 이어질 수 있기 때문이다.

그러나 페팃은 시민적 교양(civility)과 규범이 반영되어 법으로 제정되었다고 해서 그 자체로 공화주의적 자유가 보장된다고 확신할 수는 없다고 본다. 국가 역시도 문제의 법이 시민들로 하여금 그들의 삶에 대한 정당한 개입이라는 점을 인식할 수 있도록 노력해야 한다는 것이다(Pettit, 1997: 246). 결국 페팃은 비지배 자유를 위한 법의 정당성은 시민들의 교양과 규범의 바탕 위에서 국가적 노력이 동반되어야 한다고 본다. 이를 위해 국가는 법이 심의적 방법을 통해서 제정되어야 하고, 보다 포용적 내용들을 수용할 수 있어야 하며, 때로는 시민들의 경계와 관찰에 근거한 비판에 합리적 반응을 보일 수 있는 민주적 절차들을 갖추어야 한다는 것이 페팃의 생각이다(Pettit, 1997: 251-253).

마지막으로 페팃은 시민들의 교양이 반드시 정부의 정책과 법 제정에 대한 지속적 비판과 감시로만 구성될 필요는 없으며, 기본적으로는 국가에 신뢰를 표할 필요가 있음을 강조한다(Pettit, 1997: 263-265). 경찰, 정치인, 관료와 같은 공직자들이 부패를 저지르고 파당적 행동을 할 가능성에 우리는 영원한 경계심을 가져야 하겠지만, 모든 정책적 행위에 대해 불신과 비난의 자세만을 견지해서는 안 될 것이다. 왜냐하면, 그들의 정책적 결정과 공적 행위가 항상 자의적 간섭을 초래하도록 행해지는 것은 아닐 것이며, 또한 신뢰를 보내지 않는다면 그들의 동기와 의욕에 영향을 미쳐 시민들은 영원히 비지배를 향유하지 못할 수 있기 때문이다. 따라서 정부를 믿고 신뢰를 보내는 것이 오히려 비지배 자유를 성취할 수 있는 하나의 방법일 수 있다는 것이 페팃의 생각이다(Pettit, 1997: 265-267).

IV. 결 론

지금까지 살펴본 바, 공화주의는 자유를 실현하기 위해 제도적으로는 혼합정을 구축하고 규범적으로는 시민으로서 갖추어야 할 덕성을 강조하고 있음을 알 수 있다. 특히, 현대의 공화주의는 자유의 의미를 비지배로 규정하고, 이를 성취하기 위한 구체적 대안으로 입헌적 체계, 자유를 향한 시민들의 열정과 의지로서의 덕성과 애국심, 시민적 견제력과 교양의 필요성, 적극적 정치 참여 등을 제안하고 있음을 알 수 있다.

도덕교육적 의미에서 자유는 중요한 개념이다. 인간에게 자신의 삶을 계획하고, 타인과 관계를 맺으며 공동체를 형성하여 공동의 선과 목적을 향해 나아가는 것은 인간의 본성과 같은 것이기 때문이다. 이러한 면에서 공화주의는 국가 혹은 타인과의 삶에서 지배되지 않는 상태를 자유로 규정하고, 이를 실현하기 위해서는 공동의 이익이 함의된 법을 시민들 스스로 준수해야 한다고 강조한다.

혼합정의 아이디어는 민주주의가 만능으로 여겨지는 시대에 일정한 대안을 제공한다. 아리스토텔레스부터 페팃까지 대부분의 공화주의자들은 공통적으로 혼합정을 통한 사회적 계층 간의 균형이 국익과 공동선을 성취할 수 있는 지름길이라고 주장한다. 즉, 공화주의는 사회 보수층의 부정부패와 다수의 선호에 따른 민주적 절차들의 유린을 동시에 경계하면서, 사회의 다양한 계층들이 공동체의 이익을 전제로 호혜적이고 공정한 정치적 협력 문화를 형성해야 한다고 주장한다.

문제는 혼합정이라는 정치제도가 완성되었다고 해서 반드시 시민들의 자유가 확보되지 못한다는 점이다. 시민들이 정치적 우정으로서의 덕성을 발휘할 때, 학교 폭력, 갑질 문제, 직장 내 괴롭힘, 가정 폭력 등 사회 내에 만연하고 있는 자의적 지배 행위를 극복할 수 있으며, 남녀 갈등, 지역 갈등, 세대 갈등과 같은 지속적이고 맹목적인 분열의 문제를 해결할 수 있기 때문이다.

　이러한 면을 고려한다면, 공화주의에서 시민적 덕성은 매우 중요한 가치임에 틀림없다. 시민적 덕성과 관련하여, 아리스토텔레스는 중용 혹은 탁월함으로, 키케로는 정의, 화합 등의 덕목으로, 샌델은 적극적 자치로, 비롤리는 우리의 삶을 안전하게 할 수 있는 수준에서의 정치 참여 의지 및 열정으로, 페팃은 (시민적 교양에 기초한) 정치 권력자들에 대한 영원한 견제력으로 정의한다. 이들 공화주의 사상가들의 덕성에 대한 강조는 결국 우리가 타인 혹은 국가로부터 보다 안전한 삶을 추구하고, 자의적으로 지배되지 않는 삶의 지속 가능한 조건을 형성하기 위한 것이라 할 수 있다. 그리고 이러한 안전하고 지배되지 않는 삶에 대한 보장이 정치가 할 수 있는 최상의 과업이라고 하였을 때, 도덕 교과의 시민성 교육에서 공화주의의 교육적 가치는 그만큼 중요한 위치를 차지하고 있다는 점을 증명하는 것이라고 할 수 있을 것이다.

참고 문헌

곽준혁(2014), 『마키아벨리 다시 읽기』, 서울: 민음사.

곽준혁(2016), 『정치철학 1』, 서울: 민음사.

교육과학기술부(2015), 『고등학교 교육과정』(교육부 고시 제2015-74호[별책 6]), 서울: 교육과학기술부.

김경희(2009), 『공화주의』, 서울: 책세상.

김비환(2011), 『플라톤과 아리스토텔레스의 정치철학과 변증법적 법치주의』, 서울: 성균관대 출판부.

김상근(2013), 『마키아벨리』, 파주: 21세기북스.

김선욱(2021), 『한나 아렌트와 차 한잔』, 파주: 한길사.

김용민(2016), 「루소와 공화주의」, 『한국정치연구』, 25(1).

김용민(2018), 『정의와 행복을 위한 키케로의 철학』, 파주: 한울.

니콜로 마키아벨리, 강정인·김경희 옮김(2008), 『군주론』, 서울: 까치.

니콜로 마키아벨리, 강정인·김경희 옮김(2019), 『로마사 논고』, 파주: 한길사.

마이클 샌델, 김명철 옮김(2021), 『정의란 무엇인가』, 서울: 와이즈베리.

마이클 샌델, 안규남 옮김(2015), 『민주주의의 불만』, 서울: 동녘.

모르치오 비롤리, 김경희·김동규 옮김(2012), 『공화주의』, 서울: 인간사랑.

박성근(2019), 「페팃의 헌정적 공화주의와 도덕 교육의 과제」, 『도덕교육연구』, 31(3).

박성근(2021), 「신로마 공화주의에서 공동선 개념의 의미 ― 『윤리와 사상』 '개인선과 공동선의 조화' 학습 내용과 관련하여」, 『도덕교육연구』, 33(1).

아리스토텔레스, 천병희 옮김(2020), 『정치학』, 고양: 숲.

장 자크 루소, 최석기 옮김(2022), 『인간 불평등 기원론, 사회 계약론』, 서울: 동서문화사.

장 자크 루소, 최현 옮김(2009), 『인간 불평등 기원론, 사회 계약론』, 파주: 집문당.

조일수(2016), 「공화주의적 애국심에 대한 연구: M. Viroli의 논의를 중심으로」, 『윤리연구』, 1(106).

조주현(2022), 「도덕과 교육에서 시민의 덕의 위상과 과제: 시민적 우정을 중심으로」, 『윤리연구』, 1(137).

퀜틴 스키너, 박동천 옮김(2004), 『근대 정치사상의 토대』, 파주: 한길사.

퀜틴 스키너, 조승래 옮김(2007), 『자유주의 이전의 자유』, 서울: 푸른역사.

키케로, 김창성 옮김(2007a), 『국가론』, 파주: 한길사.

키케로, 성염 옮김(2007b), 『법률론』, 파주: 한길사.

필립 페팃, 곽준혁 옮김(2012) , 『신공화주의』, 서울: 나남.

한나 아렌트, 이진우 옮김(2017), 『인간의 조건』, 파주: 한길사.

Honohan, I.(2002), *Civic Republicanism*, Abingdon: Routledge.

Hopkins, N.(2015), "Freedom as Non-Domination, Standards and the Negotiated Curriculum", *Journal of Philosophy of Education*, 49(4).

Jun-Hyeok, Kwak(2004), "Nondomination and Contestability: Machiavelli contra Neo-Roman Republicanism", *Korean Political Science Review*, 38(4).

Pettit, P.(1997), *Republicanism, A Theory of Freedom and Government*, Chicago: The University of Chicago Press.

Pettit, P.(2011). "The Instability of Freedom as Noninterference: The Case of Isaiah Berlin", *Ethics*, 121(4).

Radford, R. T.(2002), *Cicero: A Study in the Origins of Republican Philosophy*, Amsterdam-New York: Rodopi.

Sandel, M. J.(1996), *Democracy's discontent*, Cambridge, UK: The Belknap Press Of Harvard University Press.

Sandel, M. J.(2009), *Justice: What's the right thing to do?*, New York: Farrar, Straus and Giroux Press.

Viroli, M.(1990), *Machiavelli and the republican idea of politics*, Edited by Gisela Bock, Quentin Skinner, Maurizio Viroli, Cambridge, UK: Cambridge University Press.

대의 및 참여 민주주의

전개 양상과 쟁점 탐색

신호재

경인교육대학교를 졸업하고 서울대학교 윤리교육과에서 석사 학위와 박사 학위를 취득하였다. 이후 한국교육과정평가원에서 부연구위원으로 재직하며 교육과정, 교과서, 교수 · 학습, 교육 평가 등 도덕과 교육과정의 구성과 실행에 관련된 다양한 연구를 수행하였다. 현재는 공주대학교 사범대학 윤리교육과 교수로 재직하고 있다. 학문적 관심 분야는 정치철학, 도덕 심리학 및 도덕철학, 인성 교육, 시민교육 등이다. 주요 논문으로 「국가 인성교육 정책의 방향 설정을 위한 기본 틀 연구」, 「디지털 시민교육의 의의 및 도덕과 접근 방안 탐색」, 「민주시민교육에서 세계시민교육까지」 등이 있고, 『청소년의 합리성과 발달』(공역)을 번역하였다.

* 이 장은 『윤리연구』 제141호(2023)에 게재된 「대의 및 참여 민주주의의 전개 양상과 쟁점 탐색」을 수정 · 보완한 것이다.

I. 서론

'민주주의'라는 용어는 어떠한 의미를 가지고 있는가? 그것은 정치 기구의 구성 및 조직 방식이나 정치적 의사소통의 메커니즘을 규정하는 하나의 정치 체제로서의 지위를 가지고 있는가? 혹은 더 나아가 민주주의가 가지고 있는 내재적 혹은 본질적 가치의 위상을 중심으로 그 지위가 설정되고 있는가? 이 장에서는 이와 같은 물음에 답하기 위한 일종의 근거 자료를 제시하고자 한다. 이러한 작업이 가지는 의의는 현대 민주주의를 이해하는데 있어서 그 깊이를 깊게 하고, 다양한 현실적 문제들에 대해 타당한 해결 방안을 모색하게 하는 데 있다.

현대사회의 민주주의를 특징짓는 어휘는 다양하다. 그러나 이 장에서는 '대의'와 '참여'에 집중하여 민주주의의 의의와 가치를 탐색하고자 한다. 이는 다음과 같은 두 가지 이유에서 비롯된다. 첫째, 현대사회는 대의 민주주의 형태를 지니고 있다. 즉, 기본적으로 대의 민주주의의 특징과 그 가치를 알지 못한다면 민주주의를 이해하기 위한 기초적인 논의점을 간과하는 것과 같다. 둘째, 현대사회에서는 대의 민주주의로부터 드러나는 한계를 극복하고자 시민의 능동적 참여를 강조하고 있다. 이렇게 보면, 참여 민주주의의 의의를 아는 것은 시의적절하며 반드시 요구되는 과정이라고 할 수 있다.

이 장에서는 대의 민주주의와 참여 민주주의가 지니는 이론적 의미에 대해서 주요 사상가들을 중심으로 전개 양상을 살펴보고자 한다. 먼저 대의 민주주의와 관련하여서는 그 원형을 제시하고 있는 홉스(T. Hobbes)와 로크(J. Locke) 등 사회계약론자들의 입장을 살펴보고자 한다. 또한 그 이후에 존 스튜어트 밀(J. S. Mill)을 중심으로 공리주의의 대의 민주주의에 대한 입장을 거쳐 슘페터(J. Schumpeter)의 주장을 살펴보고자 한다. 그리고 이들의 논의를 종합하여 시사점을 추출하고 그 의미와 한계를 탐색하고자 한다.

다음으로 참여 민주주의와 관련하여서는 — 달(R. Dahl)이 지적한 바와 같이 선사시대와 같은 시기에도 존재하였을 가능성이 농후하지만, 사료로 볼 때 가장 분명한 형태를 제시하고 있는 — 아테네의 민주주의를 먼저 살펴보고자 한다. 그 이후에 현대의 참여 민주주의에 대하여 중요한 논의점을 형성하고 있는 페이트먼(C. Pateman)과 바버(B. Barber), 그리고 달의 주장을 차례로 탐색하고자 한다. 마지막으로는 이들의 논의로부터 확인할 수 있는 시사점을 추출해서 언급하고자 한다.

II. 대의 민주주의의 의의와 전개

1. 대의 민주주의의 의미 및 기본 방향

대의 민주주의(representative democracy)와 관계된 주요 사상가들의 의견과 주장을 살펴보기 전에, 어느 정도 합의된 정의를 살펴보는 것이 바람직하다.

대의 민주주의는 시민의 선출된 대표에 의한 의사결정을 부각하는 모든 버전의 민주주의에 대한 근대적이고 현대적인 개념화라고 볼 수 있다. 일반적이고 널리 활용되는 기술적인 명칭으로서, 대의 민주주의는 (특히) 자유 민주주의 및 다두제 민주주의와 긴밀하게 겹친다. 실로 일부 학자들은 대의 민주주의, 자유 민주주의, 다두제 민주주의[1]를 서로 바꾸어서 사용할

---

1. 대의 민주주의의 핵심적 특징들을 모델로 삼는 현대적인 개념화이다. 이 특징들은 자유롭고 공정한 선거의 시행, 평등한 정치적 권리와 정보에 대한 접근을 중심으로 한다. '다두제'라는 용어는 달에 의해서 만들어졌는데, 이는 학자들로 하여금 '민주주의'라는 용어가 불러일으

수 있는 명칭으로 이해한다. (사워드, 2018: 233)

대의 민주주의의 기본적인 정의를 살펴볼 때, 가장 중요한 핵심어는 다름 아닌 '선출'이라고 할 수 있다. 곧 인민이 특정한 과정을 통해 대표자를 선출하고, 이 대표자가 정치적 의사 결정에 있어서 핵심을 담당하는 것이다. 물론 이와 같은 의미가 '대의'의 서사적 흐름에 늘 동일한 위상을 지녔던 것은 아니다. 그러나 현대적 의미에서 '대의'는 적어도 위에서 언급한 바와 같이 이해되고 있다.

대의 민주주의는 민주주의 정체에 대한 초점이 국가 같은 큰 규모의 단위로 이행됨에 따라 그 필요성도 증대되었다고 할 수 있다. 대의 민주주의는 시민들이 한 장소에 다 모여 법률을 입안하는 데 용이하게 참여하지 못할 정도로 시민의 규모가 커지고 지리적으로도 광범위하게 분포되어 있을 때, 시민들의 참여를 효과적으로 증진시킬 수 있다(달, 2018: 140-141). 또한 대의 민주주의는 대표자들에 의해 시민들의 과도한 격정을 거르게 해 준다는 데서 중요한 방향성을 지닌다(박효종, 2005: 517). 대의 민주주의는 형식적인 측면에 더하여 시민들의 저급한 선호나 무절제한 의견들을 정제해 줄 수 있다는 차원에서도 의미를 지니는 것이다.

2. 대의 민주주의의 전개 및 특징

대의 민주주의의 기본 방향을 특징짓는 정치제도들이 일순간에 도입된 것은 아니므로, 주요 전개 및 발전 양상을 추적해 보며 그 의미를 보다 명확히 탐색해 볼 필요가 있다.

키는 좀 더 규범적이거나 도덕적인 관심사를 비켜 갈 수 있도록 하기 위함이다(사워드, 2018: 237-238).

1) 사회계약론적 입장에서의 대의 민주주의

대의 민주주의의 초기 모습, 즉 대의 민주주의에 대한 원형을 보여 주는 고전적 의미는 사회계약론자들에게서 찾을 수 있다.[2] 그들의 논의가 의미 있는 것은, 도시국가(polis)가 존재론적 의미에서뿐만 아니라 도덕적인 의미에서도 개인보다 우위를 차지하며, 폴리스는 태생적이고 개인보다 더 원래적인 것이라고 주장한 아리스토텔레스(Aristoteles)를 직접적으로 거부한 사실로부터 출발하기 때문이다. 정치철학의 주 관심은 이제 통치 기구 혹은 권력의 도덕적 자질이 아닌, 그 자체의 정당화와 관련하게 된다(케스팅, 2006: 19, 22). 즉, 이것은 근대 정치철학의 서막을 알리는 것으로, 잉글랜드 내전 시기에 홉스가 화려하게 그 막을 열었다.

홉스는 『리바이어던(Leviathan)』에서 서양을 천 년 가까이 지배하였던 아리스토텔레스 전통과 분명하게 선을 긋는다. 여기서 그 선을 형성하는 것이 계약에 의해 생성되는 '코먼웰스'인데, 그는 코먼웰스를 다음과 같이 정의하고 있다.

> 코먼웰스의 정의는 다음과 같다. 다수의 사람들이 상호 신의계약을 체결하여 세운 하나의 인격으로서, 그들 각자가 그 인격이 한 행위의 본인이 됨으로써, 그들의 평화와 공동방위를 위해 모든 사람의 힘과 수단을 그가 임의로 사용할 수 있도록 한 것이다. 그리고 이 인격을 지닌 자가 주권자라 불리며, 주권적 권력을 지니고 있다고 말한다. (홉스, 2020: 233)

---

2. 이 항에서는 루소(J. Rousseau)의 논의를 제외하였다. 실제 루소가 대리인(agent)으로서의 정부 역할을 언급했음에도 불구하고, 루소를 본문에서 제외한 이유는 그가 지향하는 정부 형태가 생각보다 분명하지 않기 때문이다. 그는 많은 경우 민주주의, 특히 고대 아테네에서와 같은 직접민주주의를 옹호하면서도, 때로 군주제 역시 찬양하고 있는 모습을 보이고 있다. 그는 직접민주주의를 지지하면서도 군주제를 완전히 부정하고 있지 않은 것이다(조긍호·강정인, 2020: 349-351). 이러한 모호성은 루소를 대의 민주주의의 사상적 근원 중 한 명으로 상정하기 어렵게 만든다.

더 나아가 그는 코먼웰스의 설립과 관련하여 다음과 같이 대표성의 의미를 연결시키고 있다.

> '코먼웰스'는 다수의 인간이, 상호 평화롭게 지내고 다른 사람들로부터 보호를 받을 목적으로, 만인 상호 간에 합의하여, 다수결에 의해 어느 한 사람 혹은 하나의 합의체에 모든 사람들의 인격을 '대표하는' '대표자'로서의 권리를 부여하고, 그 사람 또는 합의체에 찬성 투표한 자나 반대 투표한 자나 모두 똑같이 그의 행위와 판단을 자기 자신의 행위와 판단으로 승인하기로 신의계약을 체결한 때 설립된다. (홉스, 2020: 235)

『리바이어던』에서 '대표성'이라는 개념은 인위적 존재인 주권자와 다수의 신민들 사이의 관계를 특징짓기 위해 도입되고 있다. 홉스는 신민들이 권한을 위임하는 것과 리바이어던의 대표성 개념으로부터 다음의 두 가지 특성을 강조하고 있다. 첫째, 사람들은 '실제적으로' 평등하다는 것이다. 리바이어던의 설립 자체는 평등한 시민 상호 간 계약에 따라 진행된다. 둘째, 리바이어던의 권위는 오로지 수단 그 자체로서의 개념이다. 즉, 사람들은 안전한 삶을 영위하며 평화를 누리기 위해 수단적으로 정치 권위를 '요청'하는 것이며, 그 요청을 받은 자 혹은 합의체는 정치 권위의 주권자가 된다(박효종, 2005: 249, 252). 홉스의 대표성과 이를 형성하기 위해 동원되는 평등의 개념은 매우 중요하며 신선한 기획이라고 할 수 있다.

홉스 이후에 로크 역시 대의 민주주의 전개의 역사에서 중요한 역할을 한다. 특히 『통치론(*Two Treatises of Government*)』이 그러한 역할의 중심에 있다. 그는 정치사회 혹은 시민사회의 기원과 관련하여 다음과 같이 주장하고 있다.

> 일정한 수의 사람들이 서로 결합하여 하나의 사회를 형성하고, 각자 모두 자연법의 집행권을 포기하여 그것을 공공체에게 양도하는 곳에서만 비로

소 정치사회 또는 시민사회가 존재하게 된다. (로크, 2019: 85)

홉스와 마찬가지로 로크도 원초적 계약이라는 관념을 정립한 계약론자였다(사워드, 2018: 111). 그는 계약론의 전통을 수호하며 정부의 도덕적 수준이 아닌, 정부 설립과 과정 그리고 그로부터 파생되는 정부의 권한에 대해 논의한다.

> 본래 인간은 모두 자유롭고 평등하고 독립된 존재이므로 … 어떤 사람이 자신의 자연적 자유를 포기하고 시민사회의 구속을 받아들이는 유일한 방도는 재산을 안전하게 향유하고 공동체에 속하지 않는 자들로부터 좀더 많은 안전을 확보하면서, 그들 상호 간에 편안하고 안전하며 평화스러운 삶을 영위하기 위해서 다른 사람들과 함께 공동체를 결성하기로 합의하는 것이다. (로크, 2019: 93)

로크가 주장하는 정부는 이처럼 구성원의 '요구에 의해' 수립된 특징을 가지고 있다. 그는 이 과정을 다음과 같이 '신탁'을 통해 구체화하고 있다.

> 정부는 누구의 손에 맡겨지든 간에, 사람들이 그들의 재산을 소유하고 보호할 수 있다는 조건으로 그리고 그러한 목적을 위해서 신탁한 것이다. (로크, 2019: 134)

그리고 이 신탁의 목적에 위배되는 것은 정부 해체의 이유가 된다.

> 정부가 해체되는 또 다른 두 번째 방법이 있다. 그것은 입법부와 군주, 둘 중 어느 한 편이 그들의 신탁에 반해서 행동하는 것이다. 첫째, 입법부가 신민의 재산을 침해하고, 자신들이나 공동체의 특정 부분을 인민의 생명, 자유, 재산의 주인 또는 자의적인 처분자로 만들고자 기도함으로써 그들

에게 맡겨진 신탁에 반해 행동하는 경우이다. (로크, 2019: 208)

앞에서 살펴본 것처럼 로크적 계약에서는 다음과 같은 중요한 특징들을 찾을 수 있다. 첫째, 정부는 정부에 선행해서 존재하는 권리들(특히 재산권)을 보호하기 위해서 존재한다. 둘째, 정부의 모든 정당한 권위는 피치자의 동의로부터 유래한다. 셋째, 정부가 신탁이나 적법한 역할을 위반하는 한 반란이 정당화될 수 있다. 넷째, 중요한 것은 개인들과 개인들의 권리로서 그것들이 정치의 토대를 구성한다. 다섯째, 다수결의 원칙이 정치적 결정의 기본적인 규칙이어야 한다. 여섯째, 책임성 있는 정부는 대체로 (근대적인 표현을 사용하자면) 국가적 수준에서의 고안물이다(사워드, 2018: 111-112). 로크의 이론에서 파악되는 특징들은 현대 대의 민주주의의 정치제도 형성에 기초 역할을 했다.

2) 공리주의적 입장에서의 대의 민주주의

공리주의적 입장에서는 먼저 벤담(J. Bentham)과 제임스 밀(J. Mill)의 주장을 검토할 필요가 있다. 이들은 정부의 역할이란 개인들의 공리를 최대화하는 것이고, 그러므로 '최대 다수의 최대 행복'을 추구하는 것이라고 믿었다. 따라서 이것은 정치 공동체의 일부 구성원들에게만 적용되는 가정이 아니다. 결정적으로 벤담과 제임스 밀이 보기에 정부의 구성원들과 공무원들 역시 자신의 이익을 기를 쓰고 추구하는 다른 모든 사람과 완전히 똑같았다. 명백히 이 점은 딜레마를 만들어 낸다. 모든 사람은 타인이 자신의 기본적인 자유들을 부정하지 못하도록 하기 위해서 정부의 보호를 요청하기에 이르는 것이다. 그러나 정부 자체가 시민들의 자유를 박탈해 버리면 어떻게 되는가? 해답은 대의 정부, 곧 정기적으로 선출되는 정부(벤담은 잉글랜드에서 매년 선출되는 의회를 지지했다)이며, 따라서 시민에게 책임을 지는 정부였다(사워드, 2018: 109).

벤담과 제임스 밀에게 민주주의는 피치자에 대한 통치자의 책임을 보증하는 정치적 장치와 관련된 것으로 인식되었다. 공공의 이익과 부합하는 정치적 결정을 산출할 만족스러운 수단은 민주주의적 정부를 통해서만 가능하다. 오직 투표권, 비밀투표, 잠재적 정치 대표들 간의 경쟁, 권력분립, 언론과 발언 및 공적 결사의 자유 등을 통해서만 공동체 일반의 이익이 유지될 수 있다(헬드, 2019: 156). 이렇게 볼 때, '근대 산업사회에 맞는 민주주의의 기초 모델'로 불리는 벤담과 제임스 밀의 사상도 수단적 의미에서의 국가관을 지지하고 있음을 알 수 있다.

이후 존 스튜어트 밀은 분명하고도 명백한 의미에서 민주주의를 주창하였으며, 대의 민주주의의 기초를 확고하게 정립했다. 존 스튜어트 밀에게 자유민주주의 정부와 대의 민주주의 정부는 거의 유사한 맥락에서 사용되었는데, 그것은 시민들이 개인적 만족을 어디까지 추구할 수 있는지 그 경계를 확립해 주기 때문만이 아니라 그 자체가 개인성을 자유롭게 계발시키는 주요한 측면이기 때문에 중요했다. 따라서 그는 먼저 절대주의 국가에 대해 비판한다.

> 사람들은 오랜 세월 선한 독재자가 존재할 수만 있다면 전제군주정이 최선의 정부 형태일 것이라고 이구동성으로 이야기해 왔다. 그러나 이런 생각이야말로 좋은 정부라는 개념을 완전히 왜곡하는 대단히 위험한 발상이 아닐 수 없다. (밀, 2013: 51)

존 스튜어트 밀은 절대주의 국가, 좀 더 일반적으로는 정치권력의 전제적 사용에 대해 강력하게 비판했다. 그것은 다음과 같은 두 가지 이유, 즉 그것이 결국은 비효율적이고 비현실적이며, 그 자체로서도 바람직하지 않기 때문이었다(헬드, 2019: 167). 무엇보다도 후자가 가지고 있는 문제점은 그것이 인간의 존엄성 혹은 인간의 존엄성을 형성하는 중요한 가치론적 기초를 무차별적으로 훼손할 수 있기 때문에 더욱 중대하게 받아들여진다.

그렇다면 존 스튜어트 밀은 어떠한 정부가 좋은 혹은 이상적인 정부라고 주장할까? 그는 『대의정부론(*Considerations on Representative Government*)』에서 다음과 같이 언급하고 있다.

> 어떤 형태의 정부가 가장 이상적이라고 할 수 있을까? 첫째, 주권 즉 최고 권력이 국가 구성원 전체에 귀속되어야 한다. 둘째, 모든 시민이 궁극적 주권의 행사에 발언권을 가질 뿐 아니라 적어도 가끔씩은 지방 또는 전국 차원에서 공공의 임무를 수행함으로써 정부의 일에 직접 참여할 수 있어야 한다. (밀, 2013: 59-60)

또한 존 스튜어트 밀은 이러한 일련의 논의를 통해 범위와 권한이 자유의 원리에 의해 엄격히 제한되는 대의 정부가 자유로운 공동체와 찬란한 번영의 필수 조건이라고 주장하고 있다(헬드, 2019: 168).

> 사회가 요구하는 모든 필요를 충족시킬 수 있는 유일한 정부란 곧 모든 인민이 참여하는 정부일 수밖에 없다. … 그러나 작은 마을 정도라면 모를까, 그보다 더 큰 규모의 공동체에서는 아주 미미한 공공 업무를 제외하고는 모든 구성원이 직접 참여하기가 어렵다. 따라서 완전한 정부의 이상적인 형태는 대의제일 수밖에 없다. (밀, 2013: 74)

현대적 조건에서 '이상적인 최선의 정체'는 시민이 정기적으로 선출하는 대표자를 통해 궁극적인 통제권을 행사하는 대의 민주주의 체제로 구성된다. 물론 그는 대의 민주주의에 따르는 일정한 대가를 분명히 인식하고 있었지만, 바람직한 대안은 없다고 주장했다(헬드, 2019: 173). 그에게 있어 대의 민주주의는 유일한 정부 형태이기 때문이다. 그리고 무엇보다도 이러한 구상은 자유를 보호하는 정치적 기반을 제공한다(헬드, 2019: 178).

요컨대 공리주의적 입장에서의 대의 민주주의는 인간의 본성과 자유라는 주제에 대한 깊은 고찰을 통해 그 논리를 제시하고 있다. 특히 그 논리는 존 스튜어트 밀에 이르러서 매우 정연하게 정리되어 언급되고 있다.

3) 현대 현실주의적 입장에서의 대의 민주주의

현대 현실주의적 입장에서는 누구보다도 슘페터의 주장을 확인할 필요가 있다. 비록 그의 중심 연구 과제가 '대의'가 아닌 민주주의의 새로운 이론에 있는 것임에도 불구하고, 그가 민주주의에 대해 제시하는 비전은 대의 민주주의의 현실적 출발점과 특성을 잘 반영하고 있다. 특히 그 역시 앞에서 언급된 다른 사상가들과 마찬가지로 인간 자체에 대한 물음을 중시하는데, 정치에서의 인간성을 기초로 그는 민주주의에 대한 접근을 수단과 방법적인 측면에서 설명하고 있다. 그는 『자본주의 · 사회주의 · 민주주의(*Capitalism, Socialism, and Democracy*)』에서 인간에 대해 다음과 같이 진단을 내린다.

> 르 봉(Gustave Le Bon)은 … 강조가 좀 지나친 감이 있지만, 그는 오합지졸의 대중에게 영향을 받을 때의 인간 행동의 실상들을 보여줌으로써, 모두가 잘 알고 있으나 누구도 보고 싶지 않았던 소름 끼치는 사실들을 우리에게 알려주었다. 그는 이로써 고전적 민주주의 학설과 혁명에 관한 민주주의적 민속의 근저에 있는 인간성의 표상에 심각한 일격을 가했다. … 개인은 비교적 단순하고 명백한 동기들과 이익 — 이것들은 흥분에 의해 가끔은 좌우되기도 한다 — 의 영향도 마찬가지로 받는다. (슘페터, 2021: 503, 505)

정치에서의 인간성은 곧 시민에 대한 해석으로 자연스럽게 이어진다. 슘페터는 평균적인 시민의 능력을 낮게 평가했다. 그에게 있어, 전형적인 시민은 '유치한 방식'으로 정치를 논하고 분석하며, '원시인'이 된다.

첫째, 전형적인 시민에게 영향을 미치려는 정치적 그룹들이 없다 해도, 그 시민은 정치 문제에서는 초합리적 또는 비합리적 편견과 충동에 굴복하는 경향을 가질 것이다. ··· 둘째, 그러나 여론 형성 과정에서 논리적 요소가 취약하면 취약할수록 합리적 비판의 결여가, 또 개인적 경험과 책임을 합리화하는 작용의 결여가 완전하면 완전할수록 사리사욕을 품은 그룹들을 위한 기회가 더 많이 존재한다. (슘페터, 2021: 513-514)

슘페터의 민주주의론에서 시민은 기껏해야 최소한의 정치 참여만을 할 수 있다. 그렇다면 그가 말하는 최소한의 정치 참여는 무엇인가?

··· 이제 우리는 여기서 시민의 역할은 정부를 탄생시키는 것이거나, 그렇지 않으면 중간기구를 만들어 내고 이것이 순차로 국가의 최고 집행부 또는 정부를 탄생시킬 것이라는 견해를 취하고 있다. 그리하여 우리는 다음과 같이 정의한다. 즉 민주주의적 방법은 정치적 결정들에 도달하기 위한 제도적 장치인데, 이 장치 안에서 개인들은 인민의 투표를 획득하기 위해서 경쟁적으로 투쟁함으로써 결정권을 획득한다는 것이다. (슘페터, 2021: 526)

이렇게 보면, 민주주의는 슘페터에게 있어서 그저 방법에 불과하다. 민주주의는 이상이나 목적, 이를테면 정의의 성취나 시민들의 생활 향상을 최우선으로 여기지 않는다. 그것이 말하는 바는 우리의 모든 관심사란 결정에 이르는 절차들로서 수단들이지 목표들이 아니다(사워드, 2018: 77).

물론 그렇다고 해서, 즉 경쟁적인 엘리트 정치로 인해 정치 지도자들이 그들의 의사를 '강요'하는 것으로 이어지는 결과가 초래되는 것은 아니다. 그는 민주주의에서 지도자들은 자신들이 '제안'하는 것이지, 전체주의에서처럼 자신들을 '강요'하는 것은 아니라고 밝힌다. 다만 민주주의는 리더십을 행사하는 것, 그리고 누가 그것을 정당하게 행사하느냐 하는 것이 전부인 것이다(사워드, 2018: 77).

지금까지 대의 민주주의의 흐름을 주요 사상가들의 입장을 통해 파악하고, 그 특징을 탐색해 보았다. 이를 통해 알 수 있는 것은, 우리가 인식하는 대의 민주주의의 형태가 '합집합'의 구조를 가진다는 데 있다. 대의 민주주의라는 관념은 지속적으로 발전해 오면서 병합, 추가, 삭제 등의 수정을 거치고 있다. 이 점은 대의 민주주의가 여전히 발전 과정 속에 있으며, 일정 부분 논쟁 속에 있음을 방증하는 것이다. 다음 항에서는 이것이 지니는 몇 가지 논쟁점에 대해 탐색하고자 한다.

3. 대의 민주주의의 논쟁점 탐색

대의 민주주의는 여전히 '현재진행형'이기 때문에 논쟁 속에 있다. 그 논쟁들은 쉽게 극복할 수 있는 것부터 시작하여, 대의 민주주의의 정체성을 흔들 정도의 중대한 문제를 시사하는 것까지 다양하다.

1) 대의의 본질 구현 문제

대의 민주주의에서 정치 권위는 대표성에 의하여 정당화될 수밖에 없다. 그러나 여기서 중대한 문제가 발생한다. 그것은 대표성이 단일적 범주로 파악되는 것이 아니라, 복합적 범주에 놓여 있다는 사실이다. 예를 들어, '대표'는 미리 정해진 의견만을 대표하는, 즉 대리인으로서의 대표로서 주인에 의해 사전에 하달된 이익이나 의견만을 대변하는가? 혹은 주인으로부터 전권을 위임받은 대리인으로서 독립적으로 사안을 판단하고 독립적으로 결정을 내리는가? 전자와 후자는 질적으로 서로 다른 대리인의 역할을 시사하고 있다(박효종, 2005: 559-564, 582).

또한 대의 민주주의에서 '대표자'는 시민의 이익을 대변하는 '이익 대표자'로 간주해야 하는가? 혹은 가치와 이념 그리고 원칙이나 도덕적 선 등의 요소도 대변해야 하는가? 그러나 이익과 가치를 대변한다는 것은 서로 다른, 때로는 '배타적으로, 완전히 다른' 서사가 되며 공존하기 어렵다(박효종,

2005: 565-567).

대의의 본질을 혼란스럽게 하는 문제는 더 있다. 대표의 선출은 인구 및 사회학적 특성을 반영해야 하는가? 하지만 관심의 대상이 되는 정치, 경제, 사회, 문화적 주제들은 매우 많으며, 정당의 숫자를 아무리 늘린다고 해도 그 숫자만큼 모든 것을 반영할 수는 없다. 결국 어느 한 시점에서 볼 때, 정치적 의사 결정 안에서 실제로 '대변'되는 이익과 의제들은 대변되어야 하는 모든 이익과 의제들 가운데 소수에 해당된다(박효종, 2005: 572-575).

대의의 본질과 관련하여 대의 민주주의의 위상을 좀 더 고민하게 만드는 것은, 대표자들이 그들을 선출한 시민들을 일종의 계몽의 대상 혹은 교화의 대상으로 바라보는 것이다. 실제로 시민들을 이러한 관점에서 보는 것은 현대 대의 민주주의가 직면한 중대한 문제 중 하나이다. '대의'가 '대의' 수준에서 있는 것이 아니라, 특정 선관을 제시하고 시민들로 하여금 이것을 따르도록 하는 것이다.

이와 같은 한계는 곧 '대표의 실패' 문제로 이어진다. 대표자가 시민들의 의사를 제대로 반영하지 못한다는 '대표의 실패'는 대표자가 사익 추구에 함몰되거나 시민들의 의사를 제대로 파악할 능력이 부족할 때 발생하는데, 위의 문제들이 중요한 이유로서 작용할 수 있는 것이다. '대의'의 의미가 시작부터 그 한계를 노정한다면, 그만큼 대의 민주주의를 향한 신뢰는 확보되기 어려울 수 있다.

2) 정치적 권력의 불평등

정치 엘리트와 관료 엘리트 사이의 거래라는 비민주적 과정을 생각해 보자. 원칙적으로 엘리트 간의 거래는 민주적 제도와 과정을 통해서 형성된 한계 안에서 일어난다. 그러나 이 한계들은 때로 매우 광범위한데다가 한계를 구분 짓는 대중의 참여와 통제가 언제나 건설적인 것은 아니며, 더욱이 정치 엘리트와 관료 엘리트는 일반 시민들보다 더 큰 재량권을 가지고 있다. 정치 엘리트와 관료 엘리트의 권한은 막강하며, 특히 일반 시민에 비교했을 때는 더더욱 그러하다. 그러나 여전히 그들은 독재자가 아니다(달, 2018: 168-169).

물론 현대 대의 민주주의 체제에서는 선거와 선거 사이에도, 시민들이 개입할 다양한 정치적 수단과 방법은 존재한다. 그럼에도 불구하고 실질적인 측면에서 정치적 권력의 평등이 과연 유지되는가가 문제로 제기될 수 있다(조일수, 2020: 36). 드워킨(R. Dworkin)은 이러한 맥락에서 대의제 정부는 균등한 결정력이라는 목표에 심각한 위협이 될 가능성이 있다고 언급한다(드워킨, 2019: 608).

더 나아가 선출된 정치 엘리트와 관료 엘리트는 사회·경제적으로 영향력 있는 집단으로부터 통상적으로 다양한 압력을 받게 되는 일이 발생한다(조일수, 2020: 36). 적지 않은 경우, 그들은 자기의 재선을 위한 거액 기부자들을 기쁘게 하는데, 그 기부자들이 원하는 것과 대중이 원하고 필요로 하는 것은 대개 큰 차이를 보인다(드워킨, 2019: 608). 이것은 분명 '대의'의 취지에 어긋난다.

3) 시민 참여의 딜레마

시간과 수(數)를 결합시키는 데서 오는 아이러니는 그것이 양자에게 균등하게 득이 되지 않는다는 것을 말해 준다. 여기서 중대한 민주적 결함이 드러난다. 특정 지역에서 대표자 A가 해당 지역 시민들을 간단히 그러나 모두 만나는 데는 얼마나 많은 시간이 걸리는가? 미국 하원 의원은 평균 40만 이상의 성인 인구가 있는 선거구에서 선출된다. 만일 어떤 하원 의원이 선거구의 주민 각자에게 단 10분씩만 쓴다 해도, 그는 다른 것을 위해서 쓸 시간을 전혀 가질 수 없게 된다. 이것은 시민 참여에 냉혹한 한계가 있음을 보여 준다(달, 2018: 162-163).

민주주의를 실행하는 집단의 단위가 작으면 작을수록 시민 참여의 잠재적 가능성은 점점 증가할 것이고, 시민이 정부 결정을 대표에게 위임해야 할 필요는 점점 줄어들 것이다. 그러나 단위가 크면 클수록 시민에게 중요한 문제를 다루는 능력은 점점 증대될 것이고, 시민이 대표에게 결정을 위임할 필요도 점점 증대된다(달, 2018: 164). 그렇다면 도대체 시민 참여와 대의 민주주의의 관계는 무엇이란 말인가?

III. 참여 민주주의의 의의와 전개

1. 참여 민주주의의 의미 및 기본 방향

참여 민주주의의 합의된 정의를 찾는 것은 대단히 어렵지만, 거칠게나마 그것의 일반적 의미를 제시하면 다음과 같다.

> 참여 민주주의는 관련된 전체 집단의 구성원이 의사결정에 광범위하게 참여하는 것을 강조하거나, 참여하는 것을 가능하게 하는 모든 형태의 민주주의이다. 이것은 일국적 수준의 개념화로 이해될 수 있는데, 예를 들면 일국적 수준의 형태인 국민투표 민주주의가 그렇다. 그렇지만 지역 공동체, 직장, 정당과 압력단체 내에서 참여의 형태를 강화하는 것을 종종 더 지칭한다. (사워드, 2018: 239)

참여 민주주의의 원형 혹은 근원적 모습을 고대 아테네 민주주의에서 찾을 수 있다고 하더라도, 그것의 발전과 부흥은 20세기 중반에 와서야 활발하게 이루어졌다. 1960년대부터 1980년대에 이르는 동안 참여 민주주의는 점차 세련된 형태를 지니게 된다. 참여 민주주의가 지니고 있는 기본 방향은 슘페터적인 주장에 대항하는 논변들로부터 어렵지 않게 확인할 수 있다.

첫째, 참여 민주주의의 지지자들은 민주주의의 현실주의적 주장, 특히 그것이 가지고 있는 규범적이 아닌 기술적이고 실증적인 특징을 겨냥해서 비판했다. 그들에게 있어서 민주주의는 그것 자체가 목표나 이상이었다. 둘째, 모든 참여 민주주의 지지자들은 '민주주의'가 오직 국가적 정치 및 국가적 정치 제도나 절차를 조형하는 것에만 적합하다는 관점에 이의를 제기했다. 그들은 단지 국가뿐만 아니라, 사회를 민주화하는 것에도 관심이 있었다. 셋째, 참여 민주주의의 지지자들은 인간과 인간의 실제적, 잠재적 역량에 대한 다른 관점을 구축했다. 만일 개체 인간이 직장, 지역 공동체, 정당과 이익 집단 등 내부에서 정치적 참여의 기회를 포착해서 활용되도록 촉진된다면, 그들은 자신과 사회의 이득을 위해서 길러지고 형성될 수 있다. 넷째, 참여 민주주의 지지자들은 '평등한 가치를 지닌 평등한 투표'라는 형태의 정치적 평등이라는 협소한 관점에 덧붙여, 사회적이고 경제적인 평등도 민주주의에 매우 중요한 것으로 간주하고 있다(사워드, 2018: 119-125).

2. 참여 민주주의의 전개 및 특징

참여 민주주의의 기본 방향을 특징짓는 정치제도들도 어느 한순간에 등장한 것은 아니다. 여기서는 참여의 의미와 가치로부터 출발하여 그것의 사회제도적 관계성 그리고 적용 영역의 확장 가능성 차원에서 특징을 탐색해보고자 한다.

1) 고대 아테네에서의 참여 민주주의

참여 민주주의의 특징이 가지고 있는 원형을 발견함에 있어서 고대 아테네로 눈을 돌리는 것은 여전히 중요하다. 특히 핀리(M. Finley)는 민중의 참여, 그리고 그러한 참여의 교육적인 효과에 대한 주장을 뒷받침하는 자원을 찾아낸다.

> 결정은 민중적 투표가 아닌 정치적 지도자에 의해서 내려지며, 민중적 투표는 기껏해야 종종 사후적인 거부권을 가지는 데에 불과하다. 중요한 것

은 이런 사태가 근대적인 조건 하에서 필연적이고 바람직한 것인지의 여부 또는 새로운 형태의 민중적 참여가, 내가 이런 식으로 표방해도 무방하다면, 아테네 같은 실체는 아닐지라도 아테네 정신에 따라서 발명될 필요가 있는지 여부이다. (핀리, 1985: 36; 사워드, 2018: 129-130 재인용)

새로운 제도들에서 우리가 발전시켰으면 하는 고대 아테네의 정신은, '당시에는 놀랄 만큼 새로웠지만, 이후에는 거의 반복된 적이 없는' 아테네 정치의 특징을 반영한 것이었다. 여기서 그 특징이란, '교육받은 상위 계층과 대등하게 평범한 시민이었던 농부, 상점 주인, 장인들'을 정치적 공동체의 완전한 구성원으로 포함한 것을 지칭한다(핀리, 1985: 16; 사워드, 2018: 130 재인용).

보다 직접적으로 볼 때, 고대 아테네 민주주의의 이상과 목표는 페리클레스(Pericles)가 했다고 하는 유명한 장송 연설에서 인상적으로 드러난다.

우리의 통치 체제는 이웃의 제도들을 모방하지 않았음을 말하고 싶습니다. 우리가 다른 누구를 흉내 낸 것이 아니라 다른 이웃에게 모델이 되었습니다. 우리의 정체는 민주주의라고 불립니다. 왜냐하면 권력이 소수의 손에 있는 것이 아니라 전체 인민의 손에 있기 때문입니다. … 국가에 기여할 수 있는 능력을 가지고 있는 한 어느 누구도 빈곤하다는 이유로 정치적으로 무시되지 않습니다. (투키디데스, 1972: 145, 147; 헬드, 2019: 36-37 재인용)

고대 아테네는 모든 시민이 공동생활을 창출하고 육성하는 데 참여할 수 있고, 또 실제로 참여해야 하는 공동체로 묘사되고 있다. 자율적 통치 과정에 활동적으로 참여하는 시민 개념에 대한 찬사는 곧 '통치자는 피치자'라는 공식을 만들어 낸다. 모든 시민이 법에 대해 토론하고 결정하고 집행하기 위해 모였다(헬드, 2019: 38-39).

아테네에서 각 개인은 자신의 일뿐만 아니라 국가의 일에도 관심을 가집니다. … 우리는 정치에 관심이 없는 사람을 자기 일에만 신경 쓰는 사람이라고 하지 않고, 아테네에서 전혀 하는 일이 없는 사람이라고 말합니다. 우리 아테네인들은 정책에 대한 결정을 우리 자신들이 스스로 내리거나 적절한 토의에 회부합니다. (투키디데스, 1972: 145, 147; 헬드, 2019: 37-38 재인용)

또 하나 중요한 특징은, 고대 아테네에서 '공적인 것'과 '사적인 것'은 엄격하게 구분되어 존재하는 것이 아니었다는 점이다. 그리고 시민들은 통치에 있어서 페리클레스가 적절한 토의라고 부른 것, 주권 기관인 민회에서의 동등한 발언권인 이세고리아(isegoria)에 의해 보장되는 자유롭고 제한 없는 토론을 중시했다(헬드, 2019: 38-39).

페리클레스가 '우리 도시는 교육의 장'이라고 외쳤을 때, 그가 의도한 것은 아테네 시민 개개인이 삶의 모든 다양한 측면에서 스스로가 그 자신의 정당한 지배자이자 주인임을 보여 줄 수 있으며, 비할 데 없이 우아하고 다양하게 행할 수 있는 '그러한 생활 방식'이었다(투키디데스, 1972: 147-148; 헬드, 2019: 37-38 재인용). 시민들은 참여를 통해 성장하고 성숙 가능한 존재로 인식되었다.

2) 현대의 참여 민주주의 1: 실질적 자유와 평등의 확대를 위하여

참여 민주주의가 현대에 들어와 전개될 때는, 우파의 '법치 민주주의'에 대항하는 좌파의 주된 모델이었다. 이는 신좌파로 일컬어지는데, 여기서는 현대 자유민주주의가 내세우는 "개인들은 자유롭고 평등하다"라는 생각에 이의를 제기한다. 자유와 평등에 대한 기존 민주주의 이념에 대한 도전은 페이트먼이 이끈다. 그녀는 '실제로' 자유롭고 평등한 개인을 발견하기란 자유주의 이론이 주창하는 것보다 훨씬 어렵다는 것을 지적하며, 일반적으로 자유주의 이론은 사실상 주의 깊게 검토해 봐야 할 것들을 당연한 것으로 가정해 버린다고 비판한다. 자유가 특정한 자유들로서 구체적 내용을 갖지 못한다면, 일상생활에서 진정 중요한 것이라고 주장할 수 없다(헬드, 2019: 396-397).

페이트먼에게 있어 '국가'와 '시민사회'는 명확하게 분리될 수 없다. 그녀는 그것들이 분명하게 구분될 수 있다는 것은 자유주의적 사고에 해당하며, 그것은 그 자체로서 결함이 있음을 주장했다. 그녀는 『참여 그리고 민주적 이론(*Participation and Democratic Theory*)』에서 다음과 같이 언급하고 있다.

> 참여 민주주의 이론은 개인들과 그들의 제도들은 서로 분리될 수 없다는 핵심 주장 위에서 만들어진다. 국가 수준에서 존재하는 대의 제도들은 민주주의에 있어서 충분조건이 아니다. … 민주주의적 정체의 존재는 참여 사회의 존재를 필요로 한다. (Pateman, 1970: 42)

이는 슘페터적 시민관을 분명하게 거부하는 것으로, 그녀는 다음과 같이 말한다.

> 참여 민주주의에서의 '참여'가 가지고 있는 주된 기능은 교육적인 것, 곧 심리적인 측면과 민주적 기능 및 절차 훈련의 획득을 모두 포괄하는 매우 확장된 의미에서의 교육적인 것이다. … 참여는 민주주의에 필요한 중요한 자질들을 계발시키고 발전시킨다. 시민 개인이 보다 참여할수록, 그들은 그러한 자질을 보다 훌륭하게 가질 수 있다. (Pateman, 1970: 42-43)

페이트먼은 참여의 교육적인 교화에 일차적으로 관심을 가졌다. 그것은 개인들이 자신들의 삶에 영향을 미치는 결정들에 진정으로 참여하는 기회를 활용함으로써 얻게 되는 일종의 '정치적 효능감'을 일컫는다(사워드, 2018: 124). 그렇다면 시민에게 있어서 이러한 참여는 주로 어느 영역을 통해 접근될 수 있을까?

> 가장 중요한 영역은 산업 현장이다. 대부분의 시민은 직장에서 상당한 시
> 간을 보낸다. ⋯ 만일 개인이 삶과 환경에 대하여 최대의 통제력을 경험한
> 다면, 이러한 영역에서의 권위 구조는 그들이 의사결정에 참여할 수 있는
> 형태로 조직될 것이다. (Pateman, 1970: 43)

이처럼 페이트먼은 기존 민주주의의 주류 전통이 놓친 '실질적인' 자유와
평등 개념의 확보에 대하여 관심을 기울이고, 이를 삶의 영역에서 구현하고
자 했다(헬드, 2019: 401). 그녀가 추구했던 사회는 사적 자본과 계급 관계
를 비롯한 체계적인 권력 불균형으로 인해 지금까지 강요되어 온 경직된 구
조를 근본적으로 개혁하려는 노선을 좇아서 실험할 수 있는 사회이다. 그
녀는 현대 민주주의 이론의 시야에서 사라졌던 것은 바로 정치사상에서 긴
역사를 가지고 있는 이러한 이상이라고 주장했다(헬드, 2019: 404).

3) 현대의 참여 민주주의 2: 시민 참여의 의미와 그 확장을 위하여

참여 민주주의는 지속적인 발전을 해 오고 있다. 본 항에서는 시민 참여
가 시민사회를 어떻게 변화시킬 것이며, 더 나아가 그 정신이 가지고 있는
바, 즉 민주주의 정신이 어떤 분야에 이르기까지 확장되어야 할지에 대해
다루고자 한다. 전자와 관련하여서는 바버를, 후자와 관련하여서는 달을
언급할 것이다.

먼저 바버는 대의 민주주의를 '약한 민주주의'라고 비판한다. 그는 약한
민주주의는 참여의 즐거움도, 시민 단체의 동료 의식도, 지속적인 정치 활
동의 자율성과 자치성도, 나누어 가지는 공공재의 상호성 확대도 부여해
주지 않는다고 주장한다(바버, 1992: 55-56). 이에 그는 '강한' 민주주의 이
론을 제시하며, 적극적인 참여를 강조한다. 바버에게 있어서 참여는 수단이
아니라, 그 자체가 목적으로 설정된다(주성수, 2006: 86). 시민적 공화주의를

주창하는 그는 『강한 시민사회 강한 민주주의(*A Place for Us: How to Make Society Civil and Democracy Strong*)』에서 다음과 같이 언급하고 있다.

> 강한 민주적 시민사회는 예를 들어 '시민적 공화주의'로 불릴 수 있는 것
> 처럼 다양한 유형으로 나타난다. 이러한 의미에서 시민사회는 민주적 덕
> 목을 보유하고, 민주적 삶의 관습을 장려하며, 공공성과 자유, 평등주의와
> 자발주의에 의해 규정된다. (바버, 2006: 59)

바버에게 있어서 시민은 상충하는 가치와 이익 갈등이 발생하게 될 때 공동의 토대를 찾아내고, 공공의 업무를 수행하며, 공동의 관계를 추구함으로써 그러한 차이를 조정하기 위해 노력을 기울이는 존재이다. 강한 민주적 시민사회에서 맺어지는 사회관계는 단순히 생산과 소비를 통해 이루어지는 경제적 상호작용이나 시장에서 제공하는 것보다는 훨씬 더 크고 굳건하다(바버, 2006: 60).

바버는 국가 수준에서의 정치뿐만 아니라 학교나 병원과 같은 지역 수준의 공동체 정치에서 참여 민주주의를 갱신할 수 있는 가능성을 상세히 탐색했다. 그렇다면 사회 전반에 걸친 정치의 개념화와 의사 결정에서 풀뿌리 참여를 키울 수 있도록 하는 유연하고 열린 태도가 강조되어야 한다(사워드, 2018: 123).

> 시민사회는 대화의 장이며, 시민적 대화가 진행되는 영역이다. 시민사회의
> 건강을 회복시킴으로써 담론의 시민성을 복원하고, 시민의 정치적 및 사
> 적 대화를 보다 공적이며 의미 있게 만들어 나감으로써 시민사회를 치유
> 할 수 있다. (바버, 2006: 172)

참여 민주주의에서 시민의 참여가 가지는 의미가 이와 같다면, 민주주의의 정신은 어디까지 확장되어야 하는가? 달은 『경제 민주주의에 관하여(*A*

Preface to Economic Democracy)』에서 이를 보다 상세하고 전문적으로 다루고 있다.

> 정치적 평등을 중요하게 생각하는 사람들이라면 민주주의 국가에서도 시민들 간에 정치적 자원이 상당히 불평등하게 배분된다는 사실에 당황할 것이다. … 기업의 소유와 통제는 기업의 통치(govern)에 참여할 수 있는 능력과 기회의 측면에서 시민들 간에 커다란 불평등을 초래한다. (달, 2011: 63-66).

이에 달은 하나의 접근 방법으로 자치 기업을 언급한다.

> 나는 이제 가능한 대안, 즉 기업에서 일하는 모든 사람들이 집단적으로 소유하고, 민주적으로 통치하는 기업 체계를 검토해 보고자 한다. … 이와 같은 기업은 시장이 설정한, 그리고 지방 정부와 마찬가지로 외부의 민주적인 정치적 통제에 의해 설정된 범위 내에서 민주적으로 운영되기 때문에, 자치 기업에서 일하는 사람들은 기업의 시민이라 할 수 있다. (달, 2011: 103-104)

여기서 고대 폴리스의 이상적 모델은 작업장으로 이전되며, 기업은 정치 사회에 대한 루소의 전망이 실현되는 혹은 "정부는 시민들의 덕성과 지성을 증진시켜야 한다"는 밀의 좋은 정부에 대한 기준을 충족시키는 장소가 된다(달, 2011: 106). 그러나 달은 경험적으로 보았을 때, 이를 지나치게 신뢰하는 것은 어렵다고 지적한다. 하지만 그럼에도 불구하고 그 가능성에 대해 포기하지 말 것도 함께 주문하고 있다.

> 지금 우리가 가지고 있는 증거들만으로는 작업장 민주주의가 태도, 가치 그리고 성격을 획기적으로 바꿀 수 있을 것이라는 큰 희망을 보증해 줄 수

없다. … 그러나 수개월, 수년이라는 짧은 기간이 아니라 수세대의 시간이 흐른 이후에는 성격과 인간성이 어떻게 변할지 장담할 수 없다. (달, 2011: 109)

참여 민주주의의 서사는 정치뿐만 아니라 사회와 문화 그리고 경제에 이르기까지 각 분야에 적용되고 있다. 참여 민주주의의 태동과 관심을 반영하듯, 그것은 시민이 있는 곳이라면 어디든 접근된다. 교육을 통해서, 논의를 통해서, 그리고 담론 형성을 통해서 참여는 그 의미를 구현하며 확장되고 있는 것이다.

3. 참여 민주주의의 논쟁점 탐색

대부분의 민주주의 이론이 그러하듯, 참여 민주주의 역시 여전히 '현재진행형'이기 때문에 논쟁 속에 있다. 그 논쟁들은 참여 민주주의의 본질에 의문을 제기하는 것부터 그것의 실질적 구현 방안에 대한 의문에 이르기까지 다양하다.

1) 참여의 형식 설정 문제

참여 민주주의를 규정하고 그 특징을 기술하는 것은 다양한 수준과 맥락에서 가능하다고 할지라도, 핵심은 다름 아닌 '참여' 그 자체에 있다. 그렇다면 참여는 어떠한 형식으로 구현될 수 있는가? 또한 어떠한 수준에서 과연 의미를 찾을 수 있을 것인가? 그것은 제도적으로 받아들여진 언어를 중심으로 전개되어야 하는가, 혹은 비제도적 언어도 포함시켜야 하는가?(박효종, 2005: 439).

페이트만이 주장한 국가 중심적 정치의 개념 확대 자체는 가치 담론적으로 쉽게 거부할 수 있는 것은 아니다. 그녀는 기업 내부의 수직적인 권위 구조, 곧 정치 구조를 중심으로 기업의 정치성을 강조하는 한편, 기업의 주요 결정에 대한 노동자들의 민주적 통제를 강조하는 입장에서 노동자들의 참여를 역설했다(강정인, 1997: 63). 이것은 분명 개인과 제도, 조직과 국가, 삶과 정치를 유기적 연계 속에서 바라보고자 한 것이라고 할 수 있다. 하지만 참여가 어떠한 형식으로 전개되어야 그 유의미성을 보장할 수 있는지에 대해서는 여전히 논란이 있다. 과연 어디까지가 양 관계의 유의미한 결합이고 어디까지가 유의미한 결합이 아닌가? 그것은 행동을 의미해야 하는가? 의사 결정에 관여함을 의미해야 하는가? 혹은 사회주의를 일컫는 다른 코드의 언어로 이해해야 하는가?(밀러, 2010: 224-226). 궁극적으로 참여를 통한 '민주화'의 확대는 어떠한 형식으로 이루어져야 하는가? 무엇을 지지하든, 적지 않은 문제가 참여 민주주의의 의미를 혼란스럽게 한다.

2) 참여의 가능성 제고 문제

두 번째로 지적할 것은 참여 민주주의가 직면한 문제를 보다 선명하게 해준다. 이것은 참여 민주주의에서 '참여'가 가지고 있는 질과 양의 문제를 모두 보여 주기 때문이다. 먼저 질 높은 참여의 가능성이다. 참여 민주주의의 질은 정치 참여의 질에 달려 있는데, 이를 어둡게 하는 많은 사실들이 있다. 첫째, 시민으로서 책임을 다하며 참여하는 시민이 되기 위해서는 민주적 원칙과 실천에 관한 지식뿐 아니라 그것들을 실제로 적용할 수 있는 '인지적 능력'이 요구된다(박효종, 2005: 455-456). 그러나 이처럼 수준 높은 양식을 참여하는 시민 '모두'가 갖추고 있다는 가정을 하거나 갖출 수 있다고 가정하는 데에는 큰 어려움이 있다.

둘째, 만일 시민들의 질 높은 참여가 보장된다고 하더라도, 과연 시민들이 양적 측면에서 참여를 높일 수 있는가 하는 문제이다. 일반 시민들이 참여를 원하지 않는다면 어떻게 할 것인가? 일반 시민들이 사회, 경제, 정치 문제의 운영에 참여하기를 정말로 바라지 않는다면 어떻게 할 것인가? 일반 시민들이, 참여 민주주의 지지자들이 상정하는 것처럼, 민주적 이성의 아들이 되기를 원하지 않는다면 어떻게 할 것인가?(헬드, 2019: 407).

셋째, 시민들의 참여가 양적 측면에서 높은 수준으로 이루어진다고 하더라도, 이것이 과연 바람직한 것인가에 대해서는 또 다른 문제가 존재한다. 오히려 과다한 참여는 다양한 요구를 산출하여 정치와 행정 결정 과정에 적지 않은 부담을 주게 된다(조일수, 2020: 44). 이와 관련하여 일부 학자들은 민주주의의 과잉으로부터 자유주의 가치를 보호하는 일이 더 중요하다고 역설하고 있다(다이·지글러, 1987; 헌팅턴, 1975; 주성수, 2006: 95 재인용). 우리는 역사적으로 과다한 의견 개진이나 참여가 오히려 역효과를 불러온 경우를 목도하곤 했다. 결국 플라톤이 민주주의를 거부하게 된 이유도 상당 부분 이에서 비롯되지 않았는가?

3) 참여 요소의 실질적 구현 문제

분명 신좌파 모델은 높은 수준의 참여적인 사회를 강력히 요구하는 다양한 관심사를 구현하고 있다. 그러나 문제는 그들이 제시하는 구현과 관련된 담론이 너무나 이상적이라는 데 있다.

문제 삼을 수 있는 것은 근본적인 요소들, 예컨대 참여 요소를 실질적으로 구현하는 문제에 대해서는 이 모델이 다소 침묵하고 있다는 점이다. 경제는 실제로 어떻게 조직되고 참여적인 정치 기구와 연관되어야 하는지, 대의 민주주의 제도는 어떻게 시민 모두의 참여를 이끄는 직접민주주의 제도와 결합되어야 하는지, 행정조직의 영역과 권력이 시민 참여로 어떻게 견제되어야 하는지, 가사와 보육 시설은 일과 어떻게 연계되어 참여를 높일 수 있는지, 정치체제로부터 벗어나고 싶은 사람은 참여로부터도 벗어나 어떻게 그렇게 할 수 있는지 그리고 그 의미는 참여 민주주의의 이상에서 어떻게 설정되어야 하는지, 국제 체제의 끊임없는 변화로 말미암아 야기되는 문제들은 시민 참여로 어떻게 처리될 수 있는지 등에 대해서는 거의 언급되지 않았다. 나아가 그 모델이 실질적으로 어떻게 구현될 수 있는가의 문제, 이행 단계의 문제, 또한 모델이 적용된 결과로 어떤 점에서는 상태가 나빠질 수 있는 사람들(예를 들어, 현재 다른 사람의 기회를 결정할 수 있는 위치에 있는 자들)이 어떻게 반응할 것이며, 그 사람들을 어떻게 다루어야 하는가라는 문제 등은 거의 간과해 버렸다(헬드, 2019: 406-407 참고).

게다가 참여 민주주의의 핵심 개념인 '최대 자기 계발'의 의미는 일반적으로 "일반 사람은 자기 내면적 자아를 계발할 능력을 가졌을 뿐 아니라 자신의 이기심을 초월해서 타인의 안녕과 일치하는 정체성을 갖고 실천하는 잠재력을 갖고 있다"고 가정한다(바크락 · 보트위닉, 1992: 20-21; 주성수, 2006: 95 재인용). 그렇지만 이런 '최대 자기 계발'의 가정은 실현 불가능한 유토피아적 상상이라는 비판을 받는다(주성수, 2006: 95).

IV. 결론

어떠한 이론이든 완전한 것은 없으며, 지속적인 수정과 개발을 거치게 된다. 민주주의 역시 마찬가지이다. 특히 이론이 현실로 전환되어 적용될 때는 일반적으로 더 많은 문제들을 동원하게 된다. 그리고 이는 현대사회에서의 민주주의에도 동일하게 적용되는 명제라고 할 수 있다.

이 장은 민주주의를 둘러싼 다양한 쟁점을 이해하기 위한 기초 자료를 제공하는 데 목적이 있다. 이를 위하여 현대사회의 민주주의에서 지속적으로 언급되고 있는 대표적 특성들에 초점을 맞추고자 했다. 그것은 민주주의의 대의적 특성과 참여적 특성이다. 이들의 논의를 이론적으로 탐색하고 그 의미를 고찰하는 것은, 현대사회에서의 민주주의에 대한 높은 이해를 도모할 수 있게 한다는 데서 장점을 가지고 있다.

논의 구조는 민주주의에 대한 접근에 있어 대의와 참여를 중심으로 하되, 전개 양상에 따라 주요 사상가들의 저서 내용을 배치하여 깊이 있는 담론을 형성하고자 했다. 대의 민주주의와 관련하여서는 사회계약론자들의 입장에서 출발하여 공리주의자들의 입장을 거쳐, 현대 현실주의적 입장에 이르기까지 논의를 했다. 참여 민주주의와 관련하여서는 고대 아테네에서 시작하여, 현대 참여 민주주의 전개에서 매우 중요한 위치를 차지하고 있는 사상가들의 입장과 그 특색을 반영하여 논의했다. 그리고 대의 민주주의와 참여 민주주의의 이론적 전개를 확인한 후에는, 각각의 한계를 중심으로 논쟁점을 도출하여 제시했다.

이 장이 의미를 지닐 수 있다면, 그것은 현대 민주주의를 관통하는 핵심 개념들을 짧게나마 포괄적으로 다루고자 했다는 측면에서 발견될 수 있다. 특히 민주주의 사회에서 분열되는 정치적 이념의 근원으로서 대의와 참여가 지니는 의미는 매우 크다. 어느 입장을 주로 설정할 것이냐 혹은 어느 입장에 보다 많은 의미를 부여할 것이냐에 따라 정치 형태는 크게 달라질 수밖에 없다. 중요한 것은 각각이 지향하는 바와 의도를 분명히 인식해야지만 비로소 무엇을 선택할지 혹은 어떻게 하면 양자를 조화롭게 배치할 수 있는지에 대한 혜안을 얻을 수 있다는 점이다. 이 부분에서 이 글이 작게나마 도움이 되길 바란다.

참고 문헌

강정인, 참여사회연구소 편(1997), 「대안민주주의 ─ 참여민주주의를 중심으로」, 『참여민주주의와 한국 사회』, 서울: 창작과비평사.

데이비드 헬드, 박찬표 옮김(2019), 『민주주의의 모델들』, 서울: 후마니타스.

로널드 드워킨, 박경신 옮김(2019), 『정의론』, 서울: 민음사.

로버트 달, 배관표 옮김(2011), 『경제 민주주의에 관하여』, 서울: 후마니타스.

로버트 달, 김왕식 · 장동진 · 정상화 · 이기호 옮김(2018), 『민주주의』, 경기: 동명사.

마이클 사워드, 강정인 · 이석희 옮김(2018), 『민주주의란 무엇인가』, 서울: 까치.

박효종(2005), 『민주주의와 권위』, 서울: 서울대학교출판부.

벤자민 바버, 박재주 옮김(1992), 『강한 민주주의 ─ 새 시대를 위한 참여적 정치』, 서울: 인간사랑.

벤자민 바버, 이선향 옮김(2006), 『강한 시민사회 강한 민주주의』, 서울: 일신사.

볼프강 케스팅, 전지선 옮김(2006), 『홉스』, 경기: 인간사랑.

제임스 밀러, 김만권 옮김(2010), 『민주주의는 거리에 있다: 미국 신좌파운동과 참여민주주의』, 서울: 개마고원.

조긍호 · 강정인(2020), 『사회계약론 연구』, 서울: 서강대학교출판부.

조일수(2020), 「대의 민주주의와 참여 민주주의의 특징 및 한계 비교 연구」, 『한국교육논총』, 41(3).

조지프 슘페터, 변상진 옮김(2021), 『자본주의 · 사회주의 · 민주주의』, 경기: 한길사.

존 로크, 강정인 · 문지영 옮김(2019), 『통치론』, 서울: 까치.

존 스튜어트 밀, 서병훈 옮김(2013), 『대의정부론』, 서울: 아카넷.

주성수(2006), 『시민참여와 민주주의』, 서울: 아르케.

토마스 홉스, 진석용 옮김(2020), 『리바이어던 1』, 경기: 나남.

Pateman, C.(1970), *Participation and Democratic Theory*, Cambridge: Cambridge University Press.

4

하버마스와 롤스의 심의 민주주의

조주현

서울대학교 사범대학 윤리교육과를 졸업하고 동 대학원에서 도덕교육(정치철학)을 전공하여 교육학 박사 학위를 취득하였다. 2014년부터 국립목포대학교 윤리교육과 교수로 재직하고 있으며, 중·고등학교 교과서인 『도덕 1, 2』, 『생활과 윤리』 과목 개발에 대표 저자로 참여하였다. 2022 개정 교육과정 개발 연구에 대한 공로로 교육부장관상을 수상하였으며, 현재 국민권익위원회 청렴연수원 전문 강사와 한국도덕윤리과교육학회 출판이사를 맡고 있다. 주요 논문으로 「도덕과 교육의 통합적 정의론 구축에 관한 연구」, 「하버마스와 롤스의 심의민주주의 연구」, 「자유주의 시민성과 도덕과 인성교육의 과제」 등이 있으며, 저서로는 『미디어와 윤리』, 『현대 한국 사회와 시민성』(공저), 『시민성 이론과 시민교육』(공저) 등이 있다.

---

* 이 장은 『윤리연구』 제142호(2023)에 게재된 「하버마스와 롤스의 심의민주주의 연구」를 수정 · 보완한 것이다.

I. 서론

심의 민주주의는 하버마스가 『공론장의 구조변동』을 발표한 이후 1970년대를 기점으로 점점 더 영향력을 갖추게 되었고, 1990년대 후반 영어권 세계에서 정치 이론의 지배적인 패러다임으로 성장했다. 구글 학술 검색(Google Scholar)을 통해 심의 민주주의를 검색하면 무려 16,000권 이상의 책과 기사를 찾아볼 수 있다. 무엇보다도 심의 민주주의 이론의 형성에 지대한 영향을 끼친 두 학자가 20세기 유럽과 영미권을 대표하는 하버마스와 롤스라는 점에서 주목하지 않을 수 없다. 하버마스는 의사소통적 이성을 통해 정당한 합의를 도출할 수 있다고 주장하고, 롤스는 정당한 정치 사회를 위한 틀을 확보하는 데 공적 이성의 사용을 주장했다. 이렇게 심의 민주주의는 다원적 사회를 배경으로 시민의 이성적 참여로 공적 의사 결정과 입법을 위한 합의에 도달하는 것을 강조한다.

심의 민주주의 이론이 어떻게 구성되었는지 이해하려면 무엇보다도 심의 민주주의를 태동시킨 하버마스(Habermas, 1996)의 유명한 논문 「민주주의의 세 가지 규범적 모델」부터 살펴보아야 한다. 이 논문에서 하버마스는 개인의 권리에 기반을 둔 자유주의적 민주주의 모델과 공동체의 공유된 윤리적 정체성에 기반을 둔 공화주의적 민주주의 모델 사이의 중간 지점으로서 자신이 선호하는 절차주의적 심의 민주주의 모델을 소개한다. 롤스 또한 그의 책 『정치적 자유주의』에서 비슷한 주장을 한다. 즉, 콩스탕이 근대인의 자유와 고대인의 자유라고 각각 분류한 두 전통을 로크의 자유주의 모델과 루소의 공화주의 모델로 대비시키면서 자신의 심의 민주주의 이론을 대안으로 제시한다(롤스, 2004: 5).

이러한 움직임은 깊은 차이와 불일치로 특징지어지는 다원주의 사회에서 민주주의를 달성하는 데 매우 중요하다. 적어도 계몽주의 이후 민주주의의 핵심 교리는 우리의 삶을 지배하는 법은 우리가 자유롭게 선택한 한도 내에서 정당할 수 있다는 것이었다. 즉, 민주주의의 이상은 자율성에 근거하여 정당성을 확보하는 것이 관건이다. 실제로 심의 민주주의에서 작동되는 특별한 형태의 대화를 통해 이루어지는 의사소통은 쉽게 해결되지 않는 불일치와 사회 갈등의 문제에도 불구하고 시민들이 스스로를 법의 작성자이자 수신자 모두로 볼 수 있는 유력한 방법이다. 심의 민주주의를 대표하는 학자인 하버마스도 상호주관성을 바탕으로 민주 사회의 지배적인 규범을 서로 정당화해야 하는 의사소통 행위의 의무를 인정함으로써 불일치 속에서 민주주의의 문제에 대한 해법을 모색하고자 한다.

물론 대규모 다원주의 사회에서 우리는 시민들이 모든 결정에 반드시 동의할 것이라고 기대할 수 없다. 더군다나 그들은 자신의 의지가 법에 반영된다는 사실을 거의 체감하지 못할지도 모른다. 그러나 심의 민주주의자들은 모든 시민이 법을 형성하는 데 도움이 되는 한 논쟁의 여지가 있는 결과가 나올지라도 여전히 민주적이며, 따라서 정당한 것으로 볼 수 있다고 주장한다. 다양하고 잠재적으로 상충되는 관점을 가진 시민들은 객관적인 일반의지를 도출할 수 없을지라도 여전히 의사소통을 통해 상호 주관적으로 정치적 행동을 조정할 수 있다는 것이다.

이처럼 심의 민주주의는 국민주권을 상호 주관적으로 해석해야 한다고 주장하면서 이를 위해 시민들 간의 소통이 무엇보다 중요하다고 간주한다. 다음은 일반적으로 알려진 심의 민주주의의 장점을 간추린 것이다. 이를 참고하여 심의 민주주의 이론의 두 거두인 하버마스와 롤스의 구체적인 입장을 탐구해 보자.

1) 심의 민주주의는 공적 의사 결정에 있어 시민들에게 보다 의미 있는 역할을 부여함으로써 정부와 민주주의 기관에 대한 대중의 신뢰를 높일 수 있다.
2) 심의적 참여는 효과적이고 공유된 의사 결정으로 이어지는 훨씬 더 깊은

형태의 대화와 토론을 생성할 수 있다.
3) 심의 민주주의는 성급한 여론보다는 숙고된 대중의 판단을 전달하기 때문에 더 나은 정책의 결과로 이어질 수 있다.
4) 심의 민주주의 프로세스는 어려운 선택을 하는 데 더 큰 정당성을 제공할 수 있다.

II. 하버마스의 심의 민주주의

하버마스는 프랑크푸르트학파 2세대를 대표하는 학자다. 프랑크푸르트학파 1세대를 대표하는 학자는 잘 알려진 아도르노와 호르크하이머이다. 2차 세계대전을 전후로 활발하게 활동한 이들은 1947년 간행된 『계몽의 변증법』이란 책에서 인간을 비합리적인 미신으로부터 해방시키고 자유와 번영을 가져다줄 것으로 믿었던 계몽사상이 오히려 야만과 폭력이라는 절망적 상황에 봉착하게 되었다고 선언했다. '계몽주의 프로젝트'란 중세까지 신에 의해 가려져 있던 인간의 이성, 즉 합리성을 르네상스를 통해 부활시킨 후 과학과 기술이라는 도구를 통해 자연의 일부인 인간이 해방될 수 있다는 근대의 기획을 의미한다. 그런데 인간에게 자유와 풍요를 주리라고 믿었던 계몽사상이 19세기 산업화와 자본주의를 거치면서 행정과 경제 체계에 의해 인간을 소외시켜 가두어 버리는 왜곡된 합리성을 낳았고, 급기야 최소한의 비용으로 최대한의 효과를 가져다주는 전쟁의 파멸로 치닫게 된 것이다. 계몽을 추구했던 합리성이 도구적 합리성이 되고 오히려 인간을 수단화시켜 결국 19, 20세기 인간소외와 전쟁을 낳고 말았다는 주장이 마르크스와 헤겔의 영향을 받은 프랑크푸르트학파 비판 이론의 핵심 어젠다가 되었다.

하버마스는 아도르노의 수석 연구 조교 출신이다. 원래 급진주의자가 아니었던 청년 하버마스는 하이데거 연구에 몰입했지만, 하이데거가 나치에 공공연한 지지를 표명했을 뿐만 아니라 나중에 반성조차 하지 않는 모습을 보고 독일계 유대인이었던 아도르노와 호르크하이머의 프랑크푸르트 학파에 속하게 되었다. 하지만 하버마스의 비판 이론은 스승들의 그것과는 달랐다. 스승들은 자본주의 사회의 획일성에 대해 거의 부정적인 방식으로 '아니오'라고만 말한 반면, 하버마스는 '예 또는 아니오'라고 말하면서 이성적 토론의 가능성을 믿었다.

하버마스(2004)의 이러한 입장은 1962년에 발간한 『공론장의 구조변동』이란 책에 잘 드러나 있다. 하버마스는 목욕물이 더러우면 목욕물만 버리면 되지 아기까지 같이 버리는 실수를 하면 안 된다며 합리성에 대한 희망을 포기하지 않는다. 계몽에 대해서 스승들에 비해 덜 비관적인 하버마스의 희망적 모델은 18세기 공론장으로 거슬러 올라간다. 18세기 유럽의 커피하우스, 살롱 등을 무대로 활약한 이성적 공중들은 제약 없는 토론을 통해 진리와 공동선을 추구하며 자유롭고 평등한 시민들의 자발적 연합체를 형성하면서 지적 근대화와 민주주의 형성에 기여하였다. 하버마스의 공론장 이론은, 현재 충분히 실현되지 않았지만, 이성적 토론의 이상을 추구할 가치가 있는 이념으로 제시하면서 이를 통해 미완의 근대를 완수될 수 있고 또한 완수되어야 하는 프로젝트로 바라보고자 한다. 그의 야심 찬 미완의 프로젝트를 이해하기 위해서는 2권의 책으로 이루어진 『의사소통행위이론』부터 살펴보아야 한다.

1. 언어 이론: 의사소통 행위 이론

하버마스가 근대 문명에 대한 자신의 문제의식을 처음으로 유의미하게 제안한 『공론장의 구조변동』을 발표한 이후 그것에 대한 대안으로서 거의 20여 년간 자신의 연구 결과를 총정리한 책이 1984년에 발표한 『의사소통행위이론』이다. 이 책에서 하버마스(2015)는 우선 생산관계의 발전에 치우친 마르크스 사상에 수정을 가한다. 또한 제임스, 듀이, 미드, 퍼스 등

미국 실용주의의 전통과 딜타이, 가다머 등 해석학 전통에 관심을 가지기 시작한다. 두 전통은 공통적으로 철학이 일상적 삶과 유리되어 사변적으로 흐르지 말아야 하며 실제 사람들의 삶을 변화시키는 데 기여해야 한다는 가정을 공유한다. 즉, 철학이 학문 세계에 머물러 있는 것이 아니라 실제 사회생활과 연결되어 있어야 한다는 화용론적 입장(the pragmatics of language)을 하버마스가 견지하는 데 영향을 주게 된다.

뿐만 아니라 하버마스는 『의사소통행위이론』의 많은 분량을 사회학자인 뒤르켐, 파슨스를 비롯하여 헤겔적 마르크스주의자인 죄르지 및 비판 이론가인 호르크하이머와 아도르노를 논의하는 데 할애한다. 마르크스를 비롯한 비판적 사회 이론가들이 던지는 질문은 '왜 사람들은 적지 않은 사람들을 가난하고 소외되게 만드는 사회제도에 반대하지 않는가'라는 것이다. 마르크스는 이데올로기라는 용어를 사용하여 사회적 약자들의 진정한 이익에 대한 그릇된 믿음과 비합리적인 행동을 폭로하고자 했다. 반면에 홉스와 같은 사회계약론자들은 법질서와 같은 강제적 권위와 신뢰 가능한 처벌을 통해 사회질서를 유지한다는 입장을 개진한다. 뒤르켐은 집단적 도덕 규범을 준수하는 사회화 과정을 통해 사회질서를 설명하며, 파슨스는 뒤르켐의 입장을 발전시켜 사람들이 도덕을 위반할 때 가해지는 처벌을 두려워하기 때문에 사회질서를 유지할 수 있다고 본다.

이러한 대립적 구도는 사회 갈등론과 사회 기능론이라는 두 입장으로 요약할 수 있다. 이 두 가지 대립적인 이론에 대한 하버마스의 입장은 무엇인가. 이에 대한 대답이 바로 하버마스의 『의사소통행위이론』이다. 하버마스는 갈등론과 기능론 중 어느 하나를 따르기보다 기존의 의식 철학 패러다임을 포기하고 행위 조정의 합리적 토대를 언어에서 찾는 새로운 방법을 제시한다. 의식 철학이란 세계를 주관과 객관의 이원론으로 나누어, 전자는 나의 정신, 즉 의식을 일컬으며 후자는 육체나 물리적 세계와 같은 존재를 일컫는 철학이다. 근대 데카르트 이후 논리실증주의에 이르기까지 의식 철학의 주요 과제는 올바른 지식의 규준을 확립하는 것이며, 지식을 받아들이는 주체로서의 개인이 객체로서의 사회나 공동체보다 논리적으로 선행한다는 자유주의 사상으로 발전하면서, 급기야 공동체는 공동체 구성원인 개인의 도구적 가치만 있다고 간주하게 된다. 하버마스는 주관인 개인과 객관인 사회를 대립적인 관계로 파악하는 의식 철학을 비판하면서, 사회는 우리 밖에 있는 어떤 것이 아니라, 대화를 통해 상호작용하는 상호 주관적인 구조로 파악하고자 한다.

이때 상호 주관적 행위를 하버마스는 특별히 화행(the speech act)이라고 정의한다. 화행을 할 때 중요한 점은 자신의 행위나 발언에 대해 적절한 이유나 근거를 제시할 필요가 있다는 약속인데, 이러한 약속을 타당성 주장 (validity claims)이라고 한다. 이러한 타당성은 행위자에게 보편적으로 요청되며, 서로가 서로에게 책무로서 작동하기 때문에 도덕적, 규범적 지위를 가지며, 동시에 타당성을 획득하기 위해서는 상대방에게 적절한 이유와 근거를 제시해야 하기 때문에 논증적이면서 합리적인 지위 또한 가진다. 이런 식으로 하버마스가 보기에 근대사회는 자신의 행위와 발언을 타인에게 정당화하도록 약속된 사회인 것이다.

이렇게 하버마스의 의사소통 행위 이론이 의식 철학을 넘어 언어적 전환 혹은 화용론적 전환을 하게 된 계기는 언어학자인 뷜러, 오스틴, 아펠의 힘이 컸다(하버마스, 2015a: 413). 독일의 언어학자 뷜러는 언어를 '한 사람이 세계에 관하여 누군가와 무언가를 의사소통하는 도구'로 정의한다. 먼저 뷜러는 1인칭, 2인칭, 3인칭 관점, 즉 화자, 청자, 세계로 구성된 삼각관계에 주목하면서 각각에 상응하는 언어적 기능, 즉 화자의 경험을 드러내는 표현적 기능, 수신자에게 요청하는 호소적 기능, 세계의 상태를 표현하는 인지적 기능을 제시한다(하버마스, 2015a: 410). 뷜러는 기존의 진리 조건적 의미 이론이 단순히 '나무는 푸르다'와 같은 언어의 인지적 기능에만 초점을 맞추었다고 비판하면서, '너무 시끄러우니 소리 좀 줄여 줄래?'와 같은 화자와 청자와의 관계에 초점을 맞춘 화용론적 의미 이론을 강조한다. 하버마스는 진리 조건적 의미 이론에서 언어의 기본단위가 명제라면, 화용론적 의미 이론에서는 발화(utterance)라고 하면서 뷜러의 이론을 더욱 발전시킨다.

그런가 하면 일상 언어철학의 창시자 중 한 사람인 오스틴(하버마스, 2015a: 427-435)은 언어 행위를 발화 행위, 발화 수반 행위, 발화 효과 행위 세 가지로 구분한다. 발화 행위란 '나는 누구이다'처럼 사건이나 사물의 상태를 표현하는 것이고, 발화 수반 행위는 '내가 너에게 잘못했으니 다음부터는 안 그럴게'처럼 대화자 상호 간에 어떻게 행동하겠다는 것을 의미하며, 발화 효과 행위는 '내가 원하는 것을 안 들어주면 그 일을 하지 않겠다'처럼 어떤 목적을 달성하기 위한 전략적 의도를 가진 표현을 의미한다. 하버마스는 세 가지 발화 행위 중 발화 수반 행위와 발화 효과 행위에 초점을 맞추는데, 특히 발화 수반 행위를 상호 이해를 지향하는 생활세계의 의사소통 행위에 연결시키고, 발화 효과 행위를 효율성을 추구하는 체계의 목적 합리적 행위에 연결시킨다. 하버마스는 의사소통 행위를 생활세계 안에서 일어나는 가장 도덕적이고 합리적인 행위로 간주하면서 경제나 국가와 같은 체계에서 일어나는 행위로서의 목적 합리적 행위와 구분한다.

한편, 아펠은 하버마스와 더불어 담론 윤리의 대표적인 사상가이다. 아펠은 보편적인 윤리 규범은 토론을 통해 합리적으로 조정하는 과정에서 만들어지며, 의사소통 공동체의 모든 구성원은 개개인이 지닌 책임과는 별도로 또 다른 도덕적 책임을 가지고 있다고 본다. 담론에 참여하는 사람들은 두 가지를 동시에 전제하는데, 하나는 사회화 과정을 통해 참여하는 실재 의사소통 공동체의 구성원으로서의 존재이며, 다른 하나는 논증을 제대로 이해하고 판단하는 이상적 의사소통 공동체의 구성원으로서의 존재이다(하버마스, 2010: 433). 이러한 아펠의 주장에 영향을 받아 하버마스는 담론 윤리를 더욱 정교화시키고 발전시킨다. 즉, 담론에 기반한 의사소통 행위 이론을 정립하면서, 언어적 의미를 명제적 의미로만 설명할 수 없고 화용론적 수행 기능으로서의 의미 또한 중요하다는 차원에서 의미의 '수행-명제 이중 구조'를 강조한다. 결국 하버마스에게 있어 담론(discourse)이란 문제가 되는 타당성 주장을 검증, 즉 비판하거나 옹호하는 과정에 상호 주관적으로 개입하는 일상적 관행이 된다.

이렇게 뷜러, 오스틴, 아펠의 영향을 통해 언어적 전환이라고 불리는 하버마스의 의사소통 행위 이론의 밑그림이 완성된다. 하버마스는 언어가 가지고 있는 수행적 의미로서의 화용론적 기능에 초점을 맞추어 대화의 일차적 기능이 행위 주체들 간의 갈등을 조정하고 상호 이해에 도달하여 합의를 이루는 데 있다고 결론 내린다(하버마스, 2015a: 228). 주지하다시피 심의 민주주의가 구성원들의 대화를 통해 합의에 이르는 것을 목표로 한다고 할 때, 그것의 이론적 배경이 바로 뷜러, 오스틴, 아펠로부터 영향을 받은 언어적 전환으로서의 일련의 작업인 셈이다. 따라서 대화를 통해 합의에 이른다는 것은 하버마스에게 있어 '담론', '의사소통 행위', '상호 이해에 도달하다'는 것과 같은 의미다. 특히 대화자 사이에 형성된 상호 주관적 합의는 이후 대화자들에게 행위의 기초로서 작동하는데, 대화가 이 기능을 수행하는 것은 발화의 의미가 이유에 달려 있기 때문이다. 이러한 이유와 합의 사이의 긴밀한 관계를 하버마스는 '타당성(validity)'이라고 부르며, 세 가지 서로 다른 타당성 주장을 다음과 같이 언급한다(하버마스, 2015a: 452).

1) 진리 주장: 청자가 화자의 지식을 받아들여 공유하도록 참된 진술을 함
2) 정당성 주장: 자기와 청자 사이에 정당한 것으로 인정된 상호 관계가 성립하도록, 주어진 규범의 맥락과 관련하여 올바른 화행을 수행함
3) 개인적 진실성: 청자가 말해진 것을 믿도록 생각, 의도, 감정, 소망 등을 진실되게 표현함

이러한 타당성 주장의 기능은 화자가 청자에게 발화의 수용을 설득할 만한 이유를 제시할 수 있다고 보장하는 데에 있으며, 이러한 타당성 주장의 요청을 충족할 경우 의사소통 행위는 성공적으로 이루어진다. 반면에 의사소통에 실패하면, 즉 청자가 타당성 주장을 받아들이는 것을 거부하면 무슨 일이 벌어질까. 하버마스에 따르면 이때에는 담론이라고 하는 특수한

대화의 형태가 벌어진다고 주장한다. 담론(discourse)이라고 하는 용어는 일반적으로 사용되는 대화와는 구분이 되는 용어로, 하버마스의 의사소통 행위 이론에 있어 타당성 주장을 충족시켜 참가자들 간의 상호 이해, 즉 합의에 도달하는 것을 목적으로 하는 특수한 형태의 전문적인 논증 대화라고 할 수 있다. 담론, 즉 논증 대화는 청자가 화자에게 타당성 주장을 보충하라고 이의 제기하는 것부터 시작한다. 하버마스는 담론의 참가자들이 준수해야 할 전제 조건으로서 세 가지 수준의 담론 규칙을 다음과 같이 제시한다(하버마스, 1990: 89).

1) 말하고 행위할 수 있는 능력이 있는 모든 주체는 담론에 참여하도록 허용된다.
2) ① 모든 사람은 어떤 주장에도 의문을 갖는 것이 허용된다.
   ② 모든 사람은 담론에 어떤 주장도 제기하는 것이 허용된다.
   ③ 모든 사람은 자신의 태도, 욕망, 필요를 표현하는 것이 허용된다.
3) 어떤 화자도 내적 강제나 외적 강제로 인해 상기한 1)과 2)에 나타난 권리를 행사하지 못해서는 안 된다.

2. 사회 이론: 생활세계의 식민지화

이제까지 『공론장의 구조변동』에서 하버마스가 제시한 문제의식과 해결 방향에 대한 스스로의 응답으로서 언어적 전환으로서의 화용론적 대안을 정교하게 정리한 『의사소통행위이론』을 중심으로 살펴보았다. 『의사소통행위이론①』의 한 축이 의사소통 행위 이론에 대한 규명을 중심으로 전개된다면, 『의사소통행위이론②』의 다른 한 축은 사회 이론에 대한 설명이 주를 이룬다. 하버마스(2015b)는 근대사회가 생활세계와 체계라는 두 가지 기본적인 사회 영역으로 이루어져 있다고 주장한다.

생활세계란 가족, 교회, 친구, 학교처럼 타인과 함께 일상적 삶을 영위하는 곳으로서, 도덕적인 의사소통 행위가 주를 이루는 공간이다. 반면에 체계란 국가와 경제 시스템 같이 행정 권력과 화폐 권력이 작동되는 곳으로서 도구적 행위가 주를 이루는 공간이다. 여기서 도구적 행위는 하버마스가 의사소통 행위의 상대 개념으로 제시한 것으로, 개별 행위자가 추구하는 목적을 실현하기 위한 수단으로서 무엇인가를 하는 것을 말한다. 도구적 행위는 주어진 목적을 이루기 위한 최선의 수단을 찾기 위해 계산하는 행위라는 점에서 의사소통 행위와 다르다. 이때 유념해야 할 것은 하버마스가 도구적 행위에 따른 합리성을 부정적으로만 본 아도르노와 호르크하이머와는 달리 도구적 합리성 그 자체를 반대하지도 않고 도구적 합리성을 구현하는 국가와 시장 제도를 반대하지도 않았다는 점이다.

원래 생활세계 전체는 의사소통 행위들로 엮인 하나의 네트워크를 형성하는데, 체계들도 법적 제도화를 경유하여 사회라는 생활세계의 구성 요소에 정박한다. 그런데 생활세계의 합리성이 증대함에 따라 체계 또한 더욱 발전하게 되는데, 기능적으로 전문화된 이 체계들 중 일부는 생활세계의 의사소통 행위 영역으로부터 자립하여 독자적인 코드를 형성하기 시작한다. 앞서 언급한 바와 같이 행정은 권력을 통해, 시장은 화폐를 통해 그렇게 한다. 이렇게 되면 개인 간의 의사소통 행위를 통해서는 더 이상 체계의 구조를 통제할 수 없는 상황으로 발전하면서 생활세계와 체계는 분리된다. 그러면서 체계는 점점 생활세계를 잠식하고 파괴하며 지배하게 된다. 이런 식으로 체계가 생활세계를 침투하여 자신의 영역 안으로 편입시켜 생활세계의 질서를 왜곡하고 축소시키는 현상을 생활세계의 식민지화(the colonization of the life-world)라고 한다(하버마스, 2015a: 546-547).

3. 도덕 이론: 담론 윤리

생활세계의 식민지화 문제를 해결하기 위한 하버마스의 대안은 무엇인가. 그것은 탈도덕화 된 생활세계의 식민지화 현상을 도덕적인 담론 윤리를 통해 극복하는 것이다. 언어적 전환과 사회 이론의 기초를 쌓은 『의사소통행위이론』이 출간된 이후 심의 민주주의 정치 이론을 집대성한 『사실성과 타당성』이 출판되기까지 하버마스는 담론 윤리라는 도덕 이론 연구에 집중한다. 하버마스의 대표적인 두 저작 사이의 연결 고리를 담당하는 담론 윤리는 하버마스의 전체 이론 중에서 핵심적인 역할을 하는데, 그간 우리 학계에서는 상대적으로 간과되거나 주목을 덜 받아 왔다. 담론 윤리에 대해서는 『도덕의식과 소통적 행위』와 『담론 윤리의 해명』에 자세히 서술되어 있다.

하버마스의 담론 윤리는 의사소통 행위 이론의 맥락 속에서 이루어진다. 이미 의사소통 행위와 타당성 주장 그리고 담론의 개념에 대해서는 앞서 설명한 바 있다. 즉, 생활세계에서 개인들은 의사소통 행위를 통해 상호 이해에 도달하고 규범의 타당성을 공유하는데, 규범의 정당성에 대한 타당성 주장이 거부될 때 사회적 갈등이 발생하며, 그러한 갈등을 해결하기 위해 특별한 종류의 대화인 담론이 시작된다. 이러한 담론의 과정을 통해 문제가 되는 타당성 주장을 검증, 즉 비판하거나 옹호하게 되는데, 담론의 모든 참여자들의 동의를 얻을 수 있는 그런 규범만이 보편적 타당성을 인정받게 된다. 이런 식으로 하버마스의 담론 윤리는 의사소통 행위를 통해 규범의 타당성이 획득되는 과정을 다룬다.

담론 윤리에서 하버마스는 규범의 타당성을 테스트하는 원칙으로 담론 원칙(the discourse principle)과 보편화 원칙(the principle of universalization)을 제시하는데, 이 둘을 합쳐 담론 윤리의 원칙이라고 한다. 하버마스의 담론 원칙과 보편화 원칙은 롤스가 정의론에서 제시한 정의의 두 원칙에 비견될 만큼 하버마스의 전체 이론에서 가장 중요한 위상을 가진다. 우선 담론의 원칙부터 살펴보면 다음과 같다(하버마스, 2010: 161).

 - 담론의 원칙(D): "가능한 모든 관련 당사자들이 합리적 담론의 참가자로서 동의할 수 있는 행위규범만이 타당하다."

이 하나의 문장에는 하버마스의 사상이 집약되어 있는데, 먼저 전체 문장의 주어와 술어는 "행위규범만이 타당하다"는 것이다. 여기서 행위는 의사소통 행위를 의미하며, 규범만이 타당하다는 것은 규범의 타당성을 의미하는 것으로 결국 의사소통 행위를 통한 규범의 타당성 획득을 규정하는 것이다. 또한 문제시된 타당성 주장에 관하여 상호 이해에 도달하려는 모든 시도를 "합리적 담론의 참가자로서 동의할 수 있는"이라고 표현하고 있다. 이전 다른 저작에서는 "실제 담론(practical discourse)의 참가자로서 동의하는"이라는 표현을 썼는데, 달라진 이유는 보다 추상화된 표현으로 변경함으로써 훨씬 포괄적이고 넓어진 의미를 담기 위함이다. 예를 들어 협상이 어느 정도 담론적인 절차를 통해서 이루어지는 한 간접적으로 적용될 수 있는 여지가 생겼다. 그리고 "가능한 모든 관련 당사자"라 함은 합의된 규범에 따른 실천이 초래할 수 있는 결과로 인해 영향을 받는 모든 사람을 의미한다. 뿐만 아니라 "합리적 담론"에서 합리적이라 함은 논증 대화라고 하는 특수한 형태의 대화임을 가정한다. 결국 담론 원칙에서는 논증 대화라고 하는 합리성과, 모두에게 받아들여질 수 있는 규범적 타당성을 추구한다는 점에서 도덕성을 동시에 강조한다고 볼 수 있겠다.

이와 같은 담론의 원칙은 행위규범, 즉 도덕규범뿐만 아니라 법규범을 포함하는 규범 일반에 폭넓게 적용된다. 하버마스에 따르면 담론에는 3가지 유형이 있는데, 진리를 담당하는 이론적 담론, 정당성을 담당하는 규범적 담론, 표현을 담당하는 미학적 담론이 그것이다(하버마스, 2015a: 65). 담론 윤리는 이 3가지를 모두 포함하지만, 담론의 원칙은 이 중에서 특히 도덕규범과 법규범을 주제로 하는 규범적 담론에만 적용되는 일반 원칙인 것이다. 그런데 하버마스는 도덕규범에만 적용되는 특수 원칙으로서 보편화의 원칙(U)을 추가로 제안한다. 왜냐하면 사실 담론의 원칙은 규범 일반에 폭넓게 적용되는 일반 원칙이다 보니 포괄적인 장점은 있지만, 그 기능 면에서는 어떤 규범이 타당하지 않은지에 대해서만 소극적으로 알려 줄 뿐이다. 특히 도덕규범과 관련해서는 어떤 도덕규범이 도덕적으로 정당하고 타당한지 보다 적극적으로 알려 줄 수 있어야 하는데 담론의 원칙만으로는 한계가 있기 때문에 하버마스는 도덕규범에 있어 보다 적극적으로 도덕적 정당성과 타당성이 무엇인지 알려 주는 보편화의 원칙을 추가로 제시하게 된다. 이러한 보편화의 원칙은 도덕규범에만 적용되기 때문에 하버마스는 도덕의 원칙이라고도 부른다. 하버마스가 제시한 보편화의 원칙은 다음과 같이 표현된다(하버마스, 2010: 603).

> - 보편화의 원칙(U): "개인의 이익과 가치 지향에 비추어 볼 때 어떤 규범을 준수함으로써 발생하는 예견 가능한 결과와 부작용을 모든 당사자가 자유롭게 공동으로 수용할 수 있다면, 오직 그 경우에만 타당하다."

사실 보편화의 원칙을 보면 칸트의 정언명령의 정식 중 보편화 정식과 닮았다는 사실을 알 수 있다. 또한 도구적, 전략적 행위와 대비시키는 하버마스의 의사소통 행위는 칸트의 또 다른 정식인 인간성의 정식을 연상시킨다. 보편화 검사를 도덕의 기본 원리로 파악한 최초의 도덕철학자는 칸트였으며, 비록 유대-기독교 윤리의 연원을 가지고 있긴 하지만 칸트의 의무론이 근대 도덕의 출발점이라는 사실을 하버마스는 인정한다. 이렇게 하버마스가 칸트의 도덕 이론을 계승하고 있다는 점은 자신도 인정하는 바이지만, 칸트가 도덕을 독백적 추론으로 간주한다는 점에 대해서는 강하게 비판한다. 하버마스에 따르면 도덕은 논증 대화를 통한 당사자들 간의 합의 과정이라는 점이 중요하다. 다만 하버마스는 칸트처럼 도덕 그 자체의 본질을 규명하는 데에는 관심이 없다. 직관적으로 도덕은 존재한다고 가정한 후, 오직 사회 갈등을 극복하고 사회 통합을 유지하는 데 필수불가결한 도덕의 역할과 기능을 중시한다. 이 점이 하버마스의 담론 윤리가 취하는 도덕관의 핵심적 특징이라고 하겠다. 이렇게 하버마스의 도덕 이론인 담론 윤리는 사회 통합의 주요 메커니즘이 된다.

이처럼 하버마스가 도덕을 사회화의 본질로 보는 입장을 갖게 된 이유는 미드의 영향력이 컸다(하버마스, 2015b: 154-184). 미드의 대표 저작인 『정신, 자아, 사회』의 큰 가설은 도덕적 존재는 곧 사회적 존재라는 사실이다. 개별 인간이 사회질서에 편입된다는 것은 자신을 다른 모든 사람들의 입장에 투사함으로써 서로 협업하는 것을 의미한다. 이렇게 팀플레이를 할 줄 아는 태도를 미드는 '일반화된 타자(generalized other)'라고 명명한다. 미드의 영향을 받은 하버마스는 칸트처럼 혼자서 도덕적 논증을 시도하는 것이 아니라, 관련된 모든 이익을 고려하는 관점을 실제 대화를 통해 타자와 함께 구축해 나아가는 담론 윤리의 길을 택하게 된다.

4. 정치 이론: 시민사회와 공론장

지금까지 하버마스의 도덕 이론인 담론 윤리에 대해 살펴보았다. 이제는 앞서 하버마스가 제기한 문제, 즉 생활세계의 식민지화 현상을 해결하기 위한 하버마스의 정치 이론, 다시 말해 그의 심의 민주주의 이론에 대해 살펴볼 차례이다. 『의사소통행위이론』은 언어적 전환을 이룬 거대 이론으로서 담론 윤리를 전제하면서 하버마스의 심의 민주주의 이론의 토대가 되는 것이라면, 『사실성과 타당성』은 담론 윤리를 완성하는 동시에 정치 이론으로서의 심의 민주주의를 체계적으로 제시한 저작이다. 하버마스가 심의 민주주의 정치 이론을 완성했다고 해서 도덕 이론으로서의 담론 윤리를 버릴 수도 없다. 왜냐하면 하버마스에게 있어 정치와 법은 도덕 없이는 작동할 수 없고, 그의 심의 민주주의 이론은 도덕 이론인 담론 윤리에 의존하고 있기 때문이다.

『사실성과 타당성』은 정치권력을 투 트랙으로 나눈다. 하나는 의사소통적 권력이고 다른 하나는 행정 권력이다. 생활세계의 식민지화 현상을 극복하기 위해서는 전자에 해당하는 시민사회와 공론장의 역할이 중요하다. 하버마스의 시민사회 개념의 핵심은 공론장에 있다. 공론장은 시민사회 내의 공적인 문제에 대한 담론이 진행되는 공간으로서, 민주적 정치 과정에서 생활세계와 정치 체계를 매개하는 역할을 한다. 생활세계에 뿌리를 내리고 있는 공론장은 시민사회의 연결망을 통하여 사회문제를 감지하고 이를 해결하기 위한 정치적 담론을 일으켜 법 제정의 원천이 된다. 정치적 담론에서도 담론의 원칙(D)은 여전히 작동하는데, 일반적인 담론의 원칙이 도덕규범의 영역에서 특수하게 적용되어 보편화(도덕)의 원칙이 되듯이, 마찬가지로 정치적, 법적 정당성을 획득하기 위한 법규범의 영역에서는 민주주의의 원칙이라는 특수한 원리를 충족시켜야 한다. 도덕적 담론 외에 정치적 담론이 추가로 필요한 이유는 도덕적 담론만으로는 문화적으로 이질적인 사회의 갈등을 조정하고 사회질서를 유지하는 데 불충분하기 때문이다. 민주주의의 원칙에 따르면, 법은 오직 시민사회에서 담론적으로 창출된 의견, 가치, 규범에 부합하는 경우에만 정당하다. 이것이 하버마스 심의 민주주의 이론의 가장 중요한 결론이다. 민주적 정당성을 획득하기 위한 민주주의의 원칙은 다음과 같이 표현된다(하버마스, 2010: 164-165).

- 민주주의의 원칙: "담론적 입법과정 속에서 모든 시민들이 동의할 수 있는 법규들만이 정당하다."

III. 롤스의 심의 민주주의

자유롭고 평등한 민주 사회에서 시민들은 서로 다른 세계관을 가지고 있다. 그들은 서로 다른 종교를 믿고 있거나 전혀 믿지 않고 있으며, 옳고 그름에 대해서도 서로 다른 신념을 가지고 있다. 그들은 어떻게 살아야 하고 다른 사람들과 어떤 관계를 맺어야 하는지에 대해서도 서로 다른 의견을 가지고 있다. 예를 들면 양성평등인가 성평등인가의 이슈에 대해서도 종교관이나 신념에 따라 의견이 나누어져 있으며, 경제 문제에 있어서도 포괄적 복지냐 선택적 복지냐의 두 관점이 첨예하게 맞서고 있다. 이처럼 시민들은 서로 화해 불가능한 종교적, 철학적, 그리고 도덕적 신념들을 가지고 있지만, 문제는 어느 국가에서든 오직 하나의 법밖에 가질 수 없다는 점이다.

이처럼 민주 사회의 정치 문화가 다양한 시민들의 견해로 갈등하고 있는데 다양한 시민들에게 통일된 하나의 법률을 부과해야 한다면 두 가지 근본적인 문제가 발생한다고 롤스는 주장한다(롤스, 2004: 3-4). 첫째는 정당성에 관한 문제이다. 즉, 시민들이 서로 다른 세계관을 가질 수밖에 없는 상황에서 모든 시민에게 하나의 법만을 따르도록 강요하는 것이 어떻게 정당화될 수 있을까라는 것이다. 둘째는 안정성에 관한 문제이다. 즉, 시민이 자신과 다른 신념과 가치를 가진 집단적 단체가 부과한 법에 왜 기꺼이 복종해야 하는가라는 것이다. 정당성 외에 안정성이 추가로 요청되는 이유는 무엇인가. 만약 어떤 법이 아무리 정당성을 가지고 있다 하더라고 시민들이 그 법을 준수하려고 하지 않는다면 사회질서는 안정되기 힘들 것이다. 정당한 선거를 통해 당선된 대통령을 내가 뽑지 않았다고 해서 불복하는 상황을 가정하면 이해가 갈 것이다.

롤스(2004)의 『정치적 자유주의』는 이 두 가지 질문, 즉 다원주의의 현실을 가진 민주 사회에서 과연 정당성과 안정성을 어떻게 확보할 것인지에 대한 응답이다. 결론부터 말하자면, 정치적 자유주의는 우선 첫 번째 질문인 정당성의 확보를 위해서 그의 정치적 정의관을 결부시키려는 시도를 한다. 즉, 자유롭고 평등한 시민 상호 간에 사회적 협력을 가능하게 하는 가장 적합한 정의관으로 그가 『정의론』에서 제시한 바 있는 '공정으로서의 정의(justice as fairness)'를 결부시킨다. 하버마스의 '의사소통적 이성'의 위상에 해당하는 공적 이성(public reason)은 이러한 정치적 정의관에 의해 형성된다. 한편, 두 번째 질문인 안정성의 확보와 관련해서는 일반적으로 이해되는 관용의 문제와 연결시킨다. 합당한 다원주의의 현실을 불가피한 결과로 받아들이는 가운데 안정성을 확보하려면 포괄적 교리들(comprehensive doctrines) 간의 '중첩적 합의(overlapping consensus)'를 확보하는 것이 중요한다. 공적 이성과 중첩적 합의는 롤스의 심의 민주주의 이론인 『정치적 자유주의』에서 가장 중요한 두 가지 핵심 키워드라고 할 수 있다. 이제 롤스의 심의 민주주의를 상세히 살펴보자.

1. 정당성: 자유주의 원칙

민주주의에서 정치권력은 항상 집단으로서의 국민에게 있다. 그런데 민주주의 내부의 다양성에 비추어 볼 때, 시민들이 서로에 대해 강제적인 정치권력을 합법적으로 행사한다는 것은 무엇을 의미할까? 자유롭고 평등한 민주 사회에서 강제적인 정치권력이 수용 가능하려면 정당성을 갖추어야 하는데, 그러한 정당성과 관련해서 롤스는 자유주의 원칙(the liberal principle of legitimacy)을 제시한다. 롤스의 자유주의 원칙은 하버마스의 담론의 원칙이나 민주주의의 원칙에 비견된다고 할 수 있다. 그것은 『정치적 자유주의』에서 다음과 같이 표현된다(롤스, 2004: 170).

> 정치권력의 행사는 헌법에 의거할 때에만 가장 적절하다. 헌법의 본질적 요소들은 자유롭고 평등한 모든 시민의 공통적인 인간 이성이 수용할 수 있는 원칙과 이상에 비추어 합당하게 지지될 것이라고 우리가 기대할 수 있는 것들이다. 이것이 바로 정치적 정당성에 관한 자유주의의 원칙이다. 여기에 더해 입법부에서 제기되는 헌법의 본질적 요소들에 관계된 질문이나 정의의 기본적인 문제들 역시 가능한 한, 위와 동일한 방식으로 지지될 수 있는 원칙과 이상에 의해 해결되어야 한다. 모든 시민들이 합당하게 지지할 것으로 기대되는 정치적 정의관만이 공적 이성과 정당화의 기반이 될 수 있다.

이처럼 롤스는 강제적인 정치권력 행사는 자유롭고 평등한 모든 시민이 공통의 인간 이성이 수용할 수 있는 원칙과 이상에 비추어 지지할 것으로 합당하게 기대되는 헌법에 따라 행사될 때에만 완전히 적절하다고 주장한다. 따라서 강제적인 정치권력은 모든 시민이 합당하게 지지할 것으로 예상

되는 방식으로만 행사될 수 있다. 이것은 동시에 사회적 협력을 가능하게 하는 조건이기도 한데, 협력은 협력하는 사람들이 자신들의 행동을 적절하게 규제하는 것으로서 받아들이고 간주하는 공인된 규칙과 절차에 의해서 공정할 때에만 지속적으로 이루어질 수 있기 때문이다. 그래서 롤스는 그의 이론 체계 내에서 지속적으로 공정으로서의 정의를 강조하는 것이다.

같은 맥락에서 롤스는 정치권력의 행사가 상호성(reciprocity)의 기준 또한 충족해야 한다고 강조한다. 개인들은 협력에 종사하는 모든 사람이 동의하는 규칙과 절차를 만족시키는 적당한 비교 기준에 따라 적절한 방식으로 이익을 얻어야 한다. 합당한 개인들은 자유롭고 평등한 시민 모두가 받아들일 수 있는 그런 조건 하에서 서로 협력할 수 있는 사회세계를 열망하고 있다. 그들은 각 개인이 다른 사람들과 같이 공정하게 이익을 얻을 수 있도록 그 세계 내에서 상호성이 유지될 것을 주장하는 것이다.

이러한 상호성의 개념은 시민들 사이에서 어느 정도의 이익을 허용하는 것인가. 롤스는 상호성의 개념이 불편부당성(impartiality)과 상호 이익(mutual advantage)의 개념 사이에 위치하는 수준이라고 말한다(롤스, 2004: 62). 불편부당성은 이타적 수준까지 나아가는 것이며, 상호 이익은 홉스의 계약론에서 볼 수 있듯이 서로에게 이익이 되는 수준에서 사회계약을 맺는 것으로서 이기적 인간을 가정한다. 롤스에게 있어 상호성 개념은 홉스에게 있어 상호 이익의 개념과 유사한 것 같지만 결코 같지 않다. 즉, 상호성이란 누군가의 현재 또는 앞으로의 상황과 관련하여 모두가 이득을 보게 되는 것이어야 하는데, 여기에서 모두의 이익이 중요하다. 롤스의 정의론에서 차등의 원칙이 대표적인 상호성 개념의 예이다. 주지하다시피 롤스는 모두에게 이익이 되어야만 사회제도가 정의로운데, 홉스의 계약론에서의 상호 이익은 선천적, 후천적 불운을 겪는 최소 수혜자의 불이익에 대해서는 침묵함으로써 공정하지 못하다는 것이다. 따라서 롤스는 모두스 비벤디(modus vivendi)라고 불리는 상호 이익으로서의 균형점에 대해 반대하면서, 원초적 입장에서 반성적 교정을 가하는 반성적 균형(reflective equalibrium)의 방법으로 차등의 원칙에 합의해야만 모두의 상호성을 만족시킬 수 있다고 주장하는 것이다. 차등의 원칙과 같은 롤스의 상호성 수준은 상호 이익으로서의 이기심과 불편부당성으로서의 이타심의 중간 지점에 위치하는 계몽된 자기 이익(enlightened self-interest)의 수준으로 묘사할 수 있을 것이다.

다시 정당성에 관한 자유주의 원칙으로 가 보자. 자유주의 원칙에 따르면 시민들은, 최소 수혜자까지 포함하는 모든 시민이 특정 기본법의 시행을 합당하게 받아들일 수 있다는 사실을 합당하게 믿어야 한다. 게다가 여론을 조작하거나 무시하거나 강압적으로 억압하는 방식으로서가 아니라, 시민들은 자유롭게 강제적인 권력의 정당한 사용을 받아들이는 기본적 정치 구조를 지지할 수 있어야 한다. 정당성에 관한 자유주의 원칙은 정당성에 대한 또 다른 도전에 부딪히게 된다. 즉, 그렇다면 어떤 특정 기본법이 다원주의적인 시민에게 합법적으로 부과될 수 있을까? 다시 말하면 모든 시민들이 지지할 것으로 합당하게 기대할 수 있는 헌법은 과연 무엇인가? 이 도전에 대한 롤스의 대답은 합당한 것(the reasonable)이 무엇을 의미하는지 설명하는 것으로부터 시작된다.

2. 합당한 시민

합당한 시민들은 모두가 받아들일 수 있는 조건으로 동료 시민과 협력할 수 있는 사회에서 살기를 원한다. 앞서 상호성에 대해 살펴본 것처럼, 그들은 다른 사람들도 그렇게 할 것이라는 확신이 있으면 상호 수용 가능한 규칙을 기꺼이 제안하고 준수한다. 바로 이것이 합당하다는 것의 첫 번째 기본적인 측면이라고 롤스는 강조한다(롤스, 2004: 68). 설사 이러한 상호 수용 가능한 규칙이 자신의 일부 이익을 희생할지라도 그들은 또한 이러한 규칙을 존중할 것이다. 합당한 시민이라면 한마디로 강제적인 정치권력이 정당하게 사용되는 그런 사회에서 살기를 원하기 때문이다.

합당한 시민 각자는 종교적 삶, 옳고 그름, 선과 악에 대한 자신만의 견해를 가지고 있다. 즉, 시민 각자는 저마다 롤스가 포괄적 교리(comprehensive doctrines)라고 부르는 것을 가지고 있다. 여기서 포괄적 교리라는 것은 인간 생활에서 무엇이 의미가 있는지 그리고 인생 전반에 걸쳐서 우리가 어떤 행동을 하면서 살아야 하는지에 대한 가치나 덕목을 체계적으로 갖추고 있는 사상이나 종교 등을 의미한다. 그런데 어떤 시민이 합당하다면 상호 동의할 수 있는 규칙을 찾고자 하는 다른 시민들에게 자신의 포괄적 교리를 일방적으로 강요하는 것은 삼갈 것이다. 즉, 시민 각자는 자신이 가장 좋은 삶의 방법에 대해 알고 있고 그러한 방법이 설사 다수에 속해 있다고 하더라도 반대편에 속한 소수의 사람들에게 그들의 신념에 따라 살도록 강요하지는 않을 것이다. 따라서 롤스는 종교재판의 사례를 언급하면서 공리주의는 물론 칸트나 밀의 포괄적 자유주의를 포함하여 그 어떤 포괄적 교리들도 사회를 중심으로 통합시키는 데 있어 그러한 상호 동의를 지키기 위한 국가권력의 강제적인 사용이 필요할 것이라고 단언해 말한다(롤스, 2004: 47).

이처럼 롤스에게 있어 합당한 시민들이 관용적일 수 있는 이유는 그들이 사회의 다양한 세계관에 대한 특정 설명을 받아들이기 때문이다. 다양한 세계관을 받아들인다는 것은 무엇을 의미하는가. 밀의 문법을 빌리자면 서로 상충적인 포괄적 교리들 중 어떤 것은 진리일 수도 있고 어떤 것은 진리가 아닐 수도 있으며, 어쩌면 모두 거짓일 수도 있음을 인정하는 것이다. 내가 믿는 포괄적 교리가 진리일 수도 있지만 아닐 수도 있음을 인정하고, 내가 믿지 않는 어떤 다른 포괄적 교리가 진리가 아닐 수도 있지만 진리일 수도 있음을 겸손하게 받아들이는 자세가 바로 판단의 부담(the burdens of judgment)인 것이다. 합당한 시민이라면 이러한 판단의 부담을 받아들인다는 것이다. 롤스는 이런 판단의 부담이 관용이라는 민주주의적 개념에 가장 중요한 것이라고 강조한다(롤스, 2004: 73).

따라서 롤스에게 있어 합당하다는 것의 두 번째 측면은 바로 이러한 판단의 부담을 인식하고 그것을 기꺼이 부담하려고 하는 관용의 태도를 갖추는 것이다(롤스, 2004: 68). 종교, 철학, 도덕에 대한 가장 심오한 질문은 정답을 내리기가 매우 어렵다. 성실하고 지혜로운 사람들조차도 특정한 삶의 경험(성장 과정, 문화적·사회적·경제적 환경, 직업, 학력 등) 때문에 이러한 질문에 각자 서로 다른 방식으로 다르게 대답할 것이다. 합당한 시민은 이러한 심오한 문제에 대해 선의를 가진 사람들조차도 동의하지 않을 수 있음을 받아들이므로 자신의 세계관과 다른 결론에 도달한 사람들에게 자신의 세계관을 절대로 강요하지 않을 것이다. 이렇게 민주주의란, 즉 모든 시민이 주인이라면, 다시 말해 모든 시민이 법 제정에 있어 동등하다면, 자신의 의견이 전체 시민 총수(n)의 1/n의 몫만을 가지고 있음을 받아들이는, 말할 때나 의견을 피력할 때나 남을 설득시킬 때에도 겸손하고 관용적이며 존중 및 배려하는 시민다움을 갖추는 것이다.

3. 합당한 다원주의와 공적 정치 문화

합당한 시민에 대한 롤스의 설명은 인간 본성에 대한 그의 입장을 잘 드러낸다. 롤스의 관점에서 인간은 돌이킬 수 없을 정도로 자기중심적이거나 독단적이거나 홉스가 제시한 대로 권력에 대한 끊임없는 욕망이라고 부른 것에 의해 쫓기는 그런 존재가 아니다. 개인들은 공정한 사회 협력의 체계 내에서 충분한 참여자가 될 수 있다는 의미에서 롤스는 두 가지 도덕적 능력을 가지고 있다고 가정한다. 이 두 가지 능력은 정의감에 대한 능력과 선관에 대한 능력이다. 정의감은 사회적 협력의 공정한 조건을 규정하는 공적 정의관에 입각하여 이해하고 적용하며 행동하는 능력이다. 선관에 대한 능력이라는 것은 자신의 합리적인 이익이나 선관을 형성하고 수정하며 합리적으로 추구할 수 있는 능력을 의미한다(롤스, 2004: 23). 시민들은 일생을 통하여 정상적이고 협력적인 사회의 구성원이 되기 위해 필요한 이 두 가지 능력을 최소한 모두 가지고 있다는 점에서 평등하다. 그리고 이런 두 가지 기본적인 도덕적 능력을 바탕으로 지금 이 시점에서 롤스가 정당성의 원천으로 제시하려는 정치적 정의관의 연결 고리로서 합당성의 요소에 관해서 언급하였다. 요컨대 합당한 시민들은 최소한의 진정한 관용과 상호 존중의 능력을 가지고 있다는 것이다.

이러한 인간의 능력은 민주 사회에서 세계관의 다양성이 단순한 다원주의가 아니라 '합당한 다원주의'를 노정할 수 있다는 희망을 불러일으킨다. 단순한 다원주의의 현실은 다양한 포괄적 교리들이 공존한다는 것만을 의미하지만, 합당한 다원주의(reasonable pluralism)는 모든 시민들이 자유롭게 지지하는 정치적 정의관을 다양한 포괄적 교리들이 중첩적 합의에 따라 합당하게 받아들이는 경우를 의미한다(롤스, 2004: 30). 이처럼 롤스는 시민이 가지고 있는 다양한 종교적, 도덕적, 철학적 교리들이 스스로 관용을 지지하고 민주주의 체제의 본질을 수용하기를 희망한다. 예를 들어, 종교 영역에서의 합당한 다원주의라면 합당한 기독교나 불교, 이슬람에 대한 합당한 해석, 또는 합당한 무신론 등이 포함될 수 있다. 합당하기 때문에 이러한 포괄적 교리 중 어느 것도 다른 신념을 가진 시민들에게 종교적 순응을 강요하기 위해 정치권력의 억압적 사용을 옹호하지는 않을 것이다.

이제 합당한 다원주의의 가능성은 어느 정도 해결되었지만 정당성, 즉 어떤 하나의 법이 다양한 시민들에게 합법적으로 부과될 수 있을지에 대한 의문이 완전하게 해결된 것은 아니다. 합당한 다원주의 사회라 할지라도 모든 사람이 합당한 기독교를 헌법적 해결의 기초로 지지하기를 기대하는 것은 합당하지 않기 때문이다. 합당한 무슬림이나 무신론자는 사회생활의 기본 조건을 설정하는 것으로 기독교를 승인할 것으로 기대할 수 없다. 마찬가지로 기독교가 이슬람이나 무신론을 법의 근본 근거로 받아들일 것이라고 기대할 수도 없다. 모든 합당한 시민이 여러 포괄적인 교리들 중 어떤 하나를 법의 근본으로 받아들일 수는 없으며, 따라서 어떤 포괄적인 교리도 강제적 정치권력의 정당한 사용의 근거가 될 수는 없다.

그렇다면 모든 시민이 준수해야 하는 사회의 가장 기본적인 법률을 정의할 아이디어를 우리는 어디에서 찾을 수 있을까? 롤스에게 있어 자유주의 사회의 모든 합당한 시민에게 초점이 될 수 있는 근본적인 아이디어의 원천은 단 하나뿐이다. 그것은 다름 아니라 사회의 공적 정치 문화(public political culture)이다. 정당성은 모든 사람들을 만족시켜야 하기 때문에 모두에게 공통된 것으로부터 찾아야만 한다. 따라서 롤스는 자유롭고 합당한 동의를 얻을 수 있는 정치적 개념을 발전시키려는 희망에서 공적 정치 문화에 공통적으로 내재되어 있는 공유된 기본 아이디어에서 시작한다(롤스, 2004: 276). 롤스는 민주주의 사회의 공적 정치 문화가 "입헌 체제의 정치 제도와 그 해석의 공적 전통(사법부 포함), 그리고 공통의 지식이라고 할 수 있는 역사적 텍스트와 문서로 구성된다"고 말한다(롤스, 2004: 16). 예를 들면 헌법에 보장되어 있는 개인의 권리 목록이나 정부 구조에 대한 설계, 그리고 법원의 중요한 역사적 결정 등에 내재된 기본 아이디어를 중시 여기는 것이다. 공공 정치 문화에 내재된 이러한 기본적 아이디어는 정의에 대한 공유된 정치적 개념으로 간주될 수 있다.

4. 정치적 정의관: 공정으로서의 정의

자유주의 사회에서 정당성의 문제에 대한 롤스의 해결책은 정치적 정의관에 따라 강제적 정치권력이 행사되는 것이다. 정의에 대한 정치적 개념은 그 사회의 공적 정치 문화에 내재된 기본 사상에 대한 해석이다. 이러한 정치관이란 정치적인 것이지 형이상학적인 것은 아니다. 마찬가지로 합당하다는 것도 인식론적인 개념이 아니다(롤스, 2004: 78). 정치적인 개념은 어떤 특정한 포괄적인 교리에서 파생된 것도 아니며, 현재 사회에 존재하는 세계관 간의 타협도 아니다. 오히려 정치적 개념은 독립적이다. 그 내용은 시민들이 확인하는 포괄적인 교리와 독립적으로 설정된다. 합당한 시민이라면, 상호 수용 가능한 조건에서 서로 협력하기를 원하는 경우 공적 정치 문화의 아이디어에서 생성된 독립적인 정의에 대한 정치적 개념이, 모든 시민이 합당하게 지지할 것으로 기대할 수 있는 협력의 유일한 기반이라는 사실을 알게 될 것이다. 이런 식으로 정의에 대한 정치적 개념의 원칙에 따라 강제적인 정치권력을 사용하는 것은 정당성을 지니게 된다.

롤스가 민주주의 사회의 공적 정치 문화에서 발견한 가장 근본적인 세 가지 사상은, 모든 시민은 자유롭고 평등하며, 사회는 공정한 협력 시스템이어야 한다는 것이다(롤스, 2004: 7). 따라서 정의에 대한 모든 자유주의적인 정치적 개념은 공통적으로 이 세 가지 기본 개념에 대한 해석에 중점을 두게 된다. 그런데 '자유로운', '평등한' 및 '공정한'에 대한 구체적인 해석은 다양할 수 있기 때문에 그에 따른 정의에 대한 자유주의적인 정치적 개념 역시 다양할 수밖에 없다. 하지만 이러한 개념의 가족 유사성(family resemblance)에도 불구하고 세 가지 기본 개념에 대해서는 모두가 공통적으로 다루기 때문에, 정의에 대한 자유주의적인 정치적 개념은 다음의 기본적인 특징을 공유하게 된다.

예를 들면 정의에 대한 자유주의적인 정치적 개념은 표현의 자유, 양심의 자유, 직업 선택의 자유와 같은 친숙한 개인의 권리와 자유를 모든 시민에게 귀속시킬 것이다. 아울러 이러한 개인의 기본적 권리와 자유에 특별한 우선순위를 부여하기 때문에 경제성장과 같은 일반 선이나 그 어떤 완벽주의적 가치보다 우선시된다. 그런가 하면 모든 시민이 자신의 자유를 효과적으로 누릴 수 있도록 다양한 수단을 보장할 것이다. 즉, 정의에 대한 자유주의적인 정치적 개념이 공유하는 이러한 특징은 추상적 선언으로 그칠 것이 아니라 실제로 특정한 기관에서 실현되어야만 하는 것이라고 롤스는 강조한다. 제도적 차원에서 기본적인 사항들, 가령 소득과 부의 적절한 분배, 교육과 직업훈련에 있어서 공정한 기회, 모든 시민을 위한 건강보험, 그리고 선거에 대한 공적 자금 조달 등이 그러한 예가 될 것이다.

이처럼 자유주의 사회에서 정치권력의 강제적 사용은 정의에 대한 자유주의적 개념의 원칙에 따라 사용되는 경우에만 정당성을 지닌다. 롤스에 따르면 정의에 대한 노직의 자유 지상주의적 개념이나 로크와 같은 사회계약론적 개념은 정의에 대한 자유주의적인 정치적 개념이 아니다. 자유 지상주의는 모든 시민에게 기본적 자유를 충분히 활용할 수 있는 수단을 보장하지 않으며, 부와 권력의 과도한 불평등을 허용하기 때문이다. 또한 로크의 경우도 그의 계약론만으로는 최소 수혜자와 같은 사람들에게 기본적 권리를 보장함에 있어 역사적, 사회적 우연성의 예속을 극복시켜 주지 못하는 한계가 있기 때문이다. 그래서 롤스 자신의 정의 개념, 즉 '공정으로서의 정의'는 정의에 대한 자유주의적인 정치적 개념의 일원으로 자격이 있다고 주장한다.

5. 안정성: 중첩적 합의

앞서 살펴본 바와 같이 강제적 정치권력은 자유주의 사회에서 정의의 정치적 개념에 따라 사용될 때 정당성을 가진다. 그러나 안정성의 문제는 여전히 남아 있다. 정당성을 갖추면 법이 시행될 수 있음을 의미하지만, 롤스는 정당성이 담보되었다 하더라도 여전히 시민들이 법을 준수해야 하는 이유를 설명해야 한다고 주장한다. 시민들이 자신의 관점에서 법을 준수할 이유가 있다고 믿지 않으면 사회질서가 무너질 수 있다.

롤스는 사회적 안정에 대한 자신의 희망을 중첩적 합의(overlapping consensus)에 둔다. 중첩적 합의에서 시민들은 모두 다른 이유로 하나뿐인 법을 받아들인다. 롤스의 용어로 하면 각 시민은 자신의 포괄적 교리에 내재된 이유 때문에 정의에 대한 정치적 개념을 지지하는 것이다. 앞서 정치적 개념의 내용은 독립적이라고 밝힌 바 있다. 즉, 중첩적 합의는 포괄적인 교리를 참조하지 않고 결정된다. 따라서 합당한 것은 합리적인 것으로부터 도출되는 것이 아니다. 둘은 상호 보완적인 관계라고 할 수 있다. 이렇게 롤스에게 있어 정치적 정의관은 시민들이 가질 수 있는 다양한 세계관에 맞출 수 있는 일종의 모듈(module)이 된다(롤스, 2004: 180). 중첩적 합의에서 합당한 시민 각자는 각각의 포괄적 교리의 관점 안에서 이 공통 모듈을 확인한다. 다음의 예는 1965년에 가톨릭교회의 제2차 바티칸 공의회에서 인용한 선언문(Dignitatis Humanae, 1965: n. 2)인데, 특정한 포괄적 교리가 모듈로서의 자유주의적인 정치적 개념을 그 자체 안에서 어떻게 요청하는지 잘 보여 준다.

이 바티칸 공의회는 인간이 종교의 자유를 누릴 권리가 있음을 선언합니다. 이 자유는 모든 사람이 개인이나 사회 집단 및 인간의 힘에 의한 억압으로부터 면제되어야 한다는 것을 의미하며, 따라서 종교적인 문제에서 누구도 자신의 신념에 반하는 방식으로 행동하도록 강요받지 않아야 합니다. 또한 그 누구도 사적으로든 공개적으로든, 단독으로든 다른 사람과 함께든 합당한 범위 내에서 자신의 신념에 따라 행동하는 것을 제지당해서는 안 됩니다. 공의회는 더 나아가 종교의 자유에 대한 권리가 인간의 존엄성 자체에 기초를 두고 있다고 선언합니다. 이 존엄성은 계시된 하느님의 말씀을 통해 그리고 이성 자체에 의해 알려지기 때문입니다. 종교의 자유에 대한 인간의 이러한 권리는 사회를 규율하는 헌법에서 인정되어야 하고, 따라서 시민적 권리가 됩니다.

여기에서 가톨릭 교리는 가톨릭 내부의 이유로 종교의 자유에 대한 자유주의적 권리를 지지한다. 합당한 이슬람 교리와 합당한 무신론 교리도 종교의 자유에 대한 이와 동일한 권리를 지지할 것이다. 물론 내부를 들여다보면 가톨릭 교리와 똑같은 이유가 아니라 각각의 이유 때문이라는 것은 당연하다. 다만 중복되는 합의 지점에서 합리적이고 포괄적인 모든 교리는 각각 나름의 이유로 종교의 자유에 대한 권리를 지지할 것이다. 실제로, 중첩적으로 합의되는 지점에서 합리적이고 포괄적인 모든 교리는 각각의 관점에 따라 정의에 대한 모든 정치적 개념을 지지할 것이다.

이처럼 시민들은 중첩적 합의 내에서 자유주의적 모듈이 어떻게 자신의 세계관에 맞는지 스스로 확인할 수 있다. 위의 제2차 바티칸 공의회가 인용하고 있듯이 자유주의가 가장 깊은 신념에서 직접 파생된 것으로 볼 수도 있지만 꼭 그렇게 볼 필요는 없다. 중요한 것은 모든 시민이 정의에 대한 정치적 개념의 가치를 매우 큰 가치로 여기며, 정치적 정의관은 일반적으로 특정 문제에서 가치들 간의 충돌이 발생할 경우 다른 어떤 가치보다 중요한 역할을 한다는 점이다. 모든 시민은 각자의 이유로 사회의 헌법이 어떤 내용으로 구성되어야 하는지에 있어서 정치적 정의관을 가장 우선시하게 된다.

따라서 롤스는 중첩적 합의를 자유 사회에서 가장 바람직한 형태의 안정으로 간주한다. 세계관에 있어 서로 갈등적인 시민들 사이에서 단순한 힘의 균형(modus vivendi)을 이루기보다는 중첩적 합의가 가져다주는 안정성이 더 낫다는 것이다(롤스, 2004: 184-185). 왜냐하면 결국 권력은 이동하기 마련이며, 그 과정에서 안정성을 잃을 가능성이 농후하기 때문이다. 시민들은 중첩적 합의 속에서 자신만의 관점으로부터 정치 이념을 진심으로 긍정하고, 자신의 집단이 권력을 쟁취하거나 잃는다 해도 계속 그러한 긍정을 유지할 것이다. 롤스는 중첩적 합의가 올바른 이유 때문에 안정적이라고 말한다. 자유주의적 헌법을 준수하는 것은 다른 사람의 힘 앞에서 택할 수밖에 없는 시민의 차선책이 아니라, 각 시민이 자신의 신념에 따라 선택하는 최선의 길인 것이다.

한편, 롤스는 중첩적 합의가 모든 자유주의 사회에서 달성될 수 있다고 주장하는 것은 아니다. 또한 중첩적 합의가 한 번 확립되면 영원히 지속되어야 한다고 주장하는 것도 아니다. 어떤 사회의 경우에는 모든 시민들이 정의에 대한 자유주의적 정치적 개념에 수렴하기에 공통점이 너무 적을 수 있다. 또 다른 사회에서는 불합리한 교리가 자유주의 제도를 압도할 때까지 퍼지는 경우도 있을 수 있다. 그러나 롤스는 많은 자유주의 사회에서 시민들 사이의 믿음과 신뢰가 뿌리를 내릴 수 있음을 이미 역사가 보여 주고 있다고 주장한다. 이것은 최소한 중첩적 합의가 가능하다는 희망을 알려 준다. 중첩적 합의가 가능한 곳에서 그것은 자유로운 사회가 달성할 수 있는, 사회적 안정을 달성하기 위한 최선의 방책이라고 롤스는 강조한다.

6. 공적 이성

앞서 우리는 롤스가 『정치적 자유주의』에서 제기한 정당성과 안정성이라는 문제에 어떻게 답하는지 살펴보았다. 시민들은 모든 시민이 특정한 기본법의 시행을 합당하게 받아들일 수 있다는 사실을 합당하게 믿어야 한다. 만약 어떤 시민이 자신이 믿는 포괄적 교리를 다른 사람에게 강요한다면 그것은 합당하지 않다. 모든 시민이 합당하게 지지할 것으로 예상되는 방식으로만 강제적 정치권력을 사용해야 하는 것이다. 롤스는 이러한 호혜성의 요건을 공적 이성을 통해 시민들이 각자 자신의 정치적 결정을 서로에게 설명하는 방식으로 적용하도록 확장한다. 특히 공적 이성은 정치적 결정을 할 때 시민들이 공개적으로 사용 가능한 가치와 기준을 제시하면서 서로 정당화하도록 요구한다.

예를 들어, 동성 간의 결혼이 위헌인지 결정해야 하는 대법원 판사를 가정해 보자. 그가 만약 기독교 신자이기 때문에 성경의 레위기에서 동성애를 금지하는 하나님의 의견을 근거로 판결문을 쓰거나 개인적인 영적 계시에 근거하여 동성 결혼의 위헌 여부를 판단하는 것은 공적 이성을 위반하는 것이다. 왜냐하면 사회의 모든 구성원이 성경의 레위기를 정치적 가치의 권위 있는 근거로 진술한다고 합당하게 기대할 수 없으며, 종교적 예감이 공공 정책을 평가하는 공통 기준이 될 수 없기 때문이다. 이러한 포괄적 교리의 가치와 기준은 전혀 공적이지 않다. 대법원이나 헌법재판소의 판사는 위헌 여부를 결정할 때 오직 공적 이성에 근거해서만 판결해야 한다.

공적 이성에 따르면, 정의와 같은 사회의 기본 구조를 결정하는 것처럼, 근본적인 정치적 문제에 대해 결정하는 정치 활동에 참여하는 시민은 오직 공적 가치와 공적 기준만을 참고하여 정당화해야 하는 시민다움(civility)의 의무가 있다(롤스, 2004: 268). 여기서 시민이 근거해야 하는 공적 가치는 정의에 대한 정치적 개념의 가치, 즉 시민의 자유와 평등, 그리고 공정한 협력 체계로서의 사회와 관련된 것이다. 그러한 공적 가치 중에는 종교의 자유, 사회적 약자의 정치적 평등, 경제의 효율성, 건강한 환경의 보존, 가족의 안정 등이 있다. 반면 비공적 가치의 종류로는 교회나 클럽을 들 수 있는데, 가령 어떤 교회에서는 여성이 최고 직위를 차지할 수 없다거나 어떤 사설

클럽에서는 소수 인종의 멤버십이 거부될 수 있다. 이러한 비공적 가치는 공적 가치와 절대 일치될 수 없다. 이처럼 롤스는 정의와 같은 정치적 문제를 담당할 때 작동되는 시민적 역할로서의 공적 이성과 비공적 가치의 영역에서 시민 이외의 역할을 담당하는 비공적 이성을 명확하게 구분한다.

롤스는 이러한 공적 이성의 특징을 공동체와 협회와의 차이점을 부각시키면서 강조한다. 롤스의 문법에서 공동체란 종교적, 철학적, 도덕적 교리와 같은 포괄적 교리에 의해 지배되고 있는 사회를 말한다. 롤스에 따르면 민주주의를 공동체로 생각하는 것은 정치적 정의관에 입각한 공적 이성의 제한된 범위를 간과하는 것이다. 또한 민주 사회를 하나의 협회로 간주하는 것은 공적 이성이 비정치적 목적과 가치를 포함하는 것으로 가정하는 실수를 범하는 것이다(롤스, 2004: 51-54). 공적 이성은 공동체나 클럽이 아니라 질서 정연한 민주 사회(well-ordered democratic society)를 지향한다. 참고로 롤스는 질서 정연한 사회란 다음과 같은 세 가지를 의미한다고 말한다(롤스, 2004: 44-45). 첫째, 공적으로 인정된 정의관에 의거한 정의의 원칙을 모든 사람들이 받아들이고, 다른 사람들도 그것을 받아들인다는 것을 알고 있는 사회다. 둘째, 사회의 기본 구조가 정의의 원칙을 만족시킨다는 것이 공적으로 알려져 있거나 그렇게 믿을 만한 좋은 이유를 가지고 있는 사회다. 셋째, 시민들이 정의감을 가지고 있어서 정의로운 기본 제도에 일반적으로 순응하는 사회다.

이렇게 질서 정연한 민주 사회에서 시민은 특정 정치 활동에 참여하는 경우나 공직에서 권한을 행사할 때에만 공적 이성에 따라 결정을 해야 하는 의무가 있다. 공적 이성이 작동하는 곳은 공동체도 아니고 클럽도 아니기 때문이다. 판사는 판결을 내릴 때 공적 이성에 구속되고, 입법자는 입법부에서 발언하고 투표할 때 공적 이성에 따라야 하며, 행정부와 고위 공직 후보자는 청문회나 국정감사에서 공적 이성을 존중해야 한다. 롤스는 유권자들이 투표할 때에도 공적인 이유를 제시해야 한다고 말한다. 이러한 모든 활동은 정치권력의 행사이거나 정치권력을 지원하므로 자유주의적 정당성

원칙에 따라 모든 시민이 합당하게 지지할 수 있는 측면에서 정당화되어야만 한다. 따라서 시민들이 교회에서 예배를 보거나 무대에서 공연할 때, 또는 연구를 진행하거나 친구에게 편지를 보낼 때, 그리고 식탁에서 정치에 관해 이야기할 때에는 공적 이유를 제시해야 할 의무가 없다.

한편, 자신의 정치적 결정을 공적인 근거를 제시하며 정당화해야 하는 의무는 도덕적 의무이거나 시민성의 의무이지, 법적 의무는 아니다. 모든 시민은 언제나 표현의 자유에 대한 완전한 법적 권리를 가지며, 공적 이성의 경계를 넘는 것은 그 자체로 범죄가 아니다. 그럼에도 시민들은 당파적 가치나 논쟁적인 기준에 호소하여 정치적 결정을 정당화하면 안 된다는 상호 존중과 시민다움의 도덕적 의무가 있는 것이다. 다만 롤스는 '공적 이성의 단서'에서 포괄적 교리일지라도 그것이 공적 이성에 반하지 않고 공공의 가치에 호소할 수 있다면 포괄적 교리의 언어를 말할 수 있다고 밝힌다(롤스, 2004: 310-313). 예를 들어, 링컨 대통령이 노예제도의 악을 비난하기 위해 성서의 이미지를 사용하는 것은 정당하다고 말할 수 있다. 그의 비난은 자유와 평등이라는 공적 가치에 호소했기 때문이다.

IV. 결론

지금까지 우리는 오늘날 심의 민주주의 이론에 있어 가장 영향력이 큰 두 학자인 하버마스와 롤스의 이론을 탐색하였다. 두 사람의 이론은 두 사람이 나눈 세기의 대화에서도 알 수 있듯이 심의 민주주의라는 하나의 우산 아래 있다는 점에서 상당히 닮아 있지만, 그 이론화와 개념화에 있어서는 적지 않은 차이점도 존재한다. 두 사람은 큰 틀에서 자유롭고 평등한 시민들의 이성적 합의가 민주 국가에서 행해지는 공적 의사 결정의 정당성의 원천이 된다는 심의 민주주의의 일반적인 특성을 공유한다는 점 외에 구체적으로 다음과 같은 몇 가지 공통점과 차이점을 가지고 있다.

예를 들면 하버마스와 롤스 모두 칸트의 보편화 도덕을 염두에 두면서 일정 부분 공리주의를 가미하고 있다는 점에서 공통적이라고 할 수 있다. 하버마스의 도덕 원칙인 보편화의 원칙(U)을 자세히 보면 "예견 가능한 결과와 부작용을 수용할 수 있어야 타당하다"는 표현이 있다. 보편화가 칸트의 도덕을 상기시킨다면, 결과는 공리주의를 떠올리게 된다. 하버마스는 보편화의 원칙을 통해 칸트를 계승하지만 동시에 공리주의도 아우르고 있는 것이다. 이러한 점은 롤스의 정의의 원칙에서 사회경제적 불평등의 결과를 받아들이는 조건으로 최소 수혜자에게 최대 이익이 되어야 한다는, 즉 모든 이에게 이익을 주어야 한다는 차등의 원칙을 제시한 것처럼, 모두에게 이익이 된다면 공리주의를 일정 부분 받아들이는 것과 유사하다.

또한 하버마스와 롤스 모두 도덕과 윤리를 구분한다. 주지하다시피 롤스는 '좋음(good)에 대한 옳음(right)의 우선성'을 강조했다. 롤스에 따르면 합당한 다원주의적 현실을 고려할 때 현대사회에서 좋음을 추구하는 입장, 즉 선관들은 너무 많더라도 여러 가지 좋음에 대한 이론들이 중첩적으로 합의되는 지점이 합당하게 존재하며, 그것이 바로 공정으로서의 정의라고 제안한다. 따라서 롤스에게 있어 정의의 원칙은 보편적 규범으로서 도덕 원칙의 역할을 하는 셈이다. 롤스는 『정치적 자유주의』에서 이러한 보편적 도덕의 역할을 담당하는 공적 이성의 개념을 제시한 바 있다. 롤스와 마찬가지로 하버마스(1993) 역시 롤스가 다양한 선관들이라고 표현한 영역을 도덕과 차별되는 윤리의 영역으로 보고자 한다. 보편적 규범(right)을 설정하는 영역이 도덕의 영역이라면, 여러 선들이 경쟁하는 다원적 가치(good)의 영역이 윤리의 영역이라는 것이다.

하지만 하버마스와 롤스는 합리성을 개념화함에 있어 적잖은 입장 차이를 보여 준다. 롤스의 심의 민주주의에서 강조하는 공적 이성의 개념은 칸트의 이성처럼 독백적이다. 앞서 언급하였듯이, 하버마스의 의사소통적 이성은 결코 독백이 아닌 반드시 대화를 통해 이루어져야 할 간주관인 성격의 것이다. 롤스가 원초적 입장에서 누구나 다 정의의 원칙에 합의할 것이라고 독백적 추론을 시도하는 것은 하버마스가 보기에 칸트의 실수와 마찬가지로 도덕이 가진 사회적 성격, 즉 간주관적 측면을 간과하는 오류를 범하는 것이다.

뿐만 아니라 롤스는 보편적인 규범인 정의의 원칙을 도출할 때 회피의 방법을 통해 포괄적 교리들을 배제시킨다. 즉, 이것들을 비공적 이성이라고 하여 공적 의사 결정을 할 때에는 오직 정의와 같은 공적 이성만을 작동시켜야 한다고 주장한다. 반면에 하버마스는 가치들 간의 경쟁인 윤리의 영역에서도 보편적 규범에 도달하기 위한 유의미한 담론이 작동할 수 있다고 본다. 즉, 윤리적 담론에서도 타당성 주장의 담론 윤리가 작동될 수 있다는 것이다. 전통은 잘 변하지 않지만 천천히 변하기는 한다는 점이 그 증거다. 따라서 하버마스는 윤리적 담론이 작동할 여지를 인정한다. 다만 좋음에 대한 옳음의 우선성처럼 도덕적 담론이 윤리적 담론보다 규범의 타당성 측면에서 우위에 있음을 분명히 한다. 따라서 윤리적 담론과 도덕적 담론이 충돌할 때에는 도덕적 담론의 규범이 윤리적 담론의 가치보다 축차적으로 우선성을 가진다.

비슷한 맥락에서 롤스는 배경적 문화(background culture)를 공적 정치 문화와 구분한다(롤스, 2004: 16). 모든 종류의 포괄적 교리들, 즉 종교적, 철학적, 도덕적 교리들이 정박하고 있는 곳은 시민사회의 배경적 문화이다. 롤스에게 있어 배경적 문화는 사회적인 것이지, 정치적인 것이 아니다. 배경적 문화는 일상생활의 문화이자, 수많은 협회들(associations)로 이루어진 문화이다. 롤스는 배경 문화에 속한 수많은 포괄적 교리들을 비공적 이성으로 분류하고, 공적 정치 문화에 속하는 정치적 정의관을 공적 이성의 내용으로 간주한다. 하버마스가 자신의 심의 민주주의 이론에서 담론 윤리가 작동하는 범위를 시민사회까지 포함하고 그곳에서 합의된 타당성 주장을 정치 법규범의 토대로 간주한다는 점을 상기한다면, 롤스가 공적 이성만을 정당성의 근거로 간주하는 입장과 미묘한 시각 차이가 존재함을 알 수 있다.

심의 민주주의 이론을 대표하는 두 학자로서 하버마스와 롤스의 이러한 미묘한 공통점과 차이점에도 불구하고 그들의 이론은 각각 그 자체로 유럽과 영미권을 대표하는 대가로서의 가치를 지니고 있다고 하기에 모자람이 없다. 그리고 그들의 이론의 중심에는 도덕과 윤리가 토대로서 자리 잡고 있음을 지금까지 확인하였다.

우리는 하버마스의 이론을 통해 철학, 윤리학, 언어학, 심리학, 사회학, 정치학을 넘나드는 그의 야심 찬 프로젝트를 엿볼 수 있었다. 칸트의 윤리학을 필두로, 마르크스나 루카치, 아도르노나 호르크하이머와 같은 마르크시즘과 비판 이론을 비롯하여, 파슨스와 뒤르켐, 홉스와 베버와 같은 사회학과 정치학은 물론, 뷜러, 오스틴, 아펠과 같은 언어학, 그리고 미드의 사회심리학, 콜버그의 도덕 발달 이론, 헤겔의 상호 인정 모델 등 당대 최고의 학자들과 인문학에서부터 사회과학에 이르는 수많은 이론을 흡수하여 마치 퍼즐의 조각처럼 자신의 이론에 녹여 내고 있다. 그래서 하버마스의 심의 민주주의 이론은 거대 이론이라 불리며, 이해하기가 쉽지 않았다.

하버마스의 심의 민주주의 이론의 토대는 의사소통 행위 이론과 담론 윤리가 담당하고 있다. 칸트와 마찬가지로 철학적 전통에서 발견되는 규범성과 보편주의적 야망을 강조하면서도 칸트와 달리 실천이성에 대한 대화적 접근을 취하는 그의 입장은, 롤스의 정의의 두 원칙에 해당하는, 담론의 원칙(D)과 보편화의 원칙(U)에 잘 나타나 있다. 규범의 정당성과 타당성 주장을 핵심으로 하는 두 원칙은 그의 심의 민주주의 이론에서 민주주의의 원칙으로 마무리된다. 『의사소통행위이론』 이래로 쌓아 온 자신의 이론의 조각들이 『사실성과 타당성』에서 총 집대성되어 마무리되는 것이다. 근대 이후 체계가 생활세계를 지배하면서 발생하는 민주 사회의 정당성 문제를 '생활세계의 식민지화'라는 고유 개념으로 진단하고, 생활세계의 식민지화를 극복하기 위한 대안으로 시민사회와 공론장을 제시하면서 그는 근래 보기 힘든 거대 이론을 완성하였다.

마찬가지로 롤스 또한 『정치적 자유주의』에서 자신의 심의 민주주의 이론을 체계적으로 정리하여 제시하였는데, 국가라고 하는 강제적 정치권력의 사용이 어떻게 정당화될 수 있을지, 그리고 서로 다른 포괄적 선 사이에서 어떻게 하면 지속적으로 안정적인 정치 구조를 담보할 수 있을지 두 가지 핵심적인 문제를 제기하면서 해결 방안을 찾아 나섰다. 이를 위해 롤스는 칸트적 형태의 계약론에 있어서의 합의 개념을 적절히 변형시켜 원초적 입장에서 반성적 균형을 통한 중첩적 합의를 대안으로 제시하였다. 구체적으로 첫 번째 정당성에 관한 대안과 관련하여, 왜 공정으로서의 정의가 시민 모두가 합의할 수 있는 정치적 정의관이 될 수 있는지 설명하면서, 공적 의사 결정을 할 때 그러한 정의관에 따라 해야 한다는 공적 이성의 개념을 제시하였다. 두 번째 안정성에 관한 대안과 관련해서는, 포괄적 교리들이 서로 갈등하는 상황에서 안정적인 민주 사회를 지속적으로 유지하기 위해서는 합당한 다원주의의 방안만이 가장 적절하고 유일한 대안이라고 강조한다.

롤스에게 있어 공정으로서의 정의와 같은 정치적 정의관은 좋은 질서를 가진 사회에 도달하기 위해 만들어 낸 일종의 도덕관(moral conception)이기도 하다(롤스, 2004: 216). 모든 시민이 이러한 정치관을 수용하기로 합의한다는 것은, 어떤 특정한 하나의 포괄적 교리를 정치적 정의관으로 수용하지 않겠다는 것을 의미한다. 정치적 정의관은 단지 사회의 기본 구조에 적용되는 합당한 관점으로 제시될 뿐이다. 이러한 정치적 정의관은 포괄적 교리로부터 나오는 것이 아니라 공적 정치 문화에 내재되어 있다. 공정으로서의 정의와 같은 정치적 정의관이 포괄적 교리보다 우선한다는 점은 윤리학적으로 표현하면 "좋음에 대한 옳음의 우선성"이라는 개념으로 표현할 수 있다. 이것은 『정치적 자유주의』에서 본질적 요소이자 핵심적 역할을 차지한다(롤스, 2004: 214). 옳음과 좋음은 상호 보완적이기 때문에 어떤 정의관도 옳음과 좋음 중 전적으로 어느 하나에만 의존하여 성립할 수는 없으며 이 둘을 적절히 조합해야 한다. 그러나 옳음은 좋음으로부터 나오는 것이 아니기 때문에 옳음의 우선성은 인정되어야 한다. 그것이 포괄적 자유주의가 아닌 『정치적 자유주의』에서의 롤스의 최종 대답이다.

참고 문헌

위르겐 하버마스, 한승완 옮김(2004), 『공론장의 구조변동』, 경기 파주: 나남.
위르겐 하버마스, 한상진·박영도 옮김(2010), 『사실성과 타당성』, 경기 파주: 나남.
위르겐 하버마스, 장춘익 옮김(2015a), 『의사소통행위이론①』, 경기 파주:나남.
위르겐 하버마스, 장춘익 옮김(2015b), 『의사소통행위이론②』, 경기 파주:나남.
존 롤스, 장동진 옮김(2004), 『정치적 자유주의』, 서울: 동명사.

Habermas, J.(1990), *Moral Consciousness and Communicative Action*, tr. C. Lenhardt & S. Nicholsen, Cambridge: Polity Press.
Habermas, J.(1993), *Justification and Application*, tr. C. Cronin, Cambridge: Polity Press.
Habermas, J.(1996), "Three Normative Models of Democracy", S. Benhabib, *Democracy and Difference*, New Jersey: Princeton University Press.

롤스의 정의론

김상범

중앙대학교 철학과를 졸업하고 서울대학교 철학과에서 석사 학위를, 서울대학교 윤리교육과에서 석사 및 박사 학위를 취득하였다. 한국교육과정평가원 연구위원을 거쳐 현재 서울대학교 윤리교육과 교수로 재직하고 있다. 주요 연구로는 「자연적 의무의 통일교육적 함의」, 『현대 한국 사회와 시민성』(공저), 『존 롤스, 시민과 교육』(역서)이 있다.

* 이 장은 『윤리연구』 제142호(2023)에 게재된 「국내적 정의에서 국제적 정의에 이르는 롤스 정의론의 논리 확대 과정 연구」를 수정 · 보완한 것이다.

I. 서론

이 장에서는 롤스(John Rawls)의 정의론을 그의 3대 주저인 『정의론(*A Theory of Justice*)』(1971/1999a), 『정치적 자유주의(*Political Liberalism*)』(1993/2005), 『만민법(*The Law of Peoples*)』(1999b)을 중심으로 검토하고자 한다. 이러한 검토를 통해 우리는 롤스가 국내적 차원의 정의론에서 출발하여, 다문화의 현실을 만나 정치적 자유주의를 표방한 후, 마침내 세계 평화라는 희망을 추구하는 국제적 차원의 정의론에 이르게 된 사상적 여정을 추적하게 될 것이다.

롤스의 정의론 삼부작(trilogy)을 개괄적으로 소개하면 다음과 같다. 『정의론』은 공리주의에 맞서 규범 철학의 새로운 지평을 개척한 롤스의 대표작이다. 후속작 『정치적 자유주의』에서 롤스는 『정의론』에 대한 비판들로부터 정의론을 변론하면서도 자유주의를 정치적인 영역에 한정시킴으로써 이론의 안정성과 수용 가능성을 높이고자 하였다. 끝으로, 『만민법』에서 롤스는 개별 국가에만 적용되던 정의론을 국제사회에 확대 적용하고자 하였다.

롤스는 "사상 체계의 제1덕목을 진리라고 한다면 정의는 사회 제도의 제1덕목이다"라고 말한다(롤즈, 2009: 36). 그는 정의의 일차적 주제가 사회의 기본 구조(basic structure of society), 즉 "사회의 주요 제도가 권리와 의무를 배분하고 사회 협력체로부터 생긴 이익의 분배를 정하는 방식"이라고 설명한다(롤즈, 2009: 40).[1] 롤스의 정의론은 개인 행위의 정당성 문제를 중시

---

1. 『정의론』에서 롤스는 사회를 '상호 이익을 위한 협력 체계(cooperative venture)'로 규정한다(롤즈, 2009: 37). 롤스에 따르면, 사회의 기본 구조가 정의의 일차적 주제가 되는 이유는 그 주요 제도가 개인들의 권리와 의무를 규정할 뿐만 아니라 그들의 인생 전망에 심대하고 근원적인 영향을 미치기 때문이다(롤즈, 2009: 40).

하는 미시적(micro) 이론이라기보다는 사회 정의(social justice)의 문제를 중시하는 거시적(macro) 이론인 것이다. 다음에서는 롤스의 정의론을 이해하기 위한 예비적 고찰로서 목적론과 의무론의 구분, 롤스가 자신의 정의론의 주요 경쟁 이론으로 본 공리주의와 직관주의, 롤스가 정의론을 구성하는 두 이론으로 본 이상론과 비이상론의 구분을 차례로 살펴보기로 하자.

1. 목적론과 의무론

롤스는 자신의 정의론이 목적론적 이론이 아닌 의무론적 이론이라고 주장한다(롤즈, 2009: 68). 롤스에 따르면, 목적론(teleology)은 좋음[선](the good)을 옳음[정당성](the right)과는 상관없이 규정하고 옳음은 그 좋음을 극대화하는 것으로 규정하는 견해이다. 그리고 목적론은 구체적으로 좋음이나 선을 어떻게 규정하느냐에 따라 완전설, 쾌락주의, 행복주의 등으로 구분되며, 선을 합리적 욕구의 만족으로 규정하는 공리주의도 목적론에 속한다고 롤스는 설명한다. 이에 비해 의무론(deontology)은 "좋음을 옳음과는 상관없이 규정하지 않거나 혹은 옳음을 좋음의 극대화로 해석하지 않는 입장"이다. 롤스는 자신의 정의론이 목적이나 결과를 고려하기는 하지만[2] 칸트 윤리학의 특징인 '좋음에 대한 옳음의 우선성' 혹은 '정의의 우선성(priority of justice)'을 중심적인 특징으로 한다는 점에서 의무론에 속한다고 설명한다.

2. 공리주의와 직관주의

롤스는 "나의 주요 의도는, 우리의 철학적인 전통을 오래도록 지배해온 이러한 학설들에 대한 설득력 있는 대안이 될 정의론을 전개하는 데 있다"고 밝힌다(롤즈, 2009: 35-36). 여기서 '이러한 학설들'이란 공리주의와 직관

---

2. 롤스는 옳음 여부를 판단할 때 결과를 고려하지 않는 이론은 비합리적이고 비정상적인(crazy) 이론이라고 본다(롤즈, 2009: 68).

주의를 가리킨다.

롤스가 『정의론』에서 주로 고찰하는 공리주의는 근대의 벤담, 밀 등으로 대표되는 고전적 공리주의(classical utilitarianism)와 현대의 하사니(John Harsanyi) 등으로 대표되는 평균 공리주의(average utilitarianism)이다. 고전적 공리주의는 전체 효용의 극대화를 추구하는 데 비해, 평균 공리주의는 평균 효용의 극대화를 추구한다. 인구수가 동일한 경우에는 전체 효용 극대화와 평균 효용 극대화는 차이가 없다. 그러나 가령 인구 1,000만 명이 비교적 높은 평균 효용 수준을 누리는 상황 A와, 인구 10억 명이 평균 효용은 A의 1/10 수준이지만 전체 효용은 A의 2배인 상황 B 중 선택해야만 한다면, 두 이론은 서로 다른 처방을 제시하게 될 것이다. 롤스는 기본적으로 공리주의가 개인의 합리적 선택 원칙을 사회 전체로 부당하게 확대 적용하는 이론으로서 개인들의 차이나 개별성을 신중하게 다루지 않으며, 기본적 자유와 권리들을 사회적 이득의 계산에 희생시킨다고 비판한다(롤즈, 2009: 65).

다음으로, 직관주의(intuitionism)는 더 이상 환원 불가능한 여러 개의 제1원칙들이 있으며, 그것들 간에 우선성이나 서열을 가리는 문제는 도덕적 사실들의 복잡성 때문에 우리의 직관에 의해 상호 비중을 평가하여 결정할 수밖에 없다는 이론이다.[3] 롤스는 정의론이 어느 정도 직관에 의존할 수밖에 없다는 점에서 직관주의가 본질적으로 불합리한 이론은 아니라는 것을 인정한다(롤즈, 2009: 79). 하지만 그는 정의의 원칙들을 선택하는 최초의 이상적 상황에서 당사자들은 원칙들 간의 경중을 가리는 방법에 대한 합의에 도달하고자 노력할 것이며, 축차적 순서로 배열된 원칙들을 발견할 수 있다고 주장한다(롤즈, 2009: 82-83).

---

3. 롤스는 이러한 유형의 직관주의 이론이 배리(B. Barry), 브란트(R. B. Brandt) 등의 저작들에서 발견되며, 도덕 원리들의 자명성을 논하는 전통적 의미의 직관주의자로 무어(G. E. Moore), 로스(W. D. Ross) 등을 들 수 있다고 밝힌다(롤즈, 2009: 73).

3. 이상론과 비이상론

롤스는 완전히 정의로운 사회[4]의 성격과 목표를 논의하는 '이상론(ideal theory)'과 불완전한 현실 사회의 부정의를 다루는 '비이상론(non-ideal theory)'을 구분한다. 이상론은 모든 사람들이 정의의 원칙을 철저히 준수해야 한다고 가정하는 철저한 준수론(strict compliance theory)인데 비해, 비이상론은 그러한 원칙이 부분적으로 준수되는 현실적 상황을 고려하는 부분적 준수론(partial compliance theory)에 해당한다. 부분적 준수론은 처벌론, 정의로운 전쟁론, 시민 불복종과 양심적 반대, 보상적 정의 등과 같은 주제를 포함한다(롤즈, 2009: 42).

롤스는 비이상론이 다루는 문제들이 긴요한 문제임을 인정하면서도 이상론이 비이상론의 주제들을 체계적으로 파악하기 위한 유일한 기초를 제시해 준다는 점에서 정의론의 근본적인 부분이라고 주장한다(롤즈, 2009: 42). 이에 대해 코헨(G. A. Cohen)은 정의론은 완전히 이상적이어야 한다는 관점에서 롤스의 정의론이 지나치게 현실적인 이론이라고 비판하며(Cohen, 2008), 센(Amartya Sen)은 롤스 정의론의 이상론은 부정의를 제거하고 정의를 증진하는 실천적 목적, 즉 현실성(feasibility)을 달성하는 데 도움이 되지 않는다고 비판한다(Sen, 2009).

II. 국내적 정의론: 『정의론』을 중심으로

롤스의 정의론은 "로크, 루소, 그리고 칸트에게서 흔히 알려져 있는 사회

---

4. 롤스는 『정의론』에서 완전히 정의로운 사회, 즉 '질서 정연한 사회(well-ordered society)'를 "그 성원들의 선을 증진해 줄 뿐만 아니라 공공적 정의관에 의해 유효하게 규제되는 사회"로 정의한다(롤즈, 2009: 37).

계약의 이론을 고도로 추상화함으로써 일반화된 정의관을 제시"하는 것을 목적으로 한다(롤즈, 2009: 45). 롤스는 정의의 원칙들을 원초적 계약의 대상으로 보는 정의관을 '공정으로서의 정의(justice as fairness)'라고 부른다. 여기서 원초적 계약은 공정성을 보장해 주는 '원초적 입장'이라는 개념을 핵심으로 한다.

1. 원초적 입장

원초적 입장이란 무엇인가? 롤스는 다음과 같이 설명한다.[5]

> 공정으로서의 정의에 있어서의 평등한 원초적 입장(original position)이라는 것은 전통적인 사회 계약론에 있어서의 자연 상태(state of nature)에 해당한다. … 그것은 일정한 정의관에 이르게 하도록 규정된 순수한 가상적 상황으로 이해된다. (롤즈, 2009: 46)

원초적 입장이라는 개념은 거기서 합의된 어떠한 원칙이라도 정의로운 것이 되게 하는 공정한 절차를 설정하기 위한 것이다. 여기서 정의의 원칙들은 '무지의 베일(veil of ignorance)' 속에서 선택된다. 무지의 베일은 원칙을 선택할 때 특정한 지식을 차단하여 아무도 자연적·사회적 우연성으로 인해 유리하거나 불리해지지 않는다는 점에서 공정한 합의를 보장하기 위한 이론적 장치이다.[6] 무지의 베일로 인해 당사자들이 모르게 되는 것은

---

5. 이러한 설명으로부터 우리는 원초적 입장에서 이루어지는 합의가 가상적(가설적)·비역사적 합의임을 알 수 있다. 드워킨(Ronald Dworkin)은 가상적 합의는 현실적 구속력을 가질 수 없다고 비판한다(Dworkin, 1977: ch. 6). 이에 대해 롤스는 원초적 입장은 대표의 장치(device of representation) 혹은 공적 숙고와 자기 명료화를 위한 사유 실험(thought experiment)일 뿐이라고 답한다(롤즈, 2016a: 47).
6. 무지의 베일의 이러한 특징은 정의관이나 정의의 원칙에 대한 만장일치의 선택을 가능하게 한다고 롤스는 주장한다(롤즈, 2009: 200).

다음과 같다. 당사자 자신의 (a) 사회적 지위나 계층, (b) 천부적 자산 및 능력, (c) 가치관이나 합리적 인생 계획, (d) 심리적 성향, 그리고 당사자가 속한 (e) 사회의 특수 사정, (f) 세대에 대한 지식 등. 그러나 무지의 베일은 당사자들의 사회가 정의의 여건 하에 있다는 특수한 사정은 차단하지 않는다. 이러한 사실을 알아야만 당사자들의 합의가 가능하기 때문이다. 또한 무지의 베일 속에서도 당사자들은 인간 사회에 대한 일반적 사실들은 안다고 가정된다.[7]

이제 당사자들이 무지의 베일 속에서도 아는 '정의의 여건(circumstances of justice)'에 대해 구체적으로 살펴보자. 정의의 여건이란 그 아래에서 인간의 협력 체제가 가능하고도 필요한 정상적인 조건들이다(롤즈, 2009: 182). 롤스는 흄(David Hume)의 설명을 따라 정의의 여건을 객관적인 여건과 주관적인 여건으로 구분한다. 그리고 그는 객관적인 여건으로는 자원의 적절한 부족 상태[희소성](moderate scarcity)를 강조하고, 주관적 여건으로는 이해관계의 상충(conflict of interests)을 강조한다(롤즈, 2009: 182). 이에 따르면 정의의 여건은 "적절한 부족 상태 아래서 상호 무관심한 사람들이 사회적 이익에 대해 상충하는 요구를 제시할 경우 성립한다"고 할 수 있다(롤즈, 2009: 182). 자원이 너무 풍족하면 협력 체계가 필요 없어지고, 자원이 너무 부족하면 협력 체계가 결렬될 것이다. 또한 당사자들 간에 이해관계의 상충이 없다면 사회적 이익에 대해 상충하는 요구도 제시되지 않을 것이다.

롤스는 원초적 입장에 있는 당사자들의 동기를 '상호 무관심한 합리성(mutually disinterested rationality)'으로 특징짓는다. 상호 무관심한 합리성이란 원초적 입장의 당사자들이 가능한 한 자신들의 이익을 증진시켜 주는 원칙을 수용하고자 한다는 것을 의미한다(롤즈, 2009: 205). 상호 무관심한

---

7. 롤스는 당사자들이 정치 현상이나 경제 이론의 원칙들, 사회 조직의 기초와 인간 심리의 법칙들과 같은 인간 사회에 대한 일반 법칙이나 이론에 대해서는 안다고 가정한다(롤즈, 2009: 196).

합리성 덕분에 당사자들은 상호 간에 이익을 주려고 하거나 손해를 끼치려 하지도 않으며, 서로를 비교하여 시기나 질투도 하지 않는다. 하지만 당사자들이 상호 무관심한 채 자신들의 이익을 추구하는 사람들이라면 결국 이기주의적 정의관에 합의하지 않을까? 이에 대해 롤스는 상호 무관심과 무지의 베일이 결합하면 이타심과 동일한 의도를 성취할 수 있다고 주장한다. 무지의 베일 속에서 상호 무관심한 합리적 당사자들은 타인의 선을 고려하게 되어 있다는 것이다(롤즈, 2009: 210).[8]

롤스는 가상적 반성의 과정을 거쳐 원초적 입장에 대한 가장 유력한 설명에 도달할 수 있다고 주장한다. 이러한 과정은 정의의 원칙들이 우리의 숙고된 판단들에 부합하는 평형 상태에 도달할 때까지 최초의 상황에 대한 설명을 변경하기도 하고 우리의 숙고된 판단들을 수정하기도 하면서 이쪽저쪽을 조정해 나가는 것이다. 이런 과정을 통해 도달하는 평형 상태를 롤스는 '반성적 평형(reflective equilibrium)'이라 부른다(롤즈, 2009: 56). 그는 '좁은(narrow) 반성적 평형'과 '넓은(wide) 반성적 평형'을 구분한다. 좁은 반성적 평형은 "사소한 차이를 제외하고는 우리가 갖고 있는 판단들에 부합되는 [최초의 상황에 대한] 설명이 제시되는" 상태인 반면, 넓은 반성적 평형은 "모든 관련된 철학적 논증과 더불어 우리의 판단이 그것에 맞추어 조정해야 될 가능한 모든 설명이 우리에게 제시되는" 상태이다(롤즈, 2009: 91). 롤스는 최소한의 수정만으로 일관성을 이룰 수 있는 어떤 정의관을 찾아 그것을 숙고된 판단들과 합치하도록 만들 때 도달하게 되는 좁은 반성적 평형보다는 다른 대안적인 정의관들과 그 다양한 논증의 힘까지도 고려할 때 도달하게 되는 넓은 반성적 평형을 추구할 필요가 있다고 본다(롤즈, 2016a: 68-69).

---

8. 롤스는 '상호 무관심과 무지의 베일의 결합'을 가정하는 것이 과다한 지식의 복잡성 문제를 처리할 수 있는 단순성과 명료성의 장점을 가질 뿐만 아니라 선의지가 갖는 결과까지도 보장해 준다는 점에서 '이타심과 지식의 결합'을 가정하는 것을 크게 능가하는 장점을 갖는다고 주장한다(롤즈, 2009: 210).

2. 정의의 원칙

롤스는 원초적 입장에서 당사자들은 고전적 공리의 원칙이나 평균 공리의 원칙 등이 아니라 정의의 두 원칙을 선택할 것이라고 주장한다.[9] 롤스가 제시하는 '정의의 두 원칙'은 다음과 같다(롤즈, 2009: 400-401). 롤스는 정의의 '두 원칙'이라고 명명하지만, 다음에서 보듯이 '세 원칙', 정의로운 저축 원칙까지 포함하면 '네 원칙'으로도 볼 수 있다.

> 제1원칙: 각자는 모든 사람의 자유 체계와 양립할 수 있는 평등한 기본적 자유의 가장 광범위한 전체 체계에 대해 평등한 권리를 가져야 한다 (평등한 자유의 원칙).
> 제2원칙: 사회적·경제적 불평등은 다음의 두 조건을 충족해야 한다. (a) 공정한 기회 균등의 조건 아래 모든 사람들에게 평등하게 개방된 직책과 직위에 결부되는 것이어야 한다(기회 균등의 원칙). (b) [정의로운 저축 원칙과 양립하면서[10]] 모든 사람들의 이익이 되어야 하며, 특히 최소 수혜자에게 최대 이득이 되어야 한다(차등의 원칙).

롤스에 의하면, 정의의 원칙들은 축차적 서열(lexical order)로 이루어져야 한다. 이에 따르면 제1원칙은 제2원칙에 우선하며, 제2원칙 내에서는 기회 균등의 원칙이 차등의 원칙에 우선한다.

---

9. 롤스에 따르면, 원초적 입장의 '협상 테이블'에 올라올 수 있는 원칙들의 목록에는 정의의 두 원칙 이외에도 사회적 최소치나 고른 분배를 전제로 한 절충적 평균 공리의 원칙들, 고전적 공리의 원칙을 비롯한 고전적 목적론적 원칙들, 직관주의적 조정안들, 이기주의적 원칙들 등이 포함된다(롤즈, 2009: 179-180).
10. 차등의 원칙을 규제하는 정의로운 저축 원칙(just savings principle)이란 "정의로운 사회를 실현하고 유지하기 위한 부담에 있어서 각자의 공정한 몫을 이행하자는 세대들 간의 합의"로 간주할 수 있다고 롤스는 설명한다(롤즈, 2009: 387). 즉, 정의로운 저축 원칙은 세대 간 정의 문제와 관련되는 원칙이라 할 수 있다. 롤스는 정의로운 제도가 확립되고 모든 기본적 자유가 실현된다면, 요구되는 자본의 순 축적은 영(zero)이 될 것이라 주장한다(롤즈, 2009: 385).

우선, 제1원칙에 포함된 '기본적 자유'는 목록으로 주어진다(롤즈, 2009: 106). 이 목록에는 정치적 자유, 언론·결사의 자유, 양심의 자유와 사상의 자유, 인신의 자유, 사유재산을 소유할 권리, 체포와 구금으로부터의 자유 등이 포함된다. 이 자유들은 다른 기본적 자유들과 충돌할 때는 기본적 자유의 가장 광범위한 체계를 보장하기 위해 제한될 수 있으나, 그 체계는 모두에게 동일한 것이어야 한다(롤즈, 2009: 107).

롤스는 제2원칙의 일반적 서술에 등장하는 '모든 사람들에게 평등하게 개방된'과 '모든 사람들의 이익'이라는 구절이 애매하기 때문에, 제2원칙에 대한 네 가지 해석이 가능하다고 말한다. 이를 정리하면 〈표 1〉과 같다(롤즈, 2009: 111).

표 1. 제2원칙에 대한 4가지 해석

'평등하게 개방됨'	'모든 사람들의 이익'	
	효율성의 원칙	차등의 원칙
재능이 있으면 출세할 수 있다는 식의 평등	자연적 자유 체제 (System of Natural Liberty)	자연적 귀족주의 (Natural Aristocracy)
공정한 기회 균등으로서의 평등	자유주의적 평등 (Liberal Equality)	민주주의적 평등 (Democratic Equality)

(출처: 롤즈, 2009: 111)

자연적 자유 체제의 경우 천부적 능력과 사회적 지위의 차이 같이 도덕적 관점에서 임의적인 자연적·사회적 우연성에 의해 분배의 몫이 결정되는 것을 허용한다. 자유주의적 평등의 경우 공정한 기회 균등을 통해 자연적 자유 체제에 비해 사회적 우연성을 감소시키기는 하지만 여전히 천부적 능력의 차이에 의해 부나 소득이 결정되는 것을 허용한다. 자연적 귀족주의는 귀족으로서의 의무(noblesse oblige)를 강조하기는 하지만 형식적 기회 균등 이상으로 사회적 우연성을 규제하지는 못한다. 롤스는 공정한 기회 균등과 차등의 원칙의 결합으로서 제2원칙을 해석하는 민주주의적 평등만이

자연적 · 사회적 우연성을 공정하게 처리할 수 있다고 주장한다(롤즈, 2009: 122).[11]

롤즈에 의하면, 공정한 기회 균등의 원칙이 갖는 역할은 협력 체제가 순수 절차적 정의(pure procedural justice)의 체제임을 보장하려는 것이다(롤즈, 2009: 137). 공정으로서의 정의는 배분의 몫을 순수 절차적 정의의 문제로 취급한다는 것이다(롤즈, 2009: 134). 롤즈는 〈표 2〉와 같이 순수 절차적 정의를 완전 절차적 정의와 불완전 절차적 정의와 비교한다(롤즈, 2009: 135-137).

표 2. 완전 · 불완전 · 순수 절차적 정의

구 분	공정한 결과에 대한 절차 독립적 기준이 있는가?	절차가 공정한 결과를 보장하는가?	사 례
완전 절차적 정의	○	○	케이크 나누기
불완전 절차적 정의	○	×	형사 재판
순수 절차적 정의	×	○	노름

완전 절차적 정의의 사례인 케이크 나누기에서는 무엇이 공정한 분할인가에 대한 절차 독립적 기준이 있고, 케이크를 자르는 사람이 마지막에 가져가는 절차가 공정한 분할을 보장한다. 불완전 절차적 정의의 사례인 형사 재판에서는 범죄를 저지른 자만 유죄판결을 받아야 한다는 독립적 기준은 있지만 죄 없는 자가 유죄판결을 받기도 하므로 절차가 공정한 결과를 보장하지 못한다. 이에 비해 순수 절차적 정의의 사례인 노름에서는 공정한 결과에 대한 독립적 기준은 없지만 공정한 절차만으로 그 결과도 공정

11. 롤즈는 제2원칙에 대해서뿐만 아니라 정의의 두 원칙에 대한 민주주의적 해석을 지지하면서, 이것이 자유, 평등, 박애라는 프랑스혁명의 정신을 계승한다고 설명한다. 즉, 자유는 제1원칙에, 평등은 제1원칙 및 공정한 기회 균등에 있어서의 평등 관념에, 그리고 박애는 차등의 원칙에 연결된다는 것이다(롤즈, 2009: 158).

하게 된다. 우리는 롤스가 예로 든 '노름'이 갖는 부정적 함의에 주목하기보다는, 분배 정의의 문제를 해결하는 열쇠가 어떤 절차 독립적 기준을 확립하는 데 있는 것이 아니라 절차 자체의 공정성을 확보하는 데 있다고 보는 롤스 정의관의 본질적 특징에 주목할 필요가 있다.

이제 롤스의 정의론에서 가장 큰 학문적 관심과 비판의 대상이 되어 온 차등의 원칙(difference principle)을 집중적으로 고찰하기로 하자. 차등의 원칙은 사회적·경제적 불평등은 최소 수혜자의 최대 이익이 되어야 한다는 원칙이다. 롤스는 차등의 원칙의 특징을 〈그림 1〉로 설명한다.

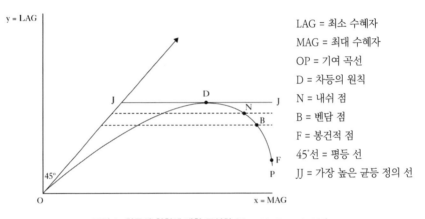

LAG = 최소 수혜자
MAG = 최대 수혜자
OP = 기여 곡선
D = 차등의 원칙
N = 내쉬 점
B = 벤담 점
F = 봉건적 점
45˚선 = 평등 선
JJ = 가장 높은 균등 정의 선

그림 1. 차등의 원칙에 대한 도식화 (롤스, 2016a: 119-120)

위 그림에서 x축은 최대 수혜자 집단(Most Advantaged Group)의 이익을, y축은 최소 수혜자(Least Advantaged Group)의 이익을 나타낸다. 최초의 평등 상태인 원점 O에서 출발하는 45˚선은 분배의 평등을, 그리고 기여 곡선 OP는 최대 수혜자의 이익의 증대가 최소 수혜자의 이익에 기여하는 정도를 나타낸다.[12] OP는 이러한 기여도가 극대화되는 정점 D를 지나 점차 급

12. 기여 곡선 OP가 45˚선 오른쪽에 위치하는 이유는 최대 수혜자가 항상 더 유리한 위치에 있기 때문이다.

격히 하락한다.[13] 차등의 원칙을 나타내는 점 D는 기여 곡선의 정점과 가장 높은 균등 정의 선(equal-justice line) JJ가 만나는 점으로서, 평등 선(45˚선)에 가장 가까운 효율 점(efficient point)이다. 내쉬 점(Nash point) N은 효용의 곱($x \times y$)이 극대화된 상태를, 벤담 점(Bentham point) B는 효용의 합($x + y$)이 극대화된 상태를 나타낸다.[14] 끝으로, 봉건적 점(feudal point) F는 최대 수혜자의 이익을 그 이상 증대시켜도 최소 수혜자에게 이익이 되지 않는 지점을 표현한다. 위 그림은 차등의 원칙이 효율성과 평등을 고려하여 불평등(평등 선으로부터의 이탈)을 허용하되 이러한 불평등이 최소 수혜자의 이익을 극대화할 것을 요구하는 원칙임을 보여 주고 있다.

그런데 차등의 원칙에 대해서는 최소 수혜자(the least advantaged)는 누구인가 하는 문제가 우선 제기될 수 있다. 롤스의 개괄적 정의에 의하면, 최소 수혜자는 세 가지 우연성에서 가장 불우한 사람들이다(롤스, 2009: 148). 세 가지 우연성은 출신 사회 계급, 천부적 재능, 그리고 행운과 불운이다. 롤스는 최소 수혜자를 실제로 확인할 수 있는 두 가지 방법을 제시한다(롤즈, 2009: 148). 하나는 미숙련 노동자(unskilled worker)와 동등하거나 그 이하의 소득 및 부를 갖는 사람들을 최소 수혜자로 간주하는 방법이고, 다른 하나는 소득이나 부의 중앙값의 절반 이하를 갖는 모든 사람들을 최소 수혜자로 간주하는 방법이다. 후에 그는 기본적 가치(primary goods) 개념에 의거해서, 최소 수혜자란 기본적 가치[기본재]에 대한 가장 낮은 기대치를 갖는 소득 계층에 속하는 이들이라고 정의한다.[15] 이러한 개념 정의는 차등

---

13. 차등의 원칙은 경제적 효율성을 고려하여 D에 도달하기까지는 최대 수혜자(기업가)에게 인센티브를 주는 것을 허용하지만 D를 지나 최소 수혜자(미숙련 노동자)의 이익이 감소하게 되면 그러한 인센티브를 허용하지 않는다(롤즈, 2009: 126).
14. N이 B보다 평등 선에 가까운 이유는 효용의 곱이 효용의 합보다 평등에 민감하기 때문이다. 예컨대, 벤담의 공리주의는 (5, 6)과 (3, 9) 중 비교적 불평등하지만 효용의 합이 더 큰 (3, 9)를 선택하는 반면, 효용의 곱을 중시하는 전략적 관점에서는 비교적 평등한 (5, 6)을 선택할 것이기 때문이다.
15. 기본적 가치에는 기본적 권리와 자유, 기회, 소득과 부, 그리고 자존감(self-respect)의 사회적 기반 등이 포함된다(롤즈, 2009: 142). 롤스는 처음에 기본적 가치를 "합리적 인간이 그가 다른

의 원칙에 대한 파핏(Derek Parfit)의 반례를 처리할 수 있게 해 준다(Parfit, 1984: 490-493). 〈표 3〉과 같이 1800년대 인도에 기본재를 분배하는 세 가지 체제 (1)-(3)이 가능했다고 하자.

표 3. 파핏의 반례

	인도인	영국인
(1)	100	100
(2)	120	110
(3)	115	140

반례의 요점은 이러하다. (1)에서 최솟값은 100, (2)에서 최솟값은 110, (3)에서 최솟값은 115이다. 따라서 차등의 원칙은 최솟값이 상대적으로 최대가 되는, 즉 최소 수혜자가 기본재에 대한 최대의 기대치(115)를 갖는 (3)을 선택한다. 그런데 (3)에서의 최소 수혜자인 인도인은 체제 (2)에서 더 큰 기대치(120)를 갖는다. 따라서 차등의 원칙은 자기모순에 빠진다는 것이다. 이에 대해 롤스는 최소 수혜자는 '인도인', '영국인' 같은 고정 지시어로 식별되는 것이 아니라 기본재(소득과 부)에 대한 전망이나 기대치로 식별되어야 한다고 답한다. 즉, (2)에서는 최소 수혜자가 인도인이 아니라 영국인이기 때문에 차등의 원칙은 모순에 빠지지 않는다는 것이다.

롤스는 차등의 원칙의 의미에 대한 한 가지 논쟁적인 해석을 제시한다. 그것은 "차등의 원칙은 결국 천부적 재능의 분배를 공동의 자산(common asset)으로 간주하고 그 결과에 상관없이 이러한 분배가 주는 이익을 함께 나누어 가지는 데 합의한다는 것을 의미한다"는 것이다(롤즈, 2009: 152). 이에 대해 노직(Robert Nozick)은 차등의 원칙이 "그대는 오랫동안 시력을 향유해 왔으므로 이제 그대의 한쪽 눈, 또는 심지어 두 눈 다 다른 사람

그 무엇을 원하든 상관없이 원하리라 생각되는 것들"로 정의했으나(롤즈, 2009: 142), 후에 이를 "완전히 협력적인 사회 구성원인 자유롭고 평등한 시민들이 필요로 하고 요구하는 것들"이라는 규범적 정의로 수정한다(Rawls, 2002: 112).

에게 이식되어야 한다"는 식으로 신체 일부의 강제적 재분배를 요구할 수도 있다는 극단적인 반례를 제시한다(노직, 2010: 258-259). 이러한 반론의 요지는 개인의 천부적 능력은 그 자신의 소유라는 이른바 자기 소유(self-ownership) 관념에 근거한다.[16] 이러한 반론에 대해 롤즈도 "재능을 소유하는 것은 사람들 자신"이라는 것을 인정한다(롤즈, 2016a: 140). 다만, "공동의 자산으로 간주되는 것은 천부적 재능의 분배[분포, 차이, 다양성]이지 우리의 천부적 재능 자체가 아니라는 데에 유의하라"고 당부한다(롤즈, 2016a: 140). 차등의 원칙에 합의하는 것은 '마치(as if)' 재능의 분배를 공동의 자산으로 '간주'하는 데 합의하는 것과 같다는 것일 뿐, 천부적 재능 자체를 실제로 공동의 자산이라고 주장하는 것으로 오해해서는 안 된다는 것이다.

롤즈는 제2원칙 중 차등의 원칙과 관련된 원칙에 대한 최초의 진술로 "사회적·경제적 불평등은 모든 사람들의 이익이 되리라는 것이 합당하게 기대되어야 한다"는 것을 제시한다(롤즈, 2009: 105). 그런데 차등의 원칙의 최종적 진술은 모든 사람 중 특히 '최소 수혜자'를 명시하고 있으므로, '최소 수혜자의 최대 이익'이 어떻게 '모든 사람의 이익'에 부합할 수 있는지를 입증할 필요가 있다. 이것을 입증하는 한 가지 방식은 각 계층의 이익(기대치)에 대해 연쇄 관계(chain connection)와 긴밀한 관련성(close-knitness)을 가정하는 것이다(롤즈, 2009: 129). 연쇄 관계는 가령 최대 수혜자(기업가)의 더 큰 이익이 최소 수혜자(미숙련 노동자)에게도 이익이 될 경우, 그것은 그 사이에 있는 모든 계층(숙련 노동자, 준숙련 노동자 등)에게도 이익이 된다고 가정하는 것이다. 하지만 연쇄 관계는 최소 수혜자에게 이익이 되지 않는 경우에 대해 아무 언급이 없어 그 연결성이 느슨하다. 따라서 어떤 계층의 이익을 증대시키거나 감소시키면 반드시 다른 계층(특히 최소 수혜자 계층)의 이익도 증대하거나 감소한다는 식의 긴밀한 관련성을 추가로 가정하면, 비

---

16. 이러한 자기 소유 관념은 "모든 사람은 자신의 인신(person)에 대해서는 소유권을 가지고 있다"라는 로크(John Locke)의 소유권 이론의 대전제에까지 거슬러 올라갈 수 있다(로크, 2014: § 27).

로소 차등의 원칙이 만족될 경우 모든 사람에게 이익이 된다는 말이 의미가 있게 된다.[17]

롤스에 의하면, 차등의 원칙은 극대화의 원칙(maximizing principle)이다(롤즈, 2009: 127). 최소 수혜자의 이익 기대치의 극대화를 요구하기 때문이다. 극대화의 원칙이라는 특징으로 인해 차등의 원칙은 여러 가지 오해와 비판을 받아왔다. 그중에서 롤스가 중대한 반론이라고 평가하는 것은 차등의 원칙을 최소 극대화의 규칙(maximin rule)으로 해석하는 것과 관련된다.[18] 〈표 4〉를 살펴보자.

표 4. 손익표 반례

(1)	0	n
(2)	1/n	1

자연수 n에 대해, n이 적은 수치(가령 2)일 경우 (2)를 택하는 것이 합당하다. 하지만 n이 매우 큰 수치(가령 1,000,000)일 경우에는 최소 극대화 규칙과 달리 (1)을 택하지 않으면 불합리하다. 이 반례의 요점은 차등의 원칙이 최소 수혜자의 아주 사소한 이익 증감에 의해 다른 사람들의 아주 큰 이익 증감이 좌우되는 것을 허용한다는 것이다. 이에 대해 롤스는 차등의 원칙은 이러한 추상적 가능성에 적용하기 위해 만들어진 것이 아니며, 이러한 가능성은 차등의 원칙을 규제하는 선행 원칙들(평등한 자유의 원칙과 공정한 기회 균등의 원칙)에 의해 현실적으로 배제된다고 주장한다(롤즈, 2009: 221).

---

17. 이와 관련하여 롤스는 차등의 원칙이 호혜성[상호성](reciprocity)의 개념을 표현하는 원칙이라고 말한다(롤즈, 2009: 154). 처음에 그는 차등의 원칙을 '상호 이익의 원칙'으로 규정하였으나 나중에는 차등의 원칙이 표현하는 호혜성[상호성]을 이타주의적 공평성(altruistic impartiality)과 상호 이익 사이에 위치한 도덕적 개념으로 재규정하게 된다(롤즈, 2016a: 43; 2016b: 99).

18. 롤스는 차등의 원칙을 '최소 극대화(맥시민) 기준'으로 명명하는 것은 차등의 원칙이 극도의 위험 기피라는 가정에서 도출되는 것이라는 오해를 불러일으킬 수 있으므로, 불확실한 상황에서의 선택 규칙에 대해서만 최소 극대화 기준이라는 용어를 쓰는 것이 적절하다고 지적한다(롤즈, 2009: 133).

위와 같은 쟁점들에도 불구하고 롤스는 원초적 입장의 당사자들이 정의의 두 원칙을 채택할 것이라고 주장한다. 이를 확증해 줄 중요한 논거로 롤스가 제시하는 것은 바로 공약의 부담(strains of commitment)이다.[19] 도덕심리의 일반적 사실을 고려할 때 당사자들은 용납할 수 없는 결과를 가져와 준수하기가 지나치게 부담스러운 원칙에 합의할 수 없다. 원초적 합의는 최종적이자 영구적인 것이므로 다음 기회란 없다. 따라서 그들은 일생동안 타인이 누릴 보다 큰 선을 위해 자유의 상실을 감수해야 할 모험을 하지 않으며 지키지 못할 약속을 하지 않는다. 정의의 두 원칙을 채택할 경우 당사자들은 기본권을 보호받을 뿐만 아니라 최소 수혜자가 될 최악의 상황에도 대비하게 된다. 이 점에서 정의의 두 원칙은 다른 원칙들에 비해 단연 우세한 것이다(롤즈, 2009: 244-245).

3. 정의로운 제도

롤스는 『정의론』의 제II부 '제도론(Institutions)'에서 제도에 관한 정의의 원칙들이 적용되는 방식에 대해 논의한다. 여기서는 그의 제도론을 4단계 과정, 배경적 제도, 재산 소유 민주주의를 중심으로 살펴보고자 한다.

롤스는 제도론을 4단계 과정(four stage sequence)으로 제시하는 데서 시작한다. 원초적 입장(1단계)에서 정의의 원칙들이 채택되고 나면 무지의 베일이 단계적으로 걷히면서 당사자들은 각자의 사회적 위치로 돌아가 제헌위원회(2단계), 입법(3단계), 행정 적용(4단계)에 순서대로 참가하게 된다. 이러한 4단계 과정은 〈표 5〉와 같이 요약할 수 있다.

---

19. 롤스의 정의론에서 우리는 두 가지 '부담' 개념을 만나게 된다. 하나는 정의의 두 원칙을 확증해 주는 논거로서 '공약의 부담'이고, 다른 하나는 나중에 살펴보게 될 합당한 불일치의 근원으로서의 '판단의 부담'이다.

표 5. 4단계 과정

구분 단계	채택 대상	지식의 이용 가능성
1단계 원초적 입장	정의의 원칙	사회 이론의 제1원칙들과 그 결과, 그리고 정의의 여건들로부터 추론 가능한 특수 사실
2단계 제헌 위원회	정의로운 헌법	1단계에서 이용 가능한 지식 & 사회에 관한 일반적 사실들(사회의 규모 및 경제 발전 수준, 제도적 구조와 자연적 여건 등)
3단계 입법	정의로운 법규나 정책	2단계에서 이용 가능한 지식 & (개인들에 대한 특수한 사실들을 제외한) 사회에 대한 보다 상세한 사실들
4단계 행정 적용	(개개인의 특징과 상황에 따라 적용되는) 법규의 전 체계	모든 사실들

롤스에 의하면, 정의의 제1원칙은 제헌 위원회 단계에 적용되며, 제2원칙은 입법 단계에 적용된다. 정의의 제1원칙이 제2원칙에 대해 갖는 우선성은 제헌 위원회의 입법 단계에 대한 우선성에 반영되어 있다는 것이다(롤즈, 2009: 272).

"분배적 정의의 중심 문제는 사회 체제(social system)의 선택이다." 이것은 롤스 정의론의 제도론에서 가장 중요한 명제 중 하나이다(롤즈, 2009: 368). 롤스는 적절한 사회체제의 배경적 제도(background institutions)가 없이는 분배적 과정의 결과는 정의로울 수 없다고 주장한다(롤즈, 2009: 368). 그는 이러한 배경적 제도를 확립하는 문제와 관련하여 정부가 네 개의 부처로 구분된다고 생각할 것을 제안한다. 각 부처는 일정한 사회적·경제적 조건들을 유지하는 임무를 띤 여러 기관 및 활동으로 구성된다. 가격 체제의 효율적 경쟁을 유지하기 위한 할당처(allocation branch), 충분한 고용 상태를 달성하기 위한 안정처(stabilization branch), 사회적 최소치를 설정하기 위한 양도처(transfer branch), 그리고 과세 및 재산권 조정을 통한 분배 정의의 유지를 위한 분배처(distributive branch)가 그것들이다(롤즈,

2009: 369-374).

분배적 정의의 문제가 사회체제를 선택하는 문제라면, 우리는 어떤 사회체제를 선택해야 할까? 롤스는 정치, 경제, 사회 제도를 갖춘 다섯 종류의 사회체제를 가능한 대안들로 제시한다(롤즈, 2016a: 243). (a) 자유방임적 자본주의, (b) 복지국가 자본주의, (c) 명령 경제를 동반한 국가사회주의, (d) 재산 소유 민주주의, (e) 자유주의적(민주적) 사회주의. 롤스는 (d)와 (e)만이 정의의 두 원칙을 충족하는 제도들을 포함하고 있고, 나머지 체제들은 그렇지 못하다고 주장한다(롤즈, 2016a: 244).

우선, 자연적 자유 체제를 표방하는 자유방임 자본주의(laissez-faire capitalism)는 형식적 기회균등 하에서 경제적 성장과 효율성을 추구하는 나머지, 평등한 정치적 자유들의 공정한 가치와 공정한 기회균등을 보장하지 못한다. 복지국가 자본주의(welfare-state capitalism)는 사회적 최소치를 보장할 수 있지만, 정치적 자유들의 공정한 가치를 보장하지 못하며, 공정한 기회균등을 이루는 데 필요한 정책을 수반하지 않는다. 명령 경제를 동반한 국가사회주의(state socialism with a command economy)는 정치적 자유들의 공정한 가치는 물론이고 기본적 권리 및 자유들마저 침해한다. 이제 남은 것은 재산 소유 민주주의(property-owning democracy)와 자유주의적 사회주의(liberal socialism)이다. 롤스는 우리가 이 두 체제 사이에서 결정을 내릴 필요는 없으나 사회의 역사적 상황과 정치사상 및 실천의 전통 등을 고려하여 선택할 수는 있다고 본다(롤즈, 2016a: 247). 롤스는 자신이 처한 (미국의) 상황과 전통을 고려하여 재산 소유 민주주의를 선택한 것으로 보인다.[20]

롤스는 『정의론』 개정판 서문에서 재산 소유 민주주의와 복지국가 자본

---

20. 브레넌(Jason Brennan)은 차등의 원칙을 만족하는 것을 직접적 목표로 추구하는 재산 소유 민주주의보다 경제적 효율성을 직접적 목표로 추구하는 자본주의 체제가 더 빠른 경제성장으로 최소 수혜자의 처지를 더 개선하는 데도 불구하고 롤스가 재산 소유 민주주의를 선택하는 것을 '롤스의 역설(Rawls' Paradox)'이라고 비판한다(Brennan, 2007).

주의를 대조함으로써 재산 소유 민주주의의 특징을 설명한다.[21]

> 두 체제 모두 생산적 자산들에 대한 사유 재산권을 허용하고 있기 때문에, 우리가 양자를 본질적으로 동일한 것으로 잘못 생각하게 된다. 재산 소유 민주주의의 배경적 제도들은 (효과적인) 경쟁 시장 체제를 구비하고 있으면서 부 및 자본 소유의 분산을 시도하며 따라서 사회의 소수가 경제 및 간접적으로는 정치적 삶 그 자체를 통제하는 것을 방지하고자 한다. 재산 소유 민주주의는 각 시기의 마지막 순간에 적게 가진 사람들에게 소득을 재분배함으로써가 아니라, 각 시기가 시작하는 순간 생산적 자산과 인적 자본(교육된 능력과 훈련된 기예)의 광범위한 소유를 보장함으로써 부의 집중을 피한다. (롤즈, 2009: 21)

복지국가 자본주의는 소득 재분배를 통해 누구나 최소한의 생활수준 혹은 기본적 필요가 충족되는 수준 이하로 떨어지지 않고 사고와 불운에 대한 보호를 받게 해 준다. 하지만 복지국가 자본주의는 소득과 부, 정치권력이 소수에게 집중되는 것을 허용하므로, 상대적 박탈감으로 공정한 사회적 협력에 참여하지 않고 만성적으로 복지에 의존하는 하층계급이 발생할 수 있다(롤즈, 2016a: 248). 이에 비해 재산 소유 민주주의는 단순히 우연적인 사고나 불운으로 손실을 입은 사람들을 지원하는 차원이 아니라 평등한 기본적 자유와 공정한 기회균등을 배경으로 모든 시민들이 평등한 조건 하에서 상호 존중에 기초하여 공정한 협력 체계에 참여하도록 지원하는 체제이다(롤즈, 2009: 21).[22]

---

21. 프리먼(Samuel Freeman)은 롤즈가 복지국가 자본주의를 거부하는 근본적인 이유를 롤즈가 자본주의와 공리주의를 서로 연결된 사상으로 파악한다는 점에서 찾는다(Freeman, 2013).
22. 롤즈는 재산 소유 민주주의 하에서 "최소 수혜자들은 단지 불행하고 불운한 자들이 아니고 동정의 대상이 아님은 물론 자선과 연민의 대상도 아니며, 자유롭고 평등한 시민들 사이에서 다른 모든 이와 함께 정치적 정의의 차원에서 호혜적이어야 하는 이들이다"라고 말한다(롤즈, 2016a: 248).

III. 정치적 정의관: 『정치적 자유주의』를 중심으로

『정치적 자유주의』의 핵심 목표는 도덕철학(moral philosophy)과 정치철학(political philosophy)을 명확히 구분하여 정치적 정의관을 확립하는 것이라 할 수 있다. 『정치적 자유주의』는 『정의론』의 주요 개념 및 원칙들을 충실히 계승·보완하면서 새로운 개념들을 추가한다. 웨이트먼(Paul Weithman)은 『정의론』(TJ)과 『정치적 자유주의』(PL)의 중요한 차이점들을 다음과 같은 목록으로 제시한다(Weithman, 2010: 3-4).

·PL에서 질서 정연한 사회의 안정성은 합당한 포괄적 교설들의 중첩적 합의에 의해 보장된다.
·PL에서 원초적 입장에 의해 표현되는 인간관은 정치적 관점이다.
·TJ에서 거의 언급되지 않은 공적 이성[추론] 개념이 PL에서는 부각된다.
·TJ에서 명시적으로 다뤄지지 않은 정치적 정당성 개념이 PL에서는 매우 중요한 역할을 한다.
·PL에서는 질서 정연한 사회에서의 합의의 초점이 단일한 공정으로서의 정의라기보다 자유주의적인 정치적 정의관들의 가족 군(family)일 수 있다고 인정된다.
·TJ에서는 공정으로서의 정의가 본질상 안정된 것임을 보이고자 하였으나, PL에서는 '정당한 이유로' 안정된 것임을 보이고자 한다.

롤스는 『정치적 자유주의』의 서문에서 도덕철학(윤리학)과 정치철학의 구분, 즉 정치철학의 도덕철학으로부터의 독립을 선언한다.

[『정의론』에서는] 사회 계약론의 전통이 도덕 철학의 일부로 간주되어 도덕 철학과 정치 철학 간의 구분이 이루어져 있지 않다. 『정의론』에서는 정의

일반의 도덕적 원칙이 그 범위에 있어 정치적 정의관과 구분이 엄격히 이루어져 있지 않다. 즉 포괄적인 철학적 및 도덕적 교설들과 정치적인 것의 영역에 국한된 관점들, 이 양자 간에 아무런 대조가 이루어져 있지 않다. 그렇지만, 이 저서의 강의들에서는 이러한 구분과 관련된 개념들이 근본을 이룬다. (존 롤즈, 2016b: 4)

이제 롤스는 『정의론』의 질서 정연한 사회라는 개념이 비현실적이라는 점에서 심각한 문제가 있었음을 인정한다. 『정의론』에서는 질서 정연한 사회의 모든 시민들이 공정으로서의 정의를 동일한 도덕철학적 견해에 입각해서 지지하는 것으로 가정된다. 하지만 현대 민주 사회에서 모든 시민들이 자유주의적 도덕철학을 받아들이는 것은 아니므로 그러한 가정은 현실성이 없다. 예컨대, 공리주의적 도덕철학을 받아들이는 시민들은 정의의 두 원칙이 아니라 공리의 원칙을 지지할 것이다. 롤스는 공정으로서의 정의를 도덕철학적 견해가 아니라 정치적인 것의 영역에 국한된 정치적 관점으로 재조명함으로써 공정으로서의 정의를 질서 정연한 사회의 모든 시민들이 지지할 수 있는 정치적 정의관으로 확립하고자 한다. 이러한 롤스 사상에서의 변화는 '정치적 전환(political turn)'으로 일컬어진다(Weithman, 2010).

1. 포괄적 vs 정치적 자유주의

롤스는 "정치적 자유주의는 포괄적 자유주의가 아니다"라고 말한다(롤즈, 2016b: 35). 여기서 '포괄적'과 '정치적'의 의미는 각각 무엇인가? 어떤 견해나 관점은 그 한계가 우리 삶의 전 영역[인생 전반]에 걸쳐 있는 경우 '포괄적(comprehensive)'이라 할 수 있다(롤즈, 2016b: 95). 공리주의가 바로 그러한 견해이다. 공리의 원칙은 정치적인 것의 영역뿐만 아니라 사적인 것, 가족적인 것, 결사체[협회]적인 것 등 비정치적인 것의 영역까지 포괄하는 인생 전반에 적용되기 위한 것이기 때문이다.[23] 롤스는 모든 종류의 포괄적 견해를 '포괄적 교설[교리, 신념 체계](comprehensive doctrine)'로 통칭하는데(롤즈, 2016b: 45), "포괄적 교설은 모든 주제에 적용되며 그것의 덕목들은 삶의 모든 부분을 관할한다"(롤즈, 2016b: 46).

이에 비해 '정치적' 관점, 줄여서 정치관(political conception)은 '정치적인 것의 영역(domain of the political)'에 국한된 도덕적 관점(도덕관)을 말한다(롤즈, 2016b: 20).[24] 특히, 정치적 정의관은 어떤 포괄적 교설로부터 도출된 것도 아니며 또한 그것의 일부로서 제시된 것이 아니라는 점에서 자립적[독립적](free-standing) 관점이라 할 수 있다(롤즈, 2016b: 54). 롤스에 따르면, 정치적 정의관은 세 가지 특징을 갖는다(롤즈, 2016b: 92-96). 첫째, 정치관의 일차적 주제와 관련하여, 정치적 정의관은 사회의 기본 구조에 적용하기 위해 고안된 도덕관이다. 여기서 사회의 기본 구조는 현대의 입헌민주정체로 간주되며, 이러한 기본 구조를 지닌 정치 사회는 자족적이고 다른 사회들과 관계가 없을 뿐만 아니라 출생에 의해 진입하고 사망에 의해 탈퇴하게 된다는 점에서 폐쇄적 사회로 가정된다. 둘째, 표현의 양식과 관련하여, 정치적 정의관은 자립적 견해로 표현된다. 정치적 정의관은 일종의 구성단위(모듈module), 즉 본질적 구성 부분이다. 따라서 정치적 정의관은 합당한 포괄적 교설들에 적합하게 맞춰지고 또 그것들의 지지를 받을 수 있다. 셋째, 정치적 정의관은 그 내용이 민주 사회의 공적 정치 문화(public political culture)에 내재하는 근본 개념들에 의거해서 표현된다. 공적 정치 문화는 입헌민주정체의 정치제도 및 이에 대한 해석의 공적 전통뿐만 아니라 공통의 지식에 해당하는 역사적 텍스트와 문서들을 포함한다(롤

---

23. 롤스는 비정치적인 것(the nonpolitical)의 세 가지 사례로 애정에 기초하는 사적인 것(the personal)과 가족적인 것(the familial), 그리고 자발적 가입을 특징으로 하는 결사체적인 것(the associational)을 제시한다(롤즈, 2016a: 319).
24. 롤스에 의하면, 정치적 관점은 비록 그 자체가 포괄적 교설은 아니지만 그 자체의 고유한 본질적 이상을 지닌 규범적(도덕적) 관점이다(롤즈, 2016b: 55). 하지만 그것은 "정치적인 것이지 형이상학적인 것은 아니다(political not metaphysical)"(롤즈, 2016b: 91).

즈, 2016b: 95). 이에 비해 포괄적인 종교적, 철학적, 도덕적 교설들은 시민 사회의 배경 문화(background culture)에 속한다.[25]

우리는 '정치적'과 '포괄적'이라는 용어의 의미와 함께 '포괄적 교설'과 '정치적 관점', 그리고 '정치적 정의관' 등의 의미와 특징을 이해하게 되었으므로, 이제 정치적 자유주의와 포괄적 자유주의를 구별할 수 있다. 롤스는 포괄적 자유주의(comprehensive liberalism)의 예로 칸트와 밀의 자유주의를 든다. 밀이 강조하는 개별성(individuality)과 칸트가 강조하는 자율(Autonomie)은 윤리적[도덕적] 자율성(ethical autonomy)에 해당하는데, 이러한 윤리적 자율성은 개인적 삶과 사회적 삶을 포괄하는 인생 전반에 적용될 수 있다. 하지만 정치적 자유주의에서 자율성은 정치적 자율성(political autonomy)으로서 정치적인 것의 영역에 국한된다.[26]

자율성을 정치적인 것의 영역으로 제한함으로써 정치적 자유주의는 밀의 개별성이나 칸트의 자율 같은 도덕적 자율성을 거부한 채 종교적 교리를 확신하고 종교적 권위에 복종하며 살아가는 시민들도 정치적 정의관을 지지할 수 있도록 한다. 정치적 자유주의는 "정치적 자율성은 모두에게 인정하지만 윤리적 자율성의 비중은 시민들 각자가 자신의 포괄적 교설들에 비추어 결정하도록 맡겨 둔다"(롤스, 2016b: 179). 질서 정연한 민주적 사회에서 수용될 수 있는 정의관은 정치적인 것의 영역과 그 가치들에 국한된 관점이어야만 한다(롤스, 2016b: 127). 롤스는 공정으로서의 정의를 포괄적 교

---

25. 시민사회의 배경 문화는 정치적인 것이 아닌 사회적인 것(the social)의 문화이다. 그것은 일상 생활의 문화이며 결사체[협회]의 문화이다. 결사체(association)는 자발적 가입으로 형성되며 최종 목적과 목표를 갖는다. 결사체에는 교회, 대학, 학회, 동호회 등이 있다. 롤스는 정치 사회 혹은 민주적 사회는 폐쇄적인 사회이며 최종 목적 및 목표가 없으므로 "공동체도 아니고 결사체도 아니다"라고 강조한다(롤스, 2016b: 130). 공동체(community)는 포괄적 교설에 의해 결속된 사회이다. 예컨대, 교회는 결사체이자 공동체라 할 수 있다.

26. 롤스에 의하면, 자율성은 정치적 자율성과 도덕적(윤리적) 자율성이라는 두 가지 형태를 띨 수 있다. 정치적 자율성은 시민들의 법적 독립성 및 정치적 인격의 보장, 나아가 정치권력의 행사에 있어서 다른 시민들과 동등하게 그것을 공유하는 것을 의미한다. 도덕적 자율성은 우리가 가장 깊이 확신하는 목적과 이상들을 비판적으로 검토할 수 있는 반성적 삶의 양식으로 표현된다(롤스, 2016b: 55).

설로 간주하는 『정의론』의 포괄적 자유주의가 지닌 한계를 인식하고, 공정으로서의 정의를 정치적 정의관으로 새롭게 규정함으로써 그러한 한계를 극복할 수 있는 정치적 자유주의로 선회한다.

롤스는 정치적 정의관의 구조와 내용에 관한 견해로서 정치적 구성주의 (political constructivism)의 입장을 취한다. 정치적 구성주의란 "반성적 평형 상태가 획득될 경우 정치적 정의의 원칙들(내용)이 [원초적 입장이라는] 특정한 구성 절차(구조)의 산물로서 표현된다는 것"을 의미한다(롤즈, 2016b: 193). 여기서 구성되는 것은 정치적 정의관의 내용인 정의의 원칙들이지 절차적 대표의 장치인 원초적 입장 자체는 아니다. 원초적 입장은 구성을 위한 절차로서 단지 설정될 뿐이다(롤즈, 2016b: 210).[27] 롤스는 이러한 정치적 구성주의가 칸트의 도덕적 구성주의(moral constructivism)와 다르다는 점을 강조한다. 칸트의 도덕적 구성주의는 실천 이성의 원칙들이 도덕적·정치적 가치들의 질서를 구성한다고 보는 견해이다. 하지만 롤스는 이러한 견해가 자율성에 대한 포괄적인 견해와 초월적 관념론에 근거한다는 점에서 도덕적 구성주의를 거부한다(롤즈, 2016b: 205-207).

2. 다원주의와 시민

1) 합당한 다원주의

롤스의 정치적 자유주의에서 가장 기본적인 구분 중 하나는 합리적인 것 (the rational)과 합당한 것(the reasonable)의 구분이다. 이 구분은 칸트가 제시한 가언명령과 정언명령의 구분으로까지 거슬러 올라갈 수 있다(롤즈, 2016b: 141). 합리적인 것과 합당한 것은 어느 하나가 다른 하나로부터 도

---

27. 샌델(Michael Sandel)은 롤스의 원초적 입장(무지의 베일) 개념이 '무연고적 자아(unencumbered self)'라는 특수한 형이상학적 인간관을 전제한다고 비판한다(Sandel, 1982). 이에 대해 롤스는 이러한 비판이 원초적 입장을 대표의 장치로 이해하지 못한 데서 비롯된 착각이라고 답한다. 원초적 입장의 당사자들은 대표의 장치 속에 존재하는 '인공적 인간들(artificial persons)'일 뿐이라는 것이다(롤즈, 2016b: 212).

출될 수 없는 상호 독립적인 개념이다.[28] 한 행위자가 합리적이라는 것은 어떤 목적에 가장 효율적인 수단을 채택할 뿐만 아니라 자신만의 목적들을 선택하고 그 우선순위를 정할 수 있는 것을 의미한다. 반면, 한 행위자가 합당하다는 것은 기꺼이 공정한 협력의 조건을 제시하고 그것을 존중하고 자 하며 판단의 부담을 인식하고 그 결과를 받아들이고자 하는 것을 의미 한다(롤즈, 2016b: 141).

합당한 것과 합리적인 것의 기본적인 차이점은 합당한 것은 공적이고 합리적인 것은 그렇지 않다는 것이다. 우리가 평등한 존재로서 공적인 세계로 들어가 공정한 협력의 조건을 기꺼이 제시하고 받아들이게 되는 것은 바로 합당한 것에 의해서이다(롤즈, 2016b: 141). 합리적인 것과 합당한 것은 이와 같이 상호 독립적이고 구분되는 개념이지만 어느 하나도 다른 하나 없이는 홀로 존재할 수 없는 상호 보완적 개념이기도 하다. 합당하기만 한 행위자는 공정한 협력을 통해 추진하고자 하는 자신만의 목적을 갖지 못할 것이고, 합리적이기만 한 행위자는 정의감을 비롯한 도덕적 감수성을 결여 하여 타인의 주장이 지닌 독립적 타당성을 인정하지 못할 것이기 때문이다 (롤즈, 2016b: 144-145).

현대 민주 사회의 특징은 단순히 포괄적인 종교적, 철학적 및 도덕적 교설들의 다원주의, 즉 다원주의 그 자체 혹은 단순한 다원주의에 있는 것이 아니라,[29] 양립할 수 없지만 합당한 포괄적인 교설들로 이루어지는 합당한 다원주의에 있다(롤즈, 2016b: 21). 정치적 자유주의는 합당하지만 양립 불가능한 포괄적 교설들이 존재한다는 '합당한 다원주의의 사실(the fact of

---

28. 이제 롤즈는 "정의론은 합리적 선택 이론의 일부"라는 『정의론』에서의 서술을 바로잡아 "이 이론[정의론]은 그 자체로 합당한 정의의 원칙을 설명하려고 하는 정치적 정의관의 일부"라고 서술한다(롤즈, 2016b: 146_각주 7). 합리적인 것으로부터 합당한 것을 도출하려는 대표적인 시도로는 고티에(David Gauthier)의 합의 도덕론을 들 수 있다(Gauthier, 1986).
29. 단순한 다원주의(simple pluralism)는 합당하지 않거나 비합리적인, 심지어 광신적인 포괄적 교설들까지 포함한다. 이런 경우에 문제는 그러한 교설들을 봉쇄하여 사회의 화합과 정의를 파괴하지 못하도록 하는 것에 있다(롤즈, 2016b: 21-22).

reasonable pluralism)'을 받아들인다. 정치적 자유주의는 합당한 다원주의의 사실이 입헌민주정체의 자유로운 제도 아래 행사되는 인간 이성의 정상적인 결과라는 점을 가정하며, 합당한 포괄적 교설이 민주정체의 본질적인 것들을 거부하지 않으리라고 가정한다(롤즈, 2016b: 21).

하지만 인간이 자유로운 제도 하에서 무지나 오류, 편견, 혹은 지나친 자기 이익이나 집단 이익 등에 빠지지 않고 정상적 이성을 사용하여 양심적으로 추론함에도 불구하고 왜 합당한 불일치(reasonable disagreement)가 초래되는 것인가? 롤즈는 합당한 불일치의 근원을 '판단의 부담' 개념을 통해 설명한다.

> 합당한 불일치의 개념은 그렇게 정의된 합당한 개인들 사이의 불일치의
> 원천과 원인에 대한 설명을 포함한다. 이러한 원천들을 나는 판단의 부담
> (the burdens of judgment)이라고 부른다. 이런 부담에 대한 설명은 불일치
> 하는 사람들의 합당성과 충분히 양립가능하고 그것을 해치지 않는 것이어
> 야 한다. … [판단의 부담은] 일상적인 정치적 생활 속에서 우리의 이성과 판
> 단 능력의 올바른(그리고 양심적인) 행사에 관계된 수많은 위험들이다. (롤
> 즈, 2016b: 70)

롤즈는 판단의 부담의 목록을 다음과 같이 제시한다(롤즈, 2016a: 76-77). (a) 특정 사안에 대한 경험적·과학적 증거가 상충하고 복잡하여 평가하기 어려움, (b) 고려 사항들의 상대적 비중에 대한 의견 불일치, (c) 모든 개념들의 모호성 및 불확정성, (d) 우리의 총체적 인생 경험이 항상 다를 수밖에 없다는 점, (e) 한 문제의 양 측면에 상이한 힘을 지닌 상이한 종류의 규범적 고려 사항들이 존재한다는 점 등.

롤즈에 의하면, 정치적 자유주의는 합당한 포괄적 교설들에 대해 공평한 (impartial) 입장을 유지해야 한다(롤즈, 2016b: 25). 정치적 자유주의는 어떤 특정한 포괄적 교설을 지지하기 위한 목적으로 기본 구조와 공공 정책을

고안하지 않는다는 점에서 목적의 중립성(neutrality of aim)을 표방한다.[30] 또한 정치적 자유주의는 어떤 특정한 포괄적 교설을 수용하거나 거부하지 않는다. 정치적 자유주의는 포괄적 교설들이 종교적·철학적·도덕적 진리를 추구하는 것을 허락한다(롤즈, 2016a: 65). 다만, 정치적 자유주의는 자신의 정의관을 진리로서가 아니라 합당한 것으로 일컫는다(롤즈, 2016b: 25-26).

2) 합당한 시민

정치적 자유주의는 민주 사회의 시민상을 '합당한 시민(reasonable citizen)'으로 상정한다. 합당한 시민은 (1) 두 가지 도덕적 능력을 지닌 (2) 자유롭고 평등한 인간이며, (3) 공적 이성을 공유하고 (4) 공정한 협력을 위해 필요한 정치적 덕목의 능력을 지닌다는 특징이 있다. 롤즈는 합당한 시민의 일반적 개념을 다음과 같이 설명한다.

> 시민들은 다음과 같이 합당한 존재가 될 수 있을 것이다. 이들이 서로를 세대에 걸쳐 사회적 협력 체제에서 자유롭고 평등한 존재로 간주하고, 서로 간에 사회적 협력의 공정한 조건들을 제시할 준비가 되어 있고, 나아가 다른 사람들도 동일한 협력의 조건들을 수용할 것이란 전제 하에, 그러한 협력의 조건에 따라 행동하는 데 동의할 때 시민들은 합당하다. (롤즈, 2016b: 54)

이제 앞에서 제시한 합당한 시민의 네 가지 특징들을 살펴보자. 우선, 합당한 시민은 정의감의 능력과 가치관의 능력이라는 두 가지 도덕적 능력을 지닌다(존 롤즈, 2016b: 102). 정의감의 능력(the capacity for a sense of

---

30. 롤즈는 정치적 자유주의가 표방하는 중립성은 '절차의 중립성'이나 '효과 및 영향의 중립성'이 아니라고 밝힌다. 이것은 정치적 자유주의가 절차적 가치 이상의 실질적 가치들을 포함하기 때문이며, 기본 구조의 효과나 영향을 완전히 통제하는 것은 실행 불가능하기 때문이다(롤즈, 2016b: 320-322).

justice)은 사회적 협력의 공정한 조건을 규정하는 공적 정의관 혹은 정의의 원칙을 이해하고 적용하며 (단순히 그것에 일치하게가 아니라) 그것에 의거해서 행위할 수 있는 능력이다.[31] 그리고 가치관[선관]의 능력(the capacity for a conception of the good)은 자신의 합리적 이익이나 가치관을 형성하고 수정하며 합리적으로 추구할 수 있는 능력이다.

다음으로, 합당한 시민은 자유롭고 평등한 인간(free and equal persons)으로 간주된다. 그들이 자유로운 것은 두 가지 도덕적 능력 및 이성의 능력 덕분에 가치관을 스스로 형성하고 수정 · 변경할 수 있고, 자신들을 타당한 요구의 자기 확증적 원천(self-authenticating sources)으로 간주하며, 자신들이 설정한 목적에 대해 책임을 질 수 있기 때문이다(롤즈, 2016b: 116-121). 또한 그들이 평등한 것은 그들 모두 사회의 완전한 협력적 구성원이 될 수 있을 정도로 두 가지 도덕적 능력과 이성의 능력을 최소한 필요한 정도로는 갖고 있기 때문이다(롤즈, 2016b: 102).

이제, 합당한 민주 시민의 이성인 공적 이성(public reason)에 대해 자세히 살펴보자. 공적 이성은 시민들이 공유하는 공적인 정치적 이성으로서 "헌법적 본질과 기본적 정의의 문제들에 관한 공적 토론에서 이루어지는 시민들의 이성적 사고[추론]"이다(롤즈, 2016b: 91). 롤즈에 의하면, 공적 이성은 다섯 가지 측면을 갖는다(롤즈, 2016b: 632). (1) 공적 이성이 적용되는 근본적인 정치적 문제들, (2) 공적 이성이 적용되는 사람들, 즉 정부 공무원들과 공직 후보자들, (3) 합당한 정치적 정의관들의 가족 군에 의해 주어지는 공적 이성의 내용, (4) 정당한 법의 형태로 제정될 강제적 규범에 대한 토론에서 그러한 정의관들의 적용, (5) 시민들의 정의관에서 도출되는 원칙들이 상호성의 기준을 충족하는가에 대한 시민들의 점검 등이 그것이다.

---

31. 원칙에 일치하는 행위(act in accordance with principle)와 원칙에 의거한 행위(act from principle)의 구분과 관련해서, 칸트는 "어떤 것이 도덕적으로 선한 것이라면, 그것이 윤리 법칙에 알맞은 것으로는 충분하지 않고, 그것은 또한 윤리 법칙을 위하여[때문에] 일어난 것이어야만 한다"라고 말한다(칸트, 2010: 70).

공적 이성은 세 가지 점에서 공적이라고 할 수 있다(롤즈, 2016b: 632-633). 첫째, 자유롭고 평등한 시민들의 이성으로서 공중(the public)의 이성이라는 점, 둘째, 그 주제가 근본적인 정치적 정의의 문제들, 즉 헌법적 본질과 기본적 정의의 문제와 관련된 공공선이라는 점, 셋째, 그 본질적 성격과 내용이 상호성의 기준[32]을 만족할 것으로 합당하게 생각되는 합당한 정치적 정의관들의 가족 군에 입각한 공적 추론(public reasoning)을 통해 표현된다는 점에서 공적이다.

공적 이성은 근본적인 문제들에 관한 모든 정치적 토론에 적용되는 것은 아니며, 공적 정치 포럼[공개 토론](public political forum)에만 적용된다. 이 포럼은 세 부분으로 나눌 수 있다(롤즈, 2016b: 633). 첫째, 판결에 임하는 판사들, 특히 대법원의 판사들의 담론,[33] 둘째, 정부 공직자들, 특히 행정수반과 입법자[입법부 의원]들의 담론, 셋째, 공직 입후보자와 선거 사무장들의 담론, 특히 이들의 공적 연설, 정당 강령, 정치적 발언들에서의 담론 등이다. 이러한 공적 정치 포럼은 시민사회의 배경 문화와 분리된다. 공적 이성 개념은 여러 형태의 비공적 이성(non-public reason)이 존재하는 배경 문화에는 적용되지 않는다.

공적인 삶의 영역에서 근본적인 정치적 쟁점에 대해 토론할 때는 포괄적인 종교적, 철학적, 도덕적 교설들을 근거나 이유로 제시하지 않는 것이 바람직하다. 하지만 이것은 합당한 포괄적 교설들이 공적 이성에 도입될 수 없다는 것을 의미하지 않는다. 합당한 포괄적 교설에 속하는 이유들이라 할지라도 이를 뒷받침해 주는 합당한 공적 이유들이 적당한 시간이 지나면 제시된다는 단서(proviso) 하에 언제든 공적 이성에 도입될 수 있다(롤즈,

---

32. 상호성의 기준(criterion of reciprocity)은 공정한 협력을 위해 자신뿐만 아니라 다른 이들도 합당하다고 여길 수 있는 조건을 제안해야 한다는 것이다(롤즈, 2016b: 637). 공적 이성에 표현된 상호성의 기준은 입헌민주정체에서 정치적 관계의 성격을 시민적 우애(civic friendship)의 관계로 규정하는 역할을 한다(롤즈, 2016b: 63).
33. 롤즈는 대법원을 공적 이성의 표본으로 본다(롤즈, 2016b: 369).

2016b: 64-65).[34]

공적 이성의 개념(idea)과 구분되는 공적 이성의 이상(ideal)은 공직자나 공직 후보들이 공적 이성의 개념에 입각해 행동하고 그것을 준수하며, 그들이 가장 합당한 것으로 여기는 정치적 정의관의 관점에서 근본적인 정치적 입장에 대한 논거를 다른 시민들에게 설명할 때 실현된다. 이런 식으로 그들은 서로에 대해 그리고 다른 시민들에 대해 시민성의 의무(duty of civility)를 이행하게 된다. 그렇다면 공직자가 아닌 일반 시민들은 어떻게 공적 이성의 이상을 실현하는가? 롤즈는 시민들이 자신들을 '마치 입법자인 것처럼(as if they were legislators)' 생각할 수 있다고 말한다(롤즈, 2016b: 635). 시민들은 자신을 이상적 입법자로 간주하고 법률로 제정하기에 가장 합당한 것이 무엇인지 스스로 질문하며, 공적 이성을 위반하는 정부 관료나 공직 후보를 거부하는 식으로 공직자들이 공적 이성을 지키도록 자신들이 할 수 있는 일을 함으로써 시민성의 의무를 이행하고 공적 이성의 관념을 지지하게 된다는 것이다.

끝으로, 합당한 시민은 정의로운 정치 사회를 유지하기 위해 협력할 수 있게 해 주는 정치적 덕목[덕성](political virtues)의 능력을 지니는 것으로 간주된다(롤즈, 2016b: 57-58). 정치적 협력의 덕목으로는 시민적 예의(civility), 관용, 상호 존중, 합당성, 공정감(sense of fairness) 등이 있다(롤즈, 2016b: 236, 323). 롤즈는 "입헌 정체를 가능하게 해 주는 정치적 협력의 덕목들이야말로 최고의 덕목들"이라고 말한다(롤즈, 2016b: 277). 이러한 덕목들이 사회에 널리 확대되어 정치적 정의관을 뒷받침해 주면 이것들은 사회의 정치적 자본의 일부인 공공선을 형성하게 된다(롤즈, 2016b: 277). 롤즈는 정치적 자유주의가 공통 기반을 추구하며 목적의 중립성을 표방할지라도 이러한 공정한 사회적 협력의 덕목들을 권장할 수 있음을 강조한다(롤즈, 2016b: 323).

---

34. 롤즈는 이러한 견해를 공적 이성의 '넓은 견해(wide view)'라 부른다(롤즈, 2016b: 65).

3. 정당성과 안정성

1) 정치적 정당성의 원칙

정치적 자유주의는 정의 개념뿐만 아니라 정당성(legitimacy) 개념에도 각별한 관심을 갖는다. 정당성 개념은 주권자들의 통치에 일정한 자유도를 허용하며 무엇이 행해질 수 있는지에 대해 보다 약한 제약 조건을 부과한다는 점에서 정의보다 약한 개념이라 할 수 있다(롤즈, 2016b: 614-615). 한 민주 정체는 그 헌법이 제헌 위원회에서 국민의 지지를 받아 최초 제정된 이래 오랜 전통을 지닌다는 점에서 정당할 수 있다. 하지만 이것이 그 민주 정체가 반드시 정의롭다는 것을 의미하는 것은 아니다. 그 민주 정체의 법과 정책도 마찬가지이다.

정당성은 정의와 본질적 연관성이 있지만 보다 제도적인 성격을 지닌다는 특징이 있다(롤즈, 2016b: 615). 민주적 결정이나 법은 그것이 정의롭기 때문이 아니라 정당한 민주적 절차에 따른 것이기 때문에 정당하다고 볼 수 있다. 여기서 민주적 절차를 규정하는 헌법은 완벽히 정의로울 수는 없겠지만 충분히 정의로워야 한다는 점은 명백하다. 또한 정당한 민주적 절차의 결과가 부정의하다면 그 절차의 정당성이 훼손될 수 있으며, 헌법 자체의 부정의도 민주적 절차의 정당성을 훼손할 수 있다는 점을 부인하기 어렵다. 중요한 것은 정당성이 민주적 제도들에 대해 특별한 역할을 한다는 점이다. 정당성은 정치적 삶에서 갈등과 불일치로 인해 만장일치가 불가능하거나 매우 어려울 경우 적절한 의사 결정 절차에 권위를 부여하는 역할을 한다(롤즈, 2016b: 616).

정치권력은 본질적으로 국가와 그 집행 기구에 의해 행사되는 강제적 권력이다. 하지만 현대 입헌민주정체에서 정치권력은 동시에 집합체로서의 자유롭고 평등한 시민들의 권력이기도 하다. 따라서 정치권력은 시민들의 권력이며, 시민들은 이것을 자유롭고 평등한 그들 자신과 서로에게 부과한다. 각 시민이 정치권력의 동등한 몫을 갖는다면, 적어도 모든 시민이 자신들의 이성에 비추어 공적으로 인정할 수 있는 방식으로 정치권력이 행사되어야 한다. 이것이 공정으로서의 정의가 만족시켜야 하는 정치적 정당성의 원칙(principle of political legitimacy)이다(롤즈, 2016a: 168).[35]

질서 정연한 사회의 핵심적인 특징은 시민들이 서로 자신들의 정치적 판단을 정당화할 공유된 기반을 공적인 정치적 정의관이 확립해 준다는 것이다.[36] 즉, 각자는 모두가 정당하다고 지지할 수 있는 조건 위에서 다른 이들과 정치적·사회적으로 협력하는 것이다. 이것이 공적 정당화(public justification)의 의미이다(롤즈, 2016a: 62-63). 공적 정당화의 주요한 목적은 자유롭고 평등하다고 여겨지는 시민들의 상호 존중의 토대 위에서 효율적이고 민주적인 사회 협력의 조건을 유지하는 것이다. 그러한 정당화는 최소한 헌법의 핵심 사항들에 대한 판단에서의 합의에 의존한다. 따라서 이 합의가 위험에 처할 때 정치철학의 임무는 최소한 가장 논쟁적인 문제들에 대한 의견 불일치를 좁혀 주는 정의관을 고안하려고 노력하는 것이다(롤즈, 2016a: 65).

2) 안정성의 문제와 중첩적 합의

정치적 자유주의의 근본 물음은 "합당한 종교적, 철학적 및 도덕적 교설들로 심각하게 분열된 자유롭고 평등한 시민들 간에, 정의롭고 안정된 사회를 상당 기간 유지시키는 것이 어떻게 가능한가?" 하는 것이다(롤즈, 2016b: 83). 롤스에 의하면, 이 물음은 "공정한 사회적 협력의 조건을 규정하는 가장 적합한 정의관은 무엇인가?"라는 물음과 "합당한 다원주의의 사

---

35. 월(Steven Wall)은 정치적 자유주의가 국가 강제력의 공적 정당화를 요구할 뿐만 아니라 합당한 다원주의로 인해 그러한 공적 정당화의 기준 자체에 대한 공적 정당화까지도 요구하게 되는데, 이러한 요구는 합당한 다원주의로 인해 좌절될 수밖에 없는 자기모순에 빠진다고 주장한다(Wall, 2002).
36. 여기서 정치적 정의관은 모든 사람에 의해 공유되지만 합당한 교설들은 그렇지 않다. 따라서 우리는 합당한 시민들이 보편적으로 수용할 수 있는 정당화의 공적 근거(public basis of justification)와, 포괄적 교설들에 속하며 그것들을 지지하는 자들만 수용할 수 있는 정당화의 비공적 근거(nonpublic bases of justification)를 구분해야 한다(롤즈, 2016b: 24-25).

실을 받아들인다면 무엇이 관용의 근거인가?"라는 물음이 결합한 것이다 (롤즈, 2016b: 83). 정치적 자유주의에서 질서 정연한 사회는 정의로운 사회일 뿐만 아니라 합당한 다원주의의 사실을 전제로 합당한 포괄적 교설들에 관용의 원칙을 적용하는 안정적인 사회여야 하는 것이다.[37]

롤즈는 "안정성(stability)의 문제는 정치 철학에서 근본적인 것"이라고 말한다(롤즈, 2016b: 22). 그는 『정의론』의 "제III부[목적론(Ends)]의 안정성의 설명이 전체적인 견해와 양립하지 못한다는" 심각한 문제를 갖고 있다고 지적한다(롤즈, 2016b: 20). 안정성을 설명하기 위해 롤즈는 『정의론』의 '목적론'에서 적어도 질서 정연한 사회의 여건 아래서는 정의[옳음]와 선[좋음]이 합치하게 된다는 합치성(congruence)을 가정했다(롤즈, 2009: §86). 하지만 이제 롤즈는 이러한 합치성 가정이 합당한 다원주의의 사실로 인해 방어될 수 없다고 믿는다. 질서 정연한 사회에서 합당한 구성원들 간의 광범위한 불일치는 정의와 선의 합치성을 깰 수밖에 없기 때문이다.

롤즈는 안정성 문제에 대한 새로운 해법으로 중첩적 합의(overlapping consensus) 개념을 도입한다.

> 중첩적 합의의 개념은 질서 정연한 사회의 개념을 보다 현실적으로 만들고 합당한 다원주의의 사실을 포함하는 민주 사회의 역사적·사회적 조건에 맞추어 조정하기 위해 도입되었다. 질서 정연한 사회에서는 모든 시민이 동일한 정치적 정의관을 승인하지만, 그들이 동일한 이유에서, 모든 면에서 속속들이 그렇게 한다고 가정되지는 않는다. 시민들은 상충하는 종교적, 철학적, 도덕적 견해들을 가지며, 따라서 서로 다르고 대립하는 포괄적 교설들 내에서, 그리고 적어도 부분적으로는 서로 다른 이유들로 정치적 관점을 승인한다. (롤즈, 2016a: 71)

---

37. 롤즈에 의하면, "정치적 자유주의는 관용의 원칙을 철학 자체에 적용한다"(롤즈, 2016b: 90).

민주적 사회가 합당한 다원주의의 사실 아래서 안정성의 문제를 해결하고 정치적 정의관에 의해 질서 정연하게 운영되려면 상충하는 포괄적 교설들을 수용하는 시민들 간에 중첩적 합의가 이루어져야 한다. 두 포괄적 교설들 간의 중첩적 합의는 〈그림 2〉와 같이 표현될 수 있다.

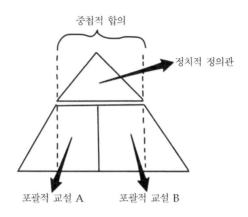

그림 2. 포괄적 교설들 간의 중첩적 합의 (Rossi, 2019: 301)

〈그림 2〉에서 보듯이 중첩적 합의의 초점(focus)에는 포괄적 교설들과 분리되어 정치적 정의관(들의 가족 군)이 자립적으로 위치해 있으며, 포괄적 교설들은 모두 동일한 정치적 정의관(들의 가족 군)을 지지하고 있다.[38] 여기서 포괄적 교설 A, B 중 어느 하나가 정치적 정의관의 자리에 올라가게 되면 중첩적 합의는 깨지게 된다. 하나의 포괄적인 종교적, 철학적, 도덕적 교설의 수용을 통해 결속된 사회는 그러한 상태의 유지를 위해 국가권력의 강제력을 필요로 한다. 롤스는 이것을 '억압의 사실(the fact of oppression)'이라 부른다(롤즈, 2016b: 126-127).

---

38. 롤스는 현대 자유 민주주의 사회에서 중첩적 합의가 사회적 화합(social unity)의 기반이 되기 위해서는 사회의 기본 구조가 한 가족 군에 속하는 합당한 자유주의적 정의관들 중 가장 합당한 정의관에 의해 유효하게 규제되고, 사회의 모든 합당한 포괄적 교설들은 이 가족 군에 속하는 어느 한 정의관을 지지할 수 있어야 한다고 주장한다(롤즈, 2016b: 61-62).

롤스는 중첩적 합의와 잠정적 협정(모두스 비벤디*modus vivendi*)을 구분한다. 잠정적 협정은 "정치적 · 사회적 세력 균형의 관점에서" 이루어지는 실용적 타협을 의미한다(롤즈, 2016b: 48). 이와 달리 중첩적 합의는 합의의 목적인 정치적 정의관 자체가 도덕적 관점일 뿐만 아니라 도덕적 근거에서 수용된다(롤즈, 2016b: 264-5). 따라서 중첩적 합의가 제공하는 안정성은 "정당한 이유에 근거한 안정성(stability for the right reasons)"이며, 이것이 중첩적 합의를 잠정적 협정과 구분지어 주는 특징인 것이다(롤즈, 2016b: 53).

IV. 국제적 정의론: 『만민법』을 중심으로

1. 국제적 정의론의 이상론

롤스가 『만민법』에서 제시한 국제적 정의론은 칸트의 영구 평화론을 현대적으로 발전시킨 이론으로 볼 수 있다. 방법론상으로도 롤스는 칸트의 계약론을 계승하여, 그가 추구한 '질서 정연한 만민의 사회'도 칸트의 '평화 연합(foedus pacificum)'과 마찬가지로 만민들 간의 계약에 기초한다. 롤스가 제시한 만민법의 8개 원칙들은 칸트가 『영원한 평화를 위하여(*Zum ewigen Frieden*)』(1795)에서 제시한 11개 예비 · 확정 · 추가 조항들을 연상시킨다.

『정의론』에서 롤스는 자유주의 사회를 규제해야 할 정의의 원칙들을 도출하고자 하였다. 즉, 『정의론』은 단일한 폐쇄적 사회, 전형적으로 민족국가(nation state)에 타당한 원칙에 초점을 맞춘 것이라 할 수 있다. 이에 대해 베이츠(Charles Beitz), 포기(Thomas Pogge) 등의 세계시민주의(cosmopolitanism) 사상가들은 국내 차원에서 정의의 원칙을 도출한 것과 동일한 종류의 추론이 글로벌 차원에서도 타당해야 하기 때문에, 롤스가 도출한 국내적 정의의 원칙들이 글로벌 차원에도 적용되어야 한다고 주장한다(Beitz, 1979; Pogge, 1989). 하지만 이들에게는 실망스럽게도, 롤스는 정의의 두 원칙이 자유주의 사회 내에서만 적용되어야 하며, 그러한 사회들의 국경선을 넘어 국제사회에 적용되어서는 안 된다고 주장한다. 국제사회에 적용되어야 하는 정의의 원칙을 그는 '만민법(Law of Peoples)'이라 부른다.[39] 롤스는 만민법에 동기를 부여하는 두 가지 발상을 그가 추구하는 국제 질서를 특징짓는 '현실주의적 유토피아(realistic Utopia)' 개념과 결부시켜 다음과 같이 밝힌다.[40]

첫째는 인류 역사의 거대한 악들(the great evils), 즉 부당한 전쟁, 압제, 종교적 박해, 노예 제도 등은 잔악하고 냉혹한 정치적 부정의에서 비롯된다는 점이다. 둘째는 정의로운(또는 적어도 적정 수준의) 사회 정책을 따르고 정의로운(또는 적어도 적정 수준의) 기본 제도를 확립함으로써 정치적 부정의가 일단 제거되면 이 거대한 악들도 마침내 사라지리라는 점이다. 이 거대한 악들이 사라지고 만민법을 존중하는 자유주의적 만민과 적정 수준의 만민이 정의로운(혹은 적어도 적정 수준의) 기본 제도를 확립한 세계를 나는 '**현실주의적 유토피아**'라고 부른다. (롤즈, 2019: 126. 고딕체는 필자의 강조임)

『만민법』에서 롤스는 질서 정연한 만민(well-ordered peoples)이 동의할 원칙들, 즉 만민법을 도출하고자 한다.[41] 질서 정연한 만민이란 무엇인가? 롤스는 국제사회를 구성하는 국내적 사회들을 ① 자유주의적 만민(liberal peoples), ② 적정 수준의 만민(decent peoples), ③ 무법 국가(outlaw

---

39. 정확히 말해, 롤스에게 있어서 만민법이란 "국제법 및 국제관행의 원칙과 규범에 적용되는 특정한 정치적 정의관"을 의미한다(Rawls. 1999b: 3).
40. 롤스는 정치철학이 "실천 가능한 정치적 가능성의 한계라고 일상적으로 생각되는 것을 확장하려고 할 때" 현실주의적 유토피아의 성격을 띤다고 말한다(Rawls. 1999b: 3).
41. 롤스는 국제 관계의 규범적 행위 주체로서 '국가(states)'가 아닌 '만민(peoples)'을 제안한다. 그는 전통적인 주권의 두 권력, 즉 전쟁권과 무제한적 국내적 자율성을 지닌 '국가(states)' 개념을 거부하고, 일정한 도덕적 성격(moral character)을 지니는 '만민' 개념을 사용한다(롤즈, 2019: §2). '만민'은 단수로 할 경우 '국민'이나 '인민'으로 번역할 수 있다.

states), ④ (불리한 여건으로) 고통 받는 사회(burdened societies), ⑤ 자애적 절대주의(benevolent absolutism) 사회 등 5가지 형태로 구분한다(롤즈, 2019: 4).[42] 이 가운데 (합당한) 자유주의적 만민과 (비자유주의적이지만) 적정 수준의 만민을 합쳐 롤즈는 '질서 정연한 만민'이라 부른다(롤즈, 2019: 4). 그는 질서 정연한 만민이 지지할 국제 정의의 원칙들로 다음과 같은 8가지 원칙을 제시한다(롤즈, 2019: 66). 만민법의 8가지 원칙들은 정의의 두 원칙이 국내 사회의 기본 구조를 규제하는 원칙들이듯이 국제사회의 기본 구조(international basic structure)를 규제하는 원칙들로 볼 수 있다.

1. 만민은 자유롭고 독립적인 존재이다. 다른 만민은 이들의 자유와 독립성을 존중해야 한다.
2. 만민은 조약과 약속을 준수해야 한다.
3. 만민은 평등하며 자신들을 구속하는 약정에 대한 당사자이다.
4. 만민은 불간섭의 의무(duty of non-intervention)를 준수해야 한다.
5. 만민은 자기 방어의 권리(the right of self-defense)를 갖는다. 그러나 자기 방어 이외의 이유로 전쟁을 일으킬 권리는 없다.
6. 만민은 인권을 존중해야 한다.
7. 만민은 전쟁 수행에 있어 특별히 규정된 제약 사항들을 준수해야 한다.
8. 만민은 정의롭거나 적정 수준의 정치 및 사회 체제의 유지를 저해하는 불리한 여건 하에 살고 있는 다른 만민을 원조할 의무가 있다.

---

42. '자유주의적 만민'은 자유주의적 가치관을 공유하고 개인주의적 인권이 높은 수준으로 보장되며 입헌 민주주의 체제가 작동하는 사회이며, '적정 수준의 만민'은 비자유주의적 가치관을 공유하고 기본 인권이 일정 수준 보장되며 민주적이지는 않더라도 협의 소통 체계가 작동하는 사회이다. '무법 국가'는 만민법을 따르지 않고 다른 사회에 대한 침략을 정당화할 수 있는 위험한 국가이며, '고통 받는 사회'는 공격적이지도 팽창적이지도 않지만 정치 문화적·기술적 자원의 결핍으로 열악한 상황에 처해 있는 사회를 의미한다. '자애적 절대주의' 사회는 인권은 존중하지만 정치적 결정에 있어 구성원의 유의미한 역할을 부정하는 사회이다.

롤스가 목표로 하는 국제 질서는 질서 정연한 만민, 즉 자유주의적 만민 및 적정 수준의 만민으로 구성된 세계이다. 즉, 롤스가 제시하는 이상적인 국제사회의 비전은 자유주의적 만민과 적정 수준의 만민으로 구성된 평화롭고 협력적인 만민의 사회이다. 이러한 만민의 사회가 만민법을 준수함으로써 실현되는 평화를 롤스는 '민주적 평화(democratic peace)'라고 부르며, 민주적 평화의 안정성은 (세력 균형으로서의 안정성과 구분되는) 정당한 이유에 근거한 안정성이라고 주장한다(롤즈, 2019: §5).[43]

롤스는 질서 정연한 만민이라는 이상적 만민이 근원적 사회계약을 통해 만민법의 원칙들에 합의할 수 있을 것으로 본다. 그는 이것을 '이상론(ideal theory)'이라 부른다. 한편, 그의 국제 정의론 중 '비이상론(non-ideal theory)'은 질서 정연한 만민이 어떻게 무법 국가에 대처하고 불리한 여건으로 고통받는 사회를 원조해야 하는가라는 국제사회의 현실적 문제를 다룬다.

표 6. 롤스 국제 정의론의 주요 과제

구 분	구성 요소	주요 과제
이상론	첫 번째 부분	사회계약의 개념을 자유주의적 만민 사회로 확장하는 문제
	두 번째 부분	사회계약의 개념을 적정 수준의 만민 사회로 확장하는 문제
비이상론	첫 번째 종류	만민법에 순응하기를 거부하는 무법 국가에 대처하는 문제
	두 번째 종류	불리한 여건으로 고통 받는 사회를 원조하는 문제

롤스가 위와 같은 만민법의 원칙들을 도출하는 과정은 단계적으로 진행된다. 먼저, 이상론의 첫 번째 부분에서 그는 자유주의적 만민과 그들이 합의할 원칙들에만 관심을 갖는다. 그는 자유주의적 만민을 위한 만민법을 도출하기 위해 원초적 입장을 두 번 사용한다. [제1단계] 원초적 입장의 첫 번째 사용에서 당사자들은 국내 사회의 기본 구조를 규제할 공정한 협력

---

43. 민주적 평화란 질서 정연한 입헌 민주주의 사회들은 서로 전쟁을 하지 않고 오직 자기 방어나 다른 질서 정연한 만민을 방어하는 동맹으로 전쟁에 참여하는 것을 의미한다(롤즈, 2019: 125).

조건을 결정한다. 자유주의 사회를 규제하는 원칙들을 도출한 후 이제 국제적 차원으로 이동한다. [제2단계] 이 단계에서 원초적 입장은 자유주의적 만민의 대표들이 선택하게 될 대외 정책(foreign policy)으로서 만민법의 8개 원칙들을 도출하기 위해 두 번째로 사용된다. 여기서 만민의 대표들은 영토와 인구의 규모, 상대적 국력, 천연자원의 내용이나 경제 발전의 수준 등을 알지 못하는 무지의 베일 속에 있게 된다.

롤스는 자유주의적 만민의 대표들이 만민법의 8가지 원칙들 이외에 3가지 협력적 기구들(cooperative organizations)을 채택할 것이라고 제안한다 (롤즈, 2019: 42-43).

- [관세무역일반협정(GATT)의 이상적 형태라 할] 만민 간의 공정한 무역(fair trade)을 보장하는 기구
- [세계은행(World Bank)의 이상적 형태라 할] 만민이 협력적 은행 제도를 통해 융자를 받을 수 있는 기구
- [국제연합(UN)의 이상적 형태라 할] '만민의 연합(Confederation of Peoples)'이라 부를 수 있는 기구

여기까지가 이상론의 첫 번째 부분, 즉 자유주의적 만민 간에 이루어지는 합의를 통해 만민법의 원칙들을 도출하는 부분이다. 이제 이상론의 두 번째 부분은 첫 번째 부분에서 도출한 만민법의 원칙들(과 이상적 기구들)에 대해 자유주의적 만민과 적정 수준의 만민 간의 합의를 통해 그러한 원칙들을 적정 수준의 만민 사회로까지 확장하는 문제를 다룬다.[44] 이러한 확장에서 중요한 것이 바로 국제적 관용(international toleration)과 인권 (human rights)이다.

롤스는 자유주의적 만민이 적정 수준의 비자유주의적 만민, 특히 적정 수

---

44. 따라서 만민법은 원초적 입장을 총 세 번만 사용한다. 자유주의 사회들을 위해 두 번(국내 차원과 국제 차원), 그리고 적정 수준의 사회들을 위해 또 한 번 사용한다(롤즈, 2019: 70).

준의 위계적 만민(decent hierarchical peoples)을 관용해야 한다고 주장한다.[45] 이러한 국제적 관용의 의미를 롤스는 다음과 같이 밝힌다.

> 여기에서 관용한다는 것은 한 인민(a people)의 고유한 [삶의] 방식을 변화시키기 위해 정치적 제재, 즉 군사적, 경제적, 외교적 제재의 행사를 자제한다는 것을 의미한다. 또한 관용한다는 것은 이러한 [적정 수준의] 비자유주의 사회들을 만민의 사회(the Society of Peoples)의 정회원 지위(good standing)를 가지고 평등하게 참여하는 구성원으로 인정한다는 것을 의미한다. 이러한 비자유주의 사회들은 자신들의 행위에 대한 공적 이유(public reasons)를 만민의 사회에 제시해야 하는 시민적 예의의 의무(duty of civility)를 비롯한 권리와 의무를 갖는다. (롤스, 2019: 59)

자유주의적 만민이 적정 수준의 위계적 만민을 관용해야 하는 주된 이유는 적정 수준의 만민이 기본 인권의 핵심 목록을 보장하기 때문이라고 롤스는 주장한다. 롤스는 핵심 목록을 다음과 같이 제시한다.

> 여러 인권 중에서 생명권(생존과 안전의 수단에 대한 권리), 자유권(노예제, 농노제, 강제된 직업으로부터의 자유, 종교와 사상의 자유를 보장하기 위한 양심의 자유의 충분한 조처에 대한 권리), 소유권(사유 재산에 대한 권리), 그리고 자연적 정의의 규칙(즉 유사한 경우는 유사하게 다루어져야 함)에 의해 표현되는 형식적 평등권 등이 있다. (롤스, 2019: 65)

만민법에서 인권은 국제적 관용에 한계를 설정하는 역할을 한다. 즉, 인

---

45. 롤스는 적정 수준의 위계적 만민의 사례로 '카자니스탄(Kazanistan)'이라는 가상적인 이슬람 만민을 제시한다. 카자니스탄은 비자유주의적 사회이지만, 다른 만민들에 대해 공격적이지 않고, 만민법을 따르며, 인권을 존중하고, 그 기본 구조가 적정 수준의 협의 위계질서를 포함한다는 특징을 갖는다(롤스, 2019: §9.3).

권의 핵심 목록을 보장하는 사회는 다른 만민으로부터 강제적 개입을 받아서는 안 된다는 것이다. 바꾸어 말하자면, 기본 인권을 침해하는 사회는 국제적 관용의 한계를 넘어서므로 경제적, 외교적 제재나 심지어 군사적 개입까지도 받을 수 있다는 것이다.

2. 국제 정의론의 비이상론: 무법 국가와 고통 받는 사회

롤스는 무법 국가의 경우 공격적이고 팽창적인 목적을 국가 이념으로 하는 체제이므로 질서 정연한 만민은 정의로운 전쟁(just war) 등의 강제적 개입을 통해 무법성의 확산을 방지하고 나아가 무법성을 근절해야 한다고 본다. [만민법의 제5원칙과 관련하여] 그는 질서 정연한 만민은 무법 국가의 침략에 맞서 자기 방어(self-defence)를 위한 전쟁의 권리, 나아가 동맹국의 방어 전쟁을 도와 참전할 권리를 갖는다고 보며, 무법 국가의 중대한 인권 침해에 대한 국제 사회의 개입을 예외적으로 인정한다.

다만 롤스는 이러한 예외적인 전쟁에서도 정당한 전쟁의 원칙이 준수되어야 한다고 주장한다. 특히 그는 [만민법의 제7원칙과 관련하여] '전시[전쟁 수행 시의] 정의(jus in bello)'로서,[46] 무법 국가의 지도자 및 관료, 군인, 그리고 민간인의 세 집단을 신중히 구분하여, 일반 군인과 구분되는 지도자 및 관료(군인 중 고위급 지휘관 포함)에게 전쟁의 책임을 엄격히 묻고, 군인과 구분되는 민간인의 피해를 최소화할 것을 강조한다(롤즈, 2019: §14).

다음으로, [만민법의 제8원칙과 관련하여] 롤스는 고통 받는 사회의 경우 질서 정연한 만민이 원조를 통해 고통 받는 사회 스스로가 적정 수준의 정치 문화(political culture)를 형성할 수 있도록 도와야 한다고 본다. 원조에 대한 롤스의 이러한 입장은 원조의 목적에 관한 다음과 같은 그의 설명에서 잘 드러난다.

---

46. 일반적으로 정의로운 전쟁론의 기본 구조는 전쟁[개전] 정의(jus ad bellum), 전시 정의(jus in bello), 전후 정의(jus post bellum)로 구분되는데, 롤스의 정의 전쟁론은 주로 전시 정의에 집중되어 있다.

원조의 목적은 고통받는 사회가 자신의 문제들을 합당하고 합리적으로 관리할 수 있도록 도와, 결과적으로 질서 정연한 국제 사회의 구성원이 되도록 하는 것이다. 이것은 원조의 목표(target)를 규정한다. 목표가 성취된 이후에는 심지어 이제는 질서 정연하게 된 사회가 여전히 상대적으로 빈곤할지라도 더 이상의 원조는 필요하지 않다. (롤즈, 2019: 111)

고통 받는 사회는 무법 국가와 같이 악의적이고 위험한 국가는 아니다. 다만 적정한 정치 문화 및 기술의 결핍으로 만민법을 준수할 수 없는 열악한 상황에 처한 국가일 뿐이다. 롤스는 원조의 의무(duty of assistance)를 실행하는 데 지침이 되는 3가지 원칙을 다음과 같이 제시한다(롤즈, 2019: §15.1-15.4): 첫째, 원조는 (원조 대상국의) 경제적 부와 복지의 수준을 조정하는 것을 목표로 하지 않는다.[47] 둘째, 원조는 고통 받는 사회가 질서 정연한 사회로 발전하는 것을 목표로 한다. 셋째, 고통 받는 사회가 질서 정연한 사회가 되는 목표 수준에 이르면 더 이상 원조는 필요하지 않으며 중단된다.

이러한 롤스의 국제 정의의 원칙은 세계시민주의적 분배 정의 원칙과는 차이가 있다. 베이츠는 롤스의 국내적 원칙인 차등의 원칙을 글로벌 차원에 적용한 글로벌 분배 원칙(자원 재분배 원칙)을 구상하였고(Beitz, 1979), 포기는 글로벌 평등주의 원칙에 입각한 '글로벌 자원 배당금(Global Resources Dividend, GRD)'을 제안하기도 하였다(Pogge, 1994). 이러한 세계시민주의적 분배 원칙은 빈곤국의 부와 복지 수준의 개선을 목표로 하기 때문에 원조의 한계나 차단점(cut-off point)이 존재하지 않는다.

롤스는 원조의 목표를 빈곤한 나라의 부와 복지를 무제한 증진하는 것

---

47. 싱어(Peter Singer)는 공리주의적·세계시민주의적 관점에서 국경을 초월한 원조를 통해 기근(famine)이나 절대 빈곤에 빠진 사람들이 겪는 고통을 최소화하고, 나아가 인류 전체의 복지 수준을 극대화해야 한다고 주장한다(Singer, 1972). 반면, 롤스는 국제주의적·자유주의적 관점에서 "사실상 기근 자체는 대부분 정치적 실패와 적정 수준의 정부의 부재로 인해 일어나곤 한다"고 말하며 원조에 있어 고통 받는 사회의 정치 문화 개선의 중요성을 강조한다(롤즈, 2019: 9).

이 아니라, 원조 대상국이 자유주의적 혹은 적정 수준의 헌정 체제를 갖추도록(혹은 갖출 때까지만) 돕는 데 있다고 본다. 여기에는 [만민법의 제1-4 원칙과 관련하여] 각 사회의 자율성이나 자결권(self-determination)을 존중하는 범위 내에서 외교 정책을 구상해야 한다는 롤스의 국제주의적 입장(internationalism)이 깔려 있다.

V. 결론

『정의론』을 우리말로 옮긴 황경식 교수는 롤스 정의론 삼부작 — 『정의론』, 『정치적 자유주의』, 그리고 『만민법』 — 간의 관계를 다음과 같이 설명한다.

『정의론』이 가장 대표적인 저작이긴 하나 롤즈는 그 후에도 주목할 만한 두 권의 저서를 남겼다. 두 번째 저서인 『정치적 자유주의(*Political Liberalism*)』(1993)는 정의론을 부분적으로 변호, 보완하기 위해 쓴 것이긴 하나, 동시에 갖가지 새로운 담론거리를 제시하고 있다. 정치적 자유주의란 다원주의의 사실에 직면하여 자유주의에 더욱 높은 수용 가능성을 확보하기 위해 자유주의를 공적이고 정치적인 영역에 한정시킨 자유주의의 최소화 프로젝트라 할 수 있다. 롤즈의 마지막 저술인 『만민법(*The Law of Peoples*)』(1999)은 그의 정의론을 지구촌 사회에 적용시킨 것이라 할 수 있다. 원래 그의 정의론은 그 전형적인 적용 경우가 개별 국가였으나, 정치적 자유주의를 통해 문화 다원주의에 대한 인식을 기반으로 만민법에서는 정의론을 국제 사회에 확대 적용하는 일을 시도하고 있다. (롤즈, 2009: 755)

요컨대 롤스는 자신이 『정의론』에서 제시한 '공정으로서의 정의'라는 자유주의적 정의관을 『정치적 자유주의』에서 합당한 다원주의 혹은 다문화의 현실에 적합한 형태로 수정·보완하고, 『만민법』에서 이를 보다 일반적인 정의관으로 발전시켜 국제사회에 확대 적용하였다고 볼 수 있다.

하지만 위와 같은 우호적이고 일관적인 해석이 무색하게도, 롤스 정의론 삼부작의 비일관성(inconsistency)에 대해 지속적인 비판이 제기되어 왔다. 어떤 이들은 『정치적 자유주의』가 안정성과 합의를 강조한 나머지, 『정의론』에서 핵심적이었던 경제적 정의 문제나 최소 수혜자의 곤경을 경시한다고 비판한다. 애커먼(Bruce Ackerman)은 "『정의론』의 평등주의적 확신은 『정치적 자유주의』로 이동하면서 살아남지 못한다. 그렇다면 롤스는 정치적 자유주의에 대한 새로운 확신이 원초적 입장과 평등에 대한 이전의 확신과 양립 가능하다고 가정하는 잘못을 범하고 있다"고 말한다(Ackerman, 1994: 374-375).

또 어떤 이들은 『정치적 자유주의』가 공정으로서의 정의를 정치적 관점으로 전환시킴으로써 그의 정의론이 이미 자유주의적인 사회들에만 적용 가능한 것이 되어 버리는 편협주의(parochialism) 문제를 지적하기도 한다. 배리(Brian Barry)는 "『정치적 자유주의』가 소기의 과업을 완수하는 데 성공하지 못했다는 데 폭넓은 공감대가 형성되어 있으므로, 롤스의 프로젝트에 치명적 결함이 있다는 결론이 자연스럽게 도출된다"고 말한다(Barry, 1995: 915).

한편, 『만민법』은 『정의론』과 『정치적 자유주의』 둘 다와 어긋난다는 점에서 '이중 배신'이라는 비판을 받아 왔다. 어떤 이들은 『정의론』의 진보적 원칙들이 결국 국제 영역에 와서는 과거 베스트팔렌 체제에나 맞는 보수적 원칙들로 대체되고 말았다며 실망을 표하기도 한다(Buchanan, 2000). 또 어떤 이들은 '만민'이라는 개념이 충분히 명확하지도 인간 세계에서 '개인' 개념을 대체할 만큼 유의미하지도 않다고 비판한다(Pogge, 1994: 197). 또한 다른 이들은 『만민법』에서 롤스가 비자유주의 사회들에 대한 관용을 주장하는 것은 자유주의에 대한 배신일 뿐만 아니라 『정치적 자유주의』에서 그가 비자유주의적 소수자들에 대해 피력한 주장과도 맞지 않는다고 비판한다(Tan, 1998: 283).

　롤스의 정의론이 노정하는 비일관성에 대한 위와 같은 비판들에도 불구하고, 『정의론』 이후 롤스의 저작들에서 일관적으로 강조되는 한 가지 주제가 있다면, 그것은 '질서 정연한 사회의 가능성(possibility of well-ordered society)'이라고 할 수 있다(Freeman, 2007: 460). 질서 정연한 사회는 롤스의 계약론 사상에서 핵심적인 개념이다. 이는 그가 『정의론』의 첫 부분에서 "그 성원들의 선을 증진해줄 뿐만 아니라 공공적 정의관에 의해 효율적으로 규제되는" 사회로서 질서 정연한 국내적 사회를 상정한 후, 그의 마지막 저서인 『만민법』의 마지막 부분에서 질서 정연한 국제사회의 가능성을 강조하는 다음과 같은 대목에서 파악할 수 있다.

> 만약 합당하게 정의로운 만민들의 사회[와 질서 정연한 사회]의 구성원들
> 이 자신들의 권한을 합당한 목적에 예속시키는 것이 가능하지 않다고 한
> 다면, 그리고 인간이 치유할 수 없을 정도로 냉소적이고 자기중심적인 것
> 은 아니라 하더라도 대체로 무도덕적인(amoral) 존재라면, 칸트가 그랬듯
> 이 누구든 인간이 이 지구상에 살 가치가 있는 존재인지를 묻지 않겠는가.
> (롤즈, 2019: 128)

　지금까지 우리는 롤스의 정의론이 국내적 정의론에서 출발하여, 다원주의의 현실을 만나 다양성에 대한 관용과 정치적 정당성을 강조하는 정치적 자유주의를 표방한 후, 마침내 국제 정의론을 통해 세계 평화라는 현실주의적 유토피아의 희망에 이르게 된 사상적 여정을 추적해 왔다. 그의 정의론 삼부작이 일관적이지 못하다는 비판에도 불구하고 우리는 '질서 정연한 사회의 가능성'이라는 일관된 주제를 찾을 수 있음을 알 수 있다. 질서 정연한 국내적 사회들이 함께 이루는 질서 정연한 국제 사회의 비전이야말로 롤스가 말한 '현실주의적 유토피아'의 중층 구조(multi-layered structure)라 할 수 있을 것이다.

참고 문헌

로버트 노직, 남경희 옮김(2010), 『아나키에서 유토피아로』, 서울: 문학과지성사.
임마누엘 칸트, 백종현 옮김(2010), 『윤리 형이상학 정초』, 서울: 아카넷.
존 로크, 강정인·문지영 옮김(2014), 『통치론』, 서울: 까치글방.
존 롤즈, 황경식 옮김(2009), 『정의론』, 서울: 이학사.
존 롤즈, 김주휘 옮김(2016a), 『공정으로서의 정의: 재서술』, 서울: 이학사.
존 롤즈, 장동진 옮김(2016b), 『정치적 자유주의』, 파주: 동명사.
존 롤즈, 장동진 외 옮김(2019), 『만민법』, 파주: 동명사.

Ackerman, B.(1994), "Political Liberalisms", *Journal of Philosophy*, 91.
Barry, B.(1995), "John Rawls and the Search for Stability", *Ethics*, 105.
Beitz, C.(1979), *Political Theory and International Relations*, Princeton, NJ: Princeton University Press.
Brennan, J.(2007), "Rawls' Paradox", *Constitutional Political Economy*, 18.
Buchanan, A.(2000), "Rawls's Law of Peoples: Rules for a Vanished Westphalian World", *Ethics*, 110.
Cohen, G.(2008), *Rescuing Justice and Equality*, Harvard University Press.
Dworkin, R.(1977), *Taking Rights Seriously*, Cambridge, Mass.: Harvard University Press.
Gauthier, D.(1986), *Morals by Agreement*, Oxford: Clarendon Press.
Freeman, S.(2007), *Rawls*, London: Routledge.
Freeman, S.(2013), "Property-Owning Democracy and the Difference Principle", *Analyse & Kritik*, 9.
Kymlicka, W.(2002), *Contemporary Political Philosophy: An Introduction*, Oxford: Oxford University Press.
Martin, R. & Reidy, D.(2006)(eds), *Rawls's Law of Peoples: A Realistic Utopia*, Wiley-Blackwell.
Parfit, D.(1984), *Reasons and Persons*, Oxford: Oxford University Press.
Pogge, T.(1989), *Realizing Rawls*, Ithaca, NY: Cornell University Press.
Pogge, T.(1994), "An Egalitarian Law of Peoples", *Philosophy and Public Affairs*, 23.

Rossi, E.(2019), "The Twilight of the Liberal Social Contract: On the Reception of Rawlsian Political Liberalism", In K. M. Becker & I. Thomson (eds.), *The Cambridge History of Philosophy, 1945-2015*, New York: Cambridge University Press.

Sandel, M.(1982), *Liberalism and the Limits of justice*, Cambridge: Cambridge University Press.

Sen, A.(2009), *The Idea of Justice*, Cambridge, MA: Harvard University Press.

Singer, P.(1972), "Famine, Affluence, and Morality", *Philosophy and Public Affairs*, 1(3).

Tan, K-C.(1998), "Liberal Toleration in Rawls's Law of Peoples", *Ethics*, 108.

Wall, S.(2002), "Is Public Justification Self-Defeating", *American Philosophical Quarterly*, 39(4).

Weithman, P.(2010), *Why Political Liberalism? On John Rawls's Political Turn*, New York: Oxford University Press.

6

분배 정의

노직과 왈처를 중심으로

허윤회

서울시립대학교 철학과를 졸업하고 서울대학교 사범대학 윤리교육과 대학원에서 「견제 민주주의의 시민교육적 함의 연구」로 박사 학위를 취득하였다. 현재 국립목포대학교 윤리교육과 조교수로 재직하고 있으며, 주요 관심 분야는 응용윤리, 시민 교육, 다문화 교육 등이다. 주요 연구로는 『시민성, 시민적 우정과 의무』(공역), 「넛지의 도덕과 교육에의 함의와 활용 방안」, 「공화주의적 심의와 도덕과 교육에의 함의」, 「회복적 정의의 비판적 검토」, 「담론윤리의 도덕과 교육에의 함의와 적용 방안」, 「도덕과에서 토의 · 토론 교육 방안 연구」, 「자율 개념과 도덕 교과서 내용 분석」 등이 있다.

* 이 장은 『윤리연구』 제140호(2023)에 게재된 「분배 정의에 대한 연구: 노직과 왈처를 중심으로」를 수정 · 보완한 것이다.

I. 서론

정의론의 선구자는 롤스(John Ralws)이며, 그는 이를 체계적으로 정립하였다. 기존 사회계약론은 자연 상태에서의 불평등한 분배를 인정했던 반면에, 롤스는 공정한 분배까지 고려한 계약론을 제시하였다. 롤스에 의하면 개인의 능력은 운에 의하여 주어진 것이므로 개인이 오롯이 소유할 권리가 없다는 것이다. 그러므로 차등의 원칙은 최소 수혜자에게 최대의 몫을 분배하는 것을 뜻한다(롤스, 2003: 45-47). 그러나 노직과 왈처는 롤스가 제시한 분배 원칙의 기준이 공정한지에 대해서 의문을 가진다(노직, 2000: 238-248; 왈처, 2009b: 81).

롤스를 비롯하여 노직(Robert Nozick)과 왈처(Michael Walzer)는 1971년 "자본주의와 사회주의" 강좌를 열었다. 이들은 모두 롤스의 '원초적 입장(original position)'에 대해서 비판한다. 롤스는 원초적 입장에서 개인들은 최악의 경우를 전제로 하여 최소한의 합의가 가능함을 주장한다. 그러나 노직에 의하면 자신의 이익만을 추구하는 개인이라면 롤스의 원초적 입장을 거절할 수 있다고 지적한다. 그들은 자신에게 일어나지 않은 피해에 대하여 고려하지 않을 것이기 때문이다. 노직은 이를 '경솔한 낙관주의'라고 명명한다(노직, 2000: 268-285). 또한 왈처도 롤스의 가상적 계약에 대해서 부정적인 시각을 견지한다. 그는 롤스에 대해서 "무지의 베일은 현존하는 어떤 정치 세계에서도 실현할 수 없는 유토피아적 설계"(왈처, 2009b: 280)라고 하며 비난한다.

노직과 왈처는 롤스의 정의론에 한계가 있다는 점에서는 공통적이었다. 이에 머무르지 않고 이들은 롤스의 정의론을 대체할 이론을 각각 선보였다. 이 장은 두 가지를 목표로 한다. 첫째, 노직의 정의론에 대하여 살펴볼 것이다. 그의 최소 국가론과 소유 권리론에 대하여 자세히 논의할 것이다. 둘째, 왈처의 정의론에 대해 살펴볼 것이다. 다원적 평등론, 정의 전쟁론에 대하여 자세히 논의할 것이다.

II. 노직의 정의론

1. 노직의 최소 국가론

노직은 자신의 저서인 『아나키, 국가, 유토피아(*Anarchy, State, and Utopia*)』의 서문에서 "개인들은 권리를 가지고 있으며, 세상에는 어느 인간이나 집단도 개인의 권리를 해쳐서는 안 되는 것이 있다"고 주장하며 개인의 권리가 최우선임을 천명하였다. 그렇다면 개인의 권리를 존중하기 위해서 국가가 필요한 것인가. 이에 노직은 자신만의 국가론인 '최소 국가론(minimal state)'으로 답한다. 노직이 주장하는 최소 국가론은 역사적 발달 단계에 의하여 형성되는 것으로 이해한다. 그는 롤스가 상정한 '원초적 상태'와 같은 무정부 상태(anarchy)는 현실에서 일어날 수 없다고 단언한다. 만약 홉스가 제시한 '만인의 만인의 투쟁'과 같은 무정부 상태가 공포스럽다면 그 누구도 이 상황을 지속할 이유가 없을 것이다(노직, 2000: 23-26).

위의 논의에 근거하여 노직은 무정부 상태는 존재할 수 없다고 주장하며 국가의 필요성을 역설한다. 그렇다면 국가는 개인에게 어느 정도까지 간섭이 가능한 것인가. 이에 노직은 국가가 다섯 단계로 발전한다고 주장한다. 첫 번째 단계는 '자연 상태(state of nature)'이다. 자연 상태에서 개인은 완전히 자유로운 상태이다.

모든 인간은 유일하며 최고의 주인의 하인으로서 그의 명령에 의해 그의 사업을 돕기 위해서 세상에 보내졌기 때문에, 인간은 그의 재산이자 작품으로서 타인의 뜻이 아니라 그의 뜻이 지속되는 동안만 살도록 되어 있다. 그리고 인간은 비슷한 재능을 부여받았고 모두 하나의 자연공동체를 공유하므로, 인간들 사이에서는 서로를 죽일 수 있는 권한을 부여하는 이른바 어떠한 복종관계도 상정될 수 없다. (로크, 1996: 6)

그러나 자연 상태에서는 양 당사자들의 권리가 침해되는 상황에서 개인은 자신에게 유리하게만 가정하는 성향이 있음을 노직은 지적한다. 즉, 각 개인들은 자신에게 유리한 측면만을 고집하기에 타인과의 합리적인 중재안을 마련하기 어렵다(노직, 2000: 31-33). 그러므로 자연 상태에서의 개인은 자발적 공동체를 형성하며, 노직은 이것을 '상호 보호 협회(mutual protection associations)'로 칭한다. 국가 형성의 두 번째 단계인 상호 보호 협회는 각 개인들이 자발적으로 형성하여 구성원들끼리의 권리를 보호하는 데 그 목적이 있는 단체이다. 상호 보호 협회에 속한 구성원들은 자신의 권리가 침해 받았다면 동료 구성원을 부를 수 있다. 그러나 상호 보호 협회에서는 다른 구성원들의 권리 요청에 대해 항상 응답해야 하는 상황에 처해 있다. 다시 말하면, 상호 보호 협회에 속해 있는 구성원들은 다른 구성원들에게 도움을 주기 위하여 365일 대기 상태에 있어야 한다. 그러므로 상호 보호 협회의 구성원들은 자신의 생업이나 자유 시간을 만끽하지 못하게 될 것이다.

개인들은 상호 보호 협회들을 형성하여 한 사람이 그 자신의 권리를 보호하거나 행사하기 위해 도움을 요청하면 모두가 응하게 만들 수도 있다. 이와 같은 단순한 상호 보호 협회는 두 가지 불편한 점들이 있다. ① 모든 사람들이 항상 보호의 기능을 발휘하기 위해 대기 상태에 있어야 한다. ② 어떤 회원도 자신의 권리가 침해되고 있거나 침해되었다고 주장함으로써 그의 동료 회원들을 불러낼 수 있다. … 모든 사람들이 대기 상태에 있음

으로 해서 초래되는 불편함은, 그들의 당시 행위나 성향이나 비교적인 이
점들이 무엇이건 간에, 노동의 분배와 교환을 통해서 처리될 수 있다. (노
직, 2000: 33-34)

상호 보호 협회 내에서의 구성원들은 대리인을 고용한다. 상호 보호 협회
는 대리인을 고용하는 전문적인 보호 대행 업소로 그 성격이 변하게 된다
(노직, 2000: 33-37).

상호 보호 협회에서의 불편함으로 인하여 세 번째 국가 단계인 '지배적
보호 협회(dominant protective association)'로 발전하게 될 것이라고 노직
은 주장한다. 상호 보호 협회가 자발적인 구성원의 영역이었다면, 지배적
보호 협회는 상호 보호 협회들끼리의 경쟁에서 이긴 경우이거나 특정 지역
에서 성장한 공동체를 일컫는다. 이러한 노력에도 불구하고, 지배적 보호
협회는 여전히 국가 상태로 규정할 수 없다. 노직에게 있어 국가는 ①국가
에 속한 모든 구성원을 보호해야 하며, ②개인이 자유롭게 행동할 수 있는
법적인 강제력을 독점해야 한다. 이 두 가지 요건을 충족해야 하기 때문이
다(노직, 2000: 45). 그러나 지배적 보호 협회는 회비를 납부하는 회원들에
게만 그 권리가 있을 뿐이다. 또한 지배적 보호 협회는 법적인 강제력이 동
반되지 않는 단체에 불과하다. 지배적 보호 협회는 합법적이지 않은 단체에
서도 그 성격이 나타날 수 있음을 노직은 지적한다. 마피아, KKK단, 노동
조합 등이 이에 해당한다(노직, 2000: 45-48).

지배적 보호 협회는 자신의 절차가 믿을 만하며 공정하다고 판단하며 이
사실이 널리 알려져 있다고 믿으므로, 이는 그 어느 누구도 자신의 절차에
대해 방어하길 허락하지 않을 것이다. 즉, 지배적 보호 협회는 자신 스스
로의 판단 하에 자유롭게 행동할 것이다. (노직, 2000: 141)

지배적 보호 협회는 이권 단체에 불과하기에 자신의 구성원들에게 유리

하게끔 편파적으로 행위하려 할 것이다. 어떤 보호 협회이건 간에 공정한 절차와 신뢰를 바탕으로 한 법에 기반해야 하지만, 이들은 법적 권리를 갖고 있지 않다(노직, 2000: 133). 한편, 지배적 보호 협회를 거부하는 이들이 존재할 수도 있다. 노직은 이를 가리켜 '자립인(independents)'으로 부르며 스스로의 권리를 행사하는 행위자로 간주한다. 자립인 입장에서는 지배적 보호 협회를 국가로 규정할 수 없다고 주장한다. 그러나 지배적 보호 협회는 자립인의 사적 정의를 금지할 것이다.

> 자립인은 사적인 정의 집행을 금지당할 수 있다. 그 이유는 그의 집행 절차가 너무 모험적이고 위험한 것으로 알려져 있기 때문이다. 즉 이는 무죄한 사람을 처벌하거나 죄 있는 자라도 과도히 처벌할 위험성이 다른 절차에 비해 높거나 또는 그의 절차가 위험하지 않다는 것이 알려져 있지 않기 때문이다. (노직, 2000: 118)

만약 자립인이 타인을 죽이는 것을 거리낌 없이 행한다면 이를 어떻게 막을 수 있을까. 또한 자립인은 사적 정의 집행의 문제만이 아니라 무임승차가 발생할 여지가 있다(노직, 2000: 119). 그러므로 자립인이 행동을 자유롭게 하도록 허용하는 것은 어렵고 이를 제재할 수 있는 특정한 단체가 필수적일 수밖에 없다(노직, 2000: 81-83).

노직은 '극소 국가(ultra minimal state)'를 국가의 네 번째 단계로 제시한다. 노직은 극소 국가를 최소 국가가 성립되기 전의 중간 단계로 규정한다. 극소 국가는 권력을 독점한다는 점에서 국가 요소를 충족한다. 그리고 극소 국가는 자립인들에게 보상의 원리를 근거로 설득할 수 있다고 노직은 파악한다. 보상의 원리란 다른 사람에게 피해를 줄까 봐 스스로 피해를 입은 자립인들은 자신에게 강요된 불이익에 대해 보상 받을 수 있다는 주장이다. 노직은 이를 간질병 환자의 운전 금지 사례로 설명한다. 간질병이란 뇌의 기능에서 비정상적인 신호가 발생하여 전신 경련이 일어나는 상태를 뜻한다. 특히, 간질병은 언제 어디서 발작이 올지 모른다는 점에서 예측 불가능하다. 나아가 간질병 환자는 운전하다가 발작이 온다면 대형 사고로 이어질 수 있는 우려가 있기에 운전을 해서는 안 된다.

한편, 자동차 사고 위험 가능성을 줄이기 위해서 운전 자체를 금지하는 것은 간질 환자의 이익을 침해하는 것으로 이해할 수도 있다. 따라서 간질병 환자에게는 운전을 금지하는 대신에 이에 상응하는 보상을 국가에서 해주어야 한다고 노직은 주장한다(노직, 2000: 107-112). 이처럼 극소 국가에서는 자립인을 포함한 개인이 보호 보험 증권을 구매했을 때만 보호해 준다. 그러나 국가는 모든 구성원을 보호해야 하는데, 극소 국가는 특정인에 대한 보호를 실행하고 있기에 이를 충족하지 못한다(노직, 2000: 49-50).

> 극소국가는 직접적인 자기 방어에 필요한 것을 제외한 모든 권력의 사용에 있어 독점권을 보유한다. 그래서 이는 불의에 대한 사적인 보복과 보상의 징수를 허락하지 않는다. 자신의 보호 및 집행 보험 증권을 구입하는 사람들에게만 보호와 집행의 서비스를 제공한다. 보호 계약을 체결하지 않는 사람들은 이로부터 보호를 받지 못한다. (노직, 2000: 49)

국가의 독점에는 성공하였지만 모든 사람을 보호하지 못한 극소 국가는 '최소 국가(minimal state)' 단계로 이행하게 된다. 최소 국가에서 행하는 독점은 부당하게 행사하는 권력이 아니라 도덕적으로 승인될 수 있는 방법으로만 실행되기에 최선의 국가 체제로 볼 수 있다. 앞서 보호 대행 협회에서 나타난 바 있는 사적 보복 및 중재는 비도덕적이었다. 가령, 사적 보복이 인정되는 상황이라면, 자신과는 다른 사적 보호를 받는 구성원들이 보복할 때 어떻게 대응할 수 있을까. 쌍방 보복이 필연적으로 발생할 것이다(노직, 2000: 87-90). 그러므로 모든 사람들은 어떤 공정한 절차에 입각한 제도를 요청하게 될 것이다(노직, 2000: 176-178).

최소 국가는 모든 사람들에게 보호 서비스를 제공한다. 노직이 추구하는 최소 국가는 각 개인들이 사적인 보복, 절도, 사기 등을 근절할 수 있을 때만 정당하다. 최소 국가는 로크가 모든 시민들에게 치안과 안보를 제공하고 개인의 권리를 최대한으로 보장하는 '야경국가(night watchman state)'와 유사하다. 국가는 국민들에게 치안만을 담당하는 소극적 기능으로만 한정된다.

> 우리가 기술한 유토피아를 위한 골격은 최소국가와 같다. … 최소국가는 … 개인적으로나 또는 우리가 선택하는 사람들과 함께 우리가 할 수 있는 한 우리의 삶을 선택하고 우리의 목표와 스스로가 바라는 이상적 인간성을 실현하게 허락한다. (노직, 2000: 408-409)

한편, 공리주의자들은 국가가 개인의 권리를 침해하는 것이 타당하다는 반론을 제기한다. 그러나 노직은 개인의 권리를 침해한다는 것에 대해 단순히 간섭한다고 해서 침해하는 것이 아니라고 주장한다. 즉, 최소 국가에서 개인에게 간섭하는 이유는 좋은 개인의 권리를 최소한도로 '보호'하는 것에 불과하지 '좋음'을 증진하기 위해 간섭하는 것이 아니다. 노직은 최소 국가야말로 모든 개인들이 추구 혹은 만족할 수 있는 이상향의 국가임을 주장한다.

2. 노직의 소유 권리론

최소 국가를 정당화한 노직은 자신의 분배 윤리의 원칙으로 소유 권리론(entitlement theory)을 제시한다. 노직은 특히 '로크적 단서(Lockean Proviso)'에 근거하여 소유 권리론 논의를 진전시킨다. 로크에 의하면 인간은 자신의 생명, 자유, 재산에 관한 권리가 자연적으로 내재해 있음을 주장한다. 이 권리는 모든 개인이 소유한 것으로 간주하여 그 누구도 이를 침범할 수 없다. 로크는 개인 스스로의 노동이 사물 및 토지에 직접적으로 가해진다면 이에 대한 소유권을 개인이 가질 수 있다고 주장하였다. 로크적 단서는 다음과 같이 정리할 수 있다.

① 각 개인은 자기 자신을 소유할 수 있다.
② 우리가 속한 세계는 특정인에 의하여 소유되지 않은 상태이다.
③ 각 개인은 타인에게 해를 끼치지 않는 한에서만 세계에 점유되지 않은 몫의 권리를 획득할 수 있다.
④ 각 개인이 세계에 점유되지 않은 몫의 권리 획득은 수월하다.
⑤ 각 개인이 (공정하게) 사유 재산을 취득하게 되면 자연스럽게 자유로운 자본시장이 나타나게 될 것이다. (로크, 1996: 33-54, 재구성)

노직은 로크적 단서를 충실히 계승하면서도 두 가지 문제점을 지적한다. 우선, 자연권에 대한 관점이다. 노직은 로크의 자연 상태에서 모든 사람들이 소유할 만큼 충분한 자원이 있는지에 대하여 의문을 제기한다.

"충분한 양의 그리고 똑같이 좋은 질의 것들이 다른 사람들을 위해 남아 있어야 한다."는 로크적 단서는 타인의 상황이 악화되지 않을 것을 확실히 하기 위한 것이다. 사람들은 이 단서가 과거에 타당한 적은 있었으나 이제 더 이상 그렇지 않다고 주장한다. (노직, 2000: 222-223)

노직의 주장에 의하면, 로크는 후대 사람들을 충분히 고려하지 않았다고 지적한다. 특정 시간 중 가장 빠른 시점인 t_1에 존재하고 있는 A, B, C가 있다고 가정해 보자. 이들은 자원이 충분한 세계에서 자신의 노동으로 세계를 점유하였다. 이들의 후대 세대인 X, Y, Z는 t_2에 존재하며, 이들은 자신의 노동으로 세계를 점유하려 한다. 그러나 이미 A, B, C에 의하여 세계가 점유된 상태이다. 그러므로 X, Y, Z는 세계를 소유할 수 있는 권리 자체가 존재하지 않게 된다. 즉, 로크가 제시한 세계의 소유권에는 후대 사람들의 몫까지 고려할 만큼 충분한 자원의 상태가 아님을 노직은 비판한다(노직, 2000: 223).

다음으로 노직은 로크적 단서에서 소유권 개념이 문제가 있음을 주장한다. 로크의 주장에 의하면 특정한 사물에 대하여 인간이 노동력을 제공하면 그것은 그의 소유물이 될 수 있다. 그러나 노직은 인간 노동의 행위가 얼마만큼 투입되면 그의 소유가 되는지에 관련한 기준이 모호하다고 지적한다(노직, 2000: 221). 또한 로크는 각 개인이 노동을 제공한 대가를 공정하게 받을 수 있을 것으로 내다본다. 그러나 현실에서는 부여된 노동력만큼 공정하게 배분 받는 상황이 보장되지 않는다. 그리고 로크는 소유권 논의에서 자신의 노동에 대한 권리의 도구로서 화폐 개념을 도입하였다. 자연 상태에서 개인들의 재능과 노력의 대가는 화폐로 대체될 수 있다. 그러나 현실에서는 예기치 못한 문제가 발생한다. 능력에 따른 분배는 곧 각 개인의 재산의 편차가 생길 수 있다는 말과 동일하기 때문이다. 로크는 이러한 분배 불평등을 바로 잡아야 한다는 반박에 대해서 고려하지 않았다.

위의 논의에 근거하여 노직은 로크와 자신의 소유 권리론에는 두 가지 차이점이 있음을 설명한다. 우선, 그는 자신의 분배 정의를 역사적 원리로 규정한다. 로크는 사회계약론에 근거한 묵시적 동의를 추구하였다. 로크의 사회계약론에 근거한 논의는 역사적 맥락들을 놓치기 쉽다. 이론에 입각하여 현실에 끼워 맞추려고 하는 측면을 노직은 비판하는 것이다. 그는 롤스, 로크, 마르크스, 공리주의자에 이르기까지 그들 모두 자신들이 상정한 원칙을 일차원적인 원리로서만 계산하고자 했음을 비판한다. 노직은 이러한 비역사적인 원리들을 '종국 결과 원리(end-result principles)' 또는 '종국 상태 원리(end-state principles)'라 부르며 역사적 원리와 대비되는 입장으로 설명한다. 노직은 공리주의를 종국 결과 원리의 대표적인 원리로 규정한다. 공리주의는 역사와 맥락을 고려하지 않고 유용성이라는 기준 하나만으로 모든 행위를 평가한다.

공리주의자는 두 분배 상태를 비교함에 있어 어느 것이 보다 큰 양의 유용성을 가지는지를 결정하고 만약 그 총량이 동일한 경우엔 보다 평등한 분배를 선택하는데, 이 선택을 위해 이 고정된 평등성의 기준을 적용하며, 이 점에서 공리주의자는 정의의 현재 시간 단면 원리를 지지할 것이다. 이는 마치 행복의 총량과 평등성의 총량 사이의 일정한 교역 계획표를 갖고 있는 자가 그러할 것과 같다. (노직, 2000: 196)

다음으로, 노직은 자신의 원칙을 비정형적 원리에 입각하고 있다고 설명한다. 정형적 원리란 사상가가 자신이 정한 원칙에만 입각하여 설명하려는 경우를 뜻한다. 노직은 로크가 전제하고 있는 세계관 자체가 문제임을 제기한다.

분배 정의의 이론의 과제가 "각자의 ~에 따라서"라는 구절의 여백을 메꾸는 것이라 생각함은 이미 정형이 있음을 전제하는 것이다. (노직, 2000: 255)

노직은 정형적 원리가 잘못된 논의라는 것을 월트 체임벌린의 사례로 설명한다. 만약 대다수 사람들이 동의하는 분배 원리를 D_1이라고 가정하자. 그런데 유명한 농구 선수인 월트 체임벌린을 통해서 막대한 입장 수입을 얻을 수 있게 되었다. 이 상황을 D_2라고 가정하자. 만약, D_1에서 D_2의 분배로 이행 과정에 있어서 사람들이 어떠한 강제나 간섭 없이 자발적으로 분배를 했다고 가정해 보자. 자유로운 개인들은 강압에 의하여 체임벌린에게 돈을 주지 않았다. 만약 체임벌린이 농구가 아닌 축구 경기를 한다면 사람들은 돈을 주고 보러 올 것인가. 대다수 사람들은 농구를 하는 체임벌린을 보고 싶어 하지 그가 축구 경기하는 모습을 돈을 주고 보러 가지는 않을 것이다. 그러므로 사람들의 자발적인 요구에 의해서 불평등한 분배가 생긴 D_2는 비정형적이지만 부정의하다고 말할 수 없다(노직, 2000: 204-209).

노직은 역사적 원리와 비정형적 원리에 근거하여 소유 권리론을 주장한다. 소유 권리론은 크게 세 가지 원리로 체계화된다고 노직은 주장한다. 첫째, '소유물의 최초 취득(the original acquisition of holdings)'의 정의이다. 공정한 정의의 원리에 따라 소유물을 취득한 개인은 그 소유물에 대한 권리를 가진다. 자유 시장에서 공정한 절차에 의하여 자유롭게 교환한 것이라면 그 결과가 어떻든 정당하다.

> 소유물에서의 정의의 이론의 일반적인 개요를 말하자면, 이는 한 사람의 소유물은, 취득과 이전에서의 정의의 원리 또는 불의의 교정의 원리에 의해 그가 그 소유물에 대한 권리를 부여 받았으면, 정당한 것이다. 만약 각 개인의 소유물이 정당하다면, 소유물의 전체 집합(즉, 분배)도 정당하다. (노직, 2000: 195-196)

둘째, '소유물 이전(the transfer of holdings)'의 정의이다. 소유물 이전의 원칙은 각 개인이 소유하고 있는 재능과 노동력의 산물은 스스로가 자유롭게 사용할 수 있는 권리를 뜻한다. 첫 번째 원칙에 의해 정당하게 획득된 소유물은 소유한 개인이 자유롭게 처분 및 이전할 수 있다. 따라서 소유주 A가 자발적으로 B에게 소유물을 건네주는 경우 내지는 자유로운 교환에 의한 것이라면 B는 그것에 대한 정당한 소유권을 갖게 된다.

> Z는 일하거나 또는 굶어 죽어야 하는 선택의 기로에 놓여 있다. 다른 사람들의 선택과 행위는 Z에게 다른 제3의 선택을 남겨 두지 않는다. Z는 자발적으로 일하길 선택하는가? A에서 Y까지의 개인들이 각각 자발적으로 그리고 자신들의 권리 내에서 행동했다면 Z의 선택은 자발적이다. (노직, 2000: 327)

노직의 주장은 모두가 평등한 경제적 상황에서 시작하더라도 자발적인 교환 및 거래를 하다 보면 결국 누군가는 부유해지고 누군가는 가난해지는 불평등한 결과가 초래될 것이다. 이러한 점에서 로크의 소유론에서 제기된 문제점과 동일하다. 이러한 문제점을 노직은 충분히 인지하고 있으면서도 국가가 나서서 불평등한 분배를 인위적으로 교정하는 것에 대해서는 부정적이다. 왜냐하면, 각 개인은 특정한 선택에 대해서 자유롭게 선택하였고 이에 대한 결과에 책임져야 하기 때문이다(노직, 2000: 326-329).

셋째, '교정의 정의(the rectification of injustice in holdings)'이다. 노직은 최초의 취득이 정당하지 않다면 현재의 취득도 정당하지 않은 것이 된다고 한다. 그러므로 정당하지 않게 취득된 결과는 정당한 소유자에게로 다시 재교정되어야 한다. 이렇듯, 소유물의 최초 취득의 원칙과 소유물 이전의 정의를 거쳤다면 공정하고 정의로운 상태로 규정한다.

> 만약 과거의 불의가 현재의 소유 상태를 여러 방식으로 형성했다면 이제 우리는 이 불의의 상태를 시정하기 위해 무엇을 해야만 하는가? … 교정의 원리는, 불의가 저질러지지 않았다면 어떠했을까에 관한 최대한으로 정확한 가언적 지식을(또는 기대치와 함께 일어날 가능성에 대한 확률 분포를) 사용할 것이다. (노직, 2000: 194-195)

한편, 노직이 제시한 교정의 정의는 현실에서 구체적으로 어떻게 적용해야 하는지에 대해서는 구체적으로 답하지 못하였다. 그럼에도 불구하고 노직의 분배 정의가 중요한 이유는 개인이 누릴 수 있는 가장 최선의 세계를 구상할 때 최소 국가의 소유 권리론이 최소한의 원칙으로 상정될 수 있기 때문이다. 정의롭지 못한 분배가 생긴다면 이에 대해서 교정할 수 있는 장치가 마련되어야 함을 노직은 강조하는 것이다. 그렇다면, 정의롭지 못한 분배는 어떻게 알 수 있는가. 노직에 의하면 각 개인들이 부정의를 알 수 있는 것은, 과거에 면면이 흘러왔던 역사적 사실과 비교해 보았을 때, 의미를 제대로 파악할 수 있기 때문이다. 그리고 인간은 이성을 지니고 있기에 어떤 상황이 가장 정의로운지 가정해 볼 수 있고, 따라서 부정의한 상황을 파악하는 것은 어려운 일이 아닐 것으로 이해한다.

3. 노직 정의론의 시사점과 한계

노직의 정의론은 자유 지상주의의 이론적 토대를 제시하였다는 데 그 의의가 있다. 노직은 소극적 권리에 근거하여 자신의 이데올로기를 주장한다. 적극적 권리가 자신의 권리에 대해 피력하거나 사회 공동체 내에서의 의무를 강조하는 것이라면, 소극적 권리는 타인에게 간섭받지 않을 권리를 뜻한다. 즉, '측면 제약 사항(side constraints)'을 주장한다(노직, 2000: 53-57). 측면 제약 사항이란 타인도 나와 똑같이 자유로울 수 있는 권리가 있음을 주장하는 것이다. 노직의 주장에 따르면, 측면 제약 사항에 근거한 국가는 인간에 대한 태도를 공리주의적 관점이 아닌 칸트의 의무론적 원리가 적용되어야 한다(노직, 2000: 67).

그리고 노직은 '경험 기계(experience machine)' 사례로 공리주의를 비판한다. 경험 기계란 그 기계에 들어가면 자신이 원하는 대로 행할 수 있게끔 만들어 준다. 이 기계에 들어가면 원하는 것을 평생 즐기며 살 수 있다. 이러한 경험 기계에서 제공하는 쾌락은 매우 강렬하기에 누구나 들어가는 것을 원할지도 모른다. 그러나 노직은 경험 기계에 들어가야 한다는 주장을 거부한다. 인간은 단순히 쾌락을 위한 덩어리가 아니라 타인과 함께 호흡하고 인정받기를 원하기 때문이다. 노직은 나를 둘러싼 타인, 가족, 사회 등의 맥락들을 무시할 수 없다(노직, 2000: 68-71). 경험 기계에서 드러난 바와 같이, 종국 결과 원리에 근거하면 단순한 쾌락을 얻는 것에 불과하다고 노직은 폄하한다. 이러한 노직의 주장은 공리주의의 효용성의 개념이 아닌 자유 교환만으로도 자유주의를 설명할 수 있음을 보여 주었다(울프, 2006: 260-262).

한편, 노직의 정의론의 한계는 두 가지로 지적할 수 있다. 첫째, 노직의 정의론은 자발성을 너무 낙관적으로 이해한다. 그의 소유 권리론은 개인 스스로의 자발적인 노동을 토대로 하여 자유로운 이전이 가능함을 주장한다. 그러나 이와 같은 주장은 자유롭지 못한 자유 교환, 즉 협박이나 강제로 소유 권리를 이전하는 형태에 대해서는 간과한다. 예컨대, A가 B에게 "돈을 내놓지 않으면 목숨을 내놓아라"라고 하는 상황이 있다고 가정해 보자. 이러한 상황에서 B가 돈을 주었다면, 이것은 자유 교환이 성립되었다고 볼 수 없다. A가 B를 협박하여 그의 생명을 위협하는 상황이었기에 돈을 준 특수한 상황으로 간주된다(울프, 2006: 160-161).

다음으로, 노직이 상정한 정의론은 자유 교환으로만 점철되어 있다. 그러나 분배 원칙에는 자유 교환뿐만 아니라 필요, 응분의 원칙도 존재한다. 건강한 사람이 의료를 받는 것보다 아픈 사람이 치료를 받는 것이 타당하다. 이처럼 우리 사회에는 필요 및 응분의 원칙이 존재하며, 세 원칙 모두 필요하다(울프, 2006: 264).

> 최소국가론 혹은 자유지상주의적 국가론을 주장하는 자들은 국방을 제외한 모든 문제를 개인의 자발적인 노력에 맡겨두어야 한다고 주장한다. 설사 이것이 실천 가능한 선택지라고 할지라도, 이렇게 방치된 개인들은 자신들의 집단적인 부조를 위해 다른 개인들을 찾아 나설 수밖에 없을 것이다. … 각 개인들은 자유 교환 체제를 통해 제공되는 가치만이 아니라 도덕, 문화적 형태의 가치를 필요로 한다. (Walzer, 2008: 139)

왈처는 노직이 주장하는 자유 지상주의는 물건을 비롯한 인간마저도 시장에 맡김으로써 결국 모든 것이 돈으로 귀결되는 파국으로 치닫게 될 것으로 예견한다(박정순, 2017: 218).

정리하면, 노직의 정의론은 자유주의적 분배 윤리의 사상적 토대를 마련하였다는 데 그 의의가 있다. 왈처에 의하면, 롤스의 정의론이 정의를 이론적으로 받아들였다면, 노직의 정의론은 그것을 현실 정치에서 받아들였다고 평가한 바 있다(왈처, 2009b: 576). 노직의 정의론은 정치경제에서 지대한 영향을 끼치고 있는 것을 반증하는 셈이다. 그러나 노직의 정의론은 "자신의 논변을 요약하거나 명료하게 하려는 시도를 거의 하지 않았다"는 점이 한계로 지적된다. 그리고 학자들이 자신을 자유 지상주의자로 규정하는 것에 대해서도 부인하였는데, 이와 관련한 주장도 크게 남기지 않았다(울프, 2006: 21). 이러한 점에서 노직의 정의론은 최소 국가에 근거하여 유토피아를 추구했던 기대와는 다르게 미완의 기획으로 남았다.

III. 왈처의 정의론

1. 왈처의 다원적 평등

왈처는 1935년 미국 뉴욕에서 유대인 이주자의 정체성을 갖고 성장하였다. 왈처는 학생 때 뉴레프트(New Left) 운동에 참여하였지만, 당시 그것은 너무나 급진적이었다. 뉴레프트 운동의 실패를 교훈 삼아 그는 자신의 이상적 기획을 체계화하는 데 노력을 기울인다. 그는 우선 자유주의에 대하여 비판한다. 자유주의자들은 개인의 자아를 사회와 별개로 독립된 실체로 보았기에 개인주의를 낳게 되었다고 왈처는 진단한다. 왈처의 주장에 의하면, 개인의 자아는 역사적 맥락에 따라 영향 받을 수밖에 없는 존재이다(박정순, 2017: 211; 왈처, 1999: 25, 147; 왈처, 2009b: 77).

왈처는 자아관을 이해하는 데 있어 '발견(discovery)'과 '창안(invention)'과 '해석(interpretation)'의 방법으로 설명한다. 발견은 도덕 법칙이 객관적으로 타당한 도덕적 질서에 기원한다고 믿으며 이를 찾아내려는 시도를 의미한다. 신이 도덕법칙을 제시하였고, 인간은 이 법칙을 발견하기 위해 노력해야 한다. 그러나 발견은 현대사회에 적합한 도덕이 아니다. 발견은 신의 계시에 온전히 기대고 있기 때문에 관습으로 굳어질 가능성이 높다(왈처, 2007a: 18-20).

창안은 신의 계시를 찾아내고자 하는 방법이다. 인간은 자신만의 방식에 따라 원칙을 만들어 낸다. 발견이 종교와 비슷하다면, 창안은 입법적인 성격에 가깝다. 창안은 객관적 진리를 추구하는 것이 아닌 각자 나름의 원칙을 추구하는 구성적인 방법을 추구한다. 확실한 지식을 가장 기초에서부터 시작한 데카르트의 토대주의가 그 사례이다. 왈처는 롤스도 이와 같은 창안의 방법으로 세계를 해석하려는 것으로 규정한다. 롤스가 제시한 정의론은 이론적 근거로서는 유용하지만 실제로 살아가기 위한 방식으로서는 부적합하다고 비판한다. 현실에서는 무지의 베일에 근거한 차등의 원칙이 도출되지 않으며 잠정 협정으로 귀결되기 때문이다(왈처, 2007a: 25-31).

해석은 발견이나 창안이 전제한 것처럼 도덕의 필연성이나 체계성을 주장하지 않으며, 개인은 공동체에 제약 받을 수밖에 없는 존재임을 주장한다. 왈처는 우리가 관습적으로 행하고 있는 도덕들이 알고 보면 과거 사람들이 도덕적 판단을 내린 산물로 보아야 한다는 것이다. 이러한 도덕적 관습, 즉 해석은 사람들과의 대화에서 생성해 낸 결과이지 입법적 도덕에 의하여 선험적이고 연역적으로 도출된 것은 아니다. 그러므로 도덕은 구성원들 간에 논쟁하면서 얻는 후천적인 결과물로 이해한다(왈처, 2007a: 37-53).

왈처는 상기의 해석적 방법에 근거하여 정치적 이데올로기를 '다원적 공동체주의(pluralist communitarianism)'로 규정한다(박정순, 2017: 209). 왈처는 정치적으로는 자유주의의 속성을 지니면서도 다양한 문화 요소들이 공존하는 세계를 추구하며 '다원적 평등(complex equality)'을 구체화하였다. 왈처에 의하면 다원적 평등에는 세 가지 원리가 전제되어야 함을 주장한다. 첫째, 다원적 평등은 지배가 없는 사회를 추구한다. 그는 '독점(monopoly)'과 '지배(dominance)'를 구분하여 논의한다. 독점이 한 사람이 특정 가치에 대하여 독차지하는 것이라면, 지배는 특정 영역의 가치가 다른 영역으로까지 확대 및 침범하는 경우를 뜻한다.

정치적 평등주의의 목표는 지배가 없는 사회다. 이것은 평등이라는 낱말
이 표현하는 생생한 희망이다. 즉 굽실거릴 필요도, 아첨할 필요도 이제
더 이상 없는 사회, 무시무시한 공포도 이제는 더 이상 없는 사회, 지고한
강자도 이제는 더 이상 없는 사회 그리고 주인도 노예도 이제는 더 이상
존재하지 않는 사회, 바로 이런 사회가 정치적 평등주의가 목표로 하는 사
회다. … 지배의 수단들을 소유하거나 통제하는 사람이 전혀 없을 때 우리
는 서로 평등하다. (왈처, 1999: 19)

왈처가 상정하는 평등이란 구성원들이 재화를 똑같이 나누어 가질 때 구
현되는 것이 아니다. 또한 그 어떤 것도 각각의 고유한 영역을 침범하는 지
배적 가치를 갖지 않는 것이어야 한다. 왈처가 보기에 지배는 전제로 전환
되어 문제를 야기한다. 돈은 본래 역할에 머무르지 않고 인간의 장기나 인
격마저도 살 수 있는 무소불위의 권력으로 변모한다. 왈처의 관심사는 지
배를 어떻게 하면 감소시킬 수 있을지에 대해서 중점을 둔다.

둘째, 왈처의 다원적 평등은 다원주의를 지향한다. 왈처에 따르면, 현대
사회가 양극화되는 이유는 지배적 재화의 소유가 세습되고 있기 때문이다.
돈이라는 지배적 재화로 인하여 타인을 도구로 취급할 때 공동체의 붕괴가
일어난다. 따라서 왈처는 다양한 사회적 가치들이 경계를 유지함으로써 다
양한 재화들이 자율적으로 분배될 것을 주장한다.

분배 정의라는 관념은 소유뿐만 아니라 존재 및 행위와 연관되어 있다. 또
한 생산과 소비뿐만 아니라 정체성, 지위, 토지, 자본, 개인 재산 등과도
관련되어 있다. 서로 다른 정치 체제들은 다양한 가치들을 서로 다른 방식
으로 분배한다. … 이런 사회적 가치들은 성원권, 권력, 영예, 종교적 신분,
신의 은총, 인적 관계와 사랑, 지식, 부, 신체상의 안전, 노동과 여가, 보상
과 처벌, 나아가 의식주를 포함하는 일군의 가치들, 수송, 의료, 일상 용품

들, 사람들이 모으는 온갖 기이한 물품들(그림, 진귀한 서적, 우표 등) 등 무수히 많다. 이와 같은 가치들의 다원성은 각각의 사회적 가치들에 대한 분배 절차 및 주체 나아가 그 기준의 다원성과 부합한다. (왈쳐, 1999: 30-31)

각각의 사회적 재화가 불평등하게 분배되었을지언정 서로 독립된 가치를 지니는 것이 다원적 평등의 전제 조건이다. 따라서 각 영역이 고유한 권한을 지니고 있게끔 하기 위해서는 어느 한쪽으로 종속되지 않아야 한다. 그는 다원적 평등을 이루기 위한 가치론을 여섯 가지로 정리한다.

① 분배 정의는 사회적 가치로 간주할 수 있다. 가치는 각 사회마다 지닌 가치를 다르게 판단하고 있기에 사회적 과정을 통하여 이루어지는 것으로 이해할 수 있다.
② 사회적 가치는 이해, 창출, 소유, 채택 등의 방식에 의하여 구체적인 정체성을 가지게 된다.
③ 모든 도덕적·물질적 세계에서 통용되는 가치들을 하나의 가치로만 환원시키는 것은 불가능하다. 빵은 생명의 가치이자 동시에 예수의 몸을 상징하는 종교적 가치이기도 한 중첩적인 특징을 지닌다.
④ 가치는 그 자체로서가 아니라 사회적 가치에 의해 좌우된다.
⑤ 사회적 의미들은 역사적인 특징을 지닌다.
⑥ 다양한 분배들은 자율적인 특징을 지녀야 한다. 신앙심이 경제적 영역인 시장에서 그 의미를 지녀서는 안 된다. (왈쳐, 1999: 34-41)

셋째, 왈쳐는 건강한 민주주의를 추구한다. 정치권력은 언제나 독재 및 전제 가능성을 지니고 있기에 이에 대해서 맞설 수 있는 법적인 제도 장치가 필수적이다.

민주주의란 평등한 권력을 요구하는 것이 아니라 평등한 권리를 요구하는 것이다. 여기서 권리는 최소한의 권력(투표권)을 행사하도록 보장된 기회 또는 더욱 큰 권력(연설, 회합, 청원권)을 행사하게끔 보장하는 기회다. (왈처, 1999: 468)

민주주의는 특정한 정당이 독재하는 것을 막을 수 있는 정치체이다. 그리고 민주주의 내에서 구성원들은 자유로운 토론과 표현이 가능해야 한다. 또한, 왈처는 각자의 분배 영역들에서 다원적 평등이 독립적으로 존재하기 위해서는 침해에 대한 감시가 필요하다고 보았다. 그리고 끊임없이 이의 제기를 주장하는 정치 '훈수꾼(kibitzer)'으로서의 기능을 다해야 함을 주장하였다(박정순, 2017: 228).

2. 왈처의 분배 정의론

왈처는 다원적 평등을 실현하기 위한 분배 기준으로 자유 교환, 응분의 몫, 필요 등 세 가지를 제시한다. 이 세 가지 분배 기준은 각각의 영역에서 쓰임이 다를 것이라 내다본다. 우선, 자유 교환은 각 개인이 자유롭게 거래, 증여, 교환 가능한 상태를 뜻한다. 경제 영역에서의 화폐가 대표적이다. 그러나 자유 교환은 정치 영역에서는 적용할 수 없다. 자유 교환이 적용된다면 자발적인 합의가 아닌 권력을 쥐고 있는 자들에 의하여 휘둘릴 가능성이 있기 때문이다. 다음으로, 응분의 몫이란 각 개인의 능력만큼의 보상과 처벌을 뜻한다. 이는 "눈에는 눈 이에는 이"의 원칙과 같이 동일한 경우를 동등하게 다루는 것을 뜻한다. 마지막으로, 필요에 따른 분배는 "각자에게 그들의 필요에 따라"의 원칙에 근거한다. 필요는 사람들의 상이한 가치관에 의하여 달라질 수 있으며 각자의 욕구에 따라 분배되는 것을 의미한다(왈처, 1999: 58-66).

한편, 필요에 따른 분배는 마르크스의 이론에 근거하고 있기에 미국 사회에서 많은 비판을 받아 왔다. 왈처는 이에 대해 자신이 마르크스를 신봉하여 이를 주장한 것이 아니며, 공동체 구성원들이 최소한의 의식주를 해결할 수 있는 사회적 안전망을 마련하는 것에 불과하다고 항변한다.

왈처는 세 가지 분배 원칙을 근거로 하여 11가지 분배 영역을 주장한다. 왈처는 다원적 평등에 근거하여 분배 정의의 기준을 마련한다. ① 성원권, ② 안전과 복지, ③ 돈과 상품, ④ 공직, ⑤ 힘든 노동, ⑥ 자유 시간, ⑦ 교육, ⑧ 혈연과 사랑, ⑨ 신의 은총, ⑩ 사회적 인정, ⑪ 정치권력 등으로 구성한다.

왈처는 다원적 사회에서의 첫 번째 분배 원칙으로 성원권(membership)을 제시한다. 성원권이란 특정 국가에서 지니는 구성원의 자격을 의미한다. 왈처는 역사적으로 성원권이 어떻게 구성되었는가에 대한 문제보다는 현재 특정 국가에서 어떤 기준으로 구성원의 자격을 주는지에 대해서 관심을 가진다. 왈처는 국가의 특징을 가족의 비유와 유사하다고 이해한다. 가족이란 국가 내 구성원들의 가까운 친척에 대해서는 모르는 이웃보다 더욱 가깝게 느껴지는 혈연관계를 뜻한다. 민족 단위의 국가에서는 해외에 거주하고 있는 같은 민족을 '동포'라고 부르는 게 이에 해당한다(왈처, 2007a: 80-90).

각 공동체의 구성원들은 가족과 비슷한 지위를 획득하기에 폐쇄적인 공동체가 형성된다. 그러므로 각 공동체는 이방인을 받아들이는 데 있어서도 자신들만의 규칙이 존재할 수 있음을 왈처는 주장한다. 예컨대, 왈처는 난민을 무조건적으로 받아들이는 것에 대해서는 경계한다. 난민의 인권을 존중하는 인도주의적 차원도 존재하지만 국가 구성원들의 의견 역시 중요하기 때문이다. 왈처가 상정하는 성원권은 모든 사람을 맞이하는 환대권이 아닌 특정한 공동체 내에서 협력하고 이에 대한 의무를 지니는 '상호 부조의 원칙(the principle of mutual aid)'에 근거한다.

왈처는 상호 부조의 원칙을 ① 한편의 당사자들이 지원을 필요로 하는 경우, ② 지원을 베푸는 편이 치러야 할 위험과 비용이 받는 편에 비해 상대적으로 낮은 경우라는 조건을 달아 설명한다(왈처, 2007a: 74-77). 한편, 왈처는 외국인 노동자들의 성원권은 예외로 한다. 외국인 노동자들은 그 공동체에서 하기 싫어하는 힘든 노동을 맡는 경우가 대다수인데, 이들에게 성원권을 부여하지 않는 것은 마치 과거 그리스에서 외국인 거주자를 대하는 태도와 유사하다고 왈처는 비판한다(왈처, 2007a: 105-119).

다원적 사회에서의 두 번째 분배 원칙으로 왈처는 안전과 복지를 제시한다. 현대사회에서 안전과 복지를 추구하는 국가는 세 가지 조건을 충족해야 한다. ① 모든 공동체는 그 구성원들의 요구 사항에 대해 관심을 가져야 한다. ② 분배되는 가치들은 필요 원칙에 근거하여 비례적으로 분배된다. ③ 모든 구성원들의 동등한 성원권을 제공해야 한다(왈처, 2007a: 161). 국가가 구성원에게 행해야 할 안전과 복지는 공동 부조이다. 공동 부조는 모든 구성원들에게 의료 서비스를 제공해야 하는 것을 뜻한다. 전염병은 개인의 힘으로 어찌할 수 없으며 공동체에서 힘을 모아 해결해야 한다. 이와는 반대로 구성원들이 공동체에 기여할 수 있는 방안으로는 헌혈이 존재한다. 헌혈은 공동체 구성원들이 누구나 할 수 있는 행위이며, 연대감을 느낄 수 있는 훌륭한 방법 중 하나이다. 이와 같이 안전과 복지 영역은 국가가 구성원을, 구성원이 국가를 위하여 상호 부조하는 이타적 영역이다(왈처, 1999: 168-170).

다원적 사회의 세 번째 분배 원칙은 돈과 상품이다. 그는 현대사회에서 고유한 다원적 영역들을 훼손하는 것으로 돈을 꼽는다. 사실상 현대사회는 모든 것을 돈으로 살 수 있는 사회이기 때문이다.

> 마르크스에 따르면, 돈은 사람과 상품을 이간질시키고, 모든 자연적이고 도덕적인 울타리를 파괴하는 보편적인 뚜쟁이이다. … 돈이 사용되는 곳이라면 그곳이 어디든, 돈은 양립할 수 없는 것들을 중개하며, 사회 생활의 "자립적인 실체들"을 파괴하며, 개체성을 변형시키며, "정반대의 것들조차 강제로 껴안으려 한다." 이것은 돈이 지향하고 있는 것이며, 바로 우리가 돈을 사용하는 이유인 것이다. (왈처, 1999: 171, 173)

왈처는 돈으로 살 수 있는 것과 살 수 없는 것을 상세하게 구분한다. 돈으로 살 수 있는 것은 개인 간 자유롭게 교환 가능한 것들이다. 선물, 주식 거래, 의식주 관련 상품 구매, 사치품이나 미술 작품 등과 같이 개인의 선호에 의하여 이루어지는 것들이 이에 해당한다. 반면에 그는 돈으로 살 수 없는 것을 '봉쇄된 교환(blocked exchange)'으로 명명하고, 그 종류를 다음과 같이 정리한다. ① 인신매매, ② 투표권 매매와 같은 정치적 영향력, ③ 형법적 정의, ④ 언론, 출판, 집회, 종교의 자유, ⑤ 결혼과 생식의 권리, ⑥ 정치 공동체에서 퇴거의 자유, ⑦ 군 복무 및 배심원 의무 면제, ⑧ 정치적 공직, ⑨ 치안과 교육 서비스, ⑩ 절망적 교환(최소 임금, 8시간 근무제, 건강 안전 규제에 대한 포기), ⑪ 상과 명예, ⑫ 종교의 은총, ⑬ 사랑과 우정, ⑭ 살인 청부, 장물 취득, 마약과 같은 범죄 행위 등이다(왈처, 1999: 178-183). 현대사회가 양극화되는 이유는 돈이라는 지배적 가치로 모든 것을 포섭했기 때문이라고 주장한다. 따라서 왈처는 이러한 돈의 지배가 해체되어야 한다고 주장한다.

다원적 사회의 네 번째 분배 원칙은 공직이다. 공직 영역에서는 롤스의 정의론의 제2원칙인 "사회적·경제적 불평등은 공정한 기회 평등의 조건에서 모두에게 개방된 공직과 직위에 결부될 수 있도록 편성되어야 한다"가 잘 구현되고 있다(왈처, 1999: 217-221). 그러나 업적주의는 응분과 자격 기준이 중첩되어 있는 문제가 있다. 의사 사례로 설명 가능한데, A는 공정한 절차에 입각해 공부하고 의사 고시를 통과하였으므로 이에 상응하는 자격을 갖추었다. 그러나 국가는 A에게 의사 전문 자격을 주었던 것이지 특정한 지역 및 병원에서 근무하거나 세부 전공을 강요할 수 없다. 가령, A는 다한증(多汗症)이 있다고 가정해 보자. 이러한 상황에서 국가가 A에게 수술이 많은 정형외과로 임명하는 것은 정의로운 분배 원칙이 될 수 없다. 이처럼 공직은 상황에 따라서 바뀔 수 있는 분배 원칙이기에 응분과 자격을 모두 고려해야 한다(왈처, 1999: 226-232).

한편, 공직은 단순히 국가에 복무하는 직원을 뽑는 것 외에도 명예, 지위,

권력, 특권 등의 가치를 동반하기 때문에 문제시된다. 왈처는 이를 '공직의 오만'으로 칭하며 경계한다. 공직의 발달은 이들이 곧 권력이 되는 것을 의미하며, 권력은 자신의 직업의 울타리를 공고히 하는 전문가주의로 발전된다(왈처, 1999: 257-258). 이러한 공직의 특성을 이해하여 공직을 덜 권위적으로 만들기 위해서는 공직의 독점화를 막아야 한다. 서로 협력할 수 있는 수단을 만들거나 감독 기관을 통한 규제를 제안한다(왈처, 1999: 255-269).

다원적 사회에서의 다섯 번째 분배 원칙은 힘든 노동이다. 힘든 노동은 육체적, 정신적으로 노동하는 사람의 건강을 해칠 가능성이 높다. 그러므로 힘든 노동을 즐기면서 할 사람은 그 누구도 존재하지 않을 것이다. 왈처는 버나드 쇼의 "만약 쓰레기 청소부가 공직이라면, 아무도 먼지에 대하여 불평하지 않을 것이다"라는 주장을 차용하면서, 힘든 노동은 사회적으로 존중받아야 한다고 주장한다. 키부츠 공동체에서는 힘든 노동으로 인하여 못이 박인 손은 칭송받으며, 교사는 징집되어 그 누구도 하기 싫어하는 노동(잡일, 경비)을 순번제로 맡게 된다. 그러나 키부츠 공동체에서도 식사를 위한 노동은 허드렛일로 치부하는 면모를 보이는 등 노동에 대한 근본적인 시각을 바꾸지는 못하였다고 왈처는 이해한다(왈처, 1999: 270-284).

여섯 번째 분배 원칙은 자유 시간이다. 자유 시간은 자유 교환의 분배 원칙에 근거한다. 그리고 자유 시간은 힘든 노동과 대비되는 영역으로 이해할 수 있다. 자유 시간은 두 가지 유형으로 나눌 수 있는데, 하나는 자기 계발을 위한 자유 시간이 있다. 다른 하나는 육체와 정신 활동 없이 빈둥거리면서 보내는 여가가 있다(왈처, 1999: 298-312).

일곱 번째 분배 원칙은 교육이다. 교육의 의미는 기본적으로 누구에게나 교육을 받아야 하는 필요의 분배 원칙을 뜻한다. 교육은 보통 사회적 재생산을 위한 도구로 활용되는 것으로 이해하는 입장이 있다. 조지 오웰이 이에 해당하는 사례이다. 그는 귀족 자제로 태어나 영국의 귀족 학교에서 배웠다. 그는 평민들이 배우는 것이 아니라 귀족으로서 지녀야 하는 교육과 관료 및 전문직으로 진출할 수 있는 기회를 얻었다. 반면에 교육은 개인의 자율성을 신장하는 기관으로 간주하는 입장이 있다. 왈처는 후자의 입장을 지지한다(왈처, 1999: 313-351).

여덟 번째 분배 원칙은 혈연과 사랑이다. 가족은 여타의 분배 원칙과 다르게 불평등을 타당한 것으로 지니고 있다. 혈연관계에 기반한 가족은 최소 단위의 국가로서 규정할 수 있으며, 공동체에서는 이를 보호하기 위한 방책이 필요하다. 혈연과는 다르게 사랑은 자유 교환에 의하여 결정된다. 예를 들어, A와 B는 C를 사랑하고 있다. 그런데 C는 B보다는 A를 사랑하는데, 이는 A가 자신의 성향에 맞기 때문이다. C가 A를 사랑하는 것은 그 누구도 간섭할 수 없는 주관적인 감정이다(왈처, 1999: 352-365).

아홉 번째 분배 원칙은 신의 은총이다. 신의 은총은 분배 원칙으로 상정하기에는 문제가 있다는 지적도 있다. 그러나 왈처는 신의 은총은 구매, 상속, 강제될 수 없는 고유한 분배 원칙임을 강조한다. 무신론자들은 종교 영역이 필요 없지만 독실한 종교인들에게는 필요하기 때문이다(왈처, 1999: 375-384).

열 번째 분배 원칙은 사회적 인정이다. 인정은 크게 세 가지 형태로 구현된다. 우선, 계급 형태로서의 인정이다. 대통령 각하, 판사님, 선생님, 인간 문화재 등과 같은 호칭은 구성원들에게 특정 가치를 심어 준다. 이처럼 인정은 자유로운 사회에서 다양한 가치를 반영해야 하지만 명예라는 기준에 의하여 판단된다. 다음으로, 자신의 노력인 응분의 몫에 의하여 획득되는 공적 명예가 있다. 공적 명예는 공공선에 기여했던 자격이 있는 자에게만 명예를 주는 것이다. 높은 명예를 지닌 사람 외에도 공동체의 구성원들은 자신마다의 직함이 있다. 예컨대 교사, 경찰, 요리사, 운전기사 등의 직업은 물론이고 xx동 통장, ㅁㅁ동호회 회장 등 다양한 기준에 의해서도 직함이 만들어진다. 이러한 직함은 구성원들이 공동체에 기여하는 각기 다른 방식을 의미하며, 부여된 직함에 의해서 제각기 인정받을 수 있다. 마지막으로 자기 존중으로서의 인정이다. 인정은 공동체 내에서의 구성원의 역할을 담당하고 있다는 일종의 자존심이다. 여기서 말하는 자기 존중이란 공적 및 계급으로서의 명예가 아니다. 특정 공동체 내에서의 구성원들이 지녀야 하는 동등한 존중의 가치에 가깝다. 구성원들은 서로 동등한 위치에서 상호 존중해 주어야 한다(왈처, 1999: 385-438).

열한 번째 분배 원칙은 정치권력이다. 권력은 모든 사회적 가치를 분배하는 데 필요한 수단으로 작용한다. 그러나 정치권력은 남용하게 되면 전제적으로 변모할 가능성이 높다. 왈처는 정치권력의 기준에 대하여 상세히 논의한다.

① 정치권력은 국민들의 인격까지 탈취하거나 봉사를 강요할 수 없다.

② 정치권력은 각 개인의 친권과 결혼에 관한 권리에 대해 침해할 수 없다.

③ 정치권력은 사법 체계를 붕괴시키거나 국민들을 억압하는 수단으로 전용할 수 없다.

④ 정치권력은 특정한 결정을 경매에 맡기거나 관직을 자신의 친인척에게 유리한 방향으로 분배할 수 없다.

⑤ 모든 국민은 법 앞에 평등하며 인종, 민족, 종교 등으로 차별 대우 받아서는 안 된다.

⑥ 국가는 개인의 사유재산에 대해 임의적으로 세금을 부과하거나 몰수할 수 없다. 그리고 자유로운 화폐 교환과 기부 및 증정 행위에 대해서 국가는 관여해서는 안 된다.

⑦ 국가는 각 개인의 종교에 대해서 통제할 수 없다.

⑧ 국가는 교육 교과 과정을 법제화할 수 있지만 실질적 교육에 대해서는 관여할 수 없다.

⑨ 국가는 분배 범위에 대한 논의를 임의적으로 규제하거나 검열할 수 없다.

(왈처, 1999: 439-447)

지금까지의 논의를 정리하면, 다원적 평등에는 11가지 영역이 있음을 확인하였다. 성원권은 상호부조의 원칙, 안전과 복지는 필요 원칙, 돈과 상품은 자유 교환 원칙, 공직은 응분의 몫과 자유 교환, 힘든 노동은 이에 대한 관점 전환, 자유 시간은 자유 교환과 필요의 원칙, 교육은 필요와 자유 교환의 원칙, 혈연과 사랑은 불평등한 혈연 원칙과 자유 교환의 원칙, 신의 은총은 고유한 분배 원칙, 사회적 인정은 자유로운 교환과 응분의 몫, 정치적 권력은 설득과 절차적 공정성에 의해 분배되는 특징을 지녔다. 이처럼 11가지 영역은 하나의 분배적 원칙에 의하여 규정되지 않는다는 점을 확인하였다.

3. 왈처의 정의 전쟁론

기존의 정의 전쟁(*bellum justum*)론은 중세 기독교 철학자인 아우구스티누스에 의해 정립되었다. 아우구스티누스는 선과 악의 이분법으로 신앙을 보았듯이, 전쟁에서도 선악의 개념을 도입한다. 정의 전쟁론은 중세 시대를 거쳐 근대 민족국가에서 개념을 완성시킨다. 근대 국가는 국가이성(raison d'etat)에 근거하여, 전쟁은 국가 통치자들의 의지에 따라 움직였다. "전쟁 중에는 법은 침묵한다(*inter arma silent leges*)"는 격언에서도 잘 드러난다. 왈처는 기존의 정의로운 전쟁이 개전 및 참전에 대한 결정(*jus ad bellum*)과 전장에서의 전투행위가 잔인한가에 대해서(*jus in bello*)만 관심을 가졌을 뿐 전쟁 이후의 정의(*jus post bellum*)에 대해서는 다루지 않았음을 지적하였다(왈처, 2009a: 17).

왈처의 정의 전쟁론(just war theory)은 크게 세 가지 특징으로 요약할 수 있다. 첫째, 전쟁 개시 이후의 정의에 대해서 고려한다. 전쟁이 끝난 이후의 행위들도 각각 도덕적으로 판단해야 한다는 것이다. 이에 왈처는 '정의로운(just)'의 개념을 재정립한다. 왈처가 주장하는 '정의로운'이란 정당화 가능한, 도덕적으로 필연적인 특징을 지니는 것을 뜻한다(왈처, 2009a: 13).

정의로운 전쟁 이론은 비판을 위해 만들어진 이론이다. 그러나 그것이 곧

모든 전쟁이 비판받아야 함을 의미하는 것은 아니다. 최근 아프가니스탄
에서의 전쟁을 내가 옹호했을 때 비판자들의 일부는 베트남 전쟁과 미국
이 수행했던 일련의 소규모 전쟁들, 중앙 아메리카에서의 대리전쟁에 대
해 반대했기 때문에 일관되지 못한 모습을 보이고 있다고 주장한다. …
이러한 식의 비판은 한 사람의 암 환자를 진단한 의사가 다른 모든 환자
에 대해서 유사한 암 판정을 내려야만 한다는 주장과 다르지 않다. (왈처,
2009a: 15)

왈처는 자신의 정의 전쟁론의 철학적 토대를 결의론(casuistry)으로 상정
하고 이를 구현한다. 결의론은 어떠한 행동이 도덕적으로 정당한지 정당하
지 않은지 기존 형태로서는 판단하기 불가능할 때 행해지는 도덕 판단이
다. 즉, 결의론은 보편적 규범을 적용하기 어려운 상황임에도 불구하고 옳
고 그름을 판단하는 상황을 뜻한다. 전쟁 정의론은 결의론과 밀접하게 관
련 있는 영역이라고 왈처는 주장한다. 왈처에 따르면, 똑같은 전쟁이지만
개전하는 의도에서는 큰 차이가 남을 주장한다. 미국이 수행한 정의로운
전쟁은 9.11 테러로 인한 아프가니스탄 전쟁이었음을 왈처는 주장한다. 반
면에 베트남, 중앙아메리카에서의 전쟁 등은 정의롭지 못한 전쟁이었다고
비판한다. 베트남 전쟁을 전시의 민간인 학살이라는 측면에서만 비판하고
있지만, 왈처는 미국이 베트남에 개입한 계기 그 자체가 잘못되었음을 지적
한다(왈처, 2009a: 23-32).

둘째, 전쟁 수행 중인 군인의 임무 수행과 관련한 규칙을 제시한다. 왈처
는 엄격한 도덕주의자들이 모든 전쟁은 정의롭지 못하다고 주장하는 것에
대해서 비판적이다. 왈처는 전쟁의 비도덕성에 대해서는 수긍하지만 전쟁
이 끝난 후에 군인들에게 '살인자'라는 오명을 씌우는 도덕적 비난에 대해
서는 동의할 수 없다고 주장한다(왈처, 2009a: 36-38, 591). 물론 군인들이
민간인을 보호하지 않고 즉결심판과 같은 불필요한 살인을 저지르는 경우
도 있다. 이는 정당화될 수 없는 살인이다.

왈처는 군인들에게도 정당한 방법의 전쟁 수행 규칙이 있으며, 이를 지켰다면 도덕적으로 정당화될 수 있음을 강조한다. 그는 이중 결과의 원리에 근거하여 전쟁 수행 규칙을 정교화 한다. 이중 결과의 원리는 한 행위가 두 가지 결과를 가져오는 도덕적 논쟁을 해결하기 위한 절차를 제공하는 원리이다. 좋은 결과를 낳기 위해서 나쁜 행위를 의도적으로 하는 것은 옳지 않지만, 선한 행위가 나쁜 결과를 가져올 것임을 알면서도 그 행위를 허용할 수 있다.

이중 결과의 원리가 적용되기 위해서는 충족되어야 할 조건이 있다.

① 행위의 본성 조건이다. 행위는 도덕적으로 선한 것이거나 적어도 중립적이어야 한다.
② 행위자의 의도가 나쁜 결과에 있지 않고 좋은 결과에 있어야 한다.
③ 행위자의 의도가 선해야 한다. 나쁜 결과를 의도하였다면, 좋은 결과가 나왔더라도 이는 잘못된 방법이다.
④ 비례 조건이다. 시지윅(Henry Sidgwick)의 비례성의 규칙을 근거로 하여 나쁜 결과를 허용하는 것이 불가피할 만큼 중대한 이유가 있어야 한다. (왈처, 2007b: 330)

왈처는 이중 결과의 원리를 근거로 하여, 군인이 전쟁 중에 선한 의도에서 비롯된 행위를 수행했다면, 그 결과가 나쁘더라도 비도덕적이라 할 수 없다고 주장한다.

참호 또는 지하실을 폭파할 때는 먼저 그 안으로 폭탄을 던진 후 주변을 살펴보는 것이 현명한 처사였다. 그러나 몇몇 지하실에 민간인이 있다는 점으로 인해 이 마을에서 우리는 매우 조심해야 했다. 사람이 있는지 확인하기 위해 우리는 지하실을 향해 소리를 질렀다. … 대답이 없자 우리는 폭탄의 안전핀을 뽑으려 했다. 그 순간 한 여인의 목소리가 들렸다. …

첫 번째 소리쳤을 때, 이들은 너무 놀라 답변하지 못했다. 젊은 부인이 외

치지 않았더라면 우리는 아무것도 모른 채 이들 모두를 살해했을 것이다.

(왈처, 2007b: 327-328)

군인이 전쟁 중에 자신의 위치를 노출한다는 것은 적에게 바로 사살당할 수 있는 가능성이 높은 상황이다. 리처드의 대처는 교전 상황에서 특별한 경우이며, 식별이 불가능한 상황에서는 민간인을 살해하는 경우가 더욱 많다(박정순, 2017: 236). 리처드가 지하실에 소리를 지르지 않아서 마을 주민을 살해했다고 해보자. 소리를 지르지 않았다고 해서 리처드에게 비도덕적이라고 비난할 수 없다. 그러나 리처드는 그렇게 하지 않았다. 왜냐하면, 그는 자신의 죽음보다 민간인을 살해할 가능성에 대해서 더욱 높은 도덕적 가치를 우선적으로 두었기 때문이다(왈처, 2009a: 41-42).

왈처는 전쟁 중 군인이 짊어지는 군사적 책임을 '위로'와 '아래로'의 책임으로 구분하여 설명한다. 위로의 책임이란 군인은 국가에서 명령한 임무를 완수해야 함을 의미하며, 아래로의 책임이란 군인은 자신의 휘하 장병들의 생명에 대한 책임을 지는 것을 뜻한다(왈처, 2009a: 49-59). 군인들에게 위로의 책임만을 강조하였지 아래로의 책임은 도덕적으로 체계화되지 못했음을 왈처는 지적한다. 가령, A국가에서 비도덕적인 사태가 일어나 국제사회에서 모두 분개하는 일이 생겼으며, 이에 B국가에서 군대 파병을 결정했다고 가정해 보자. 국제사회의 도덕적인 명분이 있음에도 불구하고 B국가의 시민들 중 누군가는 A국가에 참전해야만 한다. 전쟁에 참전하는 자는 군인이며, 이들은 직접 싸워야 하는 상황이다. 이들은 A국가의 문제점을 해소하기 위해 노력하지만 어쩔 수 없이 민간인이 희생당하는 일이 생길 수밖에 없다. 민간인이 희생당하지 않으려면 자신을 희생하는 수밖에 없다. 이러한 상황에서 군인들에게 숭고한 희생을 강요할 수 있는가.

왈처는 바로 이 점을 지적하면서, 모든 군인이 리처드처럼 될 수 없으며 행위자의 의도가 선하다면 나쁜 결과가 나오더라도 비도덕적으로 간주할

수 없음을 강조한다. 왈처는 이중 결과의 원리 중 세 번째 원칙에 주목한다. 행위자의 의도가 선하거나 바람직하지 않은 경우가 전쟁 중에는 너무나 많다. 예컨대, 적군의 군수공장을 파괴하기 위한 계획을 세웠다고 가정해 보자. 이 군수공장을 파괴한다면 전쟁 종결을 앞당길 수 있을뿐더러 희생당하는 민간인, 군인들의 수를 획기적으로 줄일 수 있다. 이러한 좋은 의도에도 불구하고, 군수공장을 파괴하게 되면 근처에 머무르고 있었던 무고한 사람들이 희생된다고 가정해 보자(왈처, 2007b: 327-333).

> 폭격으로 인해 적군이 사살됐을 뿐만 아니라 인근에 있던 민간인이 사망했다. 항공기의 폭격 지원을 요청한 장교는 민간인들을 죽일 의도가 없었다. 장교는 휘하 부하들을 배려해 이처럼 중무장 화력을 요청했다. 이는 정당한 배려다. 왜냐하면 전시에 부하의 생명을 귀중히 여기지 않는 장교의 지휘를 받고 싶은 병사는 없기 때문이다. (왈처, 2007b: 333)

이와 같은 상황에서 왈처는 군수공장을 파괴하는 것이 타당하다고 결론 내린다. 왈처는 사전 기획된 테러와 정의로운 전쟁 중에서 의도하지 않았고 어쩔 수 없이 피해가 생긴 '부수적인 피해(collateral damage)'를 구분한 것이다(박정순, 2017: 242).

셋째, 정의로운 전쟁의 최후의 수단으로서 인도주의적 개입이다. 인도주의적 개입은 무엇이며 언제 개입할 수 있는가. 인도적 개입 후 정치 주권을 보존하기 위해서 신속하게 철수하는 행위는 정의 전쟁론의 기본적인 원칙이다. 그러나 왈처는 이러한 원칙이 세 가지 근거에서 불가능하다고 반박한다. ① 다민족국가 내에서 특정 공동체 및 민족이 자발적으로 독립운동을 일으켰다면, 외부 세력은 개입 가능하다. 무정부 상태가 일어나 군대나 경찰과 같은 기본적인 치안이 보장되지 않는 사회에서는 국가 주권을 옹호하기 어렵기 때문이다. ② 한 국가에서 내란이 일어나고 외부 국가에서 특정한 편을 들어 개입한다면, 다른 외부 국가에서도 개입할 수 있다. ③ 한 국가가 자국의 시민들의 인권을 유린하거나 대량 학살이 행해졌다고 판단되면 외부 세력은 개입할 수 있다. 르완다, 코소보, 캄보디아에서 자행되었던 학살이 대표적인 사례이다(왈처, 2009a: 216; 2009b: 425-426, 461-466).

국제기구인 UN을 비롯해 미국과 같은 자유주의국가들에게 왜 이들을 돕지 않았느냐고 비난할 수 있지만, 이를 의무로 규정하기 어렵다. 본래 국가의 목적은 자국의 구성원들의 치안, 국방, 복지를 담당하는 것이기 때문이다. 그럼에도 불구하고 자유주의 진영 국가에서는 위의 사례의 국가들을 수수방관하고 있어야 하는 것일까. 왈처는 국제기구인 UN이 강력한 권한으로 외부적 개입을 할 것을 요구한다. 베트남, 탄자니아, 이스라엘의 이집트 선제공격, 코소보 전쟁 등 수많은 곳에서 UN이 개입했다면 지금의 결과와는 달랐을 것으로 내다본다. 그리고 표결과 관계 없이 정의로운 전쟁에 근거하여 도덕적인 정당성을 갖추었다면 UN이 전쟁에 개입하는 것이 가능하다고 왈처는 주장한다(왈처, 2009b: 560).

지금까지 살펴본 것처럼, 왈처는 정의로운 전쟁의 개념, 이중 결과의 원리에 근거한 전쟁 수행 원칙, 국가 개입 원칙 등을 세세하게 논의하였다. 왈처는 자신의 정의 전쟁론이 전쟁 윤리에서의 패러다임을 바꾸었다고 확신한다.

> 정의로운 전쟁 이론이 승리했다는 사실은 명백하다. 코소보 전쟁과 아프가니스탄 전쟁 당시 군 대변인이 전쟁의 정당성과 교전시 준수했던 제한수칙들을 설명하면서 정의로운 전쟁 이론의 개념과 범주들을 기꺼이 활용했던 것은 놀랄 만한 일이다. … 아마도 정의로운 전쟁 이론이 서구 국가들에서는 모든 군사적 전략 혹은 전술이 준수해야 하는 기준들 중의 하나가 되었다고 말할 수 있다. (왈처, 2009a: 34-35)

4. 왈처 정의론의 시사점과 한계

현대사회에서 왈처의 다원적 평등론은 특정 영역의 지배, 특히 물신주의에 대해 경종을 울리는 계기를 마련해 주었다. 왈처의 정의론의 한계는 다음과 같이 지적할 수 있다. 우선, 왈처의 정의론은 상대주의로 흐를 가능성이 높다. 왈처의 다원적 평등론은 다문화 시대에 다문화를 존중해 준다는 점에서 매력적인 이론이다. 그러나 왈처는 각 문화라는 이름으로 행해지고 있는 '악습'에 대해서 비판할 수가 없게 된다. 예컨대, 인도의 카스트제도나 중앙아시아에서 행해지고 있는 납치혼 문화가 대표적 사례이다. 코헨은 왈처의 공유된 이해는 개인의 선호와 가치관을 인정하지 않고 모두 공동체의 관습으로만 환원시키고 있다고 지적한다. 다시 말하면, 왈처가 상정하는 공유된 이해는 공동체에서만 발현 가능한 것에 불과하다(Cohen, 1986: 465). 왈처는 이와 같은 비판에 대하여 '내재적 비판(immanent criticism)'으로 해소하려 한다. 인도의 카스트제도가 수천 년 동안 이어진 것으로 보아 문화로 자리 잡았다고 볼 수 있다. 그러나 개인의 인권을 훼손하는 경우의 문화적 상대주의는 용인할 수 없다고 왈처는 주장한다(왈처, 2007a: 68).

다음으로, 왈처의 다원적 평등은 자의적이라는 비판이다. 그는 자신만의 해석에 근거하여 11가지의 다원적 평등의 기준을 제시한다. 그러나 왈처의 다원적 평등이 정말로 11가지만 있으리라는 보장이 있는가(Cohen, 1986: 458). 이에 밀러(David Miller)는 왈처가 제시한 봉쇄된 교환에 대해서 비판적 입장을 취한다. 사랑과 종교적 은총은 돈으로 살 수 없는 가치이긴 하나 이외의 것들, 즉 의료, 교육, 공직, 노동 등과 같은 영역은 자유 교환과 떼려야 뗄 수 없는 관계에 있기 때문이다(Miller 1995: 5). 이에 대하여 왈처는 자신이 제시한 11가지 기준이 완벽하지 않은 것이었음을 인정한다(박정순, 2017: 219).

이러한 문제점에도 불구하고 왈처는 자신이 주장한 다원적 평등론이 원칙적으로 옳은 방향임을 강조한다. 각각의 영역은 고유한 가치를 지니고 있으며, 이는 하나의 가치로 환원될 수 없음을 왈처는 거듭 강조하는 것이다(Walzer, 1995: 282-284).

IV. 결론

지금까지 노직과 왈처의 정의론에 대하여 각각 살펴보았다. 노직은 크게 두 가지를 주장하였다. 첫째, 역사적 원리에 근거하여 최소 국가로 이행되리라는 것을 주장하였다. 역사적 원리에 따라 노직은 최소 국가를 제시하는데, 최소 국가는 모든 구성원들을 보호하고 정치권력을 독점하는 특징을 지닌다고 규정한다. 즉, 노직은 국가가 구성원들에게 끼치는 영향은 불특정 다수가 나를 해치거나, 재산을 훔치거나 하는 최악의 상황을 면하기 위해 필요한 최소한의 안전장치로 이해한다. 이외에 다른 분배 원칙은 구성원의 자율에 맡겨야 한다. 둘째, 그는 로크적 단서를 토대로 한 소유 권리론을 주장하였다. 절차적으로 공정하게 자신의 노동력이 투여되었다면, 노동력이 투여된 그것을 취득할 수 있고, 취득한 그 소유물은 자신이 원하는 대로 교환 및 매매도 가능함을 주장하였다. 위의 두 가지 분배 원리가 불법이라면 이에 대해서는 교정이 이루어져야 한다. 그리고 노직에게 가장 중요한 것은 이러한 자신의 논의가 과거의 다른 학자들처럼 특정한 목적이 있는 유토피아를 상정하지 않는다는 점이다. 그는 비정형적 원리에 의거하고 있음을 거듭 강조한다.

왈처의 주장은 다음과 같이 세 가지로 정리할 수 있다. 첫째, 해석에 근거한 다원적 사회이다. 그는 자유주의와 같은 사회는 역사와 문화적 맥락을 무시한 이데올로기라 비판한다. 다시 말하면, 각 구성원은 공동체의 도덕과 문화에 영향을 받을 수밖에 없는 존재이다. 이를 토대로 하여 공동체를 논의하는 것이 마땅하다. 둘째, 다원적 평등에 대하여 논의한다. 다원적 평등이란 각기 다른 영역들이 하나의 지배적 가치에 의해서 영향 받지 않는 것을 의미한다. 다원적 평등의 기준에는 자유 교환, 응분의 몫, 필요 등의 가치가 있으며, 영역에는 11가지가 존재한다. 각각의 영역은 서로 다른 분배 원칙에 따라 움직이고 있음을 확인하였다. 각 영역은 서로 영향을 끼칠 수 없는 각기 고유한 영역으로 남아 있을 때만 진정한 다원적 사회로 나아갈 수 있다고 왈처는 주장하는 것이다. 셋째, 왈처는 정의 전쟁론을 현대적으로 체계화하였다. 왈처는 정당한 명분, 정당한 의도, 비례성 등에 관심을 가지며 이를 세세하게 논의하였다. 정의 전쟁론은 전쟁 상태에 대한 윤리적 강령을 만들어 주었다는 점에서 그 의의가 있다.

참고 문헌

로버트 노직, 남경희 옮김(2000), 『아나키에서 유토피아로』, 서울: 문학과지성사.
마이클 왈처, 정원섭 외 옮김(1999), 『정의와 다원적 평등』, 서울: 철학과현실사.
마이클 왈처, 김용환 외 옮김(2001), 『자유주의를 넘어서』, 서울: 철학과현실사.
마이클 왈처, 김은희 옮김(2007a), 『해석과 사회비판』, 서울: 철학과현실사.
마이클 왈처, 권영근·김덕현·이석구 옮김(2007b), 『마르스의 두 얼굴: 정당한 전
　　쟁·부장한 전쟁』, 서울: 연경문화사.
마이클 왈처, 유홍림 외 옮김(2009a), 『전쟁과 정의』, 서울: 인간사랑.
마이클 왈처, 최홍주 옮김(2009b), 『정치철학 에세이』, 서울: 모티브북.
박정순(2006), 「마이클 월쩌의 정의전쟁론」, 『정의로운 전쟁은 가능한가』, 서울: 철
　　학과 현실사.
박정순(2017), 『마이클 월저의 사회사상과 철학적 깨달음: 복합평등, 철학의 여신,
　　마방진』, 서울: 철학과 현실사.
장동익(2017), 『로버트 노직, 무정부·국가·유토피아』, 서울: 커뮤니케이션북스.
조나산 울프, 장동익 옮김(2006), 『자유주의 정치철학』, 서울: 철학과현실사.
조일수(2019), 「왈저의 정의 전쟁론에 대한 비판적 고찰」, 『윤리교육연구』, 51.
존 로크, 강정인·문지영 옮김(1996), 『통치론』, 서울: 까치.
존 롤스, 황경식 옮김(2003), 『정의론』, 서울: 이학사.

Cohen, J.(1986), Review of "Spheres of Justice: A Defense of Pluralism
　　and Equality", *Journal of Philosophy*, 83.
Miller, D.(1995), "Citizenship and Pluralism", *Political Studies*, 43.
Walzer, M.(1995), "response", *Pluralism, Justice, and Equality*, New York:
　　Oxford University Press.
Walzer, M.(2004), *Justice and Injustice in the Gulf War: Arguing about
　　War*, New Heaven: Yale Univ. Press.

7

고전적 사회계약론

김형렬

서울대학교 사범대학 및 대학원에서 윤리교육을 전공하였다. Fulbright Graduate Student Fellowship 수혜를 받고 미국 UCLA에서 국제 비교 교육과 시민교육을 전공하여 철학박사 학위를 취득하였다. 현재 서울대학교 사범대학 윤리교육과 교수로 재직하고 있다. 주요 논문으로 「글로벌 역량 교육의 핵심 학습요소와 영역에 대한 질적 메타분석」, 「고교유형별 청소년 사회참여역량의 차이」, "Immigration status and adolescents'voting intention in 17 European countries: The importance of immigrant integration policy context", "A Cross-national examination of political trust in adolescence: The effects of adolescents' educational expectations and country's democratic governance" 등이 있다. 2018년부터 현재까지 "고교유형이 학생의 시민역량에 미치는 영향에 대한 연구", "이주 배경 청소년의 정치 사회화에 대한 연구", "북한 이탈 청소년의 정치 사회화에 대한 연구" 등의 한국연구재단의 연구를 수행해 왔다.

* 이 장은 『윤리연구』 142호(2023)에 게재된 「고전적 사회계약론에 대한 연구」를 수정·보완한 것이다.

I. 서론

사회계약론은 근대 정치철학에 큰 영향력을 미친 사상가들로 언급되는 토머스 홉스(Thomas Hobbes), 존 로크(John Locke), 장-자크 루소(Jean-Jacques Rousseau)에 의해 시작되었으며, 현대에 이르러서는 존 롤스(John Rawls), 로버트 노직(Robert Nozick)에 의해 새롭게 전개되어 왔다. 이론 내부의 다양성과 차이에도 불구하고, 사회계약론은 자유롭고 평등한 합리적 개인이 자신의 욕구 충족에 방해가 되는 자연 상태의 어려움을 극복하기 위한 목적에서 구성원 상호 간에 계약을 맺어 공통의 주권 권력을 설립하고, 그러한 권력에 복종함으로써 평화와 안전을 획득한다는 내용을 골자로 한다. 사회계약론 전통에서는 정치제도 및 국가의 정당성을 '사회계약'의 관점에서 평가하는데, 이는 다음과 같은 질문으로 표현될 수 있다. 현존하는 정치 제도 및 국가는 우리가 동의하였거나 동의할 만한 종류의 것인가?(Morris, 2014: ix).

홉스, 로크, 루소의 고전적 사회계약론은 모두 인간을 선천적으로 자유롭고 평등하며 합리적인 존재로 보는 근대적 인간관으로부터 출발한다. 근대적 의미에서의 인간은 주어진 전통과 관습에 따라 운명적으로 살아가는 것이 아니라 독립적인 인격체로서 이성에 따라 합리적이고 자율적으로 행동하는 존재로 규정된다(김비환, 1996: 11). 이에 고전적 사회계약론은 통치자들의 지배권이 신에 의해 혹은 세습에 의해 정당성을 부여받기 때문에 군주나 귀족들이 향유하는 권력과 특권 역시 '자연적인' 것이라는 당대의 지배적인 견해에 반대하는 입장을 취한다. 사회계약론의 관점에서 보기에 현존하는 모든 사회적 구별과 정치적 위계들은 그저 '관습적인' 것에 불과하며 그 정당성에 대한 타당한 근거를 제시할 것이 요구되는데, 자유롭고 평등한 개인들이 자발적인 의사에 의해 그러한 사회적 구별과 정치적 위계에 (명시적으로 혹은 암묵적으로) '동의'했다는 사실만이 오직 이 같은 정당화를 가능케 한다는 것이다. 나아가 고전적 사회계약론에서 통치자들은 피통치자들의 동의를 받기 위해 이들의 이익에 봉사해야만 하며, 통치자들이 누리는 권력과 특권 또한 피통치자들의 이익에 대한 봉사라는 책임을 얼마나 잘 수행했는지의 여부에 따라 정당화될 수 있다고 본다. 달리 말해, 통치자들은 피통치자들의 평화와 안전을 위해 인위적으로 만들어진 고용인 (servant) 혹은 대리인(agent)이라는 것이다.

국가 성립의 기초와 정당성의 근원을 자유롭고 평등한 합리적 개인들 간의 동의로부터 이끌어 낸 고전적 사회계약론은 20세기에 롤스와 노직에 의해 계승되었다. 롤스는 고전적 사회계약론에서의 자연 상태에 대응하는 원초적 입장에서 개인들이 무지의 장막을 쓴 계약 상황을 제시함으로써 계약 당사자들이 자유롭고 평등한 입장에서 정의의 원칙을 선택할 수 있도록 한다(Rawls, 1999: 17). 공정으로서의 정의의 두 원칙을 도출하기 위해서 사회계약론의 구도를 활용한 것이다. 반면, 노직은 롤스가 사회계약에 의존하여 정의의 원칙을 도출하는 것에 반대하며, 우리가 자연 상태에 대해 알 수 있는 것은 단순히 어떠한 최소한의 국가가 필요하다는 사실뿐이라고 이야기한다. 나아가 그러한 국가는 개인의 자유와 권리를 보장하는 보호적 결사에 국한되어야 하며 그 이상의 역할을 넘어서는 어떠한 형태의 국가도 정당화될 수 없다고 주장한다(Nozick, 2013: xix). 이와 같이 롤스와 노직이 계약론을 활용하는 방식에 있어서는 큰 차이를 보이지만, 이들의 정치 이론은 모두 국가 성립 이전에 개인들이 처한 상태, 즉 자연 상태라는 추상적인 개념을 받아들이고 이 같은 자연 상태에 대한 숙고의 결과로써 개인들이 동의할 만한 특정 형태의 정치제도를 정당화하고 있다는 점에서 현대적 의미에서의 사회계약론으로 분류된다.

이처럼 사회계약론은 논리적 전개와 구체적인 내용의 측면에서는 각각 차이가 있지만, 공통적으로 정치제도와 국가의 정당성의 기반으로 계약적 구도를 선택함으로써 자유롭고 평등한 개인의 권리의 우선성을 확보하고자 노력해 왔다. 이 장에서는 고전적 사회계약론 전통을 대변하는 홉스와 로크, 루소의 사회계약론을 둘러싼 논의들을 검토하고, 이를 바탕으로 사회계약론에 대한 비판과 시사점, 현대적 의의 등에 대해 살펴본다.

II. 홉스의 사회계약론

1. 홉스의 근대성

홉스의 사회계약론은 자연 상태에서의 비참함을 극복하기 위한 유일한 대안으로 절대주의 정부를 옹호하고 있다는 한계에도 불구하고, 사회적 관습과 전통에서 벗어난 독자적 개체로서의 자유로운 개인을 상정하고 이들 간의 육체적, 정신적 능력에서의 평등을 강조하였으며, 특히 전통적인 자연권 사상에 입각하여 인간의 본성을 자기 보존의 욕구로 규정하였다는 점에서 근대 자유주의의 시조로 평가된다.

> 일반적으로 학자들이 '자연적 권리'라고 부르는 '자연권(right of nature)'은 모든 사람이 자신의 본성, 즉 자신의 생명을 보존하기 위해 자기 뜻대로 힘을 사용할 수 있는 자유, 즉 그 자신의 판단과 이성에 따라 가장 적합한 조치라고 생각되는 어떤 일을 할 수 있는 자유를 말한다. (홉스, 2020: 176)

홉스는 인간을 자기 보존을 위해 움직이는 기계로 환원시켜 이해하는 기계론적 유물론을 채택하였는데, 이는 고대의 플라톤 및 아리스토텔레스와 중세의 신학적 전통에서 전제하였던 인간의 관념적이고 목적 지향적인 운동이 물리적이고 자기 지향적인 운동으로 대체되었음을 나타낸다. 이러한 기계론적 유물론으로부터 출발하여, 홉스는 인간의 생리적 현상으로부터 정서적·지적 자질들을 유추하고 이들을 '생명의 지탱을 위한 운동(vital motion)'과 '움직이는 생명체로서의 운동(animal motion)'의 관점에서 분석한다(홉스, 2020: 76-77). 그리고 이로부터 다시 자신의 정치학 혹은 시민 철학(civil philosophy)을 도출해 낸다. 간단한 물리적 사실로부터 인간의 생리적이고 심리적인 현상, 그리고 궁극적으로는 복잡한 정치적 원리들을 이끌어 내는 일종의 '기하학적 방식'을 활용하고 있는 것이다(진석용, 2020: 45).

> 생명은 신체나 사지의 운동을 말하고, 이 운동의 내부의 중심 부분에서 시작되는 것을 안다면, 모든 '자동장치들'(시계처럼 태엽이나 톱니바퀴로 움직이는 기계 장치들)은 하나의 인공적 생명을 가지고 있다고 말하지 못할 이유가 무엇인가? '심장'에 해당하는 것이 '태엽'이요, '신경'에 해당하는 것이 여러 가닥의 줄이요, '관절'에 해당하는 것이 '톱니바퀴'이니, 이것들이 곧 제작자가 의도한 바대로 전신에 운동을 부여하는 것이 아니겠는가? '기예(art)'는 한 걸음 더 나아가 자연의 가장 합리적이고 가장 탁월한 작품인 '인간'을 모방하기에까지 이른다. 즉, 기예에 의해 코먼웰스(Commonwealth) 혹은 국가(state), 라틴어로는 키비타스(*Civitas*)라고 불리는 저 위대한 리바이어던(Leviathan)이 창조되는데, 이것이 바로 인공 인간(artificial)이다. 자연인을 보호하고 방어할 목적으로 만들어졌기 때문에 자연인보다 몸집이 더 크고 더 세다. (홉스, 2020: 21-22)

홉스의 근대성은 그가 자신의 정치학 혹은 시민 철학을 '과학적 지식'의 형태로 전개하고 있다는 점에서 명백히 드러난다. 홉스는 과학적 지식이 연구 대상이 무엇이냐에 따라 '자연철학'과 '시민 철학'으로 구분될 수 있다고 보았는데, 자연철학은 '자연 물체'를 대상으로 하는 학문이며 시민 철학은 '인간의 의지에 의해 인공적으로 만들어진 물체'를 대상으로 하는 학문을 의미한다(홉스, 2020: 120, 438).

> 이러한 희망을 품으면서, 하느님께서 건강만 허락하신다면, 그간 중단했
> 던 자연 물체에 대한 연구를 다시 계속할 생각이다. 인공 물체에 대한 내
> 학설을 보고 못마땅하게 여겼던 사람들도 자연 물체에 대한 새로운 학설
> 에는 기뻐할 것이다. (홉스, 2020: 438)

또한 홉스는 키케로나 아리스토텔레스의 사상을 '터무니없는 것'으로 일
축하면서, 시민 철학 분야에서 이들의 공화주의(republicanism) 전통이 당
대의 크롬웰(Cromwell) 정부의 사상적 토대를 제공함으로써 영국 사회
의 정치적 논쟁과 반목의 원인, 특히 찰스 1세의 처형과 같은 '국왕 시해
(regicide)'의 직접적 원인이 되었음을 지적하고 있다.

> 결론적으로 말해서, 옛 철학자들의 주장처럼 터무니없는 것도 없다. 키케
> 로가 그런 말을 했는데, 키케로 자신도 그런 철학자에 속한다. 내 생각으
> 로는, 아리스토텔레스의 '형이상학'처럼 자연과학과 거리가 먼 것도 없고,
> 그의 '정치학'처럼 통치에 모순되는 것도 없고, 그의 '윤리학'처럼 무지한
> 주장도 없다. (홉스, 2020: 387)

> 그리고 특히 군주정에 대한 반란의 경우에는, 가장 흔한 원인 중의 하나
> 가 고대 그리스인과 로마인이 쓴 정치 서적이나 역사 서적을 탐독하는 것
> 이다. … 자기들의 왕을 시해하려는 기도들도, 단언하건대, 다 그런 책들
> 의 영향을 받은 것이다. 왜냐하면 그리스와 로마의 저술가들은 정치에 관
> 한 책이나 강론을 통해 일단 왕을 폭군(tyranny)으로 규정하고 나면, 그를
> 살해하는 것은 합법적이며, 칭찬할만한 일이라고 주장하기 때문이다. 즉,
> 그들에 따르면, 그것은 왕을 죽이는 '시해(regicide)'가 아니라 '폭군주살
> (tyrannicide)'이기 때문에 합법적이라는 것이다. (홉스, 2020: 421)

나아가 홉스는 이성의 힘으로 시민 철학을 과학적 지식으로 구축할 수 있다면 모든 정치적 갈등이 종식되고 전쟁을 피할 수 있을 것이라 이야기하면서, 자신이 역사상 최초로 이러한 의미에서의 시민 철학을 제시하였음에 대한 자부심을 드러낸다(진석용, 2007: 52).

> 플라톤이나 다른 어떤 철학자도 지금까지 사람들이 통치하는 방법과 복종하는 방법의 두 가지를 배울 수 있도록 도덕적 이론의 모든 공리를 제대로 정리하지도 못했고, 충분히 설명하지도 못했다는 점을 생각해 볼 때, 그 어느 때인가는 내가 발견한 진리[에 바탕을 둔] 완전한 주권의 행사에 의해 … [주권자가] 민중을 보호하고 교육하게 되는 날이 올 것으로 기대한다.
> (Hobbes, 1642: vii; Hobbes, 1651: 357-358; 진석용, 2007: 52에서 재인용)

2. 홉스의 자연 상태와 자연법

홉스의 사회계약론은 여타의 사회계약론과 마찬가지로 자연 상태에서의 인간의 모습을 상정하는 것으로부터 출발한다. 사회계약론에서 규정하는 자연 상태란 아리스토텔레스의 '본성상(by nature)' 존재하는 자연적 정치 공동체도 『성경』에서의 에덴동산도 아니며, 개인들이 서로의 관계를 유지하고 상호작용을 하지만 그들의 관계를 규제해 줄 공통의 권위가 부재한 상태를 의미한다(홉스, 2020: 171). 홉스가 보기에 자연 상태에서의 인간들은 육체적, 정신적 측면에서 대체로 평등한데, 이러한 육체적, 정신적 평등으로부터 희망의 평등이 생겨나고 이로 인해 분쟁이 발생하게 된다.

> 능력의 평등에서 희망의 평등이 생긴다. 즉 누구든지 동일한 수준의 기대와 희망을 품고서 목적을 설정하고, 그 목적을 달성하기 위해 노력한다. 같은 것을 두고 두 사람이 서로 가지려 한다면, 그 둘은 서로 적이 되고,

따라서 상대방을 파괴하거나 굴복시키려 하게 된다. 파괴와 정복을 불가
피하게 만드는 경쟁의 주된 목적은 자기보존이다. (홉스, 2020: 169)

홉스는 자연 상태에서의 인간들 사이의 분쟁이 물질적 필요 때문에 발생
하기도 하지만 동시에 타인으로부터의 인정을 추구하는 '사소한' 싸움 때
문에 발생하기도 한다고 본다. 홉스는 앞서 살펴본 기계론적 유물론에 기
초한 인간의 본성으로부터 분쟁을 일으키는 원인으로 다음의 세 가지를 제
시하고 있다.

인간의 본성이 바로 이러하기 때문에, 우리는 인간들 사이에 분쟁이 발생
하는 원인을 세 가지로 정리할 수 있다. 첫째는 경쟁(competition)이며, 둘
째는 자기 확신의 결여(diffidence)이며, 셋째는 공명심(glory)이다. 인간은
경쟁 때문에 이익확보를 위한 약탈자가 되고, 자기 확신을 위해 안전 보장
을 위한 침략자가 되고, 공명심 때문에 명예 수호를 위한 공격자가 되는
것이다. (홉스, 2020: 171)

이처럼 자연 상태에서의 인간은 본성상 상호 간의 교제와 화합이 불가능
하기 때문에, 자연 상태는 결국 "고독하고, 가난하고, 험악하고, 잔인하고,
짧은" 만인에 대한 만인의 전쟁 상태로 귀결된다. 여기에서 주목해야 할 점
은 홉스가 규정하는 만인에 대한 만인의 전쟁 상태가 살인과 절도가 난무
하는 '열전(hot war)'이라기보다는 타인에 의한 폭력적인 죽음의 공포가 항
시적으로 존재하는 '냉전(cold war)'의 상황에 가깝다는 것이다(홉스, 2020:
171). 이러한 불확실성의 상황 속에서 인간은 자기보존의 욕구를 충족할
수 없을 뿐만 아니라, 토지의 경작이나 해상무역, 편리한 건물, 예술이나 학
문 등과 같은 문명의 이기 또한 누릴 수 없게 된다.

성과가 불확실하기 때문에 근로의 여지가 없다. 토지의 경작이나 해상무

역, 편리한 건물, 무거운 물건을 운반하는 기계, 지표에 관한 지식, 시간의 계산도 없고 예술이나 학문도 없으며, 사회도 없다. 끊임없는 공포와 생사의 갈림길에서 인간의 삶은 고독하고, 가난하고, 험악하고, 잔인하고, 그리고 짧다. (홉스, 2020: 172)

자연 상태에서의 폭력과 비참함은 인간의 자기 보존을 위해 반드시 극복되어야만 하는 것인데, 홉스는 인간이 이러한 가혹한 상태로부터 빠져나올 수 있는 가능성을 그의 정념과 이성으로부터 찾고 있다.

인간을 평화로 향하게 하는 정념으로는, 죽음에 대한 공포, 생활의 편의를 돕는 각종 생활용품에 대한 욕망, 그러한 생활용품을 자신의 노력으로 획득할 수 있다는 희망 등이 있다. 그리고 이성은 인간들이 서로 합의할 수 있는 적절한 평화의 규약들을 시사한다. (홉스, 2020: 175)

'자연법'으로 불리는 이성에 의한 평화의 규약들은 일종의 도덕적 명령으로써 인간에게 자신의 생명을 보존할 것을 요구한다. 이는 홉스가 인간의 생명을 보존하는 것이 기본적으로 도덕과 관련된 사실임을 강조하고 있음을 나타낸다.

자연법(les naturalis)이란 인간의 이성이 찾아낸 계율(percept) 또는 일반적 원칙(general rule)을 말한다. 이 자연법에 따라, 자신의 생명을 파괴하는 행위나 자신의 생명보존의 수단을 박탈하는 행위는 금지되며, 또한 자신의 생명 보존에 가장 적합하다고 생각되는 행위를 포기하는 것이 금지된다. (홉스, 2020: 176-177)

보다 구체적으로, 이성이 찾아낸 계율이자 자기 보존의 도덕적 명령으로서의 기본인 자연법은 '평화 추구'와 '모든 수단을 동원한 자기방어'의 두 가지 부분으로 구성되어 있다.

> … 인간의 상태는 만인에 대한 만인의 전쟁상태이기 때문에, 모든 사람은 오직 자신의 이성의 지배만 받을 뿐이며, 적으로부터 자기의 생명을 지키는 데 도움이 되지 않는다고 판단되는 일은 결코 하지 않을 것이다. 따라서 만인은 만물에 대한 권리를 가지며, 심지어는 다른 사람의 신체에 대해서까지도 권리를 갖는다. 이처럼 만인이 만물에 대하여 자연적 권리를 갖는 상황이 지속되는 한, 어느 누구도 천수를 안전하게 누릴 수 있는 보장이 없다. … 따라서 다음과 같은 이성의 계율 혹은 일반적 원칙이 등장한다. '모든 사람은, 달성될 가망이 있는 한, 평화를 얻기 위해 노력해야 한다. 평화를 달성하는 일이 불가능할 경우에는 전쟁에서 승리하기 위한 어떤 수단이라도 사용해도 좋다.' 이 원칙의 앞부분은 자연법의 기본을 나타내고 있는 것으로서 '평화를 추구하라'는 것이고, 뒷부분은 자연권의 요지를 나타내고 있는 것으로서 '모든 수단을 동원하여 자신을 방어하라'는 것이다. (홉스, 2020: 177)

다음으로 홉스는 평화 추구의 의무를 규정한 기본 자연법으로부터 "인간은 평화와 그리고 자기방어가 보장되는 한, 또한 다른 사람들도 다 같이 그렇게 할 경우, 만물에 대한 이러한 권리를 기꺼이 포기하고, 자신이 타인에게 허락한 만큼의 자유를 타인에 대해 갖는 것으로 만족해야 한다"라는 내용의 제2의 자연법을 도출한다(홉스, 2020: 177-178). 홉스는 이와 같은 상호적인 자기 보존의 권리에 대한 포기[1]의 상황을 『성경』에서의 '황금률', 즉

---

1. 홉스에 따르면, 권리의 포기는 다음의 두 가지 방식 중 하나로 이루어진다. 하나는 권리를 '폐기(renounce)'하는 것으로, 결과적으로 누구에게 이익이 되느냐와 관계없이 일방적으로 자기의 권리를 버리는 것을 말한다. 다른 하나는 권리를 '양도(transfer)'하는 것인데, 어느 특정인에게 이익이 될 것을 염두에 두고 자기의 권리를 버리는 것을 의미한다(홉스, 2020: 179). 또한 홉스는 권리를 상호 양도하는 것을 '계약(contract)'으로 명명하며 이러한 계약 속에 신뢰가 전제된 경우를 '신의 계약(covenant)'이라고 부른다(홉스 2020: 181). 홉스는 『리바이어던』 전체

'남이 너에게 행하기를 원치 않는 일은 너도 남에게 행하지 말라'는 것에 비유한다. 즉, 내가 타인의 권리 포기를 원하는 만큼 나도 스스로의 권리를 포기할 의사를 가져야 한다는 것이다(홉스, 2020: 178, 212).

그러나 평화 추구의 관점에서 생각해 볼 때, 만일 타인이 권리를 포기하지 않으려 한다면 나 또한 권리를 포기하지 않는 편이 낫기 때문에, 남아 있는 문제는 제2의 자연법이 흔히 '죄수의 딜레마'로 이해되는 일종의 딜레마 상황을 야기한다는 것이다. 쌍방이 모두 자기 보존의 권리를 포기하기로 협력할 경우 서로에게 가장 이익이 되는 평화를 달성할 수 있지만, 개인의 관점에서는 상대방의 선택과 관계없이 언제나 협력(권리 포기)보다는 배신(권리 보유)이 많은 이익을 가져다주므로 결국 모두가 권리 포기를 거부하는 만인의 만인에 대한 전쟁 상태에 고착될 수밖에 없다. 이에 홉스는 "자기 자신은 권리를 포기할 의사가 있지만, 다른 사람들은 그러한 권리를 포기할 의사가 없는 경우에는 어느 누구도 자신의 권리를 포기할 이유가 없다. 그것은 평화를 달성하는 일이 아니라 자기 자신을 타인의 먹이로 제공하는 일이기 때문이다. 어느 누구도 그렇게 해야 할 의무는 없다"(홉스, 2020: 178)라고 이야기하면서, 자발적인 쌍방 간의 권리 포기를 통해 평화를 달성하는 것이 사실상 불가능함을 시사하고 있다. 나아가 홉스는 각자가 자기 보존의 권리를 완전히 양도하는 계약과 이러한 계약의 이행을 강제하는 주권적 권력을 통해서만 평화가 실현될 수 있다는 점을 다음과 같이 강조한다.

> … 말의 힘만으로는 인간이 스스로 맺은 신의계약을 이행하도록 만들 수가 없다. 다만 인간의 본성 속에, 신의계약의 이행을 강화시킬 것으로 생각되는 것이 딱 두 가지가 있다. 하나는 약속을 파기했을 때 생겨나는 결과에 대한 공포이고, 또 하나는 남들에게 약속을 잘 지키는 사람으로 평

에 걸쳐 주권 설립의 계약을 '신의 계약'으로 지칭한다.

가받으려는 명예심, 혹은 자존심이다. 그러나 후자는 일종의 의협심으로
서, 보통 사람들에게는 거의 찾아보기 힘든 미덕이기 때문에 기대할 바가
못된다. … 결국 우리가 기댈 수 있는 정념은 공포심 하나뿐이다. … 그러
므로 시민사회 이전이나, 혹은 전쟁으로 시민사회가 중단된 기간에는 탐
욕, 야심, 육욕 등의 강력한 욕망의 유혹에 대항하여 기존에 합의한 평화
계약을 강화할 수 있는 것은 보이지 않는 힘에 대한 공포밖에 없다. (홉스,
2020: 192)

이 강제력이 하는 일은 신의계약을 이행하지 않았을 때 얻을 수 있는 이익
보다도 더 큰 처벌의 공포를 통하여 신의계약 당사자 쌍방이 각각의 채무
를 이행하도록 평등하게 강제하고, 그들이 보편적 권리를 포기한 대가로
상호계약에 의해 소유권(property)을 확보할 수 있도록 보장하는 것이다.
(홉스, 2020: 195)

이후 홉스는 앞서 살펴본 기본 자연법과 제2의 자연법에 더하여 17개의
자연법을 추가적으로 제시한다(홉스, 2020: 194-215). 이 중 제3의 자연법은
평화 달성을 위한 신의 계약의 성실한 이행과 직접적으로 관련되어 있다.

인간이 본래부터 가진 자연권은, 타인에게 양도하지 않고 자기가 가지고
있을 경우, 인류의 평화를 저해하게 된다. 그러므로 제1 및 제2의 자연법
은 이 권리를 타인에게 양도할 것을 명하는데, 이로부터 제3의 자연법이
생겨난다. 그것은 '신의계약을 맺었으면 지켜야 한다'는 것이다. 이행의 의
무가 없다면 신의계약은 아무 쓸모없는 공약에 불과하다. 만인에게 만물
에 대한 권리가 남아있는 한, 우리는 여전히 전쟁 상태에 있게 된다. (홉스,
2020: 194)

3. 홉스식 정치 공동체의 특성

홉스는 신의 계약에 의해 만들어진 정치 공동체를 '설립(institution)'에 의한 코먼웰스(Commonwealth)로 명명한다(홉스, 2020: 234).[2] 원래 코먼웰스라는 용어는 '공공의 복지(common wealth)'라는 뜻으로 공공의 복지를 위해 결합된 정치 공동체를 가리키는데, 홉스는 이 용어를 통치 형태와 관계없이 정치 공동체 일반을 지칭하는 것으로 사용한다. 홉스는 설립에 의한 코먼웰스가 생성되는 과정을 다음과 같이 "다수의 사람들이 하나의 인격으로 결합되어 통일되는" 것으로 묘사하고 있다.

> 이 권력을 확립하는 유일한 길은 모든 사람의 의지를 다수결에 의해 하나의 의지로 결집하는 것, 즉 그들이 지닌 모든 권력과 힘을 '한 사람(one Man)' 혹은 '하나의 합의체(one Assembly)'에 양도하는 것이다. … 이것은 동의 혹은 화합 이상의 것이며, 만인이 만인과 상호 신의계약을 체결함으로써 모든 인간이 단 하나의 동일 인격으로 결합되는 것이다. … 이것이 달성되어 다수의 사람들이 하나의 인격으로 결합되어 통일되었을 때 그것을 코먼웰스(Commonwealth) — 라틴어로는 키비타스(*Civitas*) — 라고 부른다. 이리하여 바로 저 위대한 리바이어던(Leviathan)이 탄생한다. (홉스, 2020: 231-232)

홉스는 이와 같은 모든 사람의 단일한 의지로의 결합이 '자연적인' 것이

---

2. 홉스에 따르면, 주권을 얻는 방법에는 자연적 힘에 의한 것과 동의에 의한 것의 두 가지가 있다. 첫 번째는 복종을 거부하면 멸하는 경우나 전쟁으로 적을 정복하는 경우가 해당되고, 두 번째는 앞서 살펴본 신의 계약의 상황과 같이 다른 모든 사람들로부터 자신을 지켜 준다는 것을 믿고 어떤 사람이나 합의체에 대한 자발적 복종에 각자가 동의하는 경우가 해당된다. 홉스는 전자를 '획득(acquisition)'에 의한 코먼웰스, 후자를 '설립(institution)'에 의한 코먼웰스라고 부른다(홉스, 2020: 233-234). 이처럼 획득에 의한 코먼웰스와 설립에 의한 코먼웰스가 생성의 원인과 과정에 있어서는 차이를 보이지만, 홉스에 따르면 주권의 권리와 결과는 양쪽 모두 동일하다(홉스, 2020: 265).

아니라 오직 '인위적인' 신의 계약에 의해서만 가능한 것이며, 나아가 그 결합을 항상적이고 영속적으로 유지하기 위해서는 신의 계약 이외에도 인간을 두렵게 하고 공동 이익에 맞게 행동하도록 지도하는 공통의 권력이 요구된다고 주장한다(홉스, 2020: 231). 주지하듯이, 인간이 상호 신의 계약을 통해 코먼웰스를 만들어 내는 궁극적 목적은 스스로의 평화와 안전을 보장받기 위함인데, 이러한 평화와 안전의 보장은 공통의 권력이 사람들로 하여금 처벌에 대한 공포로 인해 자연법들을 준수하게 하고 각자가 체결한 신의 계약들을 이행하게 할 때만 비로소 실현 가능하기 때문이다(홉스, 2020: 229-230).

비록 홉스가 비(非)협력자에 대한 처벌의 강력한 권한을 갖는 공통의 권력을 부각시키고 있기는 하나, 그가 그러한 공통의 권력이 항상 단 한 명의 군주에 의해서만 소유되어야 한다고 주장하는 것은 아니다. 홉스는 코먼웰스의 형태의 차이가 인민 전체를 대표하는 인격의 차이에서 생긴다고 보며, 코먼웰스가 '군주정(monarchy)', '민주정(democracy)', '귀족정(aristocracy)'의 세 종류의 형태로 구분될 수 있다고 이야기한다(홉스, 2020: 248). 더욱이 홉스는 이러한 세 종류의 코먼웰스 간의 차이가 각각이 갖는 권력의 차이에서가 아니라, 인민에게 평화와 안전을 제공하는 편의와 적절성의 차이에서 비롯된다고 보고 있다(홉스, 2020: 251).

> 코먼웰스의 형태의 차이는 주권자, 즉 인민 전체 및 각인을 대표하는 인격의 차이에서 생긴다. … 즉 그 대표자는 한 사람이거나 혹은 2인 이상이고, 2인 이상일 경우에는 전체의 합의체이거나 일부의 합의체이다. 대표자가 한 사람일 경우 그 코먼웰스는 군주정(monarchy)이며, 대표자가 모일 의사가 있는 모든 사람의 집단인 경우에는 민주정(democracy) 또는 민중적 코먼웰스(popular commonwealth)이며, 그리고 일부의 합의체가 대표자가 되는 경우에는 귀족정(aristocracy)이라고 불린다. 이 외에 다른 종류의 코먼웰스는 존재할 수 없다. … 이러한 세 종류의 코먼웰스의 차이는

권력의 차이에 있는 것이 아니라, 인민에게 평화와 안전을 제공하는 편의
와 적절성의 차이에 있다. 인민의 평화와 안전이야말로 주권의 설립 목적
이기 때문이다. (홉스, 2020: 248, 251)

4. 홉스식 주권자의 권리와 특성

홉스는 다수의 사람들이 상호 신의 계약을 체결함으로써 세운 하나의
인격을 '주권자(sovereign)'로 지칭하며, 이 주권자가 가진 권력을 '주권
적 권력(sovereign power)'으로 그리고 주권자 이외의 모든 사람을 '백성
(subjects)'이라고 부른다(홉스, 2020: 233). 홉스에 따르면 신의 계약을 체결
한 사람들의 동의에 의해 주권자에게는 다양한 권리 혹은 권능이 파생되
는데, 홉스식 주권자가 갖는 권리를 요약하여 정리하면 다음과 같다(홉스,
2020: 235-243).

첫째, 백성은 주권자에게 자신의 권리를 양도한 이상 다른 주권자에게 복
종하는 새로운 신의 계약을 체결할 수 없다. 예컨대, 군주정을 설립하는 계
약을 체결하고 군주의 백성이 된 사람들은 그의 허가 없이 군주제를 폐지
하고 자연 상태로 돌아갈 수 없고, 군주정을 민주정이나 귀족정과 같은 다
른 통치 형태로 변경할 수도 없다.

둘째, 신의 계약은 백성들 상호 간에 체결되었을 뿐 주권자가 계약의 당
사자는 아니기 때문에, 백성 중 그 어느 누구도 주권자가 계약을 위반했다
는 것을 근거로 복종을 거부할 수는 없다. 코먼웰스가 군주정이든 민주정
이든 귀족정이든 간에, 신의 계약을 통해 주권자에게 주어진 권리는 어떤
경우에도 박탈되지 아니한다.

셋째, 다수의 동의에 의해 선포된 주권의 설립에 항의하는 것은 불의이
다. 만약 해당 주권의 설립에 반대했던 사람들일지라도 일단 주권이 설립된
이상 주권자의 모든 행위에 기꺼이 복종해야 하며, 복종하지 않을 경우 살
해되는 것까지도 정당화될 수 있다.

넷째, 주권자의 모든 행위와 판단은 백성 본인의 행위와 판단에 다름 아니기 때문에 주권자가 어떤 행동을 하더라도 백성에 대한 권리침해가 되지 않는다. 주권자로부터 권리침해를 당했다고 불평하는 것은 자기 자신이 본인에게 한 행위에 대해 불평하는 것과 같으므로, 주권자의 행위를 백성이 비난하는 것은 정당하지 않다.

다섯째, 앞서 언급한 것과 같은 이유에서 백성은 주권자의 어떤 행위도 처벌할 수 없다. 모든 백성은 주권자의 모든 행위의 본인이기 때문에 주권자를 처벌할 경우 자신의 행위에 대하여 타인을 처벌하는 것이 된다.

여섯째, 코먼웰스 설립의 목적은 백성의 평화와 방위를 보장하는 것이기에 주권자는 이를 위한 수단에 대한 권리 또한 소유한다. 즉, 주권자는 백성들의 평화와 방위에 필요한 수단이 무엇인지를 판단할 권리를 갖는다.

일곱째, 주권자는 백성에게 어떤 의견과 학설이 공표될 것인지 판단할 권리를 갖는다. 예컨대, 주권자는 사람들이 어떤 경우에 어느 정도로 무엇을 다수의 사람들에게 말해도 좋을지 그리고 책이 출판되기 전에 그 내용을 검열하며 누구에게 맡길 것인지에 대해 판단할 수 있다. 코먼웰스는 백성의 평화를 위한 것이기 때문에 평화에 반하는 의견이나 학설을 규제하는 일과 진리를 존중하는 일이 서로 모순된다고 볼 수는 없다.

여덟째, 주권자는 백성들의 소유권, 즉 '내 것'과 '네 것'에 대한 규칙을 제정하는 권리를 갖는다. 주권이 설립되기 이전에는 만인이 만물에 대한 권리를 갖고 있었으며 이로부터 전쟁이 발생하였지만, 주권이 설립된 이후는 주권자가 제정한 소유권 규칙에 의해 다른 사람이 빼앗을 수 없는 개인의 불가침의 권리가 설정된다.

아홉째, 주권자는 분쟁의 재판과 판결의 권한, 즉 사법권을 갖는다. 이는 시민법과 자연법 또는 사실에 관하여 발생한 모든 분쟁에 대해 심문하고 결정하는 권리로, 이러한 권리를 통해 주권자는 백성들 상호 간에 일어나는 권리침해를 막음으로써 코먼웰스 설립의 궁극적 목적에 부응할 수 있다.

열째, 주권자에게는 최선이라고 생각하는 바에 따라 다른 민족 혹은 다른 코먼웰스와 전쟁 또는 강화(講和)할 권리가 있고 인민을 지키는 군대에 대한 지휘권 또한 갖는다. 더불어 주권자는 전쟁 또는 강화가 공공의 이익이 된다고 판단될 때 전력을 결집 및 무장하는 방법과 소요 예산을 판단하는 권리 그리고 이를 위해 백성에게 징세하는 권리를 갖는다.

열한째, 주권자에게는 평시와 전시를 막론하고 모든 고문관, 장관, 행정관, 관리를 선임할 권리를 갖는다. 공공의 평화와 방위를 달성할 임무를 가진 주권자는 임무 수행을 위해 최적으로 판단되는 수단 또한 사용할 권리도 갖는 것이다.

열두째, 주권자에게는 법을 제정하여 백성들에게 보상과 처벌을 행할 권리가 있다. 만약 미리 정해진 법률이 없을 경우에는 자유로운 재량권에 따라 보상과 처벌을 할 수 있다.

마지막으로, 자기 자신에게 가치를 부여하고 타인으로부터 존경을 받으려 하는 인간의 본성을 고려하여, 주권자는 코먼웰스의 백성들의 영작(榮爵)과 서열을 결정할 권리 그리고 공적 및 사적 모임에서 상호 간에 보여야 할 존경의 표시 등을 결정하는 권리를 갖는다.

나아가 홉스는 주권자의 이와 같은 본질적 권리들이 나누어지거나 분할될 수 없으며(홉스, 2020: 244), 주권자가 주권을 직접 포기하는 경우를 제외하고는 결코 양도될 수도 없다고 주장한다(홉스, 2020: 245). 이처럼 홉스가 주권자에게 입법, 행정, 사법에 걸친 무제한적이고 절대적인 권리를 부여하는 이유는 자명하다. 주권이 분할되고 약화되는 곳에서는 언제든 당대의 영국에서 목도되었던 바와 같은 내란과 갈등이 발생할 소지가 있기 때문이다. 홉스가 보기에 주권의 분할과 양도를 허용하는 것은 코먼웰스의 궁극적인 설립목적에 반하는 것이며, 다시 끊임없는 폭력과 죽음의 공포에 노출되어 있는 만인의 만인에 대한 전쟁 상태로 회귀할 가능성을 열어 두는 것에 다름 아니다.

앞에서 말한 권리들 하나하나에 대하여 깊이 생각해 보면, 그중 어느 하나라도 없으면 아무리 나머지 모든 권리를 가지고 있어도 코먼웰스의 설립 목적인 평화와 정의의 유지가 효과적으로 이루어질 수 없다는 것을 알게 된다. '갈라진 나라는 버틸 수 없다'라고 한 것도 이러한 주권의 분할[이 불가함]을 말할 것이다. 주권이 분할되는 사태가 벌어지지 않는 한, 군대의 분열과 대립은 결코 발생하지 않는다. 영국 내 대부분의 지역에서, 이들 권력이 국왕과 귀족원과 평민원 사이에 분할될 수 있다는 견해가 받아들여지지 않았더라면, 오늘날처럼 인민이 분열되어 내란에 휩싸이는 일은 결코 없었을 것이다. (홉스, 2020: 244)

5. 홉스식 사회계약론의 시사점과 한계

홉스는 정치 이론에 사회계약적 구도를 최초로 도입함으로써 국가의 발생을 자유롭고 평등한 개인들의 자발적인 계약으로 설명하는 인민주권론의 사상적 토대를 마련하였다. 홉스가 활동하던 18세기 말엽까지도 유럽 국가들의 통치자는 대부분 군주였으며 이들의 통치권이 왕권신수설에 따라 정당화되고 있었음을 고려해 본다면, 홉스의 사회계약론은 개인 간의 평등을 강조하고 나아가 피통치자가 통치자를 계약에 의해 '선택'할 수 있음을 보여 주는 가히 혁명적인 이론이었음이 분명하다. 특히 외견상 절대적인 것으로 보이는 홉스식 주권자의 권위는 그것이 피통치자들의 평화와 안전을 보장하기 위한 목적에서 부여된다는 점에서 사실상 피통치자들의 이익을 위해 봉사하는 민주적 권위의 성격을 띠고 있다. 달리 말해, 홉스식 주권자는 분할될 수도 없고 양도될 수도 없는 무제한적인 권리를 갖고 있기는 하지만 피통치자들의 자기 보존의 권리를 충족시켜 주는 경우에 한해서만 그 정당성을 인정받을 수 있는 '고용인'의 존재와 크게 다르지 않다는 것이다(박효종, 2005: 268).

이와 같은 홉스식 주권자의 민주적 성격은 홉스가 개인의 '양도 불가의 (inalienable)' 권리에 대한 예외 조항을 두었다는 점에서 더욱 명확히 드러난다(박효종, 2005: 263). 홉스는 모든 개인이 자신의 권리를 포기하는 행위, 즉 계약은 자발적 행위이며 모든 자발적 행위는 자신의 이익을 목적으로 한다고 이야기하면서, 이러한 관점에서 볼 때 어떠한 종류의 계약에 의해서도 포기될 수 없는 개인적 권리들이 존재함을 강조한다. 이러한 개인적 권리들에는 폭력적 공격으로 생명을 빼앗으려는 자들에 대항하여 저항할 권리나 생명 보전의 수단들을 안전하게 확보할 권리 등이 있는데, 자신의 생명을 포기하는 것은 어떠한 경우에도 자기 자신에게 이익이 되는 것으로 볼수 없기 때문이다(홉스, 2020: 180-181). 따라서 백성에게는 주권자에게 복종하기 위해서 자신의 생명을 위험에 처하게 할 의무가 존재하지 않으며, 주권자의 전쟁에서 생명을 걸고 싸울 의무도 없다(홉스, 2020: 290-291). 이처럼 개인이 신의 계약 체결 이후에도 끝까지 보유할 수 있는 자기 보존과 관련된 권리들은 결국 '좋은' 주권자와 '나쁜' 주권자를 판단하는 기준이 될 수도 있고(비록 홉스의 이론 내에서는 허용되지 않기는 하나), 궁극적으로는 주권자의 권력을 제한하는 근거가 될 수도 있다는 측면에서 홉스식 주권자와 정치 공동체는 일정 부분 민주적 성격을 갖는 것으로 보아야 한다.

홉스는 근대 사상가들 중 최초로 국가의 본질을 개인주의와 사회계약의 관점에서 파악함으로써 근대 자유민주주의 사상의 체계화에 기여하였다. 그러나 홉스식 주권자가 갖는 절대적인 권력은 모든 사람의 평화와 안전을 보호하는 힘을 가지기도 하지만 이와 동시에 언제든 다시 인간의 자기 보존의 권리를 억압하고 위협하는 힘으로 작용할 수도 있다는 데에 맹점이 있다. 로크가 지적하는 바와 같이, 주권자에게 분할될 수도 양도될 수도 없는 절대적 권력을 부여하는 것은 마치 "인간이 스컹크나 여우로부터 받을지도 모르는 해악을 피하기 위해서는 조심을 하면서도, 사자에게 잡아먹히는 데는 만족하거나, 아니 심지어 안전하다고 생각할 정도로 어리석다고 생각하는 것"과 같다는 것이다(로크, 1996: 90).

III. 로크의 사회계약론

1. 로크의 자연 상태와 자연법

로크는 『통치론』을 통해 견제와 균형의 원리에 따른 권력분립을 전제로 하는 입헌정치체제를 제안하고 개인이 갖는 권리의 목록에 부당한 정치권력에 대한 저항권까지 포함시킴으로써 홉스식 사회계약론의 한계를 극복하고자 하였다. 한편 로크의 사회계약론도 홉스와 마찬가지로 자연 상태에서의 인간의 모습을 상정하는 것에서부터 시작하는데, 로크 역시 자연 상태를 완벽한 자유와 평등의 상태로 보았다.

> 그러한 상태란 사람들이 타인의 허락을 구하거나 그의 의지(will)에 구애받지 않고, 자연법의 테두리 안에서 스스로 적당하다고 생각하는 바에 따라서 자신의 행동을 규율하고 자신의 소유물과 인신(person)을 처분할 수 있는 완전한 자유의 상태이다. 그것은 또한 평등의 상태이기도 한데, 거기서 모든 권력과 권한(jurisdiction)은 호혜적이며 무릇 어느 누구도 다른 사람보다 더 많이 가지지 않는다. (로크, 1995: 11)

그러나 자연 상태를 만인의 만인에 대한 전쟁으로서의 방종의 상태로 규정하였던 홉스와 달리, 로크는 '자유의 상태'와 '방종의 상태'를 구분하면서 자연 상태가 자연법에 의해 규제되는 일종의 도덕적 상태라고 주장한다.

> 그 상태에서 인간은 자신의 인신과 소유물을 처분할 수 있는 통제받지 않는 자유를 가지고 있지만, 그는 자신을 파괴할 수 없으며, 또 그의 소유하에 있는 어떤 피조물도 — 그것을 단순히 살려놓는 것보다 죽이는 편이 더 고상한 용도에 봉사하는 경우를 제외하고는 — 살해할 수 없다. 자연 상

태에서는 그것을 지배하는 자연법이 있으며 그 법은 모든 사람을 구속한다. (로크, 1995: 13)

로크는 유일하고 전지전능한 조물주의 작품으로서의 인간은 신에 의해 부여받은 '이성'의 힘으로 누구나 자연법을 깨달을 수 있다고 보았다. 그리고 이러한 자연법의 핵심 내용은 자기 자신을 포함한 그 누구도 다른 사람의 생명, 자유, 재산의 권리를 침해해서는 안 된다는 것이라고 이야기한다. 인간은 오직 자신을 창조한 조물주에게만 복종해야 할 의무가 있을 뿐, 인간들 사이에서는 서로를 해칠 수 있는 권한을 부여하는 어떠한 복종 관계도 성립되지 않기 때문이다.

그리고 그 법인 이성은 조언을 구하는 모든 인류에게 인간은 모두 평등하고 독립된 존재이므로 어느 누구도 다른 사람의 생명, 건강, 자유 또는 소유물에 위해를 가해서는 안된다고 가르친다. 왜냐하면 모든 인간은 유일하고 전지전능한 조물주의 작품이기 때문이다. … 그리고 인간은 비슷한 재능을 부여받았고 모두 하나의 자연공동체를 공유하므로, 인간들 사이에서는 서로를 죽일 수 있는 권한을 부여하는 이른바 어떠한 복종 관계도 상정될 수 없다. (로크, 1995: 13)

그러나 이처럼 자연법에 의해 규제를 받는 완벽한 자유와 평등의 상태에서도 자연법의 해석을 두고 불가피한 의견 다툼이나 갈등이 발생할 수 있기 때문에, 자연 상태는 언제든지 전쟁 상태로 변모할 위험에 노출되어 있다. 특히 자연 상태에서는 모든 사람이 자연법의 집행권, 특히 자연법을 위반하는 자에 대한 처벌권을 소유하고 있어 때로는 인류의 평화와 안전을 지키기 위한 목적에서 폭력이 정당화되기도 한다.

… 자연 상태에서 자연법의 집행은 모든 사람의 수중에 맡겨져 있다. 따라

서 모든 사람은 자연법의 위반을 막기 위해서 필요한 만큼 그 법의 위반자를 처벌할 권리를 가지고 있다. … 그것은 모든 종(species)에 대한 침해이며 자연법이 보장하고자 하는 평화와 안전에 대한 침해이므로 모든 인간은 이를 이유로 인류 일반을 보존하기 위해서 그가 가진 권리에 의거해 그들에게 해로운 자들을 제지시키며 필요하다면 파괴하는 것이 마땅하다. (로크, 1995: 14-15)

이에 로크는 개인이 자연 상태에서 누리던 절대적 자유와 평등을 포기하고 다른 사람의 권력과 지배와 통제에 복종하는 이유는 자신의 권리를 좀 더 확실하게 보장받기 위함이라고 이야기한다(로크, 1995: 26-27).

이는 완벽한 자유와 평등이 보장되는 도덕적 상태로서의 자연 상태의 '일탈', 즉 전쟁 상태로의 변모 가능성[3]이 곧 사회 성립의 근거이자 정당성의 원천으로 작용하고 있음을 나타낸다.

이러한 전쟁 상태(하늘에 호소하는 길밖에 없는 상태 그리고 다툼이 있는 자들 간에 결정할 권한이 있는 자가 없는 곳에서는 아무리 사소한 분쟁이라 할지라도 결국 도달하기 마련인 상태)를 피하려는 것이 사람들이 사회를 결성하고 자연 상태를 떠나는 커다란 이유의 하나이다. 왜냐하면 호소를 통해 구제를 기대할 수 있는 권위, 곧 지상의 권력자가 있는 곳에서는 전쟁 상태의 지속이 배제되고 분쟁이 그 권력에 의해 해결되기 때문이다. (로크, 1995: 27)

---

3. 로크에 따르면, 자연 상태는 사람들이 그들 간의 분쟁에 대해서 재판할 공통의 우월자를 지상에 가지지 못한 채 이성에 따라 사는 상태를, 전쟁 상태는 구제를 호소할 공통된 우월자를 지상에 가지지 못한 상태에서 다른 사람의 인신을 해치고자 힘을 사용하거나 그 의사를 표명하는 상태를 각각 의미한다(로크, 1995: 25).

2. 로크의 재산권

앞서 살펴본 바와 같이 로크의 자연 상태와 홉스의 자연 상태를 구분 짓는 큰 특징 중 하나는 로크식 자연 상태에서의 개인들은 어느 정도 편의와 특권을 누리고 있다는 점이다. 특히 로크식 자연 상태에서의 개인들이 누리는 편의와 특권 중 가장 주목할 만한 것은 이들이 소유물에 대한 권리, 즉 재산권을 갖는다는 것인데, 이는 소유권의 개념이 주권 설립 이후에나 발생한다고 보았던 홉스와 차이를 보이는 것이다.

> 자연의 이성은 인간이 일단 태어나면 자신의 보존에 대한 권리, 따라서 고기와 음료, 기타 자연이 그들의 생존을 위해서 제공하는 것에 대한 권리를 가진다고 가르친다. (로크, 1995: 33)

그렇다면 자연 상태에서의 개인은 구체적으로 어떠한 과정을 거쳐 소유물에 대한 권리를 획득하게 되는가? 로크에 따르면, 신은 자신의 창조물인 인간에게 세계를 공유물로 제공하였고, 이것을 자신의 삶에 최대한 이득이 되고 편의에 봉사하도록 사용할 수 있는 이성 또한 부여하였다(로크, 1995: 34). 이에 인간은 다른 사람들의 것을 충분히 남겨 놓는다는 조건을 충족시키는 한에서 공유물에 자신의 노동을 더함으로써 배타적인 소유권을 획득하게 되는데, 여기에서 유명한 '노동을 섞는다(mixing labor)'는 비유적 표현과 '로크적 단서(Lockean proviso)'의 개념이 등장하게 된다.

> 비록 대지와 모든 열등한 피조물은 만인의 공유물이지만, 그러나 모든 사람은 자신의 인신(person)에 대해서는 소유권을 가지고 있다. 이것에 관해서는 그 사람 자신을 제외한 어느 누구도 권리를 가지고 있지 않다. 그의 신체의 노동과 손의 작업은 당연히 그의 것이라고 말할 수 있다. 그렇다면 그가 자연이 제공하고 그 안에 놓아 둔 것을 그 상태에서 꺼내어 거기

에 자신의 노동을 섞고 무언가 그 자신의 것을 보태면, 그럼으로써 그것은 그의 소유가 된다. … 왜냐하면 그 노동은 노동을 한 자의 소유물임이 분명하므로, 타인이 아닌 오직 그만이, 적어도 그것 이외에도 다른 사람들의 공유물들이 충분히 남아있는 한, 노동이 첨가된 것에 대한 권리를 가질 수 있기 때문이다. (로크, 1995: 34-35)

로크가 이처럼 재산권 획득의 조건으로 노동을 제시한 것은 고대와 중세의 철학자들에 의해 부과되었던 노동에 대한 도덕적 제한을 넘어서 노동을 통한 생산의 가치를 긍정하는 근대 부르주아적 사고방식을 보여 준다. 로크가 상정하는 자연 상태에서의 인간은 자신의 자유와 인간다움을 다른 사람들에게 인정받기보다는 물질적 소유를 증대시키는 것에 더 관심이 많은 존재이다. 더욱이 로크는 노동을 통해 자신의 물질적 소유를 증대시키고 신이 공유물로 준 이 세계의 가치를 높이는 것을 신이 인간에게 부여한 일종의 '의무'로까지 규정한다.

신은 사람들에게 세계를 공유물로 주었다. 그러나 신은 세계를 사람들이 그것으로부터 취할 수 있는 이익과 최대의 편익을 위해서 주었으므로, 그것이 항상 공유로 그리고 개간되지 않은 상태로 남아있어야 하는 것이 신의 의도라고 상정할 수는 없다. 신은 세계를 근면하고 합리적인 자들이 사용하도록 주었지, 싸우기 좋아하고 언쟁을 좋아하는 자들의 변덕과 탐욕을 위해서 준 것이 아니었다. (로크, 1995: 39-40)

여기에서 "싸우기 좋아하고 언쟁을 좋아하는 자들"은 『국가』에서 소크라테스가 언급한 "지배하는 것과 승리하는 것 그리고 명성을 떨치는 것을 언제나 지향하는" 수호자들에 해당하는 반면, "근면하고 합리적인 사람들"은 자기 삶의 편의를 위한 물질적 소유를 증대시키려는 사람들, 즉 근대사회 특유의 부르주아들에 대응될 것이다. 로크에게 있어 신이 주신 이 세계의 새로운 주인은 노동을 통해 새로운 가치를 창출해 나가는 부르주아계급이지, 메달이나 깃발 등의 하찮은 것을 둘러싸고 자진해서 싸우려는 고대나 중세의 군인이나 귀족이 아닌 것이다. 이처럼 노동을 통한 생산의 가치를 긍정하는 로크의 입장은 다음의 구절을 통해 더욱 분명하게 드러난다. 광대하고 비옥한 영토에서 살아가는 아메리카의 왕이 영국의 일용직 노동자보다 훨씬 못 살고 있다는 로크의 주장은 분명 노동이 모든 생산물의 가치를 결정한다고 믿는 데에서 비롯된 것이다.

> … 왜냐하면 실로 모든 사물에 상이한 가치를 부여하는 것은 바로 노동이기 때문이다. … 우리는 대부분의 경우에 있어 100분의 99가 전적으로 노동에 의해 발생한 것임을 발견하게 될 것이다. 아메리카인들의 몇몇 나라처럼 이 점을 명백하게 입증하는 사례들은 없다. 이들 나라들은 땅은 풍부하게 가지고 있지만 삶의 편익에 있어서는 빈곤하다. 이들 나라에 자연은 다른 어느 민족들에게보다도 풍성한 자원, 곧 식품, 의복 및 생활의 기쁨을 주는 것을 풍부하게 생산할 수 있는 비옥한 땅을 마련해주었지만, 그들은 노동을 통해서 그 땅을 개간하지 않았기 때문에 우리가 향유하는 편익의 100분의 1도 누리지 못하고 있다. 그리하여 거기서는 광대하고 비옥한 영토의 왕이 영국의 일용 노동자보다 의식주에서는 훨씬 못살고 있다.
> (로크, 1995: 46)

나아가 로크는 자연 상태에서부터 발생한 원시적인 사적 소유권으로부터 물물교환과 화폐가 순차적으로 등장하게 되고 화폐의 발명은 결국 불평등한 분배와 사유재산제로 이어지게 되었다고 이야기하면서, 자본주의 체제하에서의 불평등을 다음과 같이 정당화한다.

> 사람들은 묵시적이고 자발적인 동의에 의해서 한 인간이 그 자신이 그 생산물을 사용할 수 있는 것보다 많은 땅을 공정하게 소유할 수 있는 방법

을, 잉여생산물을 주고 금과 은을 받음으로써 발견하였고, 그 결과 토지를 불균등하고 불평등하게 소유하는 데 합의했다는 점이 확실하다. … 불평등한 사유재산제와 같은 사물의 분배가 이루어지게 된 것은 인간이 사회의 경계 밖에서 아무런 협정도 없이 단지 금과 은에 가치를 부여하고 화폐의 사용에 암묵적으로 동의했기 때문이었다. (로크, 1995: 53)

3. 로크의 동의론

동의는 정치 공동체의 정당성에 대한 로크의 이론의 핵심에 놓여 있다. 로크는 그 누구도 자신의 동의 없이는 다른 사람에게 종속될 수 없다고 이야기하면서, 자연 상태의 원초적 계약의 상황에서 다수의 사람들이 하나의 공동체나 정부를 구성하기로 동의함으로써 정치 공동체가 결성된다고 보았다(로크, 1995: 93). 달리 말해, 정치 공동체의 정당성은 다수의 사람들이 그러한 정치 공동체의 결성에 동의했는지 여부에 달려 있다는 것이다. 반면, 후세대의 사람들은 그들의 부모나 조상의 동의에 의해 만들어진 정치 공동체에 자동으로 구속되는 것이 아니라 일정한 성년에 이르러 자신이 소속될 정치 공동체를 자유롭게 결정할 수 있다.

그들은 아버지에 대해서 권력을 가졌다는 이유로 아들에 대해서까지 권력을 주장하지 않으며 아버지가 신민이었다고 해서 자식들까지 신민으로 보지 않는다. … 그렇다면 정부 자체의 관행에 의해서건 올바른 이성의 법에 의해서건 자식은 어떤 나라나 정부의 신민으로 태어나는 것이 아니라는 점은 명백하다. 그는 사리분별을 할 수 있는 성인이 될 때까지 아버지의 후견과 권위에 복종한다. 그리고 성인이 되면 자신을 어떤 정부하에 복종시킬 것인지, 어떤 정치체에 자신을 가입시킬 것인지를 자유로이 결정할 수 있는 자유인이 된다. (로크, 1995: 113)

이처럼 로크는 정치 공동체의 정당성을 개인의 명시적인 동의 행위에서 찾는 동시에, '묵시적 동의'의 개념을 활용하여 정부의 영토를 일부분 소유하거나 향유하는 사람은 정치 공동체의 법률에 복종해야 할 의무가 있음을 주장한다. 명시적인 동의 행위를 통해 정치 공동체를 승인하지 않았던 사람들이라도 그러한 정치 공동체로부터 일련의 혜택을 받고 있는 경우, 일정부분 정치 공동체의 정당성을 묵인하고 있는 것으로 보아야 한다는 것이다.

> 무엇을 묵시적 동의로 간주하여야 하는가? 그리고 그것은 얼마만큼의 구속력을 가지는가? 곧 어디까지 어떤 사람이 동의를 한 것으로 보아야 하며, 그럼으로써 그가 전혀 명시적 동의를 표하지 않은 정부에 대해서 어디까지 그 정부에 복종하기로 한 것으로 보아야 하는가? 이 문제에 대해서 나는 어떤 정부의 영토의 일부분을 소유하거나 향유하는 사람은 누구나 그럼으로써 묵시적 동의를 한 셈이며, 적어도 그러한 향유를 지속하는 동안, 그 정부하에 있는 사람들과 같은 정도로 그 정부의 법률에 복종할 의무를 진다고 말하겠다. (로크, 1995: 114)

그러나 이 같은 주장의 이면에는 묵시적 동의만으로는 개인을 정치 공동체의 완전한 구성원으로 만들기에 부족하다는 견해가 포함되어 있기도 하다. 로크는 적극적인 협정이나 명시적인 약속 및 협약을 통해 동의하지 않은 이상 정치 공동체의 신민이나 구성원이 될 수는 없다는 점을 다음과 같이 강조한다.

> 그러나 어떤 사람이 어느 집에 일정 기간 동안 머무르는 것이 편리하다고 생각하여 그 집에 머무른다는 사실이 그를 그 집의 구성원으로 만들지 않듯이, 이 사실이 그 사람을 그 사회의 구성원, 곧 그 공동체의 영구적인 신민으로 만들지는 않는다. 비록 그 나라에 있는 동안, 그는 그 법률에 순종하고 거기에 존재하는 정부에 복종할 의무가 있지만 말이다. (로크,

1995: 116)

4. 로크식 정치 공동체의 특성

앞서 살펴본 바와 같이 로크식 자연 상태에서는 모든 사람이 자연법의 집행권, 특히 자연법을 위반하는 자에 대한 처벌권을 소유하고 있기에 자연 상태는 언제든 전쟁 상태로 변모할 위험에 노출되어 있었다. 이에 개인들은 자신들의 생명, 자유, 재산에 대한 권리를 보다 안전하게 보장받을 목적으로 자연 상태에서 보유하던 권리를 정치 공동체에 양도함으로써 정치사회를 구성하게 된다. 그러므로 정치사회를 자연 상태와 구분 짓는 가장 큰 특징은 정치사회에는 개인의 생명, 자유와 재산을 보다 안전하게 보호해 주는 "모든 당사자에게 무사 공평한 심판관", 즉 사회를 구속하는 근본원리로서의 법률이 존재한다는 것이다(로크, 1995: 83).

> 따라서 각각의 구성원이 이 자연적 권력을 포기하고, 공동체가 제정한 법에 따라 모든 사건에 관해서 그 보호를 호소할 수 있는 공동체의 수중에 그 권력을 양도한 곳, 오직 그곳에서만 정치사회가 존재하게 된다. 그리하여 특정한 개별 구성원의 사적 재판권이 완전히 배제되고, 공동사회가 일정한 지속적인 규칙에 의해서 모든 당사자에게 무사 공평한 심판관이 된다. … 이를 통해서 누가 정치사회에 같이 있고 같이 있지 않은지를 분별하는 것이 용이해진다. 서로 결합하여 하나의 단체를 결성한 자들로서 그들 간의 분쟁을 해결하고 위반자를 처벌할 수 있는 권위를 가진 공통의 확립된 법과 재판소를 가진 사람들은 서로 시민사회에 있으며, 지상에서 그처럼 공통된 호소 수단을 가지고 있지 않은 자들은 달리 재판관이 없으므로 각자가 자기를 위한 재판관이고 집행자인 자연 상태에 여전히 머물러 있다. (로크, 1985: 83-84)

자연 상태와 정치사회의 차이점이 모든 이들에게 무사 공평하게 적용될 수 있는 법률의 존재 유무에 있다는 로크의 주장은 그의 절대군주제에 대한 비판으로 이어진다. '법 위에서' 자의적으로 행동하는 절대군주의 지배 하에 살아가는 사람들의 경우, 자신들의 권리가 침해되더라도 이를 호소할 데가 없기에 여전히 자연 상태에 놓여 있는 것에 다름 아니라는 것이다. 즉, 로크가 보기에 절대군주제와 정치사회는 결코 양립할 수 없다.

> 그러므로 일부 사람들에 의해서 세계의 유일한 지배 형태로 간주되는 절대군주제가 실로 시민사회와 양립 불가능하며, 따라서 결코 시민적 지배 형태가 될 수 없다는 점은 명백하다. … 어떤 사람들이든 그들 사이에 발생하는 분쟁을 해소하기 위해서 호소할 수 있는 권위를 가지지 못한 자들은 어디에 있든지 여전히 자연 상태에 있는 셈이다. 그러므로 모든 절대군주는 그의 지배하에 있는 사람들에 대해서 자연 상태에 놓여있다. (로크, 1995: 86)

  이처럼 로크는 자연 상태에서의 개인들은 자신의 생명과 자유, 재산을 안전하게 지키기 위한 목적에서 자연권을 포기하고 정치사회로 나아간다고 보았는데, 이때 개인들이 포기하는 자연권에는 무엇이든 자신과 여타 인류를 보존하는 데 적합하다고 생각한 바를 행하는 권력과 자신의 독자적 권위에 의거해서 자연법을 위반하는 자들을 응징하던 처벌권이 있다(로크, 1995: 129). 보다 구체적으로 로크는 자연 상태에서의 개인들은 자신의 자연권을 '입법부'에게 양도하는 상호계약을 맺는 방식을 통해 정치사회로 나아갈 수 있다고 이야기하면서, 정치사회는 항상 일정한 법률에 의거하여 인민의 평화, 안전 및 공공선을 위한 목적을 위해서만 권력을 행사해야 한다고 강조한다.

  사람들은 사회에 들어갈 때 그들이 자연 상태에서 가졌던 평등, 자유 및 집행권을 사회의 선이 요구하는 바에 따라 입법부가 처리할 수 있도록 사회의 수중에 양도한다. 그러나 그것은 오직 모든 사람이 그 자신, 그의 자유 및 그의 재산을 더욱 잘 보존하려는 의도에서 행하는 것이다. … 사회의 권력 또는 사회에 의해서 구성된 입법부의 권력이 공동선을 넘어서까지 확대된다고는 결코 상상할 수 없다. … 그러므로 누구든 국가의 입법권이나 최고의 권력을 가진 자는 즉흥적인 법령이 아니라 국민에게 공포되어 널리 알려진, 확립된 일정한 법률로 다스려야 한다. … 이 모든 것은 인민의 평화, 안전 및 공공선이 아닌 다른 목적을 위해서 행사되어서는 안된다. (로크, 1995: 123)

로크에 따르면, 개인들의 생명과 자유, 재산을 평온하고 안전하게 보호해 주는 주요한 도구와 수단이 사회에서 확립된 법률이므로 모든 국가의 기본이 되는 최초의 실정법은 '입법권'을 확립하는 것이다. 이에 로크는 입법부는 국가의 최고 권력일 뿐만 아니라 상호계약이 수립된 이후에는 성스럽고 변경될 수 없는 것이라고 이야기하면서, 행정부의 권력 또한 입법권에서 비롯되며 입법권에 종속된다고 주장한다(로크, 1995: 127-128).

정부가 존속하는 경우에는 언제나 입법부가 최고의 권력이다. 왜냐하면 다른 사람을 상대로 법률을 만드는 자가 그 다른 사람보다 우월한 것이 당연하기 때문이다. … 연합권과 행정권은 양자 공히 입법권 — 이미 밝힌 대로 잘 조직된 국가에서는 최고인 — 에 대해서 보조적이고 종속적이기 때문이다. (로크, 1995: 140, 146)

비록 모든 국가에서 입법부가 최고의 권력이기는 하지만, 로크는 이러한 입법부에도 다음과 같은 일정한 제한이 가해져야 한다고 주장한다(로크, 1995: 128-136). 첫째, 입법권은 인민의 생명과 재산을 절대적이거나 자의적으로 다룰 수 없다. 입법권은 자연 상태에서 개인들이 갖던 권리가 양도

됨으로써 발생한 것인데, 자연 상태에서 개인들이 타인의 생명, 자유, 재산에 대한 자의적 권리를 가지고 있지 않았으므로 입법권 역시 이 같은 자의적 권리를 가질 수 없기 때문이다. 둘째, 입법권은 즉흥적이고 자의적인 명령을 통해서 통치권을 행사해서는 안 되며 널리 공포된 영속적인 법과 권한을 위임받은 재판관에 의해서 개인들의 권리를 결정해야 한다. 셋째, 입법부는 개인의 재산의 일부를 그의 동의 없이 취할 수 없다. 개인의 재산을 보호하기 위한 목적에서 수립된 국가가 개인의 재산에 대한 권리를 침해한다면 이는 명백한 신탁의 위반에 해당하기 때문이다. 이에 로크는 상관의 명령에 절대적으로 복종할 것을 요구하는 군대에서라도 상관은 사병의 "수중에 있는 단 한 푼의 돈"도 자의적으로 처분할 수 없다고 이야기한다(로크, 1995: 135). 넷째, 입법부는 인민들로부터 위임받은 법률을 제정할 권력을 다른 사람들의 수중에 마음대로 이전할 수 없다. 입법부는 법률을 제정할 수 있을 뿐이지 입법자를 만들 수는 없기에, 그들이 법률을 제정할 권한을 이전해서 다른 사람들의 수중에 맡길 수 있는 권력은 가지고 있지 않다.

또한 로크는 입법부 이외에도 이미 제정된 법의 집행을 담당하는 권력이 상시적으로 필요하다고 이야기하면서 입법부와 행정부의 권력분립에 대한 논의를 진행한다. 로크에 따르면, 행정부에게 주어지는 권력의 종류에는 제정된 법의 집행을 상시적으로 담당하는 권력과 국가 밖에 있는 다른 사람 및 공동체와 연맹과 교섭을 할 수 있는 권력, 즉 집행권과 연합권이 있는데, 이러한 집행권과 연합권은 분리되어서는 안 되며 하나의 행정부에 일임되어야 하는 것이다(로크, 1995: 140-142).

그러나 이처럼 입법부에 보조적이고 종속적인 역할만을 담당하는 행정부에도 공공선이 요구하는 바에 따라 재량적으로 행동할 수 있는 권력, 즉 '대권(prerogative)'이 주어진다. 로크는 행정부에 이처럼 큰 재량권을 부여하는 이유에 대해 다음과 같이 설명한다.

입법권과 행정권이 상이한 사람들의 수중에 장악되어 있는 경우, 사회의 복지를 위해서는 몇 가지 사항들이 행정권을 가진 자의 재량에 맡겨질 것이 요구된다. … 법률의 집행권자는 국내법이 아무런 지침을 규정하지 않은 많은 경우에, 입법부가 그 지침을 마련하기 위해서 편의에 따라 소집될 수 있을 때까지 사회의 복지를 위해서 공통의 자연법에 따라 그 법을 활용할 권리가 있기 때문이다. … 법률의 지시가 없이도 그리고 때로는 심지어 법률을 위반하면서까지 공공선을 위해서 재량에 따라 행동할 수 있는 이 권력이 이른바 대권이라고 불리는 것이다. (로크, 1995: 153-154)

행정부에 부여된 재량권으로서의 대권 역시 다른 정치권력과 마찬가지로 공동체의 이익을 위한 목적에서만 제한적으로 행사되어야 하는데, 이러한 대권의 존재는 그 자체로 인민의 저항권의 정당화 근거를 마련해 준다. 만일 행정부가 공동체의 이익이나 정부의 신탁의 목적에 부합하지 않는 방식으로 대권을 남용하게 된다면, 인민은 이러한 권력의 남용을 문제시하며 제한하고자 저항할 수 있다는 것이다.

그러나 만일 행정권과 인민 사이에 대권이라고 주장되는 사안을 둘러싸고 의문이 제기된다면, 그러한 대권의 행사가 인민의 복지를 지향하는가 아니면 침해하는가 하는 성향에 따라 그 문제를 쉽게 해결할 수 있을 것이다. … 그러므로 우둔하고 사악한 군주는 그의 전임자들이 법의 지시 없이 행사하던 권력을 공직상의 권리로서 자신에게 속하는 대권이라고 주장하면서 그것을 공공의 이익과 구분되는 이익을 취하거나 추진하기 위해서 마음 내키는 대로 행사하고자 하지만, 이로 인해 인민들로 하여금 자신들의 권리를 주장하게 만들고, 나아가 그들의 선을 위해서 행사되는 동안에는 만족하여 묵시적으로 허용하던 권력을 제한하고자 하는 계기를 촉발하게 된다. (로크, 1995: 154-155, 157)

5. 로크의 저항권

앞서 살펴본 입법부의 구성과 정치권력의 제한에 대한 로크의 주장을 상기해 본다면, 로크의 사회계약론은 저항권 개념을 포함하고 있음이 분명해진다. 로크는 신탁을 위반한 정부를 해체할 수 있는 권리로서의 인민의 저항권에 대한 설명을 제시하기에 앞서, '사회의 해체'는 다음과 같은 측면에서 '정부의 해체'와 다르다는 점을 지적한다.

> 정부의 해체에 대해 조금이라도 명백한 논의를 전개하고자 하는 자는 먼저 사회의 해체와 정부의 해체를 구분해야 한다. 사람들로 하여금 공동체를 구성하고, 산만한 자연 상태에서 나와 하나의 정치사회로 들어가게 하는 것은 모든 사람이 각각 다른 사람들과 하나의 단체를 결성하여 일체로서 행동하기 위해서, 곧 하나의 독립된 국가를 이루기 위해서 맺는 협정이다. 이러한 결합이 해체되는 통상의 그리고 거의 유일한 방식은 외국의 군대가 침입하여 그들을 정복하는 경우이다. … 만일 사회가 해체되면, 그 사회의 정부가 남아있을 수 없다는 점은 확실하다. (로크, 1995: 201-202)

로크에 따르면, 외부로부터의 전복에 의한 사회의 해체 이외에도 다음과 같은 상황을 통해 입법부가 변경될 경우 정부의 해체가 일어날 수 있다(로크, 1995: 203-205). 첫째, 단일의 인물이나 군주가 입법부가 제정한 법률을 자신의 자의적인 의지로 대체할 때 입법부가 변경된다. 둘째, 군주가 정해진 시기에 입법부가 집회를 가지는 것을 방해하거나 입법부가 설립된 목적에 의거하여 활동하는 것을 방해할 때 입법부가 변경된다. 셋째, 군주가 자의적 권력에 의해서 인민의 동의 없이 또는 인민의 공통된 이익에 반하여 선거인단이나 선거 방법을 변경할 때 입법부가 변경된다. 넷째, 군주나 입법부가 인민을 외국 세력에 넘겨서 예속시킬 때 입법부가 변경됨으로써 정부가 해체된다. 나아가 로크는 입법부나 행정부 중 어느 한편이 인민의 신탁에 반하여 행동할 때 인민에게는 현재의 정부를 해체하고 새로운 입법부를 창립하고 구성할 수 있는 권리가 있다고 주장하면서, 정부가 해체되는 두 번째 방식으로서 인민의 저항에 의한 해체를 다음과 같이 제시한다.

> 그러한 정부가 해체되는 방식에는 또 하나가 있는데, 그것은 최고의 집행권을 가진 자가 자신의 임무를 게을리하고 방기함으로써 이미 제정된 법률이 더이상 집행될 수 없을 때이다. … 이런 또는 이와 비슷한 경우에 일단 정부가 해체되면, 인민은 자신들의 안전과 복지를 위해서 가장 최선이라고 판단하는 바에 따라 입법부의 인원이나 형태 중 어느 것 또는 그 양자를 동시에 변경시킴으로써 이전의 것과 다른 새로운 입법부를 창립하여 자유롭게 자신들을 위해서 대비할 수 있다. … 그러므로 인간은 폭정으로부터 벗어날 권리뿐만 아니라 그것을 예방할 권리도 가지고 있다. (로크, 1995: 206-207)

로크는 인민의 저항권을 정당화하기 위해 '신탁의 파기'라는 관점을 사용한다(박효종, 2005: 279). 로크식 자연 상태에서의 개인이 정치사회로 들어가는 궁극적 이유는 자신들의 생명, 자유, 재산을 보호하기 위함이며, 이를 위해 일정한 한도 내에서 행동할 것을 신탁 형식으로 맡기는 정부를 구성한 것이므로, 인민은 이 같은 신탁을 파기한 정부를 해체하고 새로운 정부를 구성할 권리 또한 소유한다는 것이다.

> 인간이 사회에 들어가는 이유는 그들의 재산을 보존하기 위함이다. … 입법자들이 인민의 재산을 빼앗거나 파괴하고자 기도할 경우, 그들은 스스로를 인민과의 전쟁 상태에 몰아넣는 것이며, 인민은 그로 인해 더 이상의 복종의무로부터 면죄되며, 무력과 폭력에 대비하여 신이 모든 인간을 위해서 마련해놓은 공통의 피신처로 대피할 수밖에 없게 된다. … 그들은 인민이 그것과는 상반된 목적으로 그들의 수중에 맡긴 권력을 신탁 위반으

로 상실하게 된다. 그 권력은 인민에게 되돌아가며 인민은 그들의 원래의 자유를 회복할 권리와 (그들이 적합하다고 생각하는 바에 따라) 새로운 입법부를 설립함으로써 바로 그들이 사회에 가입한 목적에 다름 아닌 그들 자신의 안전과 안보를 강구할 수 있는 권리를 가지게 된다. 내가 여기서 입법부에 관해서 말한 것은 일반적으로 최고 행정권자에 관해서도 적용된다. (로크, 1995: 208-209)

그러나 남아 있는 문제는 과연 신탁의 파기가 일어났다는 중대한 판단을 궁극적으로 누가 내릴 수 있는가, 즉 입법부나 행정부가 인민의 신탁에 반하여 행동하였는지를 누가 최종적으로 판단할 것인지의 여부이다. 이에 대해 로크는 통치자와 인민 사이에 신탁의 위반 여부에 대한 분쟁이 발생할 경우, 저항권 발동의 최종적인 판단 권한이 인민에게 있음을 다음과 같이 강조한다.

누가 군주나 입법부가 그들의 신탁에 반해서 행동하는지 여부를 판단하는 재판관이 될 것인가? … 이 질문에 대해서 나는 인민이 재판관이라고 답변하겠다. 수탁자 또는 대리인이 그에게 맡겨진 신탁에 따라 잘 처신하고 있는지는 대리를 위임한 사람, 곧 위임하였기 때문에 그가 신탁에 반해 행동하면 그를 해임할 권력을 여전히 가지고 있는 사람이 아니라면 누가 판단하겠는가? (로크, 1995: 227)

6. 로크식 사회계약론의 시사점과 한계

로크의 사회계약론은 홉스의 사회계약론에 함축되어 있었던 정부 선택권의 개념, 즉 정부의 정당성 및 기원을 시민의 동의에서 찾는 사고방식을 체계화시킴으로써 인민주권론과 대의 민주주의론의 발전에 큰 영향을 미쳤다. 특히 입법권과 행정권의 분리에 입각한 권력 분립론 및 제한 정부론과 신탁을 위반한 정치권력에 대한 인민의 저항권을 제시한 로크의 사회계약론은 정치권력의 자의적 남용을 경계하는 근대적 입헌정치 체제의 기틀을 마련한 것으로 평가된다. 홉스의 이론이 개인의 생명 보존이라는 미명 하에 주권자에게 절대적이고 자의적인 권력을 제시했던 데 반해, 로크는 정치권력이 개인의 생명과 자유 및 재산의 보호라는 책임을 얼마나 잘 수행했는지의 여부에 따라 정당화될 수 있으며 이를 위해서는 권력의 행사에 적절한 제한이 필수적이라는 획기적 견해를 제시한 것이다. 이처럼 로크의 신탁에 의거한 정치 공동체는 구성원에 대해 보다 명시적인 책임을 가진 존재이며 그러한 책임을 다하지 못하였을 경우 신탁의 파기에 따른 해체까지도 감수해야 한다는 점에서 홉스식 정치 공동체보다 더욱 민주적인 성격을 갖는 것으로 볼 수 있다.

그러나 로크식 정치 공동체는 사유재산제에 대한 인정을 토대로 재산을 소유한 이들의 자유와 권리를 타인의 침해나 정치권력에 의한 억압으로부터 보호하기 위한 목적에서 수립되었다는 측면에서, 근본적으로 부르주아적인 성격의 정치 공동체이다. 앞서 살펴본 바와 같이 로크식 정치 공동체의 시민들은 자신의 인간다움을 발전시키기보다는 물질적 소유를 증대하는 것에 더 관심이 많은 존재인데, 이는 로크가 자연을 개간함으로써 개인의 소유물을 늘려 나가고 재산을 축적하는 것을 신이 인간에게 부여한 일종의 의무로까지 규정하였다는 점에서 더욱 분명히 드러난다. 로크가 주창한 재산권 이론이 자본주의 체제 하에서의 부와 소득의 불평등한 분배를 정당화하는 논의의 근간을 이루어 왔다는 점을 헤아릴 때, 로크식 정치 공동체가 과연 개인 상호 간에 어떠한 복종 관계도 성립할 수 없는 완벽한 평등과 자유를 보호하기 위한 공동체인지에 대해서는 재론의 여지가 있다. 루소가 『인간 불평등 기원론』을 통해 지적한 바와 같이, 생산물의 사유화와 이에 따른 소유의 차이를 정당화시키는 정치 공동체의 등장을 곧 인간 사회의 모든 예속과 비참함의 시초로 평가할 수 있는 소지 또한 다분하기 때문이다.

IV. 루소의 사회계약론

1. 루소의 자연 상태

또 다른 고전적 사회계약론자인 루소 역시 인간의 자연 상태에 대한 가정으로부터 논의를 시작한다. 루소가 상정하는 자연 상태는 『인간 불평등 기원론』에 상세히 묘사되어 있는데, 루소는 지질학자들이 화석이나 동물의 잔해를 통해 과거의 상황을 추론하는 것과 마찬가지로 자연 상태 역시 일종의 사고실험을 통한 추측과 상상을 통해서 재구성될 수 있다고 보았다.

> 시간과 바다, 폭풍우가 너무나 흉하게 만들어버려 신이라기보다는 맹수처럼 되어 버린 글라우코스의 상처럼, 인간의 영혼은 사회 속에서 끝없이 생겨나는 수많은 원인 때문에, 수많은 지식과 오류를 얻게 되어서, 체질에 일어난 변화 때문에, 정념에 가해진 지속적인 충격 때문에 거의 알아볼 수 없을 정도로 겉모습이 변해 버렸다. … 나는 몇 가지 추론을 시작했다. 나는 문제를 해결하려고 기대를 걸기보다는 그것을 명확히 하여 진정한 상태로 돌려놓으려는 의도에서 몇 가지 가설을 제기해 보았다. … "자연인을 알게 되려면 어떤 실험이 필요한가?", "또한 사회에서 그 실험을 할 방법은 무엇인가?" (루소, 2021: 27-30)

이처럼 자연 상태를 재구성함에 있어, 루소는 홉스와 로크를 포함한 기존의 사회계약론 전통에서 제안되어 온 자연 상태에 대해 다음과 같이 비판적인 입장을 취한다.

> 사회의 토대를 조사해 본 철학자들은 하나같이 자연 상태에 이르기까지 거슬러 올라갈 필요성을 느꼈다. 하지만 그들 중 누구도 그것에 성공한

사람은 없다. (루소, 2021: 42-45)

보다 구체적으로, 루소는 사회계약론 전통에서 전제하는 자연 상태에서의 인간이 가진 언어능력, 정념, 근면성 등이 모두 사회가 성립된 이후에 발전된 것들임을 지적하면서, 기존의 사회계약론들이 "자신들이 사회에서 얻은 관념을 자연 상태에 옮겨다 놓은 것"에 불과하다고 비판한다(루소, 2021: 43). 예컨대, 홉스가 이야기한 만인의 만인에 의한 전쟁 상태나 인간의 정념 및 선악의 개념은 모두 자연 상태에 이미 존재했다기보다 인간이 문명사회에 진입한 이후에야 생겨난 것들이다.

> 특히 홉스와 같은 결론을 내리지는 말자. 즉 인간은 선에 대한 어떤 관념도 없으니 원래 악하고, 미덕을 알지 못하는 까닭에 방탕하고, 동포들에 대한 봉사를 의무로 생각하지 않는 까닭에 그것을 항상 거절하며, 자신이 필요한 것을 당연히 제 것이라고 주장하는 권리를 명목으로 자신이 전 우주의 유일한 주인이라고 어처구니없이 생각한다는 것 말이다. … 그는 미개인의 보존을 위한 노력에 사회적 산물이며 법을 필요하게 만든 수많은 정념을 만족시키고자 하는 욕구를 까닭 없이 끼워 넣은 까닭에 정반대의 것을 말하고 말았다. (루소, 2021: 74-75)

이와 유사한 맥락에서, 루소는 로크가 전제하는 인간의 노동을 통한 예측 능력과 근면성 또한 자연 상태가 아닌 문명사회에서 발견되는 특징임을 다음과 같이 주장한다.

> 무엇에도 꿈쩍하지 않는 그들의 마음은 현재의 자기 생활에 대한 생각에만 빠져 있어서 아무리 가까운 미래에 대해서라도 전혀 생각하지 못한다. 그래서 그들은 자신들의 좁은 시야와 다를 바 없는 계획을 세우고 고작해야 하루를 내다볼 수 있을 따름이다. 지금도 카리브 사람들의 예측력은 이

정도이다. 그들은 밤이 되면 필요하리라는 생각을 못 한 채 아침에 면 침구를 팔았다고 저녁에 울면서 그것을 되산다. … 어쨌건, 사람이건 짐승이건 간에 수확기에 가장 먼저 찾아온 자가 약탈해 버릴 밭을 경작하는 데 고생할 정도로 바보 같은 사람이 있을까? 자신에게 필요할수록 대가를 얻지 못할 것이 더 분명한데 어느 누가 고된 노동에 인생을 바칠 결심을 할 수 있겠는가? 간단히 말해 그들에게 땅이 분배되지 않고, 즉 자연 상태가 전혀 해소되지 않았는데 어떻게 그런 상황에서 인간이 땅을 경작할 수 있겠는가? (루소, 2021: 61-63)

그렇다면 루소가 상정하는 자연 상태에서의 인간의 모습은 구체적으로 어떠한가? 당대의 박물학자 찰스 다윈(Charles Darwin)의 진화론에 큰 영향을 받은 루소는 자연 상태의 인간을 '문명인'과 대비되는 '미개인'으로 명명하면서, 인간의 본성을 다음과 같이 동물적인 방식으로 규정한다.

인간의 자연 상태를 올바르게 판단하려면 인간을 기원부터 검토하는 것, 말하자면 종의 최초의 상태에서 살펴보는 것이 중요하다. … 그렇게 하면 나는 다른 동물들보다 강하지 못하고 날래지도 못하지만 결국에는 다른 동물들보다 가장 유리하게 조직된 어떤 동물을 마음에 그리게 된다. 나는 그가 떡갈나무 아래서 배불리 먹고 처음 만난 시냇물에서 목을 축이며 자신에게 안식처를 제공해 준 바로 그 나무 아래에 잠자리를 마련하는 장면을 떠올려 본다. 이렇게 그는 자신의 욕구를 만족시켰다. (루소, 2021: 47-48)

그러나 루소에 따르면 인간은 '자유의지'와 '개선 가능성(perfectibilité)'을 갖고 있다는 점에서 동물과 구분될 수 있는데, 특히 인간의 개선 가능성이란 자연이 인도하는 방향을 본능적으로 따르기보다 본성으로부터의 어떠한 무한한 변화도 가능함을 의미한다. 루소는 이와 같은 인간의 개선 가능성을 장점이라기보다 인간 사회의 모든 불행의 근원으로 평가한다.

내가 보기에 인간이라는 기계도 마찬가지인데, 동물의 활동에서는 자연만이 모든 것을 행하는데 비해 인간은 자유로운 주체로서 자연의 활동에 협력한다는 점에서 차이가 있다. 동물은 본능에 따라 선택을 하거나 물리치고 인간은 자유로운 행동에 따라 그렇게 한다. … 그럼에도 이 둘을 구분짓는 아주 특별한 또 다른 자질이 있는데 그것에 대해서는 이의를 제기할 수 없다. 그것은 스스로를 완성시켜 나가는 능력이다. 그것은 환경의 도움을 얻어 다른 모든 능력을 계속해서 발전시키는 능력이며, 우리는 그것을 종으로서나 개인으로서나 가지고 있다. … 인간과 동물을 구분 짓는 거의 무한한 이 가능성이 인간의 모든 불행의 근원이고, 고유하고 순수한 나날이 지속되는 태고의 상태에서 시간의 힘으로 인간을 끌어내는 것이며, 수세기 동안 인간의 지식과 오류, 악덕과 미덕을 싹트게 해놓고 마침내 인간을 자기 자신과 자연에 대한 폭군으로 만들어 놓는다는 것 말이다. (루소, 2021: 57-59)

반면, 루소는 자연 상태의 인간에게서 발견되는 또 다른 특성으로 '연민' 혹은 '동정심'을 제시하면서, 인간과 동물이 공유하는 이 선천적인 감정으로 인해 인류 전체의 상호적인 자기 보존이 가능하다고 이야기한다.

홉스가 전혀 깨닫지 못한 원리가 있는데, 그것은 어떤 상황에서 인간의 가차 없는 이기심이나 그 이기심이 생기기 전에 자신을 유지하고자 하는 욕구를 누그러뜨리기 위해 인간에게 주어진 원리이다. 이 원리에 따라 인간은 자신의 동류가 겪는 고통을 보는 것에 대한 타고난 거부감에서 자신의 행복에 대한 열망을 억제한다. … 따라서 연민이 자연스러운 감정이고, 각 개인에게서 자기애의 작용을 완화시켜 종 전체의 상호적인 보존에 기여하는 것은 분명하다. (루소, 2021: 76, 79)

2. 루소의 문명에 대한 비판

　루소가 상정하는 자연 상태에서의 인간은 여타의 동물들과 큰 차이를 보이지 않는 미개인에 불과한데, 루소는 바로 이 미개적인 성향 덕분에 자연 상태에서의 인간은 사회 속의 문명인보다 더 자족적이고 행복한 상태에 놓여 있다고 보았다.

> 내가 궁금한 것은 '그것을 즐기는 사람들에게 문명의 삶이나 자연의 삶 중
> 어느 쪽이 더 견딜 수 없는 것이 되기 쉬운가?'라는 물음이다. … 자유로운
> 미개인이 사는 것이 불만스러워 자살할 생각을 했다는 말을 들어 본 적이
> 있는지 나는 묻고 싶다. 그러니 좀 더 자만심을 버리고 어느 쪽이 정말로
> 비참할지 판단해 보기 바란다. … 미개인은 자연 상태에서 살아가는 데 있
> 어야 하는 모든 것을 본능 속에 지니고 있었고, 사회에서 살아가는 데 필
> 요한 것은 발전된 이성 속에 지니고 있었다. (루소, 2021: 73)

　그렇다면 이처럼 평화롭게 살아가던 자연 상태의 미개인은 왜 비참한 문명인의 상태로 전락하게 된 것인가? 루소는 『인간 불평등 기원론』의 집필 목적이 '홀로 흩어져 살았던 원시적인 삶'이 구체적으로 어떠한 과정을 거쳐 불평등과 악덕의 상태로 나아가게 되었는지를 밝히는 데 있다고 이야기한다.

> 불평등은 자연 상태에서는 거의 느낄 수 없고 그 영향도 거의 없다는 사실
> 을 증명했으므로 나는 불평등의 기원과 심화를 인간 정신의 지속적인 발
> 달에서 밝혀야 할 것이다. … 따라서 나는 종을 손상시켜 인간 이성을 개
> 선하고 인간에게 사회를 이루게 하여 악하게 만들며, 너무나 멀리 떨어진
> 한쪽 끝에서 마침내 우리가 보고 있는 지점까지 인간과 세계를 이끌어 올
> 수 있었던 여러 우연을 검토하고 비교해 볼 것이다. (루소, 2021: 87)

앞서 지적한 바와 같이 로크는 자연을 개간함으로써 개인의 재산을 축적해 나가는 것을 신이 인간에게 부여한 의무로 보았다. 반면, 루소에게 있어 인간의 재산이 축적되어 가는 과정은 인류의 타락의 과정에 다름 아닌데, 루소는 『인간 불평등 기원론』의 2부를 다음과 같은 유명한 구문으로 시작한다.

> 최초의 인간은, 땅에 울타리를 쳐 놓고 "내 땅이야"라고 말할 생각을 하고 그 사람들도 그 말을 믿을 정도로 순진하다고 생각했는데, 그가 문명사회의 실제 창시자이다. 말뚝을 뽑아내고 토지의 경계로 파 놓은 도랑을 메우고 동료들에게 "저런 사기꾼이 하는 말은 듣지 마시오. 과일은 여러분 모두의 것이고 땅은 누구의 소유도 아니라는 사실을 잊는다면 여러분은 몰락할 것이오"라고 소리친 사람이 있었다면 그는 얼마나 많은 죄악과 전쟁, 살인, 비참함과 공포로부터 인류를 구해 낸 것인가. (루소, 2021: 89)

루소에 따르면, 소유 관념을 갖게 된 인간은 이제 더 이상 자신의 신체적인 안전이나 기초적인 필요의 충족에 만족하지 않고 잉여를 탐하게 되며 남의 것을 자신의 것으로 만들고 싶어 한다. 소유 관념의 형성이 인간 사회에 현존하는 모든 불평등과 악덕의 단초가 되었다는 의미이다. 나아가 각자 숲속을 떠돌며 살아가던 인간들은 함께 모여 살게 되면서 서로의 차이에 대한 비교 의식과 자신의 우월성을 다른 사람들에게 확인받고자 하는 욕구를 갖게 되는데, 루소는 이와 같은 타인으로부터의 인정에 대한 욕구가 소유욕과 결합하게 됨으로써 상황이 더욱 악화되기 시작했다고 본다.

관념들과 감정들이 계속해서 싹트고 정신과 마음이 훈련됨에 따라 인류는 점점 온순해졌고 관계는 확대되고 긴밀해졌다. 사람들은 오두막집 앞이나 큰 나무 주위에 모이는 것에 익숙해졌다. 사랑과 여가에서 나온 노래와 춤이 한가한 가운데 모여든 남녀의 즐거움이 되었고, 더 정확히 말해 하나의 일거리가 되었다. 저마다 타인을 바라보고 자신도 주목받기를 바라기 시작했고 공적인 평판이 하나의 가치가 되었다. 가장 노래를 잘 부르는 사람, 가장 춤을 잘 추는 사람, 가장 잘생기고 가장 힘이 센 사람, 가장 재주가 있고 가장 언변이 좋은 사람이 가장 좋은 평가를 받았는데, 그것이 불평등을 향한 동시에, 악덕을 향한 첫걸음이었다. 이 최초의 편애에서 한편으로는 허영심과 멸시가, 또 다른 한편에서는 수치심과 질투심이 태어났다. 이 새로운 근원이 된 동요가 결국에는 행복과 순수함에 치명적인 화합물로 작용하였다. (루소, 2021: 97)

이처럼 루소는 '타인들로부터 받는 호의와 존경'이 가치를 갖기 시작하면서 인간들이 허영심과 경멸, 수치심과 선망 등과 같은 감정을 느끼게 되었다고 이야기한다. 보다 구체적으로, 루소는 타인으로부터의 인정을 추구하는 인간의 욕구를 '이기심(amour propre)'으로 명명하면서, 이를 식욕, 수면욕 등과 같은 자연스러운 욕구를 충족시키고자 하는 '자기애(amour de soi-même)'와 대조시킨다. 자기애는 인간과 동물이 공통적으로 갖는 자연스러운 욕구인데 반해, 이기심은 사회 속에서 생긴 인간의 상대적이고 인위적인 감정이라는 것이다.

이기심과 자기애를 혼동해서는 안된다. 두 개의 정념은 성격이나 결과에서 아주 다르니 말이다. 자기애는 모든 동물로 하여금 자신의 보존에 신경을 쓰고 인간에게는 이성에 이끌리고 동정심으로 변화되어 인간애와 미덕을 생기게 하는 자연적인 감정이다. 이기심은 상대적이고 인위적인 감정에 불과하고 사회 속에서 생겼다. (루소, 2021: 179)

나아가 루소는 인간 간의 불평등과 예속 상태가 점차 더욱 심화된 원인으로 야금술과 농업의 발명을 지적한다(루소, 2021: 100). 특히 루소는 토지의 경작으로부터 필연적으로 토지의 분배가 뒤따르고 사적 소유가 인정되기 시작함에 따라 사람들 간의 분쟁과 갈등이 시작되었다고 주장하면서, 평온하고 자족적이던 미개인의 자연 상태가 결국 홉스식의 만인의 만인에 의한 투쟁 상태로 치닫는 과정을 다음과 같이 묘사한다.

> 그렇게 해서 가장 강한 자들이나 가장 가난한 자들은 그들의 힘이나 욕구를 타인의 재산에 대한 일종의 권리로 받아들였다. 그들에 따르면 그것은 소유의 권리와 동등한 것이어서 평등은 깨지고 가장 끔찍한 무질서가 이어졌다. 그렇게 해서 부자들의 횡령과 가난한 자들의 약탈, 모든 사람의 과도한 정념은 타고난 동정심과 아직은 약한 정의의 목소리를 억누름으로써 인간들을 탐욕스럽고 주제넘으며 악하게 만들었다. 가장 강한 자의 권리와 최초 점유자의 권리 사이에 끊임없는 분쟁이 일어났고 싸움과 살인으로만 끝이 났다. 막 태어난 사회는 가장 끔찍한 전쟁 상태가 되어 버렸다. (루소, 2021: 106)

루소는 이처럼 끔찍한 전쟁 상태에 직면한 부자들은 자신의 재산을 지키기 위한 목적에서 정의와 평화의 규칙을 만들어 내기에 이르렀고, 이것이 곧 사회와 법의 기원이 되었다고 보았다(루소, 2021: 109). 정치사회와 정치사회를 규제하는 법률이 자유롭고 평등한 개인의 생명과 재산을 보호하기 위한 목적에서 상호 합의에 의해 만들어졌다고 보았던 홉스나 로크와는 달리, 루소는 사회와 법을 사적 소유와 불평등을 정당화하기 위한 부자들의 일종의 사기 행각의 결과물로서 규정한 것이다.

> 특히 부자들은 그들이 일체의 비용을 지불한 끝없는 전쟁이 자신들에게 얼마나 손해가 되었고, 생명의 위험은 누구에게나 마찬가지지만 재산은 개인의 문제라는 사실을 곧 깨달았을 것이다. … 부자는 필요 때문에 다급해져서 인간의 정신 속에 결코 침입한 적이 없는 가장 심사숙고한 계획을

생각해내게 된다. … 그가 그들에게 말한다. "약자를 억압에서 보호하고 출세주의자를 제지하며 저마다 자신이 가지고 있는 것에 대한 소유를 보장해주기 위해 뭉칩시다. 정의와 평화의 규칙을 정해 만인이 지켜야 하며 누구도 차별하지 않고 강자와 약자 모두를 서로의 의무에 따르게 하여 어떻게 보면 운명의 변덕을 바로잡게 하는 것입니다." … 사회와 법의 기원은 그러했거나 그러했을 것이고, 그것은 약자에게는 새로운 족쇄를, 부자에게는 새로운 힘을 부여하여 자연의 자유를 영원히 파괴하고 소유와 불평등의 법을 항구히 고착시키는가 하면, 교활한 횡령을 확고한 권리로 만들어 소수 야심가의 이익을 위해 인류 전체를 노동과 예속, 비참함에 묶어두었다. (루소, 2021: 107-109)

소유권과 법의 확립으로부터 시작된 불평등의 상태는 이후 인민과 통치자 사이의 정치적 차별로, 궁극적으로는 전제군주의 압제에 의한 억압으로 귀결된다. 루소는 전제군주제 하에서의 개인들은 이제 아무것도 아니기에 다시 평등해지며 오로지 최강자의 법에 의해서만 모든 것이 결정되기 때문에 다시 자연 상태에 놓이게 된다고 이야기하면서, 그러한 자연 상태는 극심한 부패와 타락의 결과라는 점에서 인류가 출발점으로 삼은 순수한 미개인들의 자연 상태와 차이를 보인다고 이야기한다(루소, 2021: 129).

우리는 이런 여러 변혁 속에서 불평등의 흐름을 따라가다 보면, 법과 소유권의 제정이 제1단계이고 행정관직의 제정이 제2단계이며 합법적 권력에서 전제적인 권력으로의 변화가 제3단계이자 마지막 단계임을 알게 된다. 따라서 부자와 가난한 자의 처지는 첫 번째 시기에, 강자와 약자의 처지는 두 번째 시기에, 주인과 노예의 처지는 세 번째 시기에 용인되었다. 이 마지막 단계는 새로운 격변이 일어나 정부를 완전히 와해시키거나 정당한 제도에 가깝게 만들 때까지는 다른 모든 단계의 귀착점이 된다. (루소, 2021: 123)

3. 루소식 사회계약의 특성

루소의 『인간 불평등 기원론』이 문명사회에서 인간의 타락에 관한 문제 제기적 성격을 띠고 있다면, 『사회계약론』은 루소가 생각하는 '유토피아'에 대한 제안적인 성격을 띤다. 달리 말해, 『사회계약론』은 인간을 구속하는 쇠사슬 중의 하나인 국가에 어떻게 정당성을 부여할 것인가에 대한 루소의 해결책으로 볼 수 있다.

> 나는 인간을 있는 그대로 받아들이고 법을 있을 수 있는 그대로 받아들이
> 면서 정당하고도 믿을만한 통치의 법칙이 정치사회 속에 있을 수 있는지
> 를 알아보고자 한다. 그러므로 나는 이 연구에서 권리가 허용하는 것과 이
> 해타산이 명하는 것을 끊임없이 조화시키려고 노력할 것인데, 그것은 정
> 의와 이익이 결코 분리되지 않도록 하기 위함이다. (루소, 2014: 33)

루소는 자유롭고 평등한 인간들 간의 권력관계를 정당화할 수 있는 유일한 기초는 오로지 사회계약뿐이라고 주장하면서(루소, 2014: 39), 스스로가 아닌 다른 누구에게도 종속되지 않으면서도 자기 보존의 권리와 소유권을 보호할 수 있는 새로운 해법을 제시하는 것을 사회계약의 근본 문제로 규정한다.

> 내 주제로 귀착되는 이 어려운 문제는 다음과 같은 말로 서술될 수 있다.
> '공동의 힘으로 각 구성원의 생명과 재산을 지키고 보호해주는 결합 형태,
> 즉 각자가 전체와 결합되어 있지만 자기 자신에게만 복종하게 하면서 이
> 전과 다름없이 자유롭게 남아있게 하는 그런 결합 형태를 찾아내는 것.'
> 이것이 바로 근본적인 문제로 사회계약이 그 해결책을 제시해준다. (루소,
> 2014: 46)

루소는 사회계약의 근본 문제를 제대로 이해할 경우 사회계약이 단 하나의 조항, 즉 "각 구성원을 그가 가진 모든 권리와 함께 공동체 전체에 전적으로 양도하는 것"으로 귀결됨을 알게 된다고 주장하면서(루소, 2014: 46), 그러한 양도의 특성을 다음과 같은 세 가지 측면에서 규정한다. 첫째, 각자가 자기 자신을 모조리 내주기에 조건은 모두에게 동일하며, 또 조건이 모두에게 동일하기에 누구도 타인의 조건을 더 무겁게 만드는 데 관심을 두지 않는다. 둘째, 양도가 전적으로 이루어지기에 결합은 더없이 완전하며, 어떠한 구성원에게도 개인적으로 주장할 권리가 아무것도 남아 있지 않게 된다. 셋째, 각자는 전체에게 자신을 양도하기에 아무에게도 양도하지 않는 것이 되며, 모든 구성원은 자신이 양도한 권리와 동일한 권리를 타인들로부터 받기에 그가 잃은 모든 것과 동일한 대가를, 나아가 그가 소유하는 것을 보호하기 위한 더 많은 힘을 얻게 된다(루소, 2014: 47).

나아가 루소는 이와 같은 개인들 간의 결합의 계약의 결과 통일성과 공동 자아, 생명 및 의지를 부여받은 정신적이고 집합적인 단체가 만들어진다고 이야기하는데, 그러한 단체는 역사적·상황적 맥락에 따라 아래와 같이 다양한 용어로 표현되어 왔다.

> 이처럼 모든 개인들의 결합으로 이루어지는 이 공적인 인격은 예전에는 도시국가라고 불렸는데, 지금은 공화국 혹은 통치체로 불린다. 그것은 또 수동적일 때에는 구성원들에 의해 국가라고 불리며, 능동적일 때는 주권자라고 불린다. 또한 그와 유사한 것들과 비교될 때에는 권력이라고 불린다. 그 구성원들은 집합적으로는 인민이라는 이름을 가지게 되며, 개인적으로는 주권 참여자로서 시민이라 불리며, 국가의 법에 복종하는 자로서 신민이라 불린다. (루소, 2014: 48)

루소식 사회계약에 의해 수립된 정치 공동체는 '보편적 의지(general will)'의 표상으로서의 법의 지도하에 모든 구성원을 동등하고 평등하게 대우한다(루소, 2014: 71). 이에 보편적 의지가 반영된 법에 의해 다스려지는 정치 공동체 내에서 시민은 기존의 자연 상태에서 누리던 자유와 평등보다 한 단계 질적으로 격상된 새로운 차원에서의 시민적 자유와 평등을 누릴 수 있게 된다.

> 이 기본적인 계약은 자연적 평등을 파괴하기는커녕 오히려 자연이 인간 사이에 생겨나게 할 수 있었던 육체적 불평등을 정신적이고 법적인 평등으로 바꾸어 놓았다는 것과, 사람들은 체력이나 타고난 능력에서 불평등할 수 있지만 계약에 의해 법적으로 모두 평등해진다는 것이 그것이다. (루소, 2014: 56)

> 이러한 구별이 일단 받아들여지면, 사회계약에 의해 개인들 측에 어떠한 포기가 있다고 주장하는 것은 명백한 오류가 된다. 실제로 그들의 상황은 그 계약의 이행에 의해 이전보다 더 나은 상황이 되기에, 양도는커녕 유리한 교환을 한 것일 뿐이다. 즉, 그들은 불확실하고 불안정한 존재 양식을 더 낫고 안전한 존재 양식으로, 자연적인 독립을 자유로, 타인을 해칠 수 있는 힘을 그들 자신의 안전으로, 타인의 힘에 의해 전복될 수 있는 자신들의 힘을 사회적 결속을 통해 누구도 가로챌 수 없는 권리로 교환한 것일 뿐이다. (루소, 2014: 66)

또한 루소는 인간이 자연 상태로부터 정치 공동체로 나아감에 따라 비로소 자연인에서 도덕적 인간으로의 본성의 질적인 변화를 경험하게 된다고 주장한다. 사회계약의 수립에 따라 인간은 자연 상태에서 누리던 무제한적 자유를 잃게 되지만 대신 도덕적이고 시민적인 자유를 획득할 수 있기에 오히려 스스로에 대한 진정한 주인이 될 수 있다는 의미이다.

> 자연 상태에서 사회 상태로의 이행은, 행위에서 본능을 정의로 대체하고

이전에는 없었던 새로운 도덕성을 행동에 부여함으로써 인간에게 아주 놀라운 변화를 가져온다. … 사회 상태에서 득이 된 것으로는, 앞에서 말한 것 외에 정신적인 자유를 덧붙일 수 있을텐데, 그것만이 인간을 자신의 참된 주인이 되게 만든다. 왜냐하면 오로지 욕망의 충동에만 따르는 것은 노예와 같은 예속 상태이며, 스스로에게 규정한 법률에 대한 복종은 자유이기 때문이다. (루소, 2014: 51)

루소식 사회계약은 자연 상태에서 무력과 강압에 기초하여 생성되었던 재산에 대한 '점유' 역시 정당한 '소유'로 바꾸어 주는 역할을 담당하는데, 이는 개인의 소유권을 자연 상태에서부터 유래한 불가침의 권리로 보았던 로크의 견해와 명백한 차이를 드러내는 것이다.

공동체의 각 구성원은 공동체가 형성되는 순간, 자기 자신과 자신이 가진 재산을 포함한 모든 힘을 공동체에 양보한다. … 이 양도에서 특이한 것은, 공동체가 개인들의 재산을 받아들일 때 그것을 빼앗는 것이 아니라 그들에게 그 재산의 합법적인 점유를 보장하고, 침탈을 참된 권리로, 보유를 소유권으로 바꿀 뿐이라는 것이다. (루소, 2014: 53, 55)

4. 루소식 정치 공동체의 특성

앞서 논의한 바와 같이 루소식 사회계약의 핵심은 보편적 의지의 관철을 위해 각 개인이 이전에 가지고 있던 개별적 의지와 자연적 자유를 공동체 전체에 양도하는 데 있다. 루소가 정의하는 보편적 의지는 각 개인의 '개별적 의지'나 개별적 의지의 총합으로서의 '전체의 의지'와 구분되는 개념으로 항상 공평하고 공익을 지향하는 의지를 뜻한다. 루소는 보편적 의지와 개별적 의지 및 전체의 의지와의 차이점을 구체적으로 다음과 같이 규정한다.

사실, 개별적 의지는 어떤 점에서 보편적 의지와 일치하는 일이 가능하다 하더라도 적어도 그 일치가 지속적이고 항구적일 수는 없다. 왜냐하면 개별적 의지는 그 성격상 편파성을 향하며, 보편적 의지는 평등을 향하기 때문이다. (루소, 2014: 58)

전체의 의지와 보편적 의지 사이에는 대개 큰 차이가 있다. 후자는 오로지 공통의 이익과만 관련된 데 반해, 전자는 개인적인 이익과 관련되며 따라서 개별적 의지의 총합일 뿐이다. 그런데 그 개별적 의지들에서 서로 상쇄하는 과부족 의지 부분을 빼면 보편적 의지가 남는다. (루소, 2014: 61)

루소는 보편적 의지에 의해 관리되는 힘을 곧 '주권'으로 명명하며(루소, 2014: 63), 보편적 의지의 행사로서의 주권은 결코 양도되거나 분할되거나 대표될 수 없음을 강조한다. 개별적 의지를 보편화시키는 것은 구성원의 숫자라기보다 그들을 결속하는 공동의 이익인데(루소, 2014: 65), 그러한 공동의 이익이 주권자가 아닌 다른 이에게 양도 혹은 대표되거나 여러 가지 부분으로 나누어진다고 보는 것은 형용모순이기 때문이다.

그러므로 나는 주권은 보편적 의지의 행사일 뿐이기 때문에 결코 양도할 수 없으며, 집합적인 존재인 주권자는 집합적인 존재 자체에 의해서만 대표될 수 있다고 말하고자 한다. 권력은 물론 이양될 수 있지만 의지는 그렇게 할 수 없다. (루소, 2014: 57)

주권은 양도할 수 없는 것과 동일한 이유로 분할할 수도 없다. 왜냐하면 의지는 보편적이거나, 보편적이지 않거나 하기 때문이다. 의지는 인민 집단의 의지이거나, 아니면 일부분의 의지일 뿐이다. 전자의 경우, 그 의지의 공표는 주권 행위로 법률이 된다. 후자의 경우, 그것은 개별적 의지이거나 행정 행위일 뿐이다. 그러므로 그것은 기껏해야 법령일 뿐이다. (루소,

> 주권은 양도할 수 없는 이유와 마찬가지로 대표될 수 없다. 그것은 본질적으로 보편적 의지에 있다. 그런데 이 의지는 절대로 대표될 수 없다. 그것은 그것일 뿐이거나, 아니면 다른 것이다. 그 중간은 없다. 인민의 대의원은 그러므로 그들의 대표자도 아니며, 대표자가 될 수도 없다. 그들은 심부름꾼에 불과하다. (루소, 2014: 135)

그렇다면 루소는 국가 내의 권력기관의 분립에 대해 어떠한 견해를 취하는가? 루소에 따르면, 주권자로서 인민이 만든 법을 개별적인 사안마다 실제 집행하는 행정부가 필요하다는 현실적인 이유로 인해 국가에는 입법부와 행정부의 분리가 나타나게 된다.

> 우리는 입법권이 인민에 속하며 인민 이외에는 누구에게도 속할 수 없는 것을 보았다. 반대로, 앞에서 확립된 원리에 의해 집행권은 입법자 혹은 주권자로서의 인민 일반에는 속할 수 없음을 알기는 쉬운 일이다. … 그러므로 공권력에는, 그 힘을 통합하고 보편적 의지의 지도에 따라 그것을 시행하며 국가와 주권자 사이의 연결에 이용되는, 어떻게 보면 인간에게서 영혼과 육체를 연결하는 것처럼 공적인 인격체에서 그런 연결을 해주는 적절한 대행자가 필요하다. 이것이 바로 국가 안에 정부가 필요한 이유인데, 부당하게도 주권자와 혼동을 한다. 정부는 주권자의 집행자에 지나지 않는데 말이다. (루소, 2014: 93)

루소는 이처럼 정부가 주권자의 집행자이자 고용된 관료에 지나지 않는다고 주장하는 데에서 나아가, 행정권이 누구에게 주어지느냐에 정부의 형태가 다양한 방식으로 구분될 수 있다고 이야기한다. 보편적 의지의 행사로서의 입법권은 항상 주권자인 인민에게 귀속되어 있는 반면, 행정권은 다양한 수의 다양한 구성원들에게 위임될 수 있다는 의미이다.

> 첫째, 단순한 개인으로서의 시민보다 행정관으로서의 시민이 더 많도록,
> 이를테면 정부를 인민 전체 또는 최대 다수의 인민에게 위임할 수 있다.
> 이러한 정부 형태에 우리는 민주정치라는 이름을 부여한다. 아니면 행정
> 관보다 단순한 시민이 더 많도록, 이를테면 정부를 소수의 손에 제한할 수
> 있는데 이 형태를 귀족정치라 부른다. 마지막으로, 정부 전체를 단 한 사
> 람의 손에 집중시키고, 그 밖의 사람은 모두 그로부터 권력을 얻게 할 수
> 있다. 이 세번째 형태가 가장 흔한 것으로, 군주정치 혹은 왕정이라 부른
> 다. (루소, 2014: 102)

이에 루소는 집행권을 확립하는 정부 수립의 행위가 인민과 행정관들 사
이의 계약에 해당한다는 기존의 견해에 반대하면서, 개인이 전체에 자신의
권리를 양도하는 '결합의 계약'만이 국가에 존재하는 유일한 단 하나의 계
약이며 이외의 모든 계약에 우선한다고 주장한다. 한편, 이는 정치 공동체
의 수립을 인민과 그들이 선택한 통치자 사이의 계약으로 간주하였던 『인
간 불평등 기원론』에서의 입장과 차이를 보이는 것이다(루소, 2021: 123).

> 몇몇 이론가들은 이 정부 수립 행위가 인민과 인민이 갖는 행정관들 사이
> 의 계약이라고 주장했다. 그 계약을 통해 양측은 조건을 규정하는데, 그
> 조건에 따르면 한쪽은 명령할 의무를 다른 한쪽은 복종할 의무를 진다.
> 그런데 그것이야말로 괴상한 방식의 계약임을 사람들은 인정하리라 나는
> 믿는다. … 국가에는 단 하나의 계약밖에 없다. 결합의 계약이 바로 그것
> 이다. 그런데 이 결합의 계약만이 그 밖의 모든 계약을 배제한다. 이 계약
> 의 위반이 아닌 어떤 공적인 계약도 상상할 수 없을 것이다. (루소, 2014:
> 138-139)

여기에서 특히 주목해야 할 부분은, 루소가 민주주의의 근본 형성 원리로서의 인민주권론을 옹호하고 있는 것과는 대조적으로 실제 그가 민주정만을 이상적인 형태의 정치체제로 규정하고 있지는 않다는 점이다. 오히려 루소는 역사상 엄밀한 의미에서의 진정한 민주정치는 존재한 적이 없으며 존재하지도 않을 것이라고 이야기하면서(루소, 2014: 104), 어떤 형태의 정부로 다스려지는지와는 무관하게 법의 지배를 받으며 공공의 이익을 추구하는 국가를 '공화국'으로 통칭한다(루소, 2014: 72). 루소가 상정하는 공화국 내의 시민들은 자신이 소속된 정치 공동체를 자신과 불가분의 존재로 여겨 사적인 일보다 공적인 일을 훨씬 더 중시할 뿐만 아니라(루소, 2014: 134), 정치 공동체의 존속을 위해서라면 자신의 생명까지도 걸 수 있는 존재이다.

> 국가에 바친 자신들의 생명조차 국가로부터 끊임없이 보호를 받는다. 국가를 방어하기 위해 목숨을 걸 때, 그것이 자신들이 국가로부터 받은 것을 되갚는 일이 아니고 무엇이겠는가? 불가피하게 싸움에 몸을 던짐으로써 생존에 필요한 것을 목숨을 걸고 지킨다면, 자연 상태에서 더 자주, 그리고 더 큰 위험 속에서 그랬던 것과 무엇이 다른가? (루소, 2014: 66-67)

나아가 루소는 자신이 생각하는 가장 이상적인 형태의 정치 공동체, 즉 인민의 보편적 의지가 관철되는 공화국이 고대 그리스의 도시국가들과 같은 소국에서 더 잘 실현될 수 있다고 이야기하면서(루소, 2014: 81, 84), 그러한 도시국가들의 시민을 단순히 경제적인 동기에 의해서만 움직이는 부르주아와 대조시킨다. 루소가 정의하는 시민은 홉스나 로크가 묘사한 자기보존과 물질적 행복에만 몰두하는 개인과는 질적으로 다른 존재인 것이다.

> 이 말[시민]의 진정한 의미는 현대인들에게서 완전히 사라져버렸다. 현대인들 대부분은 도회지를 도시국가로, 도회지에 사는 주민들(bourgeois)을 시민들(citiyons)로 잘못 생각하고 있다. 그들은 가옥이 도회지를 이루고 시

민들이 도시국가를 만든다는 것을 모르고 있다. (루소, 2014: 188)

5. 루소식 사회계약론의 시사점과 한계

루소의 사상은 그 자체로 근대 계몽주의의 산물인 동시에 홉스와 로크의 자유주의에 의해 대변되는 근대 계몽주의 전통에 대한 내부 비판으로서, 변증법적 과정을 거쳐 발전된 근대 계몽주의의 완성된 형태로 평가될 수 있다. 인간 사회의 불평등의 원인을 사유재산으로 진단한 루소의 입장은 이후 프랑스혁명의 인권선언과 마르크스주의의 사상적 기초를 마련하였으며, 미개인의 단조로운 삶에 대한 찬양과 자연의 완전성에 대한 호소는 레프 톨스토이(Lev Tolstoy), 제인 오스틴(Jane Austin) 등의 문학작품과 미국의 초절주의(transcendentalism)에 큰 영향력을 행사하였다. 또한 루소의 사회계약론은 보편적 의지라는 주권의 지도와 보편적 의지의 발현으로서의 법에 의해 다스려지는 공화국을 이상적인 정치 공동체로 제시함으로써 인민 주권론과 법의 지배라는 양대 원리에 의거한 민주주의 정치 이론의 기반을 제공하였으며, 불공정한 사회계약의 경우 시민들에게 복종의 의무를 부여하지 않는다는 사실을 강조하며 현존하는 국가의 정당성을 판단할 수 있는 명확한 기준을 제시하고 정당한 사회계약의 조건들을 규명하는 데 기여하였다. 정치 공동체의 통일과 조화를 위해서는 시민들이 항상 공익을 지향해야 하며 공공의 일에 직접적으로 헌신할 수 있어야 한다는 루소의 주장은 시민의 참여가 점진적으로 위축되어 온 현대 민주주의 사회에도 시사하는 바가 크다.

그러나 루소의 사상이 프랑스혁명 당시 자코뱅주의자들에 의해 열렬히 옹호되었다는 사실에서 유추할 수 있듯이, 루소식 사회계약을 통해 수립된 정치 공동체에서는 전체주의의 지도하에 개인의 자유가 침해될 수 있는 공산이 크다. 앞서 살펴본 바와 같이 루소는 '자연적 자유'와 '시민적·도덕적 자유' 사이의 구분을 통해 개인의 자율과 정치권력이 공존할 수 있는 가능성을 제시한 바 있다. 보다 구체적으로, 루소가 보는 이상적인 사회계약은 자연적 자유를 시민적·도덕적 자유로 대체하는 것이며, 이는 곧 각 시민이 동등한 몫을 가지며 이로써 보편적 의지를 표현하는 주권적 조직에 의한 통치를 의미한다. 그런데 이러한 주권적 조직은 보편적 의지의 실현이라는 목표를 위해 시민들로 하여금 공동체에 복종하는 것이 진정한 의미에서의 자유라는 주장을 강제할 수 있다는 점, 즉 '자유로의 강제'라는 역설을 발생시킬 수 있다는 점에서, 절대군주라는 옛 독재자의 자리를 보편적 의지라는 새로운 독재자로 대체하는 결과를 초래할 위험성이 있다.

V. 결론

이 장은 홉스와 로크, 루소의 고전적 사회계약론에 대한 검토를 바탕으로 이들 이론의 시사점과 한계에 대해 살펴보았다. 고전적 사회계약론은 논리 전개 방식과 구체적인 내용에서는 각각 차이가 있지만, 자유롭고 평등한 개인이 자연 상태의 어려움을 극복하기 위한 목적에서 구성원 상호 간에 계약을 맺어 공통의 주권 권력을 설립하고 그러한 권력에 복종함으로써 평화와 안전을 획득한다는 핵심 내용에서는 공통된다. 홉스는 정치 이론에 사회계약적 구도를 최초로 도입함으로써 국가의 발생을 자유롭고 평등한 개인들의 자발적인 계약으로 설명하였지만, 홉스식 주권자가 갖는 절대적인 권력은 언제든 다시 인간의 자기보존의 권리를 억압하고 위협하는 힘으로 작용할 수도 있다는 점에서 한계를 노정하였다. 로크의 경우, 권력 분립을 전제로 하는 입헌정치체제를 제안하고 개인이 갖는 권리의 목록에 부당한 정치권력에 대한 저항권까지 포함시킴으로써 홉스식 사회계약론의 한계를 극복하고자 하였다. 그러나 로크식 사회계약은 근본적으로 재산을 소유한 이들의 권리를 보호하기 위한 목적에서 정치 공동체를 수립한다는 측면에서, 이것이 과연 진정한 의미에서의 개인의 평등과 자유를 보호하기 위한 사회계약인지에 대해 논란의 여지가 있다. 마지막으로 루소는 보편적 의지라는 주권의 지도와 보편적 의지의 발현으로서의 법에 의해 다스려지는 공화국을 이상적인 정치 공동체로 제시함으로써 인민주권론과 법의 지배라는 민주주의 정치 이론의 토대를 제공하였으며, 정당한 사회계약의 조건들을 체계화하였다. 이러한 시사점에도 불구하고 루소의 사회계약론은 보편적 의지의 실현을 위해 시민들로 하여금 공동체에 복종하는 것이 진정한 의미에서의 자유라는 주장을 강제할 수 있다는 점에서 전체주의적인 방식으로 개인의 자유를 침해할 위험이 있다. 이처럼 홉스, 로크, 루소의 고전적 사회계약론은 비록 각 이론 내부적으로는 일정한 한계를 드러내고 있음에도 불구하고, 정치제도와 국가의 정당성의 기반을 평가할 수 있는 견고한 사상적 토대를 마련함으로써 자유롭고 평등한 개인의 권리의 우선성을 확보하고 근대 민주주의 이론의 발전에 기여하였다.

참고 문헌

김비환(1996), 「롤즈의 정치적 자유주의 비판: 민주적 형이상학과 사회의 기본구조를 중심으로」, 『한국정치학회: 한국정치학회보』, 33(1).

박효종(2005), 『민주주의와 권위』, 서울: 서울대학교 출판사.

장 자크 루소, 김중현 옮김(2014), 『사회계약론』, 서울: 임프린트 펭귄클래식 코리아.

장 자크 루소, 박아르마 옮김(2021), 『인간 불평등 기원론』, 서울: 세창출판사.

존 로크, 강정인, 문지영 옮김(1995), 『통치론』, 서울: 까치.

토머스 홉스, 진석용 옮김(2020), 『리바이어던』, 서울: 나남.

진석용(2007), 「홉스의 '시민철학'의 과학적 기초」, 『한국정치연구』, 16(1).

Rawls, J.(1999), *A Theory of Justice: Revised Edition*, Cambridge: Harvard University Press.

Hobbes, T.(1998[1642]), *On the citizen* (R. Tuck & M. Silverthorne eds). Cambridge: Cambridege University Press.

Hobbes, T.(1994 [1651]), *Leviathan*, with selected variants from the Latin edition of 1668 (E. Curley ed.) Indianapolis: Hackett.

Morris, C. W.(2014), *The Social Contract Theorists*, Lanham: Rowman & Littlefield.

Nozick, R.(2013), *Anarchy, State, and Utopia*, New York: Basic Books.

8

자유민주주의와 법치주의의 고민

정치적 의무와 시민 불복종의 관계

임상수

서울대학교 사범대학 윤리교육과를 졸업하고 동 대학원에서 「디지털 정보사회의 정보윤리에 관한 연구」로 박사 학위를 취득했다. 서울 언주중학교 교사와 서울여자대학교 정보영상학부 초빙 교수를 거쳐 현재 경인교육대학교 윤리교육과 교수로 재직 중이다. 주요 관심 분야는 정보 윤리, 학교 폭력과 사이버 불링, 미디어 리터러시와 디지털 시민성 교육 등이다. 도덕교육의 수업 방법론과 정보 윤리 이슈에 관한 다수의 연구를 비롯해, 고령자 운전면허 반납, 재외동포의 귀환과 사회 통합 등의 '생활과 윤리'에 관련되는 주제들을 다양하게 접근하고 있다.

* 이 장은 『윤리연구』 제142호(2023)에 게재된 「자유민주주의와 법치주의의 고민 — 정치적 의무와 시민 불복종을 중심으로」를 수정·보완한 것이다.

I. 서론

2022년 11월 18일 한국 정치의 최대 화두는 '슬리퍼'였다. 대통령의 해외 순방 비행기에 MBC 기자의 탑승을 거부한다는 공식 발표에 대해, 대통령실이 그러한 조치의 근거로 제시한 '언론사의 악의적 행태'가 무엇이냐고 묻는 MBC 기자의 질문은 묵살되었다. 대통령실의 비서관은 답변 대신 '슬리퍼 차림에 팔짱을 낀 태도'를 맹렬히 비난했다. 공영 방송의 언론 취재를 방해하거나 협조를 거부하는 정부의 조치가 합당한 것인지 아닌지에 대한 논란은 뒷전으로 사라졌고, 슬리퍼와 팔짱에 대한 찬반양론으로 소모적 논쟁이 상당 기간 이어졌다.

3일 후 MBC 출신의 여당 공식 대변인은 "대통령의 권위를 존중해야 한다"라며 비난을 이어 갔다. 그녀는 "대통령의 권위를 존중하는 것은 5년간 무소불위인 권력자라서가 아니다. 국민이 선택하고 국민이 권위를 부여한 국민의 1등 대리자, 즉 국민 그 자체이기 때문이다"라고 주장했다(한국경제, 2022. 11. 22). 나중에 당 대표가 된 국회의원은 "자신의 의무는 이행하지 않으면서 권리만 주장한다면, 그건 권리 행사가 아니라 횡포"라고 지적하면서 "완전 함량 미달"이라는 맹공격을 퍼부었다.

일련의 사태들은 새삼 정치적 '권위'가 어디에서 생겨나는 것이며, 어떤 권위를 인정하고 존중하는 것이 진정 정치적 '의무'인가를 고민해 보는 계기가 되었다. 비록 0.78퍼센트의 미세한 차이로 당선되었다 하더라도 엄연히 합법적인 선거에서 선출된 권력이기에 법률에 따른 자격과 권한이 '합법적으로' 부여된다는 사실을 의심할 수는 없다. '1등 대리자'이자 '국민 그 자체'라고 불릴 만한 것인지 아닌지는 차치하더라도, 대통령 전용기에 민간인인 언론사 기자들을 선별적으로 태우고 말고를 결정하는 것까지도 대통령에게 부여된 법적 권한의 일부라고 볼 수 있다. 그러나 대통령 앞에서 기자가 '두 손을 공손히 모으고' 정자세로 서야만 하거나 '정장 구두를 신고 넥타이를 갖춰야' 할 '법적 혹은 정치적 의무'가 존재한다거나 앞으로도 그런 의무가 발생할 여지가 있는가에 대해서는 수긍하기가 어렵다.

너그럽게 양보해서 '관행'이라는 주장을 받아들인다 하더라도, 관행적으로 이어져 온 의무라면 '권위를 주장하는 쪽'보다는 '권위를 인정하는 쪽'의 의사가 더 우선적인 결정력을 갖는 것이 당연하다. 한국 정치사에서는 대통령이 국회를 방문해서 행하는 시정연설 때에 여야 국회의원들이 대통령 입·퇴장 중에 기립하거나 연설 도중에 박수를 쳐서 동의와 존중을 표하는 관행이 오랜 기간 이어져 왔다. 그러나 최근에는 의원들이 기립하지 않거나, 비난 문구가 적힌 손 팻말을 들거나, 외면하고 딴청을 부리거나, 아예 참석조차 하지 않는 등의 다양한 방식이 일종의 정치적 의사소통 방식으로 행해지고 있다. 아무래도 권위에 대한 존중은 '존중을 받는 쪽'보다는 '존중을 주는 쪽'의 의사가 더 우선적이기에, 엄격한 의전 절차와 관행을 강조하는 국회에서도 이를 비난은 할지언정 제재할 수는 없는 일이다. 법에 대한 존중과 복종을 주장하는 일은 상대적으로 쉽고 명쾌하며 처벌로 강요할 수 있지만, 정치적 권위에 대한 존중과 복종을 얻어 내는 일은 훨씬 어렵고 복잡하며 미묘한 것임을 알 수 있다.

사실 권력을 가진 자의 입장에서는 사람들이 자신의 명령에 복종하고 자신의 의지가 관철되느냐가 일차적 관심사일 뿐, 사람들이 자신을 존경하거나 좋아하는가는 부수적 관심사로서 크게 중요하지 않을 수 있다. 그러나 못 받더라도 그저 서운할 뿐인 관행적 존경이 아니라, 집권자의 철학과 의지가 반영된 명령이나 정책이 피치자들로부터 거부를 당하는 경우는 무시하거나 가볍게 넘길 수 없는 권위 부정의 문제가 된다. 그냥 민주주의가 아님을 강조하면서 '자유민주주의'를 강하게 표방해 온 권력자에게는 정치적 권위에 대한 존경 부재나 공개적이고 고의적인 시민 불복종이 다루기 힘들고 대응하기 난처한 뜨거운 감자가 될 가능성이 크다. 권위 확립을 위해 존중과 예절을 강조하면 '권위주의자'라는 비난에, 복종과 처벌을 강조하면 '전체주의자' 내지는 '수구적 보수주의자'라는 비난에 직면하게 될 것이기 때문이다.

이번 장에서는 법치주의와 자유민주주의를 표방하는 국가권력이 정치적 권위를 인정받는 문제에 있어서 '정치적 의무'와 '시민 불복종'을 특별히 조심스럽게 다루어야만 하는 이유를 이론적으로 검토해 보고자 한다. 법치주의에 대한 강조가 자칫 '사법의 정치화'로 변질되지 않도록 신중하게 접근해야 하는 것도 강조할 것이다. 정치적 의무라는 개념에 더하여 자유주의적 관용이 충분히 확보될 때에 정치 권위에 대한 존중이 법률적 의무를 넘어선 도덕적 의무로 자리매김될 수 있고, 여기에서 확산적 지지가 발생하여 안정될 때에야 비로소 우리의 정치 문화와 법체계 발전에 기여하는 건전한 비판으로서의 시민 불복종이 제대로 작동할 수 있다고 보기 때문이다.

II. 정당한 권위에 복종해야 할 정치적 의무

1. 정치적 의무에 대한 도덕적 정당화

정치철학의 영역에서는 현존하는 권력이 합법적인 것이냐 아니냐를 따지는 일과 합법적인 권력이라 할지라도 그 권력의 '권위'를 존중해 주고 그의 명령에 기꺼이 복종하려는 태도가 정치적 의무가 되냐 아니냐를 따지는 일은 서로 다른 문제이기에 별개로 다루어져 왔다. 피트킨(H. Pitkin)은 '정치적 의무'에 관한 물음을 네 가지 영역으로 나눈 바 있는데, 첫째는 "우리가 정치 권위에 언제 복종할 의무를 지니며 복종할 의무가 없는 때는 언제인가?"라는 질문이고, 둘째는 "우리는 누구에게 복종할 의무를 지니고 있는가?"이다. 셋째는 "우리는 진정으로 의무감을 느끼고 있는가?"라는 질문으로 '정당한 권위'와 '단순한 강제'를 구분하고 있고, 넷째는 "정당한 권위일지라도 왜 우리는 이에 복종해야 하는가?"라는 질문이다(조일수, 2012: 95-96). 권위자의 명령에 복종하느냐 마느냐의 단순한 선택을 둘러싸고 이처럼 여러 단계의 질문을 던지고 상황을 복잡하게 만드는 이유는, 이러한 갈등 상황이 우리가 현실에서 자주 맞닥뜨리게 되는 일상적인 문제이기 때문이다.

이론적 관점에서 접근해 볼 때, 정치과정은 결국 '권력을 획득하기 위한 투쟁'이다. '권력'의 핵심은 권력이 지목하는 대상자로 하여금 하기 싫은 행위를 하도록 강요할 수 있는 힘이다. 법률적 권위가 엄존하고 권리와 의무 관계가 명확하다면 싫더라도 마땅히 복종해야 하고, 강요를 거부하면 처벌이 뒤따른다. 그러나 법률로써 명확히 규정된 의무가 아닌 경우에는, 정치적 권위의 명령에 반드시 복종해야 할 의무가 정치과정의 절차적 정의에서 자동적으로 내지는 강제적으로 발생하는 것이 아닐 수 있다. 더 나아가 문제가 되는 법률 자체가 심각하게 부정의하거나 결함을 가진 것일 경우에는 법적 복종의 의무까지도 재고와 저항의 대상이 될 가능성이 생긴다. 정치철학은 바로 이 지점에서 정치적 의무라는 개념에 대한 유연한 검토와 더불어 시민 불복종을 정당화하는 논리와 그것이 허용될 수 있는 상황적 여건에 관한 논증을 하게 된다.

2016년, 당시 미국의 대통령 선거 후보였던 트럼프는 상당수의 NFL 미식축구 선수들을 비애국자라며 맹렬히 비난하고 그들의 리그 퇴출을 주장한 바 있다. 경기 시작 전에 국가 연주 의식이 진행되는 동안에 일부 흑인 선수들이 당시 경찰의 흑인 인권 탄압 처사에 대한 항의 표현으로 국기를 향한 경례 대신에 지면에 무릎을 꿇는 퍼포먼스를 강행했기 때문이다. 국기와 국가 세레모니가 법률적 의무 사항은 아니었으므로 선수들의 '무릎 꿇기(Taking a Knee movement)'는 정당한 정치적 의사 표현이었음이 분명하다. 이후 대통령에 당선된 트럼프는 국가와 정치적 권위를 대표하는 대통령의 신분으로서 이들을 크게 비난했다. 그는 특정 선수를 지목하여 퇴

출을 주장하면서 "그에게 맞는 나라를 찾아 떠나라"고 외쳤다. 2년 후 스포
츠 대기업 나이키는 트럼프로부터 지목을 당했던 핵심 당사자 콜린 캐퍼닉
을 "Just Do It!" 캠페인 30주년 기념 광고의 메인 모델로 발탁하였다.[1] 물
론 대통령인 트럼프는 나이키 측의 의도를 이해할 수 없다며 분노했지만,
미식축구연맹도 나이키사도 별다른 대응 없이 경기와 광고를 이어 나갔다.
무릎 꿇기에 참여하는 선수의 숫자는 흑백을 가리지 않고 늘어 갔으며, 나
이키사의 매출은 광고 이후 30퍼센트 넘게 증가했다.

올림픽과 월드컵 축구 대회 등의 대규모 스포츠 이벤트들은 선수들의 '정
치적 의사 표현'을 규제하는 자체 규정들을 갖고 있는 경우가 많다. 정치적
중립성의 원칙에 입각해 유니폼에 정치적 메시지가 담긴 부착물을 붙이거
나 문신을 하는 행위 등에 대해 매우 엄격한 제재가 이루어지고 있다. NFL
에도 그러한 규약이 있었지만, 합법적인 공권력이 부당한 인종차별을 행한
처사에 반대한 '정당한 항의의 표현'에 대해 NFL 기구는 공식적으로 지지
성명을 냈다. 캐퍼닉은 2017년 자유계약 선수가 된 이후 무적 상태로 실질
적 은퇴 상태이다. 2018년에 국제 앰네스티는 그에게 '양심대사상'을 수여
하면서, 유명 선수가 자신의 신변에 닥칠 불이익을 감수하면서 인권과 양
심을 지지하는 의견을 공개적으로 표명하여 많은 사람들에게 영감을 주었
다고 치하했다.

국가의 법률은 아니지만 그 분야에서 매우 강력한 힘을 발휘하는 프로스
포츠 리그 규약을 정면으로 위배한 위반 행위에 대해 NFL 사무국은 제재
를 하기보다 묵인하는 선택을 했다. 그들은 국기와 국가에 대한 존경을 표
시하지 않는 이유가 '인종차별을 하는 국가에 대해 저항하는 의지의 표현'
이었다는 점에 주목했다. 프로 선수와 리그 사이의 계약에 따른 합법적 의

---

1. 콜린 캐퍼닉은 무릎 꿇기 운동을 처음 시작한 선수였고 이후에도 'Black Lives Matter' 등의
흑인 인권 캠페인에 적극적으로 나서고 있다. 그는 스스로의 선택으로 옵트아웃 권한을 행
사하여 자유계약 선수가 되었지만, 이후 그를 원하는 팀을 구하지 못해 무적 선수로 남게 되
었다.

무보다 인종차별 금지가 더 상위의 가치라는 점을 인정하고, 국기, 국가 그리고 대통령이라는 정치적 권위의 상징들에 대한 무례를 정치적 의무 위반으로 간주하지 않았다. 캐퍼닉의 행위를 양심적 거부 내지는 시민 불복종으로 간주해 불이익을 주지 않기로 결정한 것이다. 이후 민주당과 공화당 지지자들의 찬반양론이 격화되자, NFL 사무국은 정치적 표현보다 스포츠 자체에 더 주목하자는 의미의 해법을 내놓기도 했다. 2019년에 리그는 NFL 사회정의기금을 조성하였는데, 사회정의 실현에 기여하는 조직과 단체들을 선수들이 선정하면 리그가 매칭펀드 기부금을 지원하는 제도를 만든 것이다.[2]

미식축구에서 시작된 흑인 민권운동의 무릎 꿇기라는 상징적 제스처는 부당한 차별과 잘못된 정치적 이해관계에 매몰된 국가권력에 대한 저항적 표현으로서 크게 유행했다. 미국의 농구와 야구 리그뿐만 아니라 영국의 프리미어 리그 축구에서도 선수들의 무릎 꿇기는 더욱 뜨거운 쟁점이 되었다. 월드컵을 앞두고 영국 축구의 주장들이 더 이상의 경기 시작 무릎 꿇기를 중단하기로 결의까지 했지만, 막상 월드컵 본선에서는 타국의 정당한 저항권 표현에 영국 선수들이 동조하여 무릎을 꿇는 일이 벌어지기도 했다.

2022년 11월 21일 카타르에서 벌어진 월드컵 본선 경기에서 이란 선수들은 자국에서 벌어지고 있는 대규모 시위를 탄압한 정부의 폭거에 항의하는 표시로 국가 연주 때 '침묵시위'를 펼쳤다. 자국으로 돌아가면 심각한 처벌이 기다릴 것이라는 불안과 공포에도 불구하고 '시위 연대'의 뜻을 내세운 이들의 표정은 결연했다. 상대방인 영국 선수들이 동조의 표시로 '무릎 꿇기'를 돌발적으로 감행했고, 경기장에 모인 군중들이 환호와 박수로 이들 모두를 격려하는 장면이 중계 화면을 통해 전 세계로 확산되었다. 당초 영국 선수단은 경기 전부터 부당한 성차별에 항의하는 의미의 무지개

---

2. 2023년 3월 현재 NFL의 사회정의기금은 선수들이 조성한 1억 9,500만 달러에 NFL 사무국이 조성한 1천만 달러 등을 합쳐 2억 5천만 달러 이상의 규모로 성장해 있다(NFL 공식 홈페이지 참조).

색 숫자 1로 구성된 '원 러브(One Love)' 완장 퍼포먼스를 예고했었는데, FIFA의 강력한 반발과 제지로 뜻을 접은 상태였다(한국일보, 2022. 11. 22). 이 경기에서 이란 선수단과 해리 케인을 비롯한 영국 선수들 일부에 대해 월드컵 주최 측인 FIFA와 카타르 정부는 엄연한 '금지 규정 위반'에도 불구하고 아무런 조치도 취하지 않았다.

위의 두 사례에서 NFL과 FIFA는 공통적으로 정당한 권위와 합법적인 — 선수와 협회 측의 사전 동의와 오랜 전통으로 제도화되어 있던 규약이라는 의미에서 — 규칙을 가진 위치에 있었음에도 불구하고, 규약을 위배하는 정치적 의사 표현 행위를 용인하였다. 엄연한 불법행위였지만 그들이 전하는 메시지의 내용이 정당했고 보다 상위의 가치 규범을 지키려는 양심적 행위임을 인정한 것이다. 이들의 행위가 시민 불복종의 정당화 여건을 두루 갖추었기에, 선수들이 스스로에게 닥칠 불이익을 감수하고 공개적으로 규칙을 어긴 행위에 대해 면죄부를 준 것으로 해석된다.

스포츠 단체들의 취업 관련 규약은 사단법인의 문화일 뿐이지만, 거기에 소속된 구성원들에게 규약에 복종하기를 요구하는 강도는 매우 엄격하고 권위적이다. 그러나 그들끼리의 합의와 동의를 거쳐 만들어진 규약이라 할지라도, 보다 상위법의 보편타당한 가치를 심각하게 위배하는 경우에는 저항이 생겨나고 외부로부터의 비난과 간섭이 이루어지기도 한다. 헌법에 보장된 직업 선택의 자유를 부당하게 제한하는 프로 스포츠의 신인 드래프트 제도에 대해서는 반발과 갈등이 생겨나기 마련이고 발전적인 수정 작업이 이루어져 왔다. 많은 나라의 여러 종목들에서 이런 현상이 공통적임을 쉽게 찾아볼 수 있다.

스포츠 단체에의 가입과 프로 리그에의 취업은 개인이 스스로 선택해서 이루어진 일이지만, 국가에 소속된 국민으로서의 삶은 상대적으로 그렇지 못한 경우가 대부분이다. 그럼에도 불구하고 국가는 다른 어떤 권위와도 경쟁할 수 없을 정도의 강력하고 존엄한 권위를 주장하고 실제로 그런 수준의 권력을 누리고 있다. 모든 국민들이 예외 없이 국가의 명령에 복종하고 동원되기를 바라는 국가는 '일반적이고 무조건적인 정치적 의무'를 기대한다. 반면에 국민들은 헌법이나 정의의 원리 같은 상위의 도덕적 가치에 위배되는 법률이나 명령에 대해 저항하고 거부할 수 있는 권리를 원한다. 그들이 기꺼이 인정하고 따를 수 있는 복종은, 예외적 경우가 인정될 수 있어야 하고 합리적 설명과 근거 공개가 전제되어야 한다는 의미에서 '비일반적이고 조건적인 정치적 의무'로 한정된다.

공동체주의자들은 구성원들이 공동체의 질서 유지와 공동선 실현을 위해 필요한 법과 정치적 권위의 명령을 잘 따라야 한다는 주장에 큰 의문을 제기하지 않을 것이다. 오히려 초과 의무적인 헌신과 기여까지를 기대하면서 공화주의적 시민의 덕성을 찬양할 가능성이 더 크다. 반면, 철학적 무정부주의자들은 개인의 자율과 개인적 고민의 여지를 허용하지 않는 경직된 법규범과 국가 권위에 복종하는 것 자체를 비인간적인 행위로 받아들이고 모욕적인 요구로 느껴 거부할 가능성이 크다.

상대적으로 자유주의자들은 두 극단적 입장 사이에서 유연한 태도를 견지하고자 할 것이며, 규범과 명령에 복종할지라도 스스로가 기꺼이 복종하기를 선택하는 경우로만 한정하기를 바랄 것이다. 권위자의 명령에 대해 토를 달거나 이유를 묻거나 다른 대안을 제기할 자유도 인정받지 못한 채로 '무조건적인 복종'을 하는 것은 그야말로 본질적 자유를 박탈당하는 것이기에, 자유주의자들은 의문 제기와 설명 요구의 연장선상에서 저항권의 현대적이고 비폭력적 버전으로서의 시민 불복종 권리를 요구하게 된다.

정치적 권위자는 자신에 대한 존경까지는 바라지 않을지라도 자신의 명령이 잘 준수되기를 바란다. 이때의 명령 준수는 곧 그의 정치적 권위에 대한 복종을 의미하는데, 그 명령의 내용이 명령받는 사람의 마음에 들지 않거나 그의 이익에 반하는 경우라면 '의무로서의 복종'이라는 의미가 더 선명해진다. 전쟁터에서 돌격 혹은 사수 명령을 내리는 상관의 태도는 단호하고 절박하다. 병사들이 그의 명령에 의문을 갖거나 대안을 제기하는 등의 머뭇거림을 용인할 여유가 없는 것이다. 박효종에 따르면 권위에 근거한 명령은 본질적으로 '내용 중립적'이다. 국가가 명령한 내용의 적실성 때문에 복종하는 것이 아니라 '국가가 명령했기 때문에' 바로 그 이유로 인하여 복종할 것이 요구된다는 말이다(박효종, 2001, 15-16). 명령은 명령이기 때문에 복종해야 하는 것이며, 최고의 권위로서의 국가가 내리는 명령은 내용과는 독립적으로 구속력을 갖는다는 점이 강조되고 있다.[3]

효율성을 떠나서 이러한 맹목적 복종을 바라는 마음은 국가 권력자만의 것은 아니다. 우리의 가정 내에서도 부모들은 자식들에게 "왜냐하면 내가 그렇게 말했으니까(Because I Said So)"라는 말을 수시로 쏟아붙이고 싶어 한다. 그러나 불의한 국가권력과 사려 깊지 못한 부모에 대한 무조건적인 충성과 효도를 기대하기란 점점 더 어려워지고 있는 것이 현실의 변화이다. 이제 국민들과 자식들은 '상대적 자율성'에 입각한 '자발적이고 선택적인 복종'을 선호한다. 야속하게 느껴질 수는 있겠지만, 불만이 있어도 어찌 해보기 어려운 천륜인 부모-자식 관계에 비교하면 국가-국민의 관계는 훨씬 더 취약하고 가변적인 것이다. 정치적 의무의 무조건적 절대성 주장은 이미 한계를 맞이한 듯하다.

2. 정치적 의무를 정당화하는 논거들의 한계

법과 규칙을 지켜야만 하는 이유, 즉 준법정신은 초등학교 도덕과에서 매우 중요한 주제로 다루어져 왔다. 2009 개정 도덕과 교육과정의 '윤리와 사상'에서는 국가와 개인의 건전한 관계를 밝히는 데에 있어 "① 정치적 의무의 도덕적 근거(인간 본성, 동의 혹은 승인), 공공재 및 관행의 혜택, 자연적 의무 등"을 내용 요소로 다루라고 명기하고 있다(김상범, 2016: 58). 교육과

---

3. 박효종이 논증하고자 한 최종 목표는 국가의 권위가 정당한 것이라고 해서 모든 국민들이 거기에 반드시 일반적으로 무조건적 복종을 해야만 하는 것은 아님을 입증하려는 것이었다. 그는 '일정한' 이유를 인정할 수 있을 뿐, '절대적'이거나 '무조건적'인 이유가 성립하지는 않음을 강조했다.

정에서 '정치적 의무의 도덕적 근거'를 주요 내용 요소로 전진 배치하여 상세히 다루게 한 것은 이때가 처음이었는데, 2015 개정 교육과정에서는 '생활과 윤리'(생윤03-03)의 사회사상에서 "3. 국가와 시민의 윤리: 참여는 시민의 의무인가? - ①국가의 권위와 시민에 대한 의무, ②시민의 참여"라는 표현으로 다시금 후퇴하고 있다. 특히 '시민이 갖는 정치적 의무'에 대한 강조가 '국가의 시민에 대한 의무'로 방향이 바뀌어 제시되고 있는 것을 볼 때, 학교 현장의 수업에서 정치적 의무 관련 내용 요소들을 다루기가 어려웠거나 뜨거운 쟁점들이 많이 제기되었으리라는 추측을 하게 된다.

비록 교육과정 문서상으로는 후퇴가 이루어졌지만, 시민사회가 발전하고 성숙함에 따라 국가의 명령이 즉각적으로 먹혀들지 않거나 공개적 저항을 마주하게 되는 사례들은 갈수록 늘어나고 있다. 어떤 권위에 대해서 혹은 어떤 명령에 대해서 거부와 저항이 제기되고 있는가와 그러한 불복 행위가 과연 도덕적으로 정당화될 여지가 있는지, 있다면 어떤 기준에 따라 그런 행위에 대한 도덕적 판단을 내릴 수 있는지는 점점 더 중요한 문제가 되고 있다. 정치적 의무의 도덕적 근거를 찾아 정당화했던 자유주의 정치철학 논의의 기존 논거들의 장점과 한계를 검토해 보자.

1) 동의론

자유주의적 의무론의 전통은 권위에 대한 복종이 피치자의 자유롭고 자발적인 동의 때문에 도덕적으로 정당화될 수 있다고 본다. 홉스가 주장했던 동의는 명시적 동의(explicit consent)였다. 자연 상태에서 위험에 빠질 수 있는 자신의 생명과 안전에 대한 보존 욕구 때문에 개인이 자발적으로 자신의 인격을 대표하는 권리를 거대한 국가권력에 위탁하는 형태였다. 비록 홉스 시대의 국가는 곧 절대군주 자신이었으며 신민으로서의 개인은 무조건적인 복종을 감수해야만 한다는 비도덕적 결과를 낳는 한계를 갖고 있지만, 스스로 동의하고 위임한 권력에 대해 복종하는 것이 개인의 자유의지와 양립 가능하다는 그의 주장은 역사적으로 중요한 의미를 갖는다.

하나의 인격체 안에서 통일된 군중은 커먼웰스(Commonwealth), 키비타스(Civitas)라 불린다. 이것이 위대한 리바이어던 또는 유한한 신(mortal God)의 탄생이다. 우리들이 평화를 유지하고 방어하는 것은 이 유한한 신 덕분이다. 국가는 하나의 인격체로서, 다수가 상호 신약에 의해 스스로 그 인격체가 하는 행위의 본인이 되며, 그 목적은 그가 공동의 평화와 방어에 필요하다고 생각할 때 다수의 모든 힘과 수단을 이용할 수 있도록 하는 데 있다. … 다수의 사람들이 자기들의 인격을 대표할 수 있는 권리를 한 사람 또는 소수의 사람들로 구성된 합의체에 주자고 동의하거나 신약을 맺을 때 국가는 세워진다. 국가가 세워짐으로써 통치권이 부여된 사람(들)의 모든 권리와 기능이 나온다. (홉스, 2005: 223-224)

그러나 홉스 당시에도 이러한 원초적 사회계약에 실제로 참여하여 동의를 행사한 신민들은 없었으며, 이론적으로 본다고 해도 동의 계약에 참여하지 않은 후속 세대들에게까지 정치적 권위에 대한 의무를 구속하는 것은 명백히 무리였다. 이를 보완할 수 있는 동의론의 다른 버전이 '묵시적 동의(tacit consent)'이다.

로크는 토지와 같은 재산에 대한 소유권을 인정하고 인정받는 행위, 투표 행위에 참여하는 행위 등에 정치권력의 권위와 정치적 복종의 의무에 관한 함축된 형태의 동의가 들어 있다고 본다. 그러나 이러한 묵시적 동의는 과도하게 일반화된 통매각 형태의 거래와 같아서, 로크 식의 동의는 일단 소속된 국가 공동체의 모든 결정과 자의적 명령을 한꺼번에 정당화하는 결과를 가져온다. 김동수는 "홉스의 계약 논리가 안정을 앞세운 모든 전제정치체제를 정당화하는 데에 기여했다면, 로크의 계약 논리는 사유재산권을 보호해 주는 모든 체제를 정당화하는 데에 기여했다"라고 비판했다(김동수, 1994: 148).

결사체론에서 언급할 소크라테스는 크리톤 편에서 아테네에서 아이를 낳고 살아가는 것이 곧 아테네 폴리스에 대한 동의를 한 것과 같다는 논리를 인정하고 있다. 물론 자유인으로서 자신은 원하기만 하면 다른 폴리스로 이주할 수 있다는 점을 전제 조건으로 달고 있다. 소크라테스는 국가를 의인화한 화자의 입을 통해 다음과 같이 말한다.

> 자네는 우리에게 동의하고 약속한 것을 파괴하려 하지 않는가? 그 동의나 약속은 강요된 것이 아니며 자네가 속아서 한 것도 아닌데 말일세. 자네는 짧은 시간에 결정을 내리도록 강요당한 것은 아니잖나. 만일 자네가 우리를 싫어하거나, 그 약속이 자네에게 옳지 않은 것으로 생각되었다면 70년 동안이나 신중하게 검토할 수 있는 시간의 여유가 있었네. 자네는 그 동안에 이 나라를 떠날 수도 있지 않았나. ··· 그처럼 자네는 어느 다른 아테네 사람보다도 이 나라와 국법을 사랑한 것이 아닌가. 나는 분명히 그렇다고 생각하네. **왜냐하면 국법은 못마땅한데 나라만 마음에 든다는 것은 있을 수 없을 테니 말일세.** (플라톤, 2011: 91. 강조와 밑줄은 필자의 것임)

동의론의 궁극적 목적은 모든 국민들에게 일반적으로 적용될 수 있는 권위적 명령을 받아들이고 복종하는 것을 정치적 의무라고 정당화하려는 것이었다. 동의를 복종 의무의 정당화 근거로 삼는 주장에 대한 반론은 크게 두 가지로 가능하다. 동의한 당사자들에게는 어느 정도 의미가 있지만 동의에 참여하지 않은 구성원들에게까지 복종을 강요하기 어렵다는 주장이 첫 번째이다. 두 번째는 다른 공동체와는 달리 태어날 때부터 소속되어 있던 거대한 생활환경인 국가로부터 이탈하는 선택이 현실적으로 만만치 않거나 불가능한 경우가 많기 때문에, 묵시적 동의가 진짜 동의는 아닐 가능성이 크다는 주장이다.

최근에는 동의를 철회하거나 태어난 국가를 떠나 이주하려는 사례들이 늘어나면서 '동의에 기반한 의무'라는 근거의 논리 자체가 위협을 받는 지경에 이르고 있다. 축구 선수들의 무릎 꿇기 사례에서 보듯이, 이전에 동의를 했던 규약을 보다 보편적이고 상위적인 지위를 갖는 가치 규범을 위해 어겨야만 하는 경우가 용인되는 사례들이 많아지고 있다. 더욱이 동의 철회나 의무 거부 내지는 의무 불이행이 반드시 거창한 상위 규범을 이유로 들어야만 가능한 것은 아닌 쪽으로 규범의 절대성에 대한 인식이 약화되는 변화도 관찰된다. 스포츠 선수들이 개인의 이익과 자아실현 욕구를 위해 국적을 자의적으로 포기하고 새로운 국적을 취득하여 국제 대회에 출전하거나 취업을 하는 경우들은 이제 일상적이라 말할 수 있을 정도로 흔한 일이다. 국가대표들끼리의 경쟁인 WBC 야구 경기에 출전하는 선수들은 출전 팀을 정하는 과정에서 현재의 실제 국적과는 별개로 부모, 조부모 혹은 자신이 태어난 나라 등의 다양한 국적 선택지 중 하나를 선택할 수 있다.

2) 결사체론

정치적 의무에 대한 결사체 이론(associative theory)의 설명은, 개인이 특정한 결사체를 구성하거나 그에 소속되어 지위를 차지하게 되면 특정한 역할이나 지위를 만족시켜야 한다는 의무감이 자연적으로 발생한다는 것이다. 조일수는 이러한 의무를 특수적이고 비자발적인 정당화로 분류하고 있다. 친구, 이웃, 동료 등의 결사체 구성과 소속은 개인이 선택할 수 있는 문제이지만, 가족과 국가에의 소속은 상대적으로 그렇지 않다는 의미에서 '비자발적'이고, 국가 공동체가 거대한 규모이기는 하지만 인류 전체에 대한 보편적 의무를 요구하지는 않고 소속 국민들에게만 의무를 요구한다는 점에서 일종의 로컬 관행이기에 '특수적'이라는 것이다(조일수, 2012: 101-102).

앞에서 다룬 소크라테스의 이야기는 아테네라는 정치 공동체에 대한 그의 묵시적 동의를 스스로 인정하는 내용이었다. 크리톤의 나머지 부분들에서는 국가와 국민의 관계를 부모와 자식의 관계로 유비하면서 정치적 복종의 의무를 정당화하고 있다.

소크라테스, 그것이 자네와 나 사이의 약속이란 말인가? 국가가 내린 판결은 충실히 지키기로 되어 있는 것이 아닌가? … 자네는 이 나라에서 태어나고 양육되고 교육을 받았는데 자네나 자네 조상이 다같이 이 나라의 아들이라는 것을 부정할 수 있겠는가? 그것이 부정할 수 없는 사실이라고 한다면 자네는 우리와 평등한 권리를 가지고 있다고 생각해서는 안 되네. 다시 말하면 우리가 자네에게 무엇을 하려고 하였을 때 그것이 어떤 일이든 자네도 그와 똑같은 일을 하여 우리에게 대항할 권리가 있다고 생각해서는 안 되네. … 매를 맞았다고 해서 아버지나 주인을 같이 때릴 수는 없을 걸세. … 자네는 조국의 명령이 어떤 것이든 그것을 따라야 하네. 조국이 자네에게 견디라고 명령을 내린다면 매질을 하거나 옥에 가두거나 자네는 참고 견디어야 하네. 자네는 싸움터에서나 법정에서나 그밖의 어느 곳에서도 나라와 국법이 명령하는 것을 수행해야 하네. (플라톤, 2011: 87-88)

소크라테스에게는 그가 소속된 그리고 그가 선택한 국가가 부모와 조상 이상의 신성한 가치로 여겨졌을지 모른다. 그러나 다양한 수준의 결사체들의 이합집산과 그들의 이해관계 투쟁과 타협을 기초로 하여 국가가 운영된다는 '조합주의적 국가관'이 등장한 현대사회에서, 국가의 지위를 부모와 같은 수준으로 받아들이기는 힘들다. 가혹하고 이해할 수 없는 명령을 일삼는 부모에게도 복종하고 효도를 다해야 하는 것이 도덕적 의무임을 소크라테스는 의심하지 않았고, 비슷한 지위의 국가와 국법에 대해 스스로가 약속한 바를 반드시 지켜야만 한다는 의무감을 가졌다. 다원주의 가치관이 지배하는 현재를 살아가는 우리는 그러한 의무를 인정하기 어렵다. 심지어 국가가 큰 잘못을 한 바 없다고 할지라도 나 자신의 이해관계나 양심적 선택에 따라 얼마든지 국가를 버리고 떠나갈 수도 있다고 생각하는 사람들에게, 국가라는 결사체에 대해 다른 결사체와 구별되는 특별한 의무를 기대하는 논리는 힘을 발휘하지 못한다.

3) 혜택론과 공정성론

동의론이 동의하는 대상은 권위를 인정하고 그에 대한 충성스러운 복종을 의무로서 받아들이는 일이었다. 독배를 받아 마신 소크라테스의 경우에서 보듯이, 국가의 판단이나 행위의 결과가 불만족스러운 경우에도 의무를 거부하거나 동의를 철회하는 일은 비도덕적인 배신행위로 여겨졌다. 전쟁 영웅의 인기와 업적을 질투한 선조 임금의 부당한 처사에도 불구하고, 명령에 저항하거나 국가에 대한 충성을 철회할 수 없었던 이순신의 백의종군 사례도 이와 같은 맥락일 것이다.

불만족스러운 결과에 따른 동의 철회를 인정하지 않았던 동의론이 의무론적 윤리설에 가깝다면, 혜택론(benefit theory)은 결과에 따라 협력과 참여의 의무를 정당화한다는 점에서 결과론적 윤리설에 가깝다. 정치적 의무를 정당화하는 혜택론의 논리는 우리가 국가로부터 다양한 혜택을 많이 받고 있으므로 그에 대한 보답으로서 국가가 지정해 주거나 요구하는 부담을 이행해야 할 의무가 발생한다는 것이다.

국가가 제공하는 혜택이 안보나 수도, 전기, 주거, 도시 기반 시설 등의 공공재적 혜택만 있는 것은 아니다. 공공재의 혜택은 공유지의 비극이나 무임승차 사례와 결합되어 다음에 논의할 '공정성'에 대한 문제를 야기하게 된다. 국가에 소속된 국민이 누리는 유무형의 혜택은 매우 다양하다. 나에게 여권을 만들어 줄 조국이 존재하지 않는 경우를 상상해 본다면, 의식하지 못했던 다양한 수준의 혜택들을 그동안 당연한 것처럼 누리고 있었음을 알 수 있다.

혜택을 받았다고 해서 반드시 기여하고 의무를 감당해야만 하는가라는 반론이 가능하다. 주어진 혜택을 받긴 했지만 굳이 달라고 부탁하지도 않았던 것이기 때문에, 호의는 고맙게 생각하지만 무엇인가를 요구받는 것은 질색이라고 주장하는 이기적인 태도도 충분히 생각해 볼 수 있다.

공정성론에서는 시민 개인이 국가와 동료로부터 받게 될 혜택을 기꺼이 '의식적으로 수용(accept)'하기 때문에, 전체 협력 구도를 유지하고 운영하는 정부와 법체계의 권위에 대한 복종을 의무로 인정하게 된다는 논리를 내세운다. 자발적이고 의식적으로 혜택을 받아 누리는 선택 행위가 곧 의무 승인을 의미한다는 것이다. 이러한 구분에 중요한 의미를 부여한 시몬스는 '주의주의적(主意主義的, voluntarist)'인 태도를 취한다. 그에 따르면, 비자발적으로 참여가 강제되거나 무의식적으로 혜택을 단순하게 수용(receive)하기만 한 경우라면 도덕적 의무가 발생하지 않는다.

공정성론은 더 나아가 국가와 의무를 승인한 동료 시민들이 협력하는 구도 속에 비자발적으로 휩쓸리거나 협력 구도가 주는 혜택을 무의식적으로 받아 누린 사람들에게까지 정치적 의무를 배분하고 싶어 한다. 이때의 핵심 원리는 페어플레이(fair play) 정신이다. 다른 사람들이 모두 국가를 중심으로 한 협력 구도에 적극적으로 참여하여 힘든 의무 할당량을 감당하려고 노력하고 있으니, 그로 인해 혜택을 입었다면 나도 성실하게 참여하고 협력을 위해 열심히 노력하는 것이 나의 의무가 된다는 것이다.

혜택을 받아 누렸으니 당연히 그만큼의 기여를 하기 위한 협력에 대한 의무가 발생한다는 논리는 '호혜성(reciprocity)'의 개념에 바탕을 두고 있다. 양적인 균형이 중요하다기보다는 '의무의 균등한 분배'를 더 중요하게 생각한다고도 말할 수 있을 것이다. 100원의 혜택을 누렸으니 100원만큼의 기여를 의무적으로 해야 한다는 양적 균형보다는, 다른 동료 시민들이 모두 국가의 권위에 대한 복종 의무를 감당하고 있는 구도 속에서 내가 이미 혜택을 입었으니 나는 동료 시민들 전체에게 '복종 의무 인정에 따른 기회비용을 빚진 것'이라는 논리가 더 중요하다는 것이 필자의 생각이다. 똑같은 양의 기여와 협력보다는 기여하고 협력하라는 국가의 명령에 복종할 의무를 모두가 똑같이 나누어 감당한다는 점이 더 중요한 셈이다.

4) 공공재와 추정적 재화론

공정성론의 관점에서 보자면, 최근 우리 사회가 경험한 코로나 팬데믹 상황에서 마스크 반대론자나 감염 경로 추적 반대자들의 사례는 그야말로 무임승차자일 뿐만 아니라 선량한 다른 협조자들의 안위를 위협하는 암적인 존재일 수 있다. 그들이 동의를 하지 않거나 참여를 거부하거나 스스로가 얼마나 비도덕적으로 의무를 방기하고 있는지를 인식하지 못하는 경우라 할지라도, 사회의 다수 구성원들이 그들을 전체가 참여하는 협력 구도 속으로 끌어들여야 하는 절박한 요구가 발생하며 국가 강제력의 발동이 정당화될 가능성도 커지는 상황이다.

김상범은 공정성론이 주장하는 협력적 기획 구도가 산출하는 재화의 종류에 따라 전체적 설득력이 크게 달라진다는 점에 주목한 바 있다. 국가라는 대규모 집단의 힘에 의존해 생산되는 공공재까지는 아닐지라도 일정 규모의 개인들 간의 협력에 의해 제공되는 재화를 '배제적(excludable)' 재화와 '비배제적(nonexcludable)' 재화로 나누어 생각할 필요가 있다. 배제적 재화의 경우에는 페어플레이 원칙이 쉽게 적용될 수 있지만, 비배제적 재화인 경우에는 원하지도 않았고 기여하지도 않았던 혜택이 무제한적으로 모든 사람에게 제공된 것을 굳이 힘들게 피하거나 외면하지 않고 받아 누린 사람들에게 반대급부로서의 공정한 의무를 요구하기가 어려워질 수 있다 (김상범, 2016: 73-74). 노직이 제안한 가상 사례 속의 마을 방송국 운영이나 마을 도로 청소 모임에서 볼 수 있듯이, 다른 모든 사람들의 협력과 기여 덕분에 비배제적 재화의 사소한 혜택이 모두에게 무차별적이고 무제한적으로 돌아가는 구도 속에서는 혜택이 주는 효용이 곧 정치적 의무로 무조건 연결되기 어려운 것이 사실이다.

그러나 참여와 의무 감당을 거부하는 소수가 의무감을 크게 느끼기 어렵다는 사실과는 별개로, 성실하게 참여하고 있는 나머지 전체 사람들이 소수의 무임승차자들에게 느끼는 억울함과 분노가 존재한다는 사실에도 주목할 필요가 있다. 공정성의 원칙에서는 사전에 참여 의사를 확인하거나 혜택 배제를 위한 수단을 마련하지 않은 다수 구성원들이 별다른 도덕적 우위를 주장하기가 어렵다. 하지만 앞에서 언급한 코로나 방역 상황에서의 마스크 거부자들 사례처럼 전체의 안전과 생존을 크게 위협할 수도 있는 불참 혹은 의무 거부라면 문제는 크게 달라질 것이다.

집단 감염병 예방과 같은 비상 상황의 경우만 있는 것은 아니다. 평상시의 상황 중에도 전 국민 의료보험 제도나 국민연금 같은 전체 국민 대상의 사회보장 서비스는 불참자에 대한 분노를 자극하고 의무적 참여를 강제하고 싶은 욕구를 키우는 재화이다. 실상은 한두 명의 미가입자들이 기여를 거부한다 하더라도 거대한 집단이 산출하는 공공재에는 유의미한 영향을 끼치지 않는다고 한다. 그러나 그러한 의무 거부자에 대해 사회와 동료 시민들은 불쾌감을 넘어선 적대감을 느끼기 쉽다.

클로스코(G. Klosko)는 이러한 종류의 재화를 '추정적 재화(presumptive goods)'라는 개념으로 설명한 바 있다. 김상범은 추정적 재화를 롤스가 말한 '기본적 가치(primary goods)'와 유사한 것으로 보고 있다. '누구나 원한다고 추정되는 것들'이기에 일차적 재화 내지는 기본적 재화라는 것이다. 김상범은 '추정적 공공재'로 관심을 좁힐 것을 제안하면서, 공동체 구성원 모두가 적정 수준의 삶을 사는 데에 필수적인 재화이기 때문에 "그러한 협력적 기획에서는 <u>재화의 필요불가결성이 외부자가 자신의 협력 여부를 선택할 수 있는 권리를 압도한다</u>"라고 주장하였다(김상범, 2016: 76, 강조와 밑줄은 필자의 것임).

김상범의 분석이 정교한 동시에 예리하다는 점을 높이 평가하며, 동의론이나 혜택론보다 공정성론을 도덕과 교육과정에서 좀 더 강조해서 다룰 필요가 있다는 그의 주장에도 전적으로 공감한다. 다만 필자는 추정적 재화에 대해 외부자가 자신의 협력 여부를 선택할 권리에 관한 마지막 단언에 대해서는 좀 더 검토해 볼 여지가 있음을 주장하고자 한다.

'추정적(presumptive)'이라는 한정의 의미를 좀 더 깊이 파고 들어가 볼 필요가 있겠다. 문제가 되는 공공재가 비배제적인 협력재인 동시에 필수불가결한 재화이기에, 그 재화 생산을 위한 협력에 불참을 선언하거나 혜택 향유를 거부할 수 있는 선택의 '권리' 내지는 '기회'가 개인에게 전혀 보장될 수 없다는 '압도'의 논리에는 허점이 있어 보인다. '추정'을 하고 있다는 한

정 표현은 "아닌 것이 밝혀지기 전까지는 일단 그런 것으로 설정해 두자"는 의미를 담고 있다. 유죄가 확정되기 전까지는 무죄로 추정해 두자는 원칙(principle of presumed innocent)에서 말하는 바로 그런 의미의 추정이다.

추정적 공공재가 모두에게 일차적 재화 수준으로 필요불가결하다는 단정은 임시적인 추정일 뿐이다. 너무나 중차대한 가치를 제공해 줄 것으로 알았던 공공재가 사실은 그렇지 않았다는 실증적 결과가 확정되기 전까지라는 의미의 추정이 아니라, 의무를 감당할 것을 선택할 권리를 가진 당사자가 최종적 결단을 내리기 전까지라는 의미에서의 임시적 추정으로 보는 것이 타당하다. 누구나 기꺼이 협력을 선택할 것으로 알았던 공공재가 실제로 누구에게나 필요불가결할 정도의 효용 가치를 갖고 있다 할지라도, 그럼에도 불구하고 그런 재화에 대해서 누군가는 비협력을 선택하고 적극적인 거부를 선언할 수도 있다. 다른 사람들에게는 쉽게 이해되지 않고 받아들이기도 어려운 일이지만 누구나 좋아할 것이라는 가정은 거부가 적극적으로 선언되기 전까지의 임시적 추정이었을 뿐이다. 단 한 명일지라도 그 거부자 내지는 외부자가 자신을 협력 구도와 혜택에서 모두 배제시켜 달라고 요구한다면, 더욱이 그의 불참이 전체 기획에 큰 손실이나 위험을 끼치지 않는다면, 그의 선택 기회를 굳이 부정하고 비난해야만 할 논리적이고 도덕적인 이유는 성립하기 어려워진다.

일본 작가 오쿠다 히데오의 베스트셀러 소설 『남쪽으로 튀어』는 운동권 출신의 반체제 인사인 가장이 국민연금 납부를 종용하는 공무원들에게 염증을 느껴 일본 남쪽 바다의 외딴 섬으로 이주를 하는 내용을 담고 있다. 국민연금이 모든 국민들을 위한 공적인 안전장치이며 일본 정부가 안정성을 보장하는 선량한 제도임을 강변하는 공무원에게 주인공 우에하라 이치로는 다음과 같이 응수하고 있다.

"당장 나가, 국민연금 따위, 못 낸다면 못 내는 줄 알아"
"우에하라 씨, 이건 국민의 의무랍니다."

갑자기 돌변하여 아주머니가 부드러운 말투로 나왔다. 엷은 웃음마저 띠고 있었다.

"어떤 의무야? 전개해봐"

"전개요?"

"논리적 증거를 펼쳐보라는 거야" … "노상에서 죽을 자유를 빼앗겠다는 건가, 국가에서?" 아버지의 입에서 침이 튀어 나왔다. "우에하라 씨는 노상에서 죽고 싶다는 말씀이세요?" "응, 노상에서 죽고 싶고말고. 신주쿠 중앙공원에서 새벽녘에 싸늘한 시체로 발견되었다, 음, 아주 멋진 최후야." …

"우에하라 씨는 40세가 넘으셨으니까 장기요양보험료도 납부하셔야 해요. 다들 내는데 내지 않는 사람이 있으면 불공평한 부분이 발생합니다. 그게 바로 연금 시스템이죠."

"웃기지 마. 그렇다면 왜 세금으로 징수하지 않지? 나중에 임의로 납부하게 하는 것 자체가 당신들 뒤가 구리다는 증거야."

"그러니까요, 임의가 아니라 의무라니까요, 국민의 의무!"

"그럼 나는 국민을 관두겠어." … "일본 국민이기를 관두겠다고. 애초부터 원했던 일도 아니었으니까."

"어디 해외로 이주하시려고요?" 갑자기 목소리 톤이 낮아진다.

"내가 왜 해외로 나가? 여기 거주한 채로 국민이기를 관둘 거야." …

"우에하라 씨, 일본사람… 맞으시죠?"

"그래, 하지만 일본 사람이 반드시 일본 국민이어야 할 이유는 없어." (오쿠다 히데오, 2006: 19-24, 강조와 밑줄은 필자의 것임)

마치 돈키호테를 연상케 하는 괴짜이지만, 주인공은 한없이 진지하게 절해고도로의 이주를 단행한다. 주민등록을 말소당해서 전기와 전화 서비스를 설치하지 못하지만, 자연 속의 자급자족 전원생활을 온 가족이 만끽하면서 합법적인 거주민인 섬 주민들과 함께 어울려 정겨운 공동체 생활을 해 나가는 줄거리가 이어진다.

　주인공의 유쾌한 결단은 앞의 인용 문단에서 필자가 밑줄을 쳐 두었던 소크라테스의 중요한 전제 — "왜냐하면 국법은 못마땅한데 나라만 마음에 든다는 것은 있을 수 없을 테니 말일세." — 를 한순간에 무너뜨린다. 있을 수 없는 경우라고 생각했지만, 다시 생각해 보면 '있을 수도 있는 선택'이다. "재화의 필요불가결성이 외부자가 자신의 협력 여부를 선택할 수 있는 권리를 압도한다"라고 했던 김상범의 주장은 여기에서 허를 찔리게 된다. 내부자들은 별다른 의심 없이 동의하고 당연하게 필수적 재화라고 추정했던 것을 외부자가 자신은 원하지 않는다고 선택의 결단을 내리는 순간에 다수의 구성원들이 소수자인 외부자의 선택권을 압도하기 어려워질 수가 있기 때문이다. 소크라테스 시대의 그리스인들은 절이 싫으면 중이 떠나라는 논리로 절에 머무는 중에게 의무를 강요하는 일을 당연하게 생각했다. 그러나 오쿠다 히데오의 주인공은 일본 영토 내에서 생활을 영위하면서도 일본 국민의 의무 이행을 거부하는 선택을 뻔뻔스럽게 밀어붙인다. 애국심은 갖고 있지만 국민의 의무라는 미명의 강요에는 복종할 수 없다는 것이 그의 입장이다.

　한국에서 국가대표의 기회를 얻기 힘들었던 쇼트트랙의 안현수 선수는 2011년에 러시아로 귀화를 단행해 러시아 대표 선수로 올림픽에 참가했다. 빅토르 안이 된 그는 개인적 성과와 업적을 기반으로 이후에 중국 대표팀의 코치로 활동했고, 11년 만에 돌아와 2022년 한국의 성남시청 빙상팀 코치 자리에 취업 지원을 했다. 동의론자나 결사체론자들이 상상하기 어려운 자유로운 선택과 이주의 연속이며, 혜택론자나 공정성론자들이 비난하거나 배제하기 어려울 정도로 자신의 삶에 진지하고 충실한 개인이면서 소속 공동체에 일정 수준 이상의 기여를 제공한 사례로 볼 수 있겠다. 프로와 아마를 막론하고 자유로운 이주와 이적을 경험하고 있는 스포츠 선수들에게 국가의 권위와 정치적 의무의 근거를 이야기하기가 점점 더 어려워지고 있다. 이윤과 신기술 경쟁력을 추구하는 다국적 내지는 초국적 기업들에게도 마찬가지 현상이 진행되고 있다. 정치적 의무의 근거에 대한 정당화와 이해 논리가 보다 더 유연하고 개방적이 되어야 할 필요성을 논할 시기라고 생각된다.

5) 자연적 의무론

동의론, 혜택론과 공정성론 등의 자유주의 의무론 전통의 정당화 논리들은, 결국 특정한 조건을 만족하는 일부 사람들에게만 정치적 의무가 발생하게 된다는 한계를 갖고 있다. 자신의 자유와 권리를 이양하는 데에 동의한 사람들, 혜택을 받은 사람들, 다른 구성원들의 협력에 대해 마음의 빚을 진 사람들이 전체 국민 혹은 전 인류 모두가 될 수 있다면 이상적이겠지만, 이론가들도 그러한 낙관적 주장은 주저하고 있다. 이와는 달리, 자연적 의무론이 정치적 의무를 정당화하는 방식은 모든 사람을 예외 없이 대상으로 포괄한다는 점에서 특징적이다.

자연적 의무론을 아리스토텔레스 등의 '정치적 자연주의'와는 명확히 구별할 필요가 있다. 아리스토텔레스는 정치적 동물인 인간이 자연스럽게 정치적으로 조직되는 과정에서 남보다 뛰어난 일부에게 그렇지 못한 일부가 권위를 인정하고 복종하는 것이 자연 질서의 하나라고 보았다. 중세에는 신이 선택한 특별한 사람들에게 군주의 지위가 자연적으로 주어진다는 것을 사람들이 믿었다. 조일수는 카리스마나 혈통, 지적 혹은 영적 능력 등 통치자가 가진 자연적 우수성을 권위와 복종의 근원으로 보는 것을 정치적 자연주의의 변형 이론으로 본다. 그는 더 이상 정치적 자연주의 주장은 설득력을 가질 수 없다고 평가한다(조일수, 2012: 100).

자연적 의무는 곧 자연법에 따라 생겨나는 의무이다. 자연법은 시대나 장소, 상황에 관계없이 적용되는 불변의 법칙이다. 자연법을 인정하는 사람들에게는 인간이라면 누구나 자연법을 알고 의식하고 복종하게 된다는 사실에 의심의 여지가 없다. 어려운 사람을 도와야 한다거나 살인을 하지 말아야 한다는 등의 자연법적 의무는, 상대방이 자기를 도와 달라고 요청하지 않았거나 살인 금지 의무에 내가 동의를 하지 않았다 하더라도 본래부터 인간으로 태어난 이상 누구나가 알고 있고 의무감을 느끼는 천부적인 본성에 가까운 것들이다.

국가와 정치 및 법률 체계의 명령에 구속 받아야 한다는 정치적 의무를 자연적 의무로 생각하는 전통은 오래전부터 있어 왔다. 국가의 지위와 역할을 부모에 비유하면서 국가의 명령에 대한 복종을 당연시한 소크라테스도 결국에는 자연적 의무를 의심 없이 받아들인다. 홉스는 개인이 자신의 생명을 보호하기 위해 원할 때는 언제나 자신의 힘을 사용할 수 있는 자유를 '자연권'이라 규정하고, 이성에 의해 발견되는 일반적인 규칙을 자연법이라 생각했다. 홉스는 나아가 "평화를 추구하고 따르라"를 제1자연법으로, "평화와 자기보호를 위해 필요하다고 생각하는 한 모든 것에 대한 이 권리(자연권)를 다른 사람과 똑같이 기꺼이 포기해야만 한다. 그리고 자신이 다른 사람에게 허용한 만큼의 자유에 만족해야만 한다"를 제2자연법으로 제시하였다(홉스, 2005: 215). 자신의 생명과 안전을 지키려는 욕구에서 비롯된 자신의 힘을 사용할 수 있는 자유에 대한 권리를 자연법에 따라 국가에 위임하고 복종에 동의하는 것은 이성을 가진 사람이라면 누구나 따라야 할 자연적 의무라고 본 것이다. 홉스로부터 로크와 루소를 거쳐 내려온 사회계약론의 전통에서는 생명, 안전, 재산, 저항 등의 권리들이 모두 자연권의 이름으로 정당화되었다.

롤스도 공정에 기반한 '정의로운 제도'가 존재하고 운영되며 지속되어 가는 것에 대해서 모든 사람이 자연적 의무를 진다고 주장했다. 자연적으로 사람들은 정의로운 국가나 정의로운 제도를 지지하게 되어 있기에, 정의로운 제도가 없는 곳에서는 그런 제도를 만들어 내기 위해 참여하고, 정의로운 제도가 이미 있는 곳에서는 그 체제에 순응하고 지지와 기여를 하도록 도덕적 의무감을 갖는 것이 동의나 협력의 자발성과 비자발성에 상관없이 당연하다는 것이다.

롤스는 모든 사람들에게 자발적 행위의 여부와 관계없이 적용되는 '자연적 의무(natural duties)'와 개인의 자발적 행위의 결과로 인해 발생하는 '책무(obligation)'를 구별하여 사용한다. 그럼에도 불구하고 롤스를 비롯한 자유주의 의무론자들이 논하는 '정치적 의무(political obligation)'를 우리는 obligation임에도 불구하고 관용적으로 의무라는 번역을 사용하고 있다. 조일수는 정치적 의무라는 번역 표현은 관행에 따라 사용되어 온 것일 뿐이니, 비자발성을 전제로 한 정치적 의무 정당화 논의들을 포괄하기 위해서라도 큰 의미는 부여하지 말아야 한다고 주문한다. 스타인버거(P.J. Steinberger)도 하트(H.L.A. Hart)가 시작하고 롤스와 시몬즈 등이 뒤이어 사용한 obligation과 duty의 용법 구분은 법률적 맥락에서는 중요할지 몰라도 도덕과 철학의 맥락에서는 크게 실용적이지 못하다고 말한 바 있다(Steinberger, 2002: 450).[4] 필자도 이러한 맥락에서 정치적 책무보다는 정치적 의무라는 용어를 사용하고자 한다.

> 책무와 대조해 볼 때 우리의 자발적인 행위와 상관없이 우리에게 적용된다는 점이 자연적 의무의 특징이다. 그것은 제도나 관행과도 필수적인 관계는 없으며 일반적으로 그 내용이 이러한 체제상의 규칙들에 의해 규정되지 않는다. 따라서 우리가 말을 하건 안 하건 간에 잔인하지 않을 자연적 의무와 타인을 도울 의무를 갖는다. 잔인하지 않을 것이라거나 보복하지 않을 것이라고 약속한 적도 없고 타인을 돕겠다고 말한 적도 없다고 하는 것은 변명이나 구실이 될 수 없다. … 자연적 의무의 또 다른 특징은 그것이 사람들 간에 그들의 제도상의 관계에 상관없이 적용된다는 점인데, 그것은 동등한 도덕적 인격으로서 모든 사람에게 성립하는 것이다. … 공정으로서의 정의라는 관점에서 볼 때 기본적인 자연적 의무는 정의의 의무이다. 이 의무는 우리에게 적용되는 정의로운 현행 제도를 우리가 지지하고 따를 것을 요구한다. 그것은 또한 <u>적어도 우리가 지나치게 희생하지 않</u>

---

4. 그는 대안으로 1차적 의무(primary duty)와 파생적 의무(derivative duty)라는 구분법을 제안한 바 있다.

아도 가능한 경우에는 아직 확립되지 못한 정의로운 체제를 세워 갈 것을 우리들에게 요청한다. 따라서 만일 사회의 기본 구조가 정의롭거나 혹은 그 상황에서 기대하는 것이 합당할 만큼 정의로운 경우에 모든 사람은 그 현존 체제에서 자신의 본분을 다해야 할 자연적 의무를 갖는다. (롤즈, 2003: 168-169, 강조와 밑줄은 필자의 것임)

롤스가 동의나 약속 등의 자발성과 무관하게 성립되는 자연적 의무를 강조했음에도 불구하고, 위의 이야기 중에 밑줄 친 "지나치게 희생하지 않아도 가능한 경우"라는 표현은 결국 '희생에 대한 동의'를 의미하는 것이 아니냐는 의문이 생길 수 있다. 이 표현은 정의로운 사회복지 제도가 작동 가능한 수준으로 사회 발전이 되었는가 정도의 의미로 이해함이 적절하다는 것이 필자의 생각이다. 정의로운 제도와 사회복지가 있으면 그에 순응하고, 없으면 만들기 위해 노력해야 하는 것은 여전히 선택이나 고민의 여지가 없는 자연적 의무이며 모든 사람들에게 요구될 수 있는 상위 규범이 된다.

III. 시민 불복종을 할 자유의 자연법적 성격

1. 철학적 무정부주의와 시민 불복종

앞에서 살펴본 바와 같이 자유주의 의무론은 정치적 권위를 주장하고 행사하려는 통치자, 군주, 국가, 정부에 대해서 과연 그들의 권위가 정당한가를 검토하는 문제와는 별개로, 정치적 권위의 명령과 법률에 대해 피치자가 복종의 의무를 갖는 것이 당위적이냐 아니냐를 탐구하였다. 자발성을 강조했던 동의론의 주의주의는 현실에 없는 이상적 동의라는 약점과 동의하지 않은 사람들을 포괄할 수 없다는 한계를 결국 극복하지 못했다. 자발성에 의지하지 않는 방식으로 정치적 의무를 성립시키고자 노력했던 혜택론이나 공정성론들은 결국 정치적 의무라는 문제에서 정치적 성격을 배제하고 문제 자체를 '도덕적 성격의 문제'로만 다루게 되는 한계를 드러냈다.

김동수는 정치적 의무에 관한 이론적 논의가 이렇듯 과도하게 비정치화되었음을 비판하며, 다시금 논의의 정치화가 필요함을 주장한다. 법률과 정치적 권위에 대해 소극적으로 복종할 의무만을 논하는 도덕 이론 논의의 수준을 넘어서야 하며, 시민들의 참여와 공론을 통해 보다 적극적인 정치적 의무를 논하는 방식으로 이행해야 한다는 것이 그의 주장이다(김동수, 1994: 154). 실제로 복종 자체를 기정사실로 받아들이면서 기꺼이 복종할 것이냐, 마지못해 복종할 것이냐, 처벌이 두려워서 복종할 것이냐의 차이가 갖는 도덕적 성격을 논하는 방식은 현실 민주 정치의 발전에 별 도움이 되지 않는다. 불복종의 가능성을 배제하지 않아야 무엇이 문제인지, 누구의 잘못 때문인지, 어떻게 고쳐 나가야 하는지, 어떤 방향을 지향해야 하는지 등을 실질적으로 고민할 수 있다.

불복종의 가능성을 열어 두는 방식의 접근은 두 가지 서로 다른 방향으로 나누어 볼 수 있다. "정치적 의무 자체가 성립할 수 없는 모순적 아이디어임을 주장"하는 철학적 무정부주의자와 "정치적 의무는 긍정하되 결함과 모순이 있는 경우에는 불복종을 통해 고쳐나갈 수 있는 계기를 제공"하자는 시민 불복종론자이다.

일견 무질서와 혼란, 자연 상태를 연상케 만드는 무정부주의의 이미지는 '정치적 무정부주의자'들의 극단적이고 낭만적인 정치 노선 때문에 생겨난 것이라 할 수 있다. 19세기 프랑스의 프루동과 러시아의 크로포트킨이 정치적 무정부주의자의 대표격인데, 이들은 국가라는 강제적 제도가 본질적으로 부패하고 부정의한 사회에서 나타나는 것이라 보았다. 이들은 정부의 모든 권위와 강제를 부정하고자 했다. 그렇다고 해서 이들이 게릴라 운동이나 테러리스트 집단의 저항과 같은 폭력적 국가 전복을 꾀했던 것은 아니다. 이들이 진정으로 추구하고자 했던 것은 '권위에 토대를 두지 않은 사회질서'였다고 볼 수 있다.

'철학적 무정부주의자'는 개인의 자율성과 자발성을 강조한 나머지 '자율성을 지키는 것을 개인의 제1의무로 상정'한 정치철학자들이다. 볼프(R. P. Wolff)를 가장 대표적인 사례로 들 수 있다. 볼프는 개인의 도덕적 자율성과 국가의 정당한 권위라는 두 개념은 도저히 동시에 존립할 수 없는 상충적 모순 관계에 있다고 생각했다. 개인이 언제나 자신의 도덕적 자율성을 유지해야만 한다는 것은 가장 중요한 도덕적 의무인데, 자율성은 곧 통치받는 것에 대한 거부이다. 국가를 규정하는 특징이 권위이고, 권위는 곧 통치할 권리이다. 그러므로 도덕적 자율성과 정치적 의무는 필연적으로 갈등 관계에 있게 되고, 이는 해결될 수 없는 모순이라는 것이다.

볼프에게 이상적인 시민은 개인의 양심과 도덕적 판단에 근거하여 자신의 행위를 결정하는 자율성을 끝까지 지켜야 한다. 단지 국가라는 이유만으로 권력자의 의지를 따르거나 그의 권위에 복종할 의무를 받아들일 수는 없다. 법에 복종할 의무는 곧 도덕적 자율성의 포기를 포함하기 때문이다. 더 나아가 자유로운 개인과 도덕적 자율성을 가진 시민들로 구성된 국가에서 정당한 권위를 갖춘 권력이라는 것은 애초에 존재할 수가 없고 바람직하지도 않다는 것이 그의 주장이다.

우리가 학교 도덕교육에서 학생들에게 준법에 관련한 주제를 다루면서 국가의 법에 복종해야 할 일반적 의무를 어떤 수준으로 강조할 것인가는 매우 중요한 문제인 동시에 대충 넘어갈 수 없는 실용적인 문제이다. 김상범은 '국가의 법에 복종할 이유는 없으며 오히려 복종해서는 안 되는 이유가 있다'라고 주장하는 '철학적 무정부주의'를 교과 내에서 정식으로 다루는 것이 직견적 인상만큼의 심각한 위험성을 내포하지는 않는다고 주장한다(김상범, 2016: 63). 말 그대로 개인의 자율성이 중요함을 강조한 '철학적' 견해일 뿐, 무정부 상태를 현실에 구현하고자 하는 실천과 관련된 정치적 무정부주의와는 구분되어야 하기 때문에, 민감하게 반응할 필요는 없다는 것이다. 오히려 자율성과 정치적 의무의 관계에 대해 '근원적인 성찰의 기회'를 제공할 수 있다는 교육적 의미도 갖고 있음을 그는 강조한다.

2. 법질서와 시민 불복종 사이의 긴장 관계

정치적 의무를 좁은 의미로 정의할 때에는 정치권력의 명령과 법률에 복종할 의무이지만, 넓게 정의할 때에는 정치과정에 대한 시민의 참여, 정부에 대한 지지와 같은 소극적 행위와 시민 불복종(civil disobedience)으로 대표되는 적극적인 행위까지를 포괄한다. 학자에 따라서는 정치적 불복종(political disobedience)까지 정치적 의무의 논의 범주 속으로 끌고 들어오려는 시도를 하지만, 테러와 내전 행위까지도 포괄하는 정치적 불복종은 범주에서 제외하는 것이 일반적이다.

정치권력은 합법적 선거, 정당 간의 이합집산 혹은 야합, 쿠데타, 찬탈, 전쟁 등의 다양한 경로를 통해 형성된다. 형성 과정이 당시의 실정법에 비추어 볼 때 합법적이라고 해서 권력의 정당성이 자동적으로 보장되는 것은 아니다. 1910년의 조선 총독부가 탄생 과정에 불법은 없었다 하더라도 정당성이 결여되었다고 말하는 이유는, 최종적 주권자인 국민 다수의 동의나 지지를 묻지도 받지도 않았기 때문이다. 현대 민주 정치의 안정성은 성립 과정에서의 합법성과 진행 과정에서의 법치주의라는 외피만으로 충분히 보장되기가 어렵다. 박은정에 의하면, 인류 역사에서 "합법적이지만 부당하다"라고 외치는 목소리의 전통은 매우 오래되었으며, 현대의 민주 법치국가의 합법적인 정부도 때로는 불법행위를 하는 경우가 있다는 엄연한 사실을 부정할 수는 없다(박은정, 1990: 65-66).

합법적인 선거를 통해 선출된 정치권력이 합법적으로 내리는 결정과 명령이라고 해서 그 모두가 정당하고 옳을 수는 없다. 극단적인 독재자들이 종종 통치자의 '무오류의 완전성'을 주장했었지만, 절대 권력자가 무오류성을 가진다는 교조에 한번 합의했기 때문에 신민도 아닌 국민들이 선출 혹은 추대 이후의 모든 자의적 결정들에 무조건적으로 복종해야만 한다는 것은 합리적일 수 없다.

권력자가 섣부른 판단에 근거해 잘못된 명령이나 법률을 남용한다 할지라도, 그를 합법적 권력으로 선출한 국민들이 그의 임기 내내 스스로의 손가락을 원망하면서 모든 경우에 인내하고 절대적으로 복종해야만 하는 것은 아니다. 합법적 테두리 안에서 행정소송이나 헌법 소원을 비롯해 탄핵 소추에 이르기까지 다양한 이의 제기와 오류 수정의 기회가 제도권 내에서도 일정 정도 보장되는 것이 사실이다. 그러나 합법적 테두리 내에서의 수정 요구가 한계에 부닥치고 "양심 혹은 공유된 정의감, 헌법 정신이나 자연법적 의무 등의 상위 기준에 비추어 볼 때" 도저히 참을 수 없는 수준의 폐해가 지속적으로 심화된다면, 비상한 수단에 호소해서라도 문제에 대한 관심을 촉발하고 해결을 요구하는 의지의 강력함과 절박함을 널리 알릴 수밖에 없는 경우가 있다. 그런 경우가 흔하고 많다고 주장하는 것이 아니라 있을 수 있다는 것이다. 모든 사람들이 동의할 만큼의 참을 수 없는 정도라는 기준이 불확실하고 그렇게 심각한 오류는 있을 수 없다고 주장하는 것은 억지이다. 수많은 역사적 사례들에도 불구하고 실정법 체계 내에서 모든 오류를 합법적으로 자체 교정해 나갈 수 있다는 믿음을 고집한다면 그것이야말로 과도한 교조주의이다.

법과 도덕 사이에는 언제나 긴장 관계가 있을 수밖에 없다. 박은정은 이런 관계를 다음과 같이 표현한 바 있다. "정치적 저항은 정당성의 이름으로 합법성에 도전하는 행위, 법철학의 전통 용어를 빌리자면, 자연법의 이름으로 실정법에 도전하는 행위이다. 법과 도덕의 관계가 결국 질서와 '좋은' 질서의 관계에 지나지 않는다고 본다면, 저항이나 불복종은 좀 더 나은 질서, 좀 더 나은 법에의 호소라는 의미를 갖는다"(박은정, 1990: 66).

결국 시민 불복종은 정치적 권위에 근거한 국가와 법체계의 명령에 대해 (도덕적) 정당성의 이름으로 합법성의 경계를 넘어가면서 발전적 수정을 요구하는 행위이다. 수많은 법률가들의 지혜와 경험이 압축된 총화로서의 실정법 체계가 무오류의 완벽한 것일 가능성은 본래부터 없었다. 예전부터 있었던 문제에 대해 새로운 해석을 요구하기도 하고, 새로이 생겨난 문제에 대해 예전 법률의 적용을 거부하기도 하는 등의 고충점들이 계속해서 생겨날 수밖에 없다. 국가 권력과 법률 체계는 모두 삼권분립을 통해 견제와 균형을 조성하고, 삼심제를 통해 신중함을 강조하지만, 그래도 계속해서 부족한 점과 오류가 발생할 수밖에 없다. 완결된 것처럼 보일 수도 있는 현재에 그대로 안주하지 말고 끊임없는 검토와 수정을 통해 진화해 나가야 하는 존재로 국가와 법질서를 파악하는 것이 현실적이다.

시민 불복종이라는 개념의 존재를 인정할 것인가 말 것인가, 시민 불복종을 법체계 내에서 논리적 모순 없이 포괄할 수 있는가 없는가 등의 논쟁은 사실 소모적이고 무의미할 수도 있다. 이미 오래전부터 시민 불복종은 있어 왔고, 역사의 진행 과정에서 그러한 저항과 문제 제기들이 큰 기여를 한 사례들이 많이 존재하기 때문이다. 이미 한국의 헌법 전문에는 "우리 대한국민은 3·1운동으로 건립된 대한민국임시정부의 법통과 <u>불의에 항거한 4·19 민주이념을 계승하고</u>, … 모든 사회적 폐습과 불의를 타파하며"라는 표현을 통해 시민 불복종의 의의를 인정할 수 있는 기초가 담겨 있다(헌법 제10호, 1987. 10. 29, 전부개정).

또한 1987년 당시 4개 정당의 개정안 중 민주정의당의 안을 제외한 나머지 3개 안에는 모두 '저항권'의 추가가 제안된 바 있다. "부당한 국가 권력에 대하여서는 단호히 항거하는 국민의 권리"(통일민주당 안)라거나, "헌법이 파괴되고 헌법에 의해 확립된 국민의 기본적 인권이 명백하게 침해될 경우 국민 스스로가 저항할 권리가 있음을 천명하면서"(신한민주당 안)라거나, "헌법과 국민의 인권 그리고 자유민주주의의 기본 질서가 파괴되는 경우 저항할 권리가 있음을"(한국국민당 안)이라는 표현들로 모두 '국민의 저항권'을 인정했던 것이다.

그러나 민주정의당은 "저항권이 초헌법적 자연법으로 헌정질서 파괴행위를 합리화시키고 권리행사의 적법성 판단이 불가능하여 최악의 경우 저항권을 가장한 불법집단에 의해 악용될 우려가 있"음을 들어 반대하였다. 결국 1987년 여야는 "불의에 항거한 4·19 민주이념 계승"이라는 함축적인 표현에 의해 저항권을 간접적으로 인정하기로 합의했다. 따라서 헌법전문의 "불의에 항거한 4·19 민주이념 계승"이라는 문구는 소극적 의미에서 저항권의 실정 헌법적 근거가 되었다. (서희경, 2011: 51)

반대하는 핵심 논리는 저항권이 '초헌법적 자연법'이어서 적법성 판단이 불가능하다는 것이었다. '초헌법'에 등장하는 헌법이 단순한 실정법 조문으로서의 헌법인지 헌법 정신을 지칭하는지에 따라 어불성설이 될지 말지가 달라지는 주장이다. 비슷한 반대 논리가 2000년 경실련과 총선연대의 '낙선 운동' 사례에서도 등장하였다. 당시의 선거법에서는 정당과 노동조합만이 선거 운동을 할 수 있도록 허용되어 있었기 때문에, 시민운동 단체들이 낙선 대상자 지목 명단을 작성하거나 홍보하는 행위가 모두 심각한 불법이고 범죄행위라는 것이다.

이들은 "정의로움을 추구하는 시민 운동은 단 한치도 법을 어겨서는 안된다"라고 주문하고, 시민운동이 '정의의 잣대를 독점'하고 있다고 비판했다(이대훈, 2003: 115). 존재하는 모든 실정법은 무오류라는 비상식적인 신념을 갖고 있거나, 아무리 악법이라 할지라도 개정되기 전까지는 철저히 준수해야만 한다는 경직된 주장을 하고 있는 쪽이 오히려 '정의의 잣대를 독점'하고 있는 것은 아닌지 되물어 보아야 할 일이다.

3. 시민 불복종의 불가결성

시민 불복종을 이해하는 데에 있어 필요한 수많은 질문들이 있다. 그중 가장 핵심적인 것들로 범위를 좁혀 보자면 다음의 셋을 꼽을 수 있다. "시민 불복종의 개념은 무엇인가?", "시민 불복종에 해당되는 행위와 해당되지 않는 행위는 무엇인가?", "시민 불복종은 어떤 경우에 정당화될 수 있는가?"

시민 불복종은 오랜 역사를 통해 많은 사람들이 수정을 거듭해 온 결과로 형태가 갖추어진 개념이다. 시민 불복종론자로 분류되는 사람들의 주장 사이에도 큰 폭의 차이가 종종 발견된다. 일단 시민 불복종에 대한 개념 정의로서 가장 널리 인용되는 것은 롤스가 『정의론』에서 내린 정의이다. 다소 길더라도 원문을 인용해 보기로 하자.

나는 우선 시민 불복종을 흔히 법이나 정부의 정책에 변혁을 가져올 목적으로 행해지는, 공공적이고 비폭력적이며 양심적이긴 하지만 법에 반하는 정치적 행위라 정의하고자 한다. 이러한 행위를 통해 우리는 공동 사회의 다수자가 갖는 정의감을 나타내게 되고, 우리의 신중한 견지에서 볼 때 자유롭고 평등한 사람들 사이에서 사회 협동체의 원칙이 존중되지 않고 있음을 선언하게 된다. … 시민 불복종은 그것이 정치권력을 쥐고 있는 다수자에게 제시된다는 의미에서뿐만 아니라 그것이 정치적 원칙, 즉 헌법과 사회 제도 일반을 규제하는 정의의 원칙들에 의해 지도되고 정당화되는 행위라는 의미에서 정치적 행위라는 점을 또한 주목해야 한다. 시민 불복종을 정당화함에 있어서 우리는 어떤 개인적인 도덕 원칙이나 혹은 종교적 교설이 우리의 주장에 일치하고 이를 지지해준다고 해서 그것에 의거해서는 안된다. 그리고 시민 불복종의 근거가 오직 개인이나 집단의 이익에만 기초할 수 없다는 것은 말할 필요도 없다. 그 대신 우리는 정치적인 질서의 바탕에 깔려 있는, 공유하고 있는 정의관에 의거하게 된다. … 시민 불복종에 가담함으로써 소수자는 다수자로 하여금 그들의 행위가 위반이나 침해로 해석되기를 바라는지 아니면 공통된 정의감에 비추어서 소수자의 합당한 요구를 인정하고자 하는지에 대한 숙고를 강요하게 된다. (롤즈, 2003: 475-477, 강조와 밑줄은 필자의 것임)

롤스가 규정한 시민 불복종은 국가 체제나 법 체제 전반을 전복시키거나 바꾸려는 의도가 아닌 구체적인 개별 법률과 정책만을 대상으로 삼는다.

국가와 법의 정당성을 인정하는 테두리 안에서 잘못된 법률과 정책(혹은 명령)에 대해 이루어지는 '항의와 개정 목적의 행위'인 것이다. 롤스 이전과 이후의 많은 사람들에 의해 개념과 범주에 대한 다양한 검토와 수정이 이루어지고 있다.

예를 들자면, 아무 법률이 아니라 잘못된 법률, 그중에서도 아주 명백하게 잘못된 법률, 잘못된 기준이 '사회 전반에 공유된 정의관'에 비추어 볼 때 크게 잘못된 법률(혹은 상위법이나 헌법에 비추어 잘못된, 혹은 개인의 양심에 비추어 잘못된, 혹은 '보편타당한 자연법'에 비추어 잘못된 등등으로 기준에 대한 한정은 매우 다양하다), 그중에서도 참을 수 없을 정도로 심각한 폐해의 결과를 가져온 법률 등으로 추가적인 한정들이 덧붙여지고 있다. 결국 우리가 주목해야 할 부분은, 정의로운 사회를 만들기 위해 헌신하고 나서야 하는 시민의 태도가 자연적 의무로 정당화되는 것과 마찬가지로, 심각하게 부정의한 법률에 대해 저항하고 불복종을 통해서라도 개선을 꾀해야 한다는 주장도 자연적 의무로 정당화될 수 있다는 점이다.

이외에도 '공공적'이라는 표현에는 공적 정의의 원칙에 따른다는 의미, 처벌을 감수하겠다는 태도로 공개적으로 이루어져야 한다는 의미, 공익을 위해 저항을 시작한다는 의미 등이 추가되었다. '비폭력적'이라는 표현에도 어디까지가 허용되거나 정당화될 수 있는 폭력이냐를 둘러싸고 여전히 많은 논란이 있다. 농성과 점거를 위해 타인의 출입을 짧은 시간 동안 막는다거나 체포에 대해 수동적으로 저항하는 정도의 폭력까지는 허용하자는 주장도 있고, 가두시위와 과격한 언행을 통해 타인들에게 심리적 압박감을 주기만 해도 폭력으로 간주해야만 한다는 주장도 있다. 일부 법학자들은 시민 불복종의 실천 과정에서 목적과 사용된 수단 사이의 '비례성'을 강조하여 허용되는 폭력의 정도를 정교하게 달리 판단해야 한다고 주장한다. 박은정은 이에 대해 "시민 불복종의 본질적 뜻은 불복종보다는 시민성에 담겨 있다"고 주장하면서 다음과 같이 말한다.

자신의 확신을 남에게 설득시킬 필요가 없지만 시민 불복종론자는 자신의
법위반을 공적으로 정당화시킬 필요가 있다. 시민 불복종은 정통성을 전
적으로 잃은 정권에 대항하는 것이 아니라 아직 합법의 테두리 안에 있으
나 공공복리를 위태롭게 하는 권력행사에 대한 저항이므로, 그 수단에 일
련의 규범적 제약이 불가피하다. 그 규범적 제약을 담고 있는 말이 바로
'시민적'이라는 말인 셈이다. 말하자면 불복종은 '시민적'이어야 한다. 한
마디로 불복종은 너무 극악하지 않아야 한다. (박은정, 1990: 78)

잘못됨의 판단 기준은 최종적으로 사회 전반에 공유된 정의관이라고 명
확하게 주장했음에도 불구하고 '양심적이긴 하지만'이라고 언급한 양심적
의 의미에 대해서도 논란이 있었다. 롤스는 이후에 "말과 행동이 진지하고
성실하고 정직해야 한다"는 의미였다고 부연했다. 최봉철은 이에 대해, 대
의명분을 멋지게 보이게 하려고 궤변을 늘어놓는다거나 대중을 속이려고
하거나, 불복종 행위의 결과에 대해 책임을 회피하려 하는 것 등의 다양한
비양심적 행동이 가능하다고 분석하고 있다(최봉철, 2001: 228).

처벌 가능성을 무릅쓰면서까지 현행 법규의 맹점과 한계를 지적하고 개
선을 요구하는 수단으로서의 시민 불복종에 대해서는 여타 범죄에 비해 더
관용적이고 우호적인 태도를 취해야 한다는 주장이 가능하다. 이미 처벌을
각오한 공개적인 범법 행위를 저지른 것이기에 불필요한 다른 고려 없이 엄
격하게 처벌해야 한다는 주장도 가능하다. 대륙간 탄도탄의 레이더 부품을
훼손하거나 핵잠수함의 기밀문서를 훼손한 시민 불복종 운동가들에 대해
느긋한 태도의 연행과 훈방 조치를 보여 주었던 영국의 사례와는 달리, 우
리나라의 강정마을 해군기지 봉쇄 연좌시위 등의 사례에서는 경찰과 군이
위압적이고 폭력적인 연행 장면을 연출했다. 이에 대해 이대훈은 시민 불복
종과 법치주의에 관한 상상력이 크게 뒤떨어졌기 때문에 벌어진 상황이라
고 비판했다.

앞에서 언급했던 소설 속 주인공의 사례 — 일본의 남쪽 바다 섬으로 이

주해 가서 일본 영토 내에서 일본 국민이 아닌 그냥 주민으로서 살아가기를 감행한 가족 이야기 ― 에서 보았듯이, 운동가와 일반 국민들 모두의 법치주의적 상상력을 더 넓힐 필요가 있어 보인다. 폭넓고 유연한 상상력이 전제될 때, 비로소 정치와 사법 체계의 발전에 영감을 제공할 수 있는 생산적인 시민 불복종이 꽃을 피울 수 있을 것이기 때문이다.

IV. 결론

인터넷과 SNS로 대표되는 정보 통신 기술에 힘입은 21세기의 개별성과 다양성 존중 문화는 더 자발적이고 더 적극적인 시민들의 참여를 가능하게 하고 있다. 시민 불복종과 관련하여 개념 정의와 정당화가 가능한 상황적 여건, 정당화가 기댈 수 있는 근거 등을 둘러싸고 수많은 논란과 쟁점들이 다투어지고 있다. 그런 이론적 이해가 아직 완전하게 마무리되기 전인 상태라 할지라도, 우리 사회의 정치발전 역사에서 시민 불복종 사례들이 중요한 역할을 수행해 왔음을 말할 수 있다는 점에 주목할 필요가 있다. 또한 시민 불복종에 참여하는 시민들이 느끼는 감정이 분노라는 강력한 동력을 배경으로 하지만, 결국에는 정의감과 역사적 사명감에 의해 절제되고 비폭력의 생산적 방향으로 인도될 수 있으리라는 희망적 기대도 음미해 볼 만하다.

이론적으로 볼 때, 시민 불복종은 정치적 의무론의 한 부분이다. 이는 정치적 의무를 저버리고 불복종을 하는 것이 아니다. 공유된 정의관과 자연법 같은 상위 규범에 비추어 감내할 수 없을 정도의 부정의함을 보이는 현재의 법과 명령에 대해 발전 방향을 제시하는 생산적인 도구로서 시민 불복종을 이해함이 타당할 것이다.

롤스는『정의론』이후의 후기 저서『정치적 자유주의』에서 다양한 정치 이념, 종교관, 포괄적인 배경 문화 등이 공존하는 합리적인 다원주의 사회에서 어떻게 시민들이 하나의 정의관을 가질 수 있는가를 탐구했다. 오로지 이성에 근거하고 공적이고 정치적인 제도와 관련된 삶의 영역에만 적용되는 정치적 정의관이 형성되는 과정에 관심을 둔 것이다. 그는 '중첩적 합의'와 '공적 이성'이라는 도구를 활용하여 다양한 배경 문화와는 독립성을 지켜 나가면서 정당화되는 정의관이 가능하다는 주장으로 나아갔다(정훈, 2010: 277-281).

정훈에 따르면, 공적 이성은 개인적 신앙, 취향, 개인사적 경험 등과는 무관하게, 정치적이고 공공적인 사안에 대해 순수하게 이성적 추론만을 통해 '민주 시민이라면 누구나 합당하게 받아들일 만한 근거'를 도출해 내는 것이다. 정치적 정의관을 공적 이성으로 정당화하는 과정에서 중첩적 합의라는 복합적 단계를 거치게 된다. 정훈은 공적 이성을 통해 1차적으로 정치적 정의관을 정당화한 이후에 각자의 포괄적 교설에 따른 공적이지 않은 근거들을 사용해 정치적 정의관을 다시금 정당화하고 확인하는 2단계의 과정이 곧 중첩적 합의라고 본다(정훈, 2010: 277).

다른 해석을 하는 사람들은 다원주의 사회의 다양한 포괄적 교설들이 제각기 다른 방식으로 정치적 정의관을 해석하고 정당화하는데, 그 결과들이 서로서로 겹쳐지는 공통적 영역이 곧 중첩적 합의인 것이라 본다. 김은희는 중첩적 합의 단계와 공적 이성 단계를 분리할 것을 제안하고, 자유롭고 역동적인 정치 토론은 중첩적 단계에서만 이루어지고 거기에서 승인된 시민들 간의 공통된 정치관이 공적 이성으로서의 지위를 갖게 된다고 본다. 공통적 근거로서의 공적 이성이 다음 단계의 정치 토론을 지도하는 것이 두 번째 단계라고 설정할 때, 전체적으로 공적 이성이 역동성을 계속 확보할 수 있게 된다는 주장이다. 중첩적 합의와 공적 이성이 동시에 일어나는 것이 아니라 반드시 중첩적 합의가 공적 이성보다 선행해서 공적 이성이 정당화 역할을 제대로 수행할 수 있게 해야 한다는 순서와 구분을 강조하는 해법인 셈이다(김은희, 2010: 268).

롤스가 동의나 혜택, 신법과 자연법적 의무에 대한 믿음 등과 독립적으로 정당화되는 정치적 의무의 근거를 찾고자 노력한 결론이 공적 이성과 중첩적 합의라면, 이때 중요한 것은 그 둘의 관계와 역할에 대한 해석보다 그 둘이 고안된 목적이 무엇인가일 것이다. 하나의 문화, 하나의 역사, 하나의 신앙, 하나의 관행 등으로 묶일 수 없는 복잡한 다원주의 사회를 관통할 수 있는 정치적 의무의 근거를 찾으려 했다는 본래의 목적에 더 관심을 둘 필요가 있음을 필자는 강조하려 한다. 다원주의를 인정하면서 모두가 인정하고 복종할 수 있는 정치적 권위의 근거를 확보하고자 한다면, 정치적 의무를 논하는 정치철학은 다시금 자연법과 자연적 의무에 관심을 기울여야 마땅하다.

이제 민주주의는 인간의 자유 확대가 개인에게나 사회 전체에 유익하다는 당위성을 실현시키는 것을 임무로 삼게 되었다. 그동안의 민주주의는 국가권력의 행사 방식과 강도를 '헌정주의(constitutionalism)'와 '견제와 균형(check and balance)'의 원리에 기초해서 적정선을 넘지 않도록 통제하며 유지해 왔다. 그러나 대의제 민주정치에서 '다수의 횡포'가 점점 더 가시화됨에 따라 다수결로 국민의 기본권을 충분히 보장해 주기 어렵다는 문제가 대두되었다.

다수결 원칙에 따라 정치적 기득권층의 이해를 우선시하다 보면 사회복지의 이념이 퇴색되거나 '굶어 죽을 자유'만 보장해 주게 되는 문제가 발생할 수 있다. 그렇다고 소수를 잘 보호해 주기 위해 하층민 피치자들의 복지를 더 많이 보장해 주려다 보면 부유층의 자유를 제약하게 되어 '내가 번 돈으로 남의 배만 불려 주는 모순'을 피하기가 어렵게 된다. 주요 계급 간의 대결이 아니라 다양한 이해관계와 이념들이 공존하는 다원주의 사회에서는 이런 종류의 무수히 많은 모순과 갈등이 발생할 수밖에 없다.

모두를 만족시킬 수 있는 정치가 불가능해져 가는 이런 상황에서 손쉬운 도피처 중 하나는, 민감한 모든 판단 문제를 '사법부에 일임'하여 '법대로 정치'를 강조하는 방법이다. 이상적인 목표들은 모두 헌법에 포함되어 있으며, 그 정신을 구현한 하위 법들을 해석하고 적용하는 데에 정통한 유능한 전문가들이 사법부에 많다고 생각하기 때문이다. 그러나 모든 결정을 법리에 입각하여 법률에 나온 대로 법관의 해석을 따라 판단하고 결정한다면, 세상에 정치의 영역이 설 자리가 없어지게 되고, 정치적 의무와 권리의 자리까지도 법적 의무와 권리가 대신하게 된다.

이런 시도의 가장 결정적인 문제점은 민주주의의 주권이 국민들에게 있어야만 한다는 가장 기본적인 원칙을 위배하게 된다는 것이다. 과도한 법치 만능주의는 결국 민주국가의 주권을 일부 법 전문가들이 집중적으로 독점하도록 만들어, 결국에는 '주권재민'을 '주권재법'이나 '주권재전문가'로 망가뜨릴 수 있다는 파국적 위험성을 안고 있기 때문이다.

앞에서 국가의 권위에 대한 국민의 정치적 복종 의무를 상대적으로 유연하게 해석하여 다양성과 자율성을 허용하는 방향으로 가는 것이 바람직하다고 논했다. 시민 불복종은 그러한 정치적 관용과 자유주의가 생활화된 풍토 속에서 비로소 법체계 발전을 위한 등에나 감시자 내지는 조언자의 역할을 해낼 수 있다.

법률과 명령에 대한 해석과 비판, 거부, 저항, 불복종의 여지를 모두 인정하지 않고 실정법 기준에 따른 합법과 불법, 무죄와 유죄 판단으로 모든 갈등을 해결하려 든다면, 이는 곧 '법치주의의 과잉'을 불러올 수밖에 없다. 법치주의의 이상은 통치자가 법을 독점하여 수단 내지는 무기로 삼아 통치하는 것이 아니다. 통치자가 법이 정한 테두리 내에서 합법적 권위에 근거를 두고 시민들의 정치적 의무와 상호작용하면서 서로를 존중하는 통치와 피치를 구현하는 것이 참된 법치주의의 이상이다.

이대훈은 다음과 같이 말한 바 있다. "아무리 민주적인 사회라도 시민 불복종의 원리는 배제할 수 없다. 시민 불복종은 현실의 단기적인 법치주의보다 더 높은 차원의 역동적인 법치를 가능케 하기 때문이다. 더구나 완벽한 민주 사회는 존재하지 않는다. 법 제정이 마치 모든 사람들에게 공정하고 형평한 것처럼 간주하는 것은 환상일 뿐이다. 법률은 다수의 폭력을 내포하기 일쑤다. 그러므로 절대적 법치주의 주장은 위험하다. 전체주의 국가의 발상과 비슷하게 된다. 이런 가치가 오히려 민주주의에 위협이 된다"(이대훈, 2003: 132). '법대로 하면 된다'거나 '불법은 아니지 않느냐'라는 식의 자기중심적이고 편의주의적인 법률 해석이 난무하는 상황은 법률이 도구화되는 것이지 결코 법률이 지배하는 것이 아님을 강조해야 하겠다.

시민 불복종은 입법, 사법, 행정부의 분권적 독립과 균형이 잘 이루어진 선진 사회에서만 비로소 존재 의의를 구현할 수 있다. 사법부의 독립이 제대로 보장되지 않는 상태에서 시민 불복종을 인정하지 않고, 모든 것을 법실증주의에 입각한 실정법 해석과 판단으로만 재단하려 들면, 결국 종착지는 권위주의적 독재가 되기 쉽다. 개인적 이익이나 신념에 근거해서가 아니라 공적인 문제에 대해 공익적 목적을 가지고 공개된 방식으로 공공적 문제 제기를 하려고 하는 시민 불복종자에게는 여타 범죄와는 구별되는 정치적, 법적 관용이 필요하다.

시민 불복종자들을 체제 전복을 기도하는 내란 음모 세력이나 외환 동조 세력으로 몰아 가려는 전략은, 체제 전반의 자기반성을 약화시키고 자기 변화를 위한 동력을 잃어버리게 만들 것이다. 노동조합원의 '합법적인 파업'에 대해서까지 파업으로 인해 발생했다고 추산되는 모든 영업상의 손해까지 배상하라고 다그치는 현행 법치주의의 외눈박이 행태를 보완하기 위해 국회에서 노란봉투법 개정이 논의되고 있다. 그것은 한국의 자유민주주의 정권과 법치주의 이념이 권위주의적 독재의 유혹을 뿌리치고, 시민 불복종을 포괄하는 정치적 의무 전반에 대해 유연한 해석과 대응을 할 수 있는지를 판가름할 시금석이 될 것이다.

참고 문헌

김동수(1994), 「정치적 의무의 정치화」, 『한국정치학회보』, 27(2).

김상범(2016), 「정치적 의무의 이론으로서 공정성론의 도덕교육적 함의」, 『윤리연구』, 108.

김은희(2010), 「롤즈의 공적 이성 개념의 한계와 중첩적 합의 개념의 재조명」, 『철학』, 103.

김한원 · 정진영 편(2006), 『자유주의: 시장과 정치』, 도서출판 부키.

민세명(2014), 「시민불복종자의 감정에 대한 이해」, 『윤리교육연구』, 35.

박은정(1990), 「법치국가와 시민불복종」, 『법과 사회』3.

박효종(2001), 『국가와 권위』, 박영사.

서희경(2011), 「한국 헌법의 정신사 — 헌법전문의 "4.19 민주이념 도입"에 관한 논의를 중심으로」, 『정치사상연구』, 제17집 1호.

오쿠다 히데오(2005), 양윤옥 역(2006), 『남쪽으로 튀어』, 은행나무.

윤명선(1987), 「시민적 불복종의 법리(1)」, 『경희법학』, 22 (1).

이대훈(2003), 「시민불복종과 법치주의적 상상력 — 합법성의 도그마에 대하여」, 『시민과 세계』(3).

이대훈(2003), 「시민불복종과 법치주의적 상상력」, 『시민과 세계』, 제3호.

이진희(2007), 「시민불복종과 그 도덕교육적 함의에 대한 연구」, 『도덕윤리과교육』, 24.

정훈(2010), 「중첩적 합의와 공리주의 — 셰플러에 대한 반론」, 『철학』, 103.

조일수(2012), 「정치적 의무의 정당성 여부에 대한 연구: 정당화 이론들의 유형별 분류를 중심으로」, 『윤리연구』, 87.

최봉철(2001), 「시민불복종의 요건과 처벌의 문제」, 한국법철학회 편, 『법치국가와 시민불복종』(서울: 법문사)

프레시안, 「로자 파크스, 마틴 루터 킹, 오바마 그리고 안철수」, 2011. 10. 26.

플라톤, 박종현 역(2011), 『국가』, 서광사

한겨레, 「나는 역사다 — 12월 1일의 사람, 시민불복종의 상징 로자 파크스」, 2016. 12. 1.

한국일보, 「개막식 보이콧·무지개 완장 논쟁… '인권 투쟁' 최전선 된 카타르월드컵」, 2022. 11. 22.

Hobbes, T., 김용환 역(2005), 『리바이어던』, 도서출판 살림.

NFL 공식 홈페이지, https://www.nfl.com/causes/inspire-change/resourc-es/support-for-social-justice (검색일: 2023.3.28.)

Rawls, J., 황경식 역(2003), 『정의론』, 서울: 이학사.

Steinberger, Peter, J.(2002), "Political Obligations and Derivative Duties", *The Journal of Politics*, 64 (2).

Waging Nonviolence, "The Plowshares Eight: Thirty Years On", http://wagingnonviolence.org/2010/09/the-plowshares-8-thirty-years-on/ (검색일: 2022. 4. 1)

9

국제 문제에 대한 윤리적 쟁점과 대안

박균열

경상국립대학교를 졸업하고 서울대학교 대학원에서 석사 · 박사 학위를 취득하였다. 현재 경상국립대학교 윤리교육과에 재직 중이다. 현재 통일부 통일교육위원으로 봉사하고 있다. 주로 정치 윤리 분야를 가르치고 연구하고 있으며, 최근에는 도덕성 측정과 인공지능 윤리에 관심을 갖고 있다. 이와 관련하여 '가치의식 판단을 위한 전자장치 및 방법'과 '인공지능의 자율적 도덕 판단 및 수행을 위한 시스템'을 주제로 특허 등록이 된 바 있으며, 최근에는 극단적 부도덕성 개념인 Ethicopath에 관한 연구를 수행하고 있다. 저서로는 *Community, Ethics and Security on the Korean Peninsula*(공저), 『도덕판단력측정』(공저), 『국가윤리교육론』 등이 있고, 역서로는 『윤리탐구공동체교육론』(공역), 『윤리적 민주적 역량 어떻게 기를 것인가』(공역) 등이 있다.

* 이 장은 『윤리교육연구』 71집(2024)에 수록된 박균열 · 성현영 · 방정배, 「국제문제에 대한 윤리적 쟁점과 대안 소고」,의 주요 내용을 발췌하여 발전시킨 것이다.

I. 서론

인간은 태어나면서부터 공동체적 존재이다(아리스토텔레스, 2013). 그 공동체가 한 마을일지 국가일지, 국제사회일지는 주인공이 무엇을 하는지, 어디에 소속되어 있는지 등에 따라 달라질 수 있다. 하지만 적어도 한 국가의 국민임은 분명하다. 이중국적자가 있기 때문에 복수 국가의 국민도 될 수 있다. 복수국적자라고 해서 동시에 국제적 존재가 될 수 있는 것은 아니다.

이 장은 국제사회 속에서 다양한 행위자들이 어떻게 윤리적으로 생각하고, 느끼고, 실천하는지의 문제를 탐구한다. 그 다양한 행위자는 한 국가 속에 있는 국민일 수도 있고, 개별 국가일 수도 있고, 국가 간의 공동체인 국제기구나 다양한 국제 공동체일 수도 있다. 더 나아가 개인이나 개인들의 연대가 국제사회 속에서 의미 있는 윤리적 활동을 하는 문제도 포함될 수 있다. 이러한 윤리적 담론을 이 글에서는 국제 윤리(international ethics)라고 정의한다. 국제 윤리 문제는 전통적으로 세계정치학회(IPSA: International Political Science Association)의 52개 연구 분과 중에서 '정치철학 분과'에서 다루어지고 있다(https://www.ipsa.org/page/rc31-political-philosophy, 검색: 2023. 11. 3).

한국의 도덕 교과에서 국제 윤리는 교과 내용학 중의 한 주제로서의 지위를 갖는다. 그런데 도덕 교과에서의 교과 내용학은 교과 교육학을 공부한 사람이 하나의 주제로서 부가적으로 배우게 되는 부수적인 학문이 아니다. 도덕교과에서 교과 내용학의 교육과정을 기획할 때, 교과 교육학의 방법론을 토대로 교과에서 강조하는 윤리적 역량이나 덕목 등을 이끌어 내거나 그것을 구현할 수 있어야 한다. 그렇지 않으면 내용과 형식의 인위적인 결합에 지나지 않게 된다. 이러한 도덕 교과 내부의 고민을 전제로, 이 장에서는 다양한 국제 윤리의 문제를 진단하고 그 대안을 제시하고자 한다.

이 장은 먼저 국제 문제 관련 제반 이론, 즉 현실주의, 이상주의, 자유주의, 정의 전쟁론, 계급 갈등론, 구성주의, 기능주의 등을 살펴보고, 국제 문제와 윤리적 쟁점에 대해 살펴볼 것이다. 나아가 이 연구는 국제 문제에 대한 전통적인 윤리적 시각으로 해법을 모색하기 어려운 새로운 형태의 국제 문제를 제시하고 윤리적 과제가 무엇인지를 언급하고자 한다.

II. 국제 문제에 대한 제 이론

국제 문제 이론은 크게 현실주의, 이상주의, 계급 갈등론, 구성주의로 요약될 수 있다. 현실주의가 가장 먼저 대두되었고, 이에 대한 반향으로 평화적 이상을 추구하는 이상주의가 등장했다. 이 이상주의는 평화적 수단과 전략을 중시하기 때문에 평화주의라고도 하고, 개인의 자유를 보장하는 것을 전제하기 때문에 자유주의라고도 한다. 계급 갈등론은 마르크스(K. Marx) 등에 의해 주창된 공산주의식의 자본주의에 대항하는 이론인데, 국제관계에서 약소국의 입장에서 강대국에 맞서는 논리를 포함하고 있다. 구성주의 이론은 현실주의와 이상주의의 대립 구도에 대한 새로운 대안적 이론이다. 이 밖에도 정의 전쟁론, 기능주의 등이 논의되고 있다.

1. 현실주의

현실주의(Realism)는 중앙정부가 존재하지 않는 무정부 상태 하에서 국가 간 전쟁 발발 가능성의 상존, 상호 불신과 안보 딜레마의 발생, 생존을 위한 동맹과 자구 노력의 중요성 등을 강조한다(김영호, 2009). 현실주의는 다섯 가지 핵심 가정을 기반으로 한다. 첫째, 국가는 국제정치에서 단연 가장 중요한 행위자이다. 개인, 다국적기업, 정당, 국내 이익 단체는 국가에 비해 국제정치에 영향력이 거의 없다고 믿는 현실주의자들에게는 그다지 중요하지 않다. 둘째, 국제 체제는 국가의 행동을 감시하는 더 높은 권위(예: 세계정부)가 없는 무정부 상태이다. 셋째, 국가는 생존이 위협받는 경우 호소하거나 의지할 수 있는 다른 실체가 없기 때문에 무엇보다도 외부 안보를 지속적으로 염두에 두어야 한다. 오늘의 친구가 내일의 적이 될 수 있는 무정부 상태의 세계에서 국가는 일반적으로 주변의 다른 국가에 비해 얼마나 많은 권력을 가지고 있거나 얻을 수 있는지에 따라 자신의 이익을 정의한다. 넷째, 현실주의자들은 국가가 경쟁적인 목표를 가진 다양한 국내 구성원들의 연합이 아니라 외부 환경에 합리적으로 대응하는 통합된 단일 단위로서 일반적으로 세계 정치에 접근한다고 주장한다. 국제적 요인의 영향과 비교할 때 국내 및 개인 요인(예: 문화, 정권 유형, 이데올로기 또는 특정 지도자의 성격)을 그다지 중요하게 여기지 않는다. 마지막으로, 대부분의 현실주의자들은 무정부 상태를 제외하고 국가에 작용하는 가장 중요한 외부 동기가 권력의 국제적 분배라는 점에 동의한다. 전통적으로 대부분의 현실주의자들은 무정부 상태 하에서 공격적인 다른 국가의 영향력을 억제하기 위해 세력균형의 중요성을 강조해 왔다(Dobson, 2002).

현실주의는 가장 오랜 전통을 갖고 있고, 투키디데스(Thukydides), 홉스(Thomas Hobbes), 카(E. H. Carr), 모겐소(Hans J. Morgenthau), 월츠(Kenneth N. Waltz)와 같은 이론가들이 있다. 그중에서도 근대를 대표하는 현실주의인 홉스를 주목할 필요가 있다. 홉스는 현실주의 국제정치 이론 발전에 지대한 영향을 끼쳤다. 그는 『리바이어던』에서 "인간은 그들 모두를 경외심에 멀게 할 수 있는 공통의 권력자 없이 살 때 전쟁이라고 부르는 상태에 처하게 되는데, 그 상태는 만인의 만인에 대한 전쟁 상태이다"라고 언급했다. 이 구절은 이후 현실주의 국제 이론가들에 의해 국제 관계 현실의 본질을 가장 잘 설명한 것으로 받아들여지고 있다(Hobbes, 1968).

현실주의자인 국제정치학자 포티온(N. Fotion)은 전쟁을 부도덕하다

(immoral)고 말하는 이상주의자들과 대조적으로 전쟁을 비도덕적이다(nonmoral)라고 논평했다. 왜냐하면 먼저 한 사회에서 사람들 사이에 당연히 지켜져야 할 도덕적인 관계가 국가들 간의 관계에서도 똑같이 적용되는 것은 아니라는 입장이다. 둘째, 전쟁이 일단 시작되면, 전쟁에 대해 도덕적인 고려를 하는 것은 적절하지 않다는 입장이다(볼스, 2004).

신현실주의(neo-realism) 이론은 1970년대 월츠를 중심으로 시작된 국제정치 이론으로서, 전통적 현실주의를 비롯한 기존의 국제정치 이론들이 지니고 있는 환원주의적 태도를 지적하며, 구조의 개념화를 토대로 국제정치 현상을 포착할 것을 주장하며 등장하였다(김태운, 2005). 이 이론은 국가의 행위에 대해 구조가 갖는 효과를 중요한 요소로 간주하고 무정부 상태가 '보호의 부재'와 '생존의 위협'을 가져온다고 인식하는 이론이다. 따라서 신현실주의는 무정부 상태를 국가의 안보와 생존에 대한 중대한 위협으로 정의한다.

2. 이상주의

이상주의(Idealism)는 개인의 자유를 중시하고 개인들 사이의 합의를 통해 자유를 보장할 수 있는 인위적인 정치 질서와 제도를 중시한다. 이상주의자는 전쟁의 근원적인 부도덕성 때문에 사람들은 어떠한 경우라도 전쟁에 참여하지 말아야 한다고 주장한다. 그래서 그들은 자국이 침략국이거나 자국이 공격을 받았을 때 전쟁에 참여하지 않을 것을 표방한다. 더 나아가 그들은 자신들 주변의 사람들에게 어떠한 전쟁의 시도에도 참여하지 않도록 촉구한다. 대개 이러한 이상주의는 특정 종교를 믿는 신자들 중에서 자주 발견된다는 지적이 있다(볼스, 2004).

이상주의는 개인과 국가 간의 관계에서 국가보다는 개인이 선행하고 또한 더 중요하다고 여긴다. 이상주의는 국가의 필요성을 인정하면서도 국가권력의 남용을 막기 위해 견제와 균형의 제도적 장치가 마련되어야 한다고 본다. 제도적 보완 장치들을 통해서 국가 내에서 개인들은 평화를 확보하고 상호 관용의 정신을 통해 공동 번영할 수 있다(김영호, 2009).

이상주의를 추구한 주요 사상가에는 고대 그리스의 플라톤을 꼽을 수 있겠다. 하지만 플라톤의 시기는 아직 근대적 자유 개념이 태동하기 이전이므로 근대 자유주의적 이상주의자들 중에서 인물을 찾는다면, 로크(J. Locke), 루소(J.J. Rousseau), 칸트(I. Kant) 등이 있다. 우선 로크는 국제 관계를 자연 상태로 규정하지만 대외적 자연 상태와 대내적 자연 상태의 성격이 모든 측면에서 동일하다고 보지는 않는다(Locke, 1980). 또한 로크는 국제정치의 무정부 상태를 있는 그대로 받아들이고 자유주의적 이념이 실현될 수 없는 국제정치 현실에서 국가 안보를 위해 전쟁 선포와 동맹 결성 여부를 결정할 수 있는 외교권에 해당되는 국가권력인 연방 권력(federative power)을 행정부가 가져야 한다고 보았다(Locke, 1980).

루소는 하나의 국가가 일단 형성되면, 이후 수많은 국가들이 생겨난다고 보았다. 자연 상태에서의 개인들은 최초의 국가로 흡수되든지, 아니면 그것에 대항하기 위해 또 다른 국가를 만들지 않으면 안 된다. 대내적인 자연 상태를 극복하는 과정에서 대외적인 자연 상태가 재창출되는 역설적인 상황이 발생될 수도 있다(김용구 편, 2001).

칸트는 이상주의 국제 관계 이론을 가장 체계적으로 제시한 인물 중의 한 사람이다. 인간 이성을 통해 인류 발전에 대한 확고한 신념을 갖고 있었던 그는 그 이전의 어떠한 자유주의자들보다 국제정치에서도 전쟁 상태의 지속과 반복이 아니라 평화의 실현이라는 목표를 향한 진보가 가능하다고 믿었다. 그는 공화정을 실현하기 위해 '시민 헌법'을 완전히 확립시키는 문제는 법이 지배하는 국제정치 현실을 창출할 수 있는지 여부에 달려 있다고도 주장했다(Kant, 1992[1784]; Kant, 2008[1795]). 이러한 생각을 토대로 칸트는 각국이 공화정으로 전환되면 영구평화를 위한 국가연합이 이루어질 수 있다고 보았다. 오늘날 각국이 모두 공화정으로 전환되지 않았음에도 불구하고 국제연합(UN)이 2차 세계대전 이후 설립된 것을 보면 어느 정도 그의 예측이 맞았다고 볼 수 있다. 현대의 존 롤스의 『만민법』 속의 공적 이성(Public Reason)과 정의 전쟁(Just War)에 대한 비전은 그러한 전통을 더욱 진일보시킨 개념이라고 볼 수 있다. 물론 여기서 정의 전쟁은 고대 로마 시대의 아우구스투스 이후 주장되어 왔고, 동시대 인물인 공동체주의자 마이클 왈처가 『정의전쟁과 부정의전쟁』(1977)의 단행본을 출간하기는 했지만, 이상주의 계보상에서 볼 때 롤스의 기여는 그 연장선상에 있다고 볼 수 있다.

3. 자유주의

자유주의(Liberalism)는 자유롭고 공정한 선거, 법치주의 및 시민의 자유가 보장되는 국가를 묘사하는 방식으로 '자유민주주의'라는 용어로 널리 사용되고 있다. 자유주의는 모든 개인은 절대적으로 소중하며 자유롭고 평등하다는 근대 시민 사상이다(이근식, 2009). 자유주의는 어느 특정 집단만을 위해서가 아니라 개인 모두의 이익을 위해 존재하는 이념이다. 자유주의에서 강조하는 자유는 집단보다는 개인의 자유를 중요시하는데, 개인의 자유를 위해 국가가 존재해야 됨을 강조하기에 생명과 재산의 권리를 모두 포함하는 개인의 기본 인권 개념을 포함하고 있다. 이와 같은 고전적 자유주의는 16세기에서 18세기의 시민혁명과 함께 중요한 기본 원리들이 제시되었는데, 특히 평등을 기본 원리로 하여 사회적 평등을 전제한다. 사회적 평등은 인격과 인권에서의 평등을 말한다(이근식, 2009).

그러나 국제정치 이론의 영역 내에서 논의될 때, 자유주의는 그것만의 별개의 실체로 발전했다(McGlinchey et. al., 2017). 자유주의에는 제도, 행동, 경제적 연결이 어떻게 국가의 폭력적 힘을 억제하고 완화하는지에 대한 다양한 개념과 주장이 포함되어 있다. 현실주의와 비교하면, 시민과 국제조직에 대한 고려에 더 많은 요소를 추가한다. 오늘날 대부분의 자유주의 이론은 국가가 국제 협정에서 벗어나려는 동기를 극복하도록 도와줌으로써 국제기구가 어떻게 협력을 육성하는지에 초점을 맞추고 있다. 자유주의자들은 국가의 폭력적 힘의 집중은 개인의 자유에 대한 근본적인 위협이며, 이를 억제해야 한다고 주장한다. 권력을 억제하는 주요 수단은 국내 및 국제 수준의 제도와 규범이다. 국제 수준에서 기관과 조직은 협력을 촉진하고 국제 협약을 위반하는 국가에 비용을 부과하는 수단을 제공함으로써 국가의 권한을 제한한다. 경제 기관은 경제적 상호 의존에서 얻을 수 있는 상당한 이점 때문에 협력을 육성하는 데 특히 효과적이다. 자유주의 규범은 어떤 유형의 행동이 적절한지에 대한 우리의 이해를 형성함으로써 권력 사용에 추가적인 제한을 부과한다.

4. 정의 전쟁론

정의 전쟁론(Just war theory)은 전쟁을 부도덕하다고 명시하는 평화주의와 전쟁을 도덕성과 관계없다고 보는 현실주의 사이에 있는 이론이다. 정의 전쟁론에서는 일부의 전쟁은 도덕적으로 정당하지만, 일부 전쟁은 부도덕하다고 말한다(볼스, 2004). 정의 전쟁에 대한 논의는 고대 플라톤으로부터 시작되어 중세 시대의 토마스 아퀴나스(Reichberg, 2017)를 거쳐 현대에 이르러 마이클 왈처에 의해 체계화되었다(Walzer, 1977). 정의 전쟁론에 대한 전통은 4-5세기의 아우구스티누스부터 시작되었고, 로마인들 중에는 키케로, 그리스인들 중에는 플라톤과 아리스토텔레스 등이 전쟁에 임할 때 당면하는 도덕적인 문제에 대해서 정의 전쟁론의 논리로 설명하였다. 이들은 정의를 옹호하고 동시에 평화를 회복하기 위해 전쟁은 필수불가결한 것으로 인식하고 있다. 따라서 정의 전쟁론은 국가가 전쟁을 개시하는 것이 도덕적으로 정당화되는지, 전쟁에서 어떻게 도덕적으로 싸워야 하는지를 결정할 수 있는 원칙들을 제시하고 있다.

정의 전쟁의 요건 내지 원칙에 관한 논의는 크게 전쟁 개시의 정의(*jus ad bellum*), 전쟁 수행의 정의(*jus in bello*), 전쟁 종결의 정의(*jus post bellum*)

등 세 가지 영역에서 다루어지고 있다(Bass, 2004; Kwon, 2023). 전쟁 개시의 정의는 전쟁 자체에 대한 정당화를 의미하는데, 이는 정당한 명분, 올바른 의도, 비례성의 원칙, 적법한 권한, 적법한 절차, 최후의 수단, 결과적 비례성의 원칙, 성공할 확률이 포함된다. 특히, 결과적 비례성의 원칙은 국가적 수준에서 전쟁을 통해서 얻는 이익이 전쟁을 통해 입을 손실보다 더 커야 한다는 것이다. 또한 성공할 확률은 앞선 원칙들이 제대로 전제되었다고 하더라도 전쟁을 개시해서 성공할 가능성이 낮다면 수행해서는 안 된다는 개념이다(박균열 외, 2021).

그리고 전쟁 수행의 정의는 수단에서의 비례성, 차별성의 원칙, 이중 효과 원칙을 포함한다. 특히, 차별성의 원칙은 전쟁을 하고 있는 적의 일부만이 적법한 공격의 표적이 되어야 하며, 이중 효과 원칙은 비례성과 차별성을 동시에 고려해야 함을 의미한다.

정의 전쟁론에 대해 왈처는 세 가지 특징을 제시하고 있다. 첫째, 전쟁의 도덕적 실상과 전쟁 관습에 의거한 내재적 비판 이론이다. 둘째, 정의 전쟁론은 전쟁이 때에 따라 필수불가결할 뿐만 아니라 도덕적으로도 정당화될 수 있다는 입장으로서, 전쟁은 그 자체 또는 수행 과정이 정의롭거나 아니면 부정의 하다고 평가될 수 있다는 것이다. 셋째, 정의 전쟁론은 권리 준거적 이론이라는 것이다. 이는 전쟁에 관한 도덕적 논증이 개인의 생명과 자유에 대한 권리를 강조한다는 사실에 있다(박균열 외, 2021).

따라서 정의 전쟁론은 도덕적으로 비난받을 수 있는 전쟁에 대해 기준을 가지고 전쟁을 인식함으로써 객관적인 기준과 근거로 전쟁을 논의할 수 있어야 됨을 분석적으로 제시하고 있다.

5. 계급 갈등론

계급 갈등론(Class conflict theory)은 착취계급인 자본가들에 대항하여 노동자인 프롤레타리아들이 자본주의를 옹호하는 자본주의 국가를 타파하고 국제적인 연맹을 통해 전 세계의 공산주의화를 표방한다. 이러한 이론을 주장한 사람으로 마르크스(K. Marx), 엥겔스(F. Engels), 레닌(B. Lenin) 등이 있었다. 이들 사상가들의 주장을 모두 망라해서 마르크스주의라고도 하고, 계급 갈등론이라고도 한다(Johnson, 2000; Bottomore, 1991).

계급 갈등론에 따르면, 사회의 모든 단계에서 한 계급은 생산방식을 통제하지만 다른 계급은 그렇지 않다고 본다. 마르크스주의자들은 모든 사회에는 두 계급이 있으며 그들의 가치는 근본적으로 반대된다고 주장한다. 착취계급은 생산방식을 소유하고 이를 소유하지 않은 피착취계급을 지속적으로 통제하거나 착취하려고 노력하는 사람들이다. 착취계급은 모든 생산의 혜택이나 이윤을 얻는 반면, 피착취계급은 노동을 통해 이 이윤을 창출한다. 이 과정은 계급 사이에 격차를 점점 더 크게 만든다. 마르크스는 결국 자본주의사회는 사회혁명을 통해 프롤레타리아트에 의해 전복될 것이며, 소수 자본가의 손에 있는 생산수단은 노동자가 대다수를 차지할 것으로 보았다. 이후 프롤레타리아 독재가 도래할 것이고, 계급 전쟁은 공산주의 국가의 형성으로 종식될 것이라고 주장했다(Kalita & Namati, 2021).

계급 갈등론 자체는 정치철학이면서 동시에 사회학으로도 인정되고 있다. 사회학으로서 마르크스주의는 다른 표준적, 규범적 분파에 비해 보다 과학적, 구조적, 객관적인 연구를 하고자 한다. 마르크스주의 사회학은 "자본주의 사회에서 혁명적 노동계급을 동원하기 위해 마르크스주의의 경험주의와 실증주의적인 방법을 발전시킨 갈등 이론"으로 정의할 수 있다. 미국 사회학 학회의 마르크스주의 사회학 분과는 자신들의 연구 분야에 대해 "마르크스주의 방법론과 분석법을 활용하여 복잡하고 역동적인 현대사회를 설명하고자 한다"고 밝히고 있다(Encyclopedia of Sociology, 2006). 마르크스주의 사회학은 비판 이론과 문화학의 발전을 촉진하였다. 이후 이 사상은 국가 간의 불평등 문제를 설명하기 위한 이론으로 종속이론, 매판자본가론, 세계 체제론 등으로 이어지기도 했고, 종교적으로는 해방신학이라는 이름으로 전개되기도 했으나 탈냉전 이후 공산주의의 패망과 함께 국제정치 이론으로서 그 유용성을 주목받지 못하고 있다.

6. 구성주의

구성주의(Constructivism)는 현실주의와 이상주의의 화해 또는 제3의 길을 도모하기 위해 제시된 이론이다. 특히 구성주의는 태생적으로 기능주의와 신기능주의를 통해 유럽 통합의 문제점을 속 시원하게 해결할 수 없었던 당대 학자들의 현실적인 요청이 반영되어, 구조와 행위자 간의 상호 구성 작용을 중시하면서 장기적인 변화에 주목한다. 이러한 구성주의는 유럽 통합과 같은 대상에 적합한 장점이 있었으며, 최근에는 국가의 형성과 마찬가지로 유럽 통합도 하나의 새로운 권력 중심의 역사적 형성으로 파악될 수 있다는 평가를 받고 있다(Bartolini, 2005; 조홍식, 2012). 또한 구성주의는 지역 통합과 관련하여 자유주의적 국내 정치와 현실주의적 국제정치의 결합이라는 평가를 받으며(Moravcsik, 1997, 1998), 세계를 건설 중인 계획의 관점에서 하나의 완성된 존재(being)로 인식하기보다는 '되어 가는 과정(becoming)'으로 보려는 시각도 있다(Adler, 2002). 즉, 구성주의는 국가 간의 상호작용을 통해 서로의 정체성을 형성하며, 중요한 변수는 어느 한 국가의 국력이나 국제 체제, 또는 국가 내부 구조 등에 있는 것이 아니라 역사적인 상호작용에 있다는 관점이다.

구성주의는 우리가 세상에 대해 알 수 있는 것을 사회적으로 구성된 것으로 본다. 웬트(Alexander Wendt)는 500개의 영국 핵무기가 5개의 북한 핵무기보다 미국에 덜 위협적이라고 설명하면서 현실의 사회적 구성을 보여 주는 훌륭한 예를 제공한다. 이러한 동일시는 핵무기(물질적 구조)에 의해 발생하는 것이 아니라 오히려 물질적 구조(관념적 구조)에 부여된 의미에 의해 발생한다(Wendt, 1995). 이러한 공유된 이해(또는 상호주관성)가 상호작용의 기초를 형성하기 때문에 미국과 영국, 미국과 북한 사이의 사회적 관계가 이들 국가들에 의해 비슷한 방식으로 인식된다는 점을 이해하는 것이 중요하다. 사회적 맥락을 이해하지 못하면 핵무기 자체가 아무런 의미도 없다는 것을 사례를 통해 알 수 있다. 더 나아가, 결국 냉전의 종식을 보장한 것은 국가나 국제기구의 행동이 아니라 평범한 사람들의 행동이었다. 구성주의는 "사회 세계는 우리가 만드는 것"이라고 주장함으로써 이 문제를 설명한다(Onuf, 1989). 행위자(대개 지도자나 영향력 있는 시민과 같은 강력한 사람)는 자신의 행동과 상호작용을 통해 국제 관계의 본질을 지속적으로 형성하고 때로는 재형성한다(Theys, 2017). 구성주의자들은 세계 정치에 대한 아이디어와 신념의 영향을 포함함으로써 물질적 현실을 뛰어넘는다는 것을 보여 준다. 이는 또한 현실이 항상 건설 중이라는 것을 의미하며, 이는 변화의 가능성을 열어 준다. 즉, 의미는 고정되어 있는 것이 아니라, 행위자가 갖고 있는 생각과 신념에 따라 시간이 지나면서 변할 수 있다는 것이다. 이러한 신념과 생각이 바뀌면 사회적 관계는 우정의 관계로 바뀔 수 있다. 이러한 입장은 국제 체제의 무정부적 구조가 국가의 행동을 결정한다고 주장하는 현실주의자들의 입장과 상당히 다르다.

7. 기능주의

기능주의(Functionalism)는 국제사회에서 일어나는 전쟁이나 분쟁을 해결하기 위한 하나의 방법론으로서 국제기구를 통한 국제 관계를 설명하는 이론적 근거를 제시한다. 통합 이론(Integration Theory)은 국가주권에 의해 나누어진 사회집단 간에 생활 영역의 교차에서 생겨나는 사회 기능의 통합 필요성 때문에 국경을 넘는 연계가 나오게 되었다는 것을 전제로 형성된 이론이다. 따라서 기능주의 통합 이론은 자유주의 국제정치 이론의 한 분야로 "국가 간의 갈등 해소와 분쟁을 평화적인 방법으로 해결하는 동시에 상호 교류협력을 통하여 함께 더불어 잘사는 경제적 공동 번영을 목적으로 하는 '경제에서 정치'로의 일종의 평화전략이론"이다(김영환, 2016: 44). 즉, 기능주의는 국가 간의 평화를 도모하기 위하여 국가를 적극적으로 함께 모으는 전략으로서 통합이 중요한 전략이다.

기능주의적 접근법은 국제 통합 연구의 중심이었다. 폴 테일러(Paul Taylor)는 기능주의를 신기능주의 통합 이론뿐만 아니라 상호 의존 이론, 세계 사회 접근법, 연계 정치, 체제 이론과 같은 국제 질서 연구에 대한 다양한 최근 접근법의 지적 원류로 평가한다(Taylor, 1994). 기능주의는 '단단하게 짜인 이론이라기보다는 하나의 접근 방식'이라고 할 수 있다. 그것은 대부분의 기능주의자들이 공유하는 엄격한 일련의 기본 명제에서 시작되지 않기 때문이다(Kaur, 2018). 그러나 세계 정치와 그에 따른 유럽 통합에 대한 기능주의적 접근 방식은 다소 광범위하더라도 뚜렷한 의제를 중심으로 통합되는 경향이 있었다. 이 의제의 핵심은 민족국가의 신성함이나 특정 이념적 신조를 기념하는 것이 아니라 인간의 필요나 공공복지를 더 우선시한다. 그들은 문제 해결 방식과 국제 관계에서 경제를 최우선으로 생각한다. 정부 행위의 기술적이고 '논쟁의 여지가 없는' 측면을 명시하고, 그러한 요구를 충족시키는 것을 기반으로 국제 제도적 관계의 그물을 엮고 계속 확산시킬 수 있는 가능성을 믿는다. 그들은 처음에는 일반적으로 경험되는 요구에 집중할 것이며, 부분적인 협력이 국가 간의 관계 전체와 비슷해질 때까지 정치적인 비용을 희생하면서 논쟁의 여지가 없는 영역의 범위가 확장될 것이라고 기대했다. 그 시점에 진정한 세계 공동체가 생길 것이라고 주장한다.

III. 국제적 주요 이슈

1. 해외 원조

해외 원조의 문제는 세계화 시대를 맞이하여 중요한 국제적 관심사로 대두되었다. 유엔아동기금을 비롯한 많은 국제기구들이 해외 원조에 앞장서고 있으며, 국제연합은 국민총소득의 0.7%를 해외 원조를 위해 할당해 줄 것을 권고하고 있다(손철성, 2010). 해외 원조는 각국 정부 또는 국제기구뿐만 아니라 민간 차원에서도 다양한 방식으로 활발하게 전개되고 있다. 이처럼 국가들이 해외 원조에 나서는 이유는 자국의 안전을 확보하기 위한 목적의 일환이라는 주장이 있다. 이것이 바로 현실주의적인 관점이다 (Lancaster, 2007). 원조를 제공함으로써 원조를 받는 대상 국가들이 공산주의나 테러리즘의 유혹에 넘어가지 않도록 사전에 예방하기 위한 조치라는 것이다. 인도주의라는 어떤 도덕적 의무 때문에 원조를 제공하는 것이 아니라 자국의 이익을 증진하기 위한 차원에서 원조를 제공한다는 것이다. 이에 비해 구성주의 관점은 부유한 국가가 가난한 나라 국민들의 삶의 질을 개선시켜 주기 위한 목적에서 이루어지는 것으로서, 인도주의 정신을 바탕에 두고 있다는 것이다. 즉, 해외 원조가 안보적 이익의 차원이 아니라 윤리적이고 인간적인 관심에서 이루어지고 있다는 것이다(손철성, 2008).

국제 평화를 위한 노력 중 해외 원조는 지구적 정의 또는 지구적 평등을 실현하는 차원에서 윤리적 의무를 가진다고 하겠다. 즉, 지구적 평등주의를 주장하는 사람들은 사실상 지구적 차원의 구조가 기본적으로 존재하기 때문에 지구적인 빈곤과 기아, 불평등 문제는 지구적 수준의 정의의 원칙에 따라 해결되어야 한다고 주장한다(김남준, 2018). 이러한 지구적 평등주의자와의 논쟁을 통해 롤스(John Rawls)는 『만민법』에서 불리한 여건으로 인해 고통을 받고 있는 사회에 대한 질서 정연한 만민의 해외 원조 의무를 강조한다(롤스, 2009). 〈표 1〉에서 보는 바와 같이, 원조의 의무에 대한 첫 번째 지침으로 질서 정연한 사회가 부유한 사회일 필요는 없으며, 고통을 겪는 사회의 정치 문화가 극히 중요하다는 것과 고통을 겪는 사회가 정치적·사회적 문화를 바꾸도록 질서 정연한 만민이 도와주는 데에는 특별한 비법이 없다는 것이다.

또한 원조를 제공하는 목적은 고통을 겪고 있는 사회로 하여금 자신의

표 1. 롤스의 다섯 가지 국내 사회와 해외 원조 대상

구분	①자유적 만민의 사회	②적정 수준의 만민의 사회	③무법 국가	④고통을 겪는 사회	⑤자애적 절대주의 사회
	질서 정연한 만민의 사회				
특징	입헌 민주 정부, 공동의 동정심, 도덕적 본성	적정 수준의 협의 위계 체계	다른 국가에 대한 공격성	정치 문화 결함, 인적 자본 및 기술 자원 부족	적정 수준의 협의 체계 부재
	만민법 적용 영역		만민법 미적용 영역		
	인권 보장		인권 미보장		인권 보장
관용 및 개입의 형태	관용의 영역		관용 영역 밖*		-
	개입 불필요**		개입 허용		
			강제적 제재, 내정 간섭	원조	

주1) '*' 표시의 '관용 영역 밖'에 대해 아래 출처는 '비관용 영역'이라고 했는데, 단어가 함축하는 논리적 포함 관계 등을 고려해서 수정함.

   2) '**'표시의 '개입 불필요'에 대해 아래 출처는 '개입 불가'로 표시했는데, 그렇게 될 경우 적정 수준의 협의 체계가 일시적으로 중단되었을 때, 개입할 수 없는 문제가 발생할 수 있기 때문에 수정함.

출처: 김희강 · 최유진(2015); 김남준(2018).

문제들을 합리적으로 관리할 수 있게 도와줌으로써, 결과적으로 그 사회가 질서 정연한 사회의 구성원이 되도록 하는 것이다. 즉, 롤스는 해외 원조에 대한 의무의 문제를 지구적인 분배 정의의 관점에서가 아니라 인권 또는 인도주의적인 관점에서 도덕적으로 정당화하고 있다.

이에 비해 싱어(Peter Singer)는 공리주의의 관점인 '이익 평등 고려의 원칙'을 바탕으로 아주 적극적이고 강하게 해외 원조의 필요성을 주장한다(싱어, 1997). 또한 싱어는 롤스의 주장이 국가의 경계선을 중시하는 국가주의 모델이라고 비판하면서 국가적인 경계선이 약화되는 세계화 시대에 걸맞

은 새로운 세계화 윤리로서 '세계시민주의' 관점을 제시한다(Beitz, 1986). 롤스의 국제주의가 개인의 복지에 대한 관심보다는 사회 체제나 구조의 개선에 대한 관심을 갖는 것이라면, 싱어의 세계시민주의는 개인의 복지에 더 많은 관심을 가지며 지구적으로 최저 수준에 놓여 있는 사람들의 복지 향상에도 관심을 갖는다. 이런 면에서 싱어는 지구적인 빈곤의 문제를 해결하기 위한 방법으로서 식량 원조가 가장 효과적이라고는 보지 않는다. 이는 식량 원조가 자칫 원조 대상국의 지역 식량 시장을 교란시킴으로써 또 다른 정치·경제·사회적 문제를 야기할 수 있기 때문이라는 것이다(Singer, 2007).

국제 평화를 위한 노력의 일환으로 해외 원조와 유사한 기능이기는 하나, 주로 개발도상국에 차관 등의 형식으로 지원하는 공적 개발 원조(ODA, Official Development Assistant)가 있다. ODA는 선진국 정부나 공공기관이 개발도상국의 경제 발전과 복지 증진을 돕기 위한 목적으로 공여하는 증여나 차관을 말하며, 다만 이윤 추구적, 외교·군사적 성격의 지원은 배제한다(Alonso, 2019). 공적 개발 원조는 초기에 신생독립국가들이 직면한 심각한 빈곤 상황에 대해 동정적으로 대응함으로써 인도적인 동기를 가장 보편적 가치로 내세우고 또한 강조하고 있으며, 증여, 차관, 배상, 기술원조 등의 형태로 공적 개발 원조가 제공된다(Riddell, 2007). 공여 형태에 따라 양자 간 협력과 다자간 협력으로 구분되며, 양자 간 협력은 상환 의무가 없는 무상 원조와 상환 의무가 있는 유상 원조로 구성된다. 이러한 원조는 남북문제로 대표되는 지구촌의 불균형 문제를 해소하기 위해 제공된다.

한국은 새로운 개발원조위원회(DAC, Development Assistance Committee) 회원국으로 국제 개발원조 규범을 따르려는 노력과 더불어 실리적인 측면을 병행하는 접근을 취하고 있는 것으로 평가된다(Stallings & Kim, 2017). 우리나라는 2010년에 DAC에 가입하여 국제사회에 공헌하고 있으며, 다른 나라의 도움을 받아 오던 원조 수혜국에서 다른 나라에 지원을 해주는 원조 공여국이 된 최초의 나라이기도 하다(권상철·이정호, 2021). 한국

ODA로부터 지원을 받는 상위 수원국(受援國)은 다수가 아시아 지역에 위치하며, 최근에는 아프가니스탄, 요르단 등의 분쟁 국가와 아프리카 빈곤 국가들에 대한 지원을 늘리고 있다. 우리나라는 다양한 개발도상국에 대한 지원을 넓히고 있는데, 이는 양국 간의 협력을 긴밀히 추진할 수 있다는 외교 협력적 강점도 존재한다. 개발도상국 지원으로 국내외의 자원을 활용할 인프라가 지원되어 고용 창출과 경제 활성화도 함께 이루어질 수 있기에 산업 발전이 촉진된다는 긍정적인 결과도 나타날 수 있다.

따라서 해외 원조는 장점과 약점이 혼합되어 있다. 효과적으로 작용하면 개발 문제와 결핍과 빈곤 등 불안정한 상황을 극복할 수 있는 인도적인 방법이지만, 적절하지 못하면 저개발을 지속시키고 빈곤을 증가시킬 수 있기 때문에, 부정적인 결과를 최소화하고 긍정적인 결과를 높일 수 있는 방안에 대해 지속적인 연구가 필요하다.

2. 국제 분배 정의 문제

일반적으로 분배적 정의는 특정한 공동체 안에서 구성원들 간의 이익과 부담의 공정한 분배 원리를 말한다. 이에 대해 롤스는 자유와 기회, 소득, 재산, 자존감의 기반이 되는 모든 기본재들의 불평등한 분배가 모든 사람들에게 이익이 되지 않는 한 기본재들은 평등하게 분배되어야 한다고 주장한다(롤스, 2003; 이지영·이원희, 2022: 173). 이를 위해 롤스는 두 원칙을 제시한다. 첫째, 모든 사람은 다른 사람들의 유사한 자유와 양립할 수 있는 가장 광범위한 기본적 자유에 대해 동등한 권리를 가져야 한다. 둘째, 사회적, 경제적 불평등은 그 불평등이 모든 사람에게 이익이 되리라는 것이 합당하게 기대되고, 그 불평등이 모든 사람에게 개방된 직위와 직책에 결부되어 있어야 한다. 롤스는 공정으로서의 정의(justice as fairness)를 국제사회에도 확대하여 적용하려 시도했지만, 만민법이 규율하는 사회는 국가들의 사회(society of nations), 사람들의 사회(society of peoples)로서 전쟁과 억압, 기아와 빈곤 등은 근본적으로 국내 정치적인 부정의로부터 초래되므로 정의로운 기본 제도의 수립을 통해 이를 해결해야 하며, 이는 특정 재화의 공정한 분배 문제를 다룬 것은 아니다(김영석, 2005).

대부분의 국가에서 개인의 선택과 노력의 결과로 발생한 불평등을 자연스러운 결과로 받아들이고 있으나, 공동체의 유지를 위해 이익과 부담을 적절히 재분배할 필요가 있다. 역량(capacity) 이론으로 유명한 아마르티아 센(Amartya Sen)은 삶의 목표나 복지를 실현하기 위해 재화를 이용하는 개인의 역량이 다를 수밖에 없는 현실을 인식하고 현실의 부정의를 제거하는 데 관심을 가졌다(김대근, 2011). 그는 단순한 분배보다는 개인들의 교육을 확대하고 빈곤을 제거함으로써 재화를 향유할 수 있는 개인의 역량을 기르고 이를 통해 자유가 확대될 수 있다고 보았다. 이를 확장한 글로벌 분배적 정의의 관점, 즉 국제 분배 정의의 관점에서 바라본다면, 세계는 하나의 질서 혹은 제도로 매우 긴밀하게 연결된 공동체이며, 개인의 선택이나 노력 여부와는 별도로 모든 구성원이 적어도 최소한도로 의식주를 향유할 수 있도록 이익이 재분배되어야 유지될 수 있다. 또한 개발도상국의 빈곤 문제가 불공정한 세계경제 질서에서 기인하여 발생했기 때문에 빈곤 완화를 위한 노력도 전 세계가 나누어 부담해야 한다는 것이다(Briggs, 2017). 이러한 의무의 내용과 대상을 명시하여 의무 불이행 시 일정한 책임을 물을 수 있는 소극적 의무로 간주하고, 모든 선진국이 글로벌 세계경제 질서와 갈등의 피해자인 개발도상국에 대한 해외 원조를 의무화하여야 한다고 주장하기도 한다(Murray & Overton, 2016).

롤스는 국제적 분배 정의에 직접 개입하면 안 된다는 원론을 주장한다. 그 이유는 국제사회에서는 국내적·민주적 선호 결집 과정에서 주체, 과정 등이 모두 다르기 때문이다. 롤스는 빈곤 발생을 해소해 주기보다는 불합리한 사회구조를 바른 구조로 개선해 줘야 한다고 강조한다.

3. 난민 문제

난민 문제는 인종·종교·사상·정치적 의견 등이 다른 까닭으로 자국에서 박해를 받거나 박해를 받을 위험으로 인해 외국으로 도피한 사람들(난민, 피난민 또는 망명자)과 관련하여 생겨나는 국제사회의 문제이다. 오늘날에는 세계 도처에서 자기 스스로도 어쩔 수 없는 다양한 이유로 인해 삶의 주거지로부터 자신은 물론 가족들의 이탈을 강요받는 사람들이 수백만 명에 이른다. 이것이 바로 21세기 국제적인 문제로 등장한 난민 문제이다(손영화, 2019). 이러한 난민 문제를 해결하기 위해 2016년에 '난민과 이주민을 위한 뉴욕 선언(New York Declaration for Refugee and Migrants)'이 이루어졌다(United Nations General Assembly, 2016). 이 뉴욕 선언을 바탕으로 어린이, 난민, 이주민들의 권리를 적극적으로 보호하기 위한 국제 협약이 마련되었고, 특별히 회원국들에게는 아동권리협약에 따른 의무 사항에 대한 준수가 강조되었다(국제개발협력민간협의회 아동권리실무그룹, 2018). 대한민국은 1991년에 유엔 아동권리협약을 정식으로 비준했다. 이를 통해 이 협약에서 제시된 아동의 인권을 존중하고 보호 및 보장할 의무를 지게 되었고, 제4조에 의거해서 협약 이행을 위한 모든 적절한 입법·행정 및 여타 조치를 취하고, 경제·사회·문화적 권리에 관하여 국제 협력의 테두리 내에서 이러한 조치를 취하도록 했다.

2010년대 중반에 이르러서 전 세계적으로 발생한 난민의 규모는 1,548만 명에 달했다(UNHCR, 2016: 14). 특히 2010년 '아랍의 봄' 이후 이슬람권의 정치적 혼란으로 인해 난민의 수가 급격히 증가했다. 이 중 팔레스타인 난민의 수는 515만여 명이다. 유니세프 한국위원회는 제2차 세계대전 이후 세계는 가장 큰 난민의 위기에 직면하게 되었다고 분석했다. 아프가니스탄, 남수단, 소말리아, 수단, 시리아 등 수많은 국가에서 수백만 명의 사람들이 정치적인 분쟁과 박해를 피해 자신들이 살던 곳을 어쩔 수 없이 떠날 수밖에 없었다. 수십만 명의 사람들이 지중해를 건너 유럽으로 들어왔다. 유럽에 도착한 사람의 1/5은 어린이이다(유니세프 한국위원회, 2016). 유엔난민기구(UNHCR)의 「2022 글로벌 동향(Global Trends 2022)」보고서에 따르면, 2021년 기준, 강제로 살던 곳을 떠난 사람이 전 세계에서 약 1억 840만 명에 달한다. 이 가운데 '난민(refugees)'은 약 3,530만 명이고, '국내 실향민(Internally Displaced Person: IDP)'은 약 6,250만 명이다. 또 난민 지위를 모색하고 있는 '망명 신청자(asylum seekers)'는 약 540만 명, 이 밖에 국제적 보호가 필요한 사람들이 520만 명 정도 되는 것으로 파악됐다(VOA, 2023). 난민이나 국내 실향민이 겪고 있는 고통은 다양하게 알려졌다. 특히 지중해에서 이동 중에 사망한 사람들이 끊이지 않는다. 2018년 세계 각지에서 피난처를 찾아 이동 중 숨지거나 실종된 난민이 약 4,500명에 달한다고 유엔 산하 국제이주기구(IOM, International Organization for Migration)가 밝혔다(VOA, 2023). 국제이주기구의 보고서에 의하면, 2017년에 적어도 4,592명의 난민이나 이주민이 피난처를 찾아 이동하던 중 사망하거나 실종됐다고 밝혔다. 최근에는 시리아 내전 등으로 인해 수많은 난민들이 안전한 국가로 이동하기에 난민 보호를 위해 국가들 간의 협력이 중요한 문제로 논의되고 있다. 난민 수용에 관해 인간적인 책임과 국제적 의무를 수용하고 다양한 문화에 대한 이해와 경험이 있는 난민들의 강점을 적극적으로 수용하고 협력하되, 국가 안보를 위협하지 않는 적절한 기준을 가지고 국제적 협의가 필요한 것으로 생각된다.

4. 초국가적 위협

초국가적 위협(Transnational threat)이란 비국가적 행위자가 국경선을 초월하여 영향을 미치는 지역적이고 전 지구적인 위협을 의미한다(Tangred, 2002; 전경주, 2009). 9·11 테러가 발생하기 전에도 초국가적 위협은 이따금 국제정치의 화두가 되었으나, 국가 간의 군사적 위협에 비해 상당 기간 간과되어 왔다. 세계화가 진행됨에 따라 그 위협이 미치는 영향의 범위는 급격히 확장되었고, 단조로웠던 위협의 유형이 보다 다양한 변이를 갖게 되었다. 초국가적 위협에는 테러리즘, 마약 밀매, 조직 범죄, 대량 살상 무기의 확산과 이동 등이 대표적이다(조성권, 2012). 초국가적 위협은 대체로 다음과 같은 성격을 지닌다. 첫째, 주로 비국가적 행위자에 의하여 형성되며 이들은 취약 국가 혹은 실패 국가로부터 발생한다(Patrick, 2006). 둘째, 초국가적 위협은 무형적이고 유동적일 뿐만 아니라 신속하고 갑작스럽게 행동하며 환경에 대한 적응력이 탁월하다. 셋째, 이러한 위협은 특정 국가의 안보를 직접적으로 위협하지 않는 경우가 대부분이지만 주로 국가의 비전통 안보 영역이나 개별 국민의 안전에도 영향을 미침으로써 국익에 부정적인 효과를 초래한다. 넷째, 초국가적 위협은 다른 초국가적 위협과 쉽게 결합하여 상황을 보다 악화시키는 경향이 있다. 이로써 도출되는 결론은 이러한 위협의 성격으로 인하여 국가들은 단독으로 국민들과 국익을 보호하기가 점점 어려워지고 있고, 그렇기 때문에 반드시 다국적인 대응을 통해서만 이에 대처할 수 있게 되었다는 것이다(Jones et. al., 2008).

다양해지는 세계화는 국내외로부터 지속적인 안보 위협을 받고 있는 현대사회에서 인간 안보(human security)에도 매우 위협적이고 기존의 안보 위협에 대한 개념적 정의도 새롭게 유도하게 만들었다. 최근 초국가적 위협들은 밀접하게 상호 연계하며 발전하고 있다. 그것들은 강력한 국가에서는 상당 부분 통제되기 때문에 제한적으로 활동하지만, 상대적으로 국가 형성이 미약한 국가들에서는 국가와 공생 관계를 형성하면서 보다 더 양성적으로 활동한다. 이런 공생 관계는 미래에 초국가적인 위협을 증가시키고 여러 문제들을 일으킴으로써 글로벌 거버넌스에 지속적으로 새로운 위협이 될 가능성이 높기 때문에, 인간 안보를 더욱 강화하기 위한 노력을 기울여야 한다.

5. 인도적 개입

인도적 개입(Humanitarian intervention)이란 "어떤 국가에서 주민들에게 대규모의 고통과 죽음이 초래되었을 때 이를 막기 위한 목적으로 그 국가의 동의 없이 군사적으로 개입하는 것"으로 정의하고 있다(Adam, 1996). 인도적 개입은 보호 책임이 거론되기 이전 1980년대 지도자에 의해 자행된 인도에 반한 죄에 대해 국제사회가 이를 해결하고자 피해자들의 요청에 의해 비군사적 또는 무력으로 개입하는 것으로서, UN의 결의를 통하지 않고 수행하는 경우를 말한다. 인도적 개입이 이루어지는 공통적인 특징을 살펴보면, 극도의 인권침해나 인도에 반한 죄에 해당하는 심각한 박해가 있을 때, 해당 국가 정부가 이러한 박해를 스스로 자행하고 있거나 주민들 간에 발생한 박해를 중지시킬 의사와 능력이 없을 때 등이다. 이때 개입하는 것은 통상 다른 국가이며, 그 개입 방식은 군사력 사용을 포함한다(모가미 도시키, 2003).

이에 반해 보호 책임(R2P: Responsibility to Protect)은 개별 국가가 "집단 학살이나 전쟁범죄, 인종청소를 비롯한 인도에 반한 죄로부터 자신의 주민들을 보호할 책임"을 지는 것을 말한다(이철희, 2019). 보호 책임은 이러한 인권 탄압에 대해 국제사회가 해당 국가의 별다른 요청이 없더라도 인권에 대해 보호할 책임이 있다면 안보리 결의를 통해 해당 국가를 보호할 책임을 부여받는 것이다. 그럼에도 불구하고 보호 책임은 UN 안보리의 결의를 필요로 한다. UN 헌장 53조에 따라 안보리 이사국의 동의를 득하여 군사적 차원의 개입을 이행한다.

이처럼 인도적 개입은 어떤 국가에 의해 그 나라 국민에 대해 자국에서 통제하기 힘든 잔혹함이 있을 때 그러한 행위를 중지시키기 위한 목적으로 다른 한 국가나 여러 국가들이 연합하여 합법적으로 무력을 행사하는 것을 의미한다. 그러나 인도적 개입은 과거에 상당히 오용되어 왔고, 강대국이 약소 국가를 침입하거나 점령하는 구실로 이용되어 왔다.

6. 국제 평화 유지 활동

인도적 개입의 제도화된 형태로서 국제 평화 유지 활동이 있다.[1] 국제 평화 유지 활동은 대체로 평화 활동, 평화 유지, 평화 구축, 평화 조성 등의 개념을 포함하고 있다. 유엔이 분쟁을 해결하기 위해 사용하는 방법은 분쟁 예방 외교(Conflict preventive diplomacy), 평화 조성(Peace making), 평화 유지(Peace keeping), 평화 구축(Peace building), 평화 강제(Peace enforcement)로 분류하였다(Bellamy et. al., 2010; Talentino, 2004).[2] 또한 유엔은 평화 유지 활동(Peace keeping operations)을 '유엔평화유지활동국 (DPKO, Department of Peace keeping Operations)이 주도하여 분쟁에 의해 고통 받는 국가의 평화가 지속되는 상태를 만드는 일을 하는 것'이라고 정의한다(www.un.org/en/peacekeeping/operations/, 검색: 2023. 11. 17). 이를 통해 유엔 평화 유지 활동이 정전 또는 평화협정 이행 준수를 지원하기 위한 목적으로 실시되는 '평화의 유지'보다는 광범위하게 적용된다는 것을 알 수 있으며, 개념 간의 중첩도 발생하고 있다. 또한 최근에는 국제 환경의 변화와 PKO 활동의 교훈을 통해 분쟁의 복합적 원인을 해결하여 재발 방지를 위한 다차원적 평화 유지 활동이 실시되는 추세이다(국방대학교 PKO센터, 2013).

국제 평화 유지 활동은 유엔 헌장 6장 또는 7장에 의거하여 안전보장이사회의 위임을 받아야 하며 15개 이사국 중 9개국의 지지와 5개 상임이사

1. 국군의 해외파병업무훈령 2조 5항: 우리나라의 '국제평화유지활동'이란 UN, 지역안보기구, 특정국 등의 요청에 따라 국군부대 및 군 요원을 해외에 파견하여 UN PKO 및 다국적군 평화활동 임무를 수행하는 것을 말한다.
2. 국제 평화 관련 용어에 대해, Bellamy, Williams and Griffin는 전통적 평화 유지(Traditional Peacekeeping), 과도정부 관리(Managing Transition), 확대된 평화 유지(Wider Peacekeeping), 평화 강제(Peace-enforcement), 평화 지원 활동(Peace Support Operation)의 다섯 가지로 분류하였고, 탈렌티노(Talentino)는 활동의 강제력, 개혁 활동의 범위, 부대 전개의 시점 등을 토대로 제한적(limited), 확장적(extensive), 국가 재건(nation building)의 세 가지로 분류하기도 하였다.

국의 반대가 없어야 가능하다. 이러한 절차에 의해 승인이 되면 임무와 수행 과업들에 관해 위임된 내용은 위임명령(mandate)으로 결의안에 포함되게 된다. 파견될 국가의 동의에 의해 평화 유지 활동을 하는 전통적 관점은 6장의 내용과 관련이 있으나, 안전이나 공공질서를 유지할 수 없는 분쟁 상태인 지역에는 관행적으로 7장을 인용하고 있다. 7장은 평화 강제 임무에 대한 논리적 배경을 제공하는 것으로서 파견될 국가의 동의 여부와 관계없이 유엔평화유지군을 파견할 수 있으며, 유엔평화유지군에게 부여할 수 있는 무력 사용의 범위와 수준이 훨씬 더 광범위하고 강력하게 규정된다(정재관 외, 2012).

국제 평화를 위한 노력의 일환으로 제시되는 국제 비정부기구(INGO) 활동에는 많은 것이 있지만 대표적인 것으로 그린피스(Greenpeace), 국경없는의사회(Doctors Without Borders, Médecins Sans Frontières) 등이 있다(박균열 외, 2021). 그린피스는 1970년에 결성된 반핵 단체로 '파문을 만들지 마시오(Don't Make a Wave Committee)'를 모태로 하고 있다. 그린피스가 세계적으로 이름을 널리 알리게 된 계기는 1972년부터 남태평양에서 벌인 프랑스의 핵실험 반대 운동을 통해서였다. 당시 프랑스의 핵실험을 반대하기 위해 직접 그린피스 대원들이 핵실험 현장인 모루로아 섬에 잠입했다가 핵폭탄이 터진 곳으로부터 불과 16마일밖에 안 되는 감옥에 갇히기도 했다(최석우, 1995).

국경없는의사회는 1968년 나이지리아 비아프라 내전에 파견된 프랑스 적십자사 소속 베르나르 쿠슈네르(Bernard Kouchner)를 비롯한 의사와 언론인 12명이 1971년 파리에서 설립했다. '중립, 공평, 자발성'의 3대 원칙과 '정치, 종교, 경제적 권력으로부터의 자유'라는 기치를 내걸고 만들어졌다. 현재 벨기에 브뤼셀에 본부를 두고 있으며, 의사, 간호사 및 행정 요원 등을 전 세계 80여 개국에 파견하여 의료 봉사활동을 하고 있다(김태수, 2005). 현재는 의료 기구를 초콜릿 키트, 수술 키트, 캠프 키트 등 키트화해서 시간적으로 응급 상황이 요구되거나 위기 상황에 처해 있는 필요 지역에 보냄으로써 인도주의적 응급 의료 지원 및 구호 활동에도 많은 도움을 주고 있다(Stellmach & Redfield, 2014).

IV. 국제 문제와 전통적인 윤리적 쟁점

개인은 국가의 구성원으로 존재하면서 국가의 통제적 지위에 순응하며 살아야 하는 자신의 삶 때문에 대다수의 경우 국가를 최고의 가치로 인식하며 사는 것을 당연히 여기게 된다. 그러한 국가의 지상 가치로 인하여 오히려 국가 간의 관계로 형성되는 국제사회나 그 국제사회에서 발생하는 다양한 문제들에 대해서는 피부로 절감하지 못하거나 기껏해야 부차적 의미만 부여하는 것이 현실적 삶의 모습이다.

앞에서 언급한 바와 같이, 우리는 국제 문제에 관하여 인식하면서 국제사회에서 국가 간의 관계를 현실주의, 이상주의, 자유주의, 구성주의, 기능주의 등의 관점을 통해 조망하고, 전쟁이나 사회구조적 차원의 문제를 어떤 방향에서 적용할 것인가에 대한 분석과 전망이 이루어지고, 그 문제 해결을 위한 대책을 제시하게 된다. 하지만 이러한 관점으로만 해외 원조나 난민 문제, 국제 분배 정의 문제, 국제 평화 유지 활동 등의 국제 문제에서 찾아볼 수 있는 윤리적 갈등과 문제 등에 대한 윤리적 인식 기반을 삼기에는 한계가 있고, 국제사회에서 일어날 수 있는 다양한 정서적 대립에 대한 근본적인 도덕 판단의 기준을 마련하기도 쉽지 않다.

예를 들어 해외 원조나 국제적 분배 정의의 문제를 놓고 볼 때, 원조해 주는 것을 일정한 국제 정의의 관점에서 이해 가능하다는 롤스식의 신중론적 접근, 해외 원조의 정의를 강조하는 베이츠식의 접근, 최소 생계가 보장되는 조건에서 나 이외의 다른 사람, 특히 다른 나라의 사람들이 고통 속에 있다면 이익 평등 고려의 원칙에 따라 지원해 줘야 한다는 싱어식의 공리주의적 접근 모두 이론적 한계점을 갖고 있다. 또한, 반인륜적 행위의 문제를 인류 공통의 가치인 인도주의의 실현이라는 의무론적 관점에서 인도적 개입을 해야 할 것인지, 아니면 소수의 희생에 군사적으로 개입하는 것은 더 많은 희생을 초래할 수 있으므로 개입하지 않아야 한다는 공리주의적 관점을 따를 것인지 해답을 얻기가 매우 어렵다. 인도주의적 개입을 하기 위해서는 하나의 도덕 원칙이 있어야 한다. 하지만 이러한 도덕 원칙을 세우기가 어렵다. 특히 다원주의의 관점에서 인권의 개념은 국가마다, 사회마다, 문화마다 다르기 때문에, 어느 한 곳에서의 인권의 개념이 다른 곳에서는 인권의 개념이 아닐 수 있다. 그렇기에 인도주의적 위기 자체를 정의하기가 어렵다는 것이다. 그러므로 인도적 개입을 위한 도덕 원칙이 확립되지 않았기에 개입할 수 없다는 주장이 설득력을 얻고 있다.

이처럼 국제적인 수준에서 안보 문제와 윤리적 쟁점을 동시에 고려하는 일은 매우 어려운 일이다. 전통적인 윤리가 작동하는 국가의 경계를 벗어나는 국제적인 문제의 경우에는 의무론이나 공리주의 등 기존의 윤리적 접근만으로는 해결하기 어려운 한계를 지니고 있다. 특히, 세계화와 4차 산업 혁명으로 인하여 국가 간 상호 의존과 협력이 심화되고 국제적인 행위자가 증가하는 등 점차 복잡해지는 국제 문제에 대한 윤리적 쟁점들을 해결하기 위해서는 새로운 윤리적 접근이 요구된다.

V. 결론

국제사회에서 발생하는 다양한 국제 문제는 전통적으로 국가와 국가 간의 관계에서 발생하는 문제들이다. 이 과정에서 국가 간 또는 집단 간의 갈등이 고조되어 전쟁이나 분쟁이 발생하기도 하고, 국가 간 또는 집단 간 상호 협력을 위한 제도와 통합을 이룩하여 평화를 누리기도 한다.

이러한 현상을 설명하기 위해 국제정치 이론가들은 현실주의, 이상주의, 자유주의, 구성주의, 계급 갈등론, 기능주의 등 다양한 이론들을 발전시켜 왔다. 그러나 여전히 국제 문제는 국제정치 이론으로 해결하기 어려운 여러 가지 윤리적 쟁점들을 포함하고 있다. 해외 원조, 국제 분배 정의 문제, 난민 문제, 초국가적 위협, 인도적 개입, 국제 평화 유지 활동 등이 그러한 문제들이다.

이러한 문제에 대해 의무론이나 공리주의와 같은 전통적인 윤리적 접근도 실효성이 있지만, 특정한 주제에 따라서, 같은 주제라도 실질적인 조치를 하는 행위자가 누구인지에 따라서 동원되는 윤리적 접근법은 매우 다양하게 동원될 필요가 있다. 이러한 대안적 접근법에 대한 논의는 보다 심층적인 실증 연구에 의해 그 효과성이 입증될 필요가 있다.

참고 문헌

국방부, 『2022 국방백서』.

국방대학교 PKO센터(2013), 『UN 평화유지활동 원칙과 지침』, 국군인쇄창.

국제개발협력민간협의회 아동권리실무그룹(2018), 『유엔아동권리협약 제5 · 6차 민간보고서 한국의 유엔아동권리협약 이행 의무: 아동 인권과 국제개발협력』, 국제개발협력민간협의회(KCOC).

권상철 · 이정호(2021), 「공적개발원조(ODA)의 지리: 공여국과 수원국에서의 검토와 한국의 경험」, 『한국지리학회지』, 27(1).

게오르그 린트, 박균열 · 정창우 공역(2017[2016]), 『도덕적 민주적 역량 어떻게 가르칠 것인가』, 서울: 도서출판 양서각.

김남준(2018), 「해외원조의 의무에 대한 윤리적 논쟁」, 『윤리교육연구』, 47.

김대근(2011), 「Amartya Sen의 정의론의 방법과 구조」, 『법철학연구』, 14(1).

김영호(2009), 「자유주의 국제정치이론에 대한 비판적 고찰: 자유주의 사상과의 연관성을 중심으로」, 『국제정치연구』, 12(1).

김영석(2005), 「국제사회의 정의」, 『법학논집』, 9(2).

김영환(2016), 「기능주의 관점에서 본 대북정책의 한계와 대안」(경남대학교 대학원 박사학위논문).

김용구 편(2001), 『영구평화를 위한 외로운 산책자의 꿈: 루소와 국제정치』, 서울: 도서출판 원.

김태수(2005), 「프랑스 인도주의 NGO: 국경없는의사회를 중심으로」, 『한국국제지역학회보』, 5.

김태운(2005), 「신현실주의와 신자유주의의 국제정치관:인식과 공유의 차이」, 『정치 · 정보연구』, 8(2).

김희강 · 최유진(2015), 「롤즈의 '인권'과 인도적 개입 정책」, 『담론201』, 18(1).

마이클 왈저, 유홍림 역(2009), 『전쟁과 정의』, 인간사랑.

모가미 도시키, 조진구 역(2003), 『인도적 개입: 정의로운 무력행사는 가능한가』, 서울: 도서출판 소화.

박균열 · 이원봉 · 강명진 · 방원석 · 임여진 · 전찬영 · 성현영(2021), 『평화사상과 통일의 길』, 진주: 경상국립대학교출판부.

손영화(2019), 「난민문제에 관한 서론적 고찰」, 『한양법학』, 30(2).

손철성(2008), 「해외원조의 의무에 대한 윤리적 고찰」, 『윤리교육연구』, 17.

손철성(2010), 「해외원조 문제에서 국제주의와 세계시민주의: 롤즈와 싱어의 견해를 중심으로」, 『철학연구』, 115.

아리스토텔레스, 천병희 역(2013), 『니코마코스 윤리학』, 서울: 숲.

앤드류 볼스, 김한식·박균열 공역(2004), 『국제정치에 윤리가 적용될 수 있는가』, 서울: 철학과현실사.

오병선(2009), 「인도적 간섭의 적법성과 정당성」, 『국제법학회논총』, 54(3).

유니세프 한국위원회(2016), "우선 순위는 어린이... 난민 위기 대처 위한 뉴욕선언" (https://www.unicef.or.kr/what-we-do/ news/59510/, 검색: 2023. 12. 22).

이근식(2009), 『상생적 자유주의』, 서울: 돌베개.

이지영·이원희(2022), 「국가 간 의료지원의 공급 불균형 문제와 해결」, 『저스티스』 통권 제189호, 한국법학원.

임마누엘 칸트, 이한구 역(2008), 『영구평화론: 하나의 철학적 기획』, 서울: 서광사.

전경주(2009), 「초국가적 위협과 한국의 기회」, 『주간국방논단』, 1269-1(11).

정재관·정성윤(2012), 「유엔 평화유지활동에 대한 이론적 논쟁」, 『국방연구』, 55(2).

조성권(2012), 「초국가적 위협: 테러, 마약, 범죄조직의 상호 연계」, JPI정책포럼세미나(2012-12), 제주평화연구원.

조홍식(2012), 「지역통합과 전략적 구성주의: 이론 및 비판적 고찰」, 『유럽연구』, 30(3).

존 롤스, 장동진 외 역(2009), 『만민법』, 서울: 아카넷.

존 롤스, 황경식 역(2003), 『정의론』, 서울: 이학사.

최석우(1995), 「그린피스 대원의 핵실험 현장 잠입투쟁기」, 『월간 사회평론 길』, 95(11).

토마스 홉스, 진석용 역(2008), 『리바이어던 1: 교회국가 및 시민국가의 재료와 형태 및 권력』, 서울: 나남출판.

피터 싱어, 황경식 외 역(1997), 『실천윤리학』, 서울: 철학과 현실사.

Adam, R.(1996), *Humanitarian Action in War: Aid, protection and impartiality in a policy vacuum*, New York: Oxford University Press.

Adler, E.(2002), "Constructivism and International Relations", Walter Carlsnaes and Thomas Risse, eds., *Handbook of International Relations*, London: Sage.

Alonso, J. A.(2019), "Development Cooperation to Ensure that none be Left Behind", *Journal of Globalization and Development*, 9(2).

Bartolini, S.(2005), *Restructuring Europe: Centre formation, system build-*

ing and political structuring between the nation-state and the European Union, Oxford: Oxford University Press.

Bass, G. J.(2004), "Jus Post Bellum", *Philosophy & Public Affairs*, 32(4).

Beitz, C.(1986), "Justice and International Relaitons", *International Ethics*, Princeton University Press.

Bellamy, A. J., Williams, Paul D. & Griffin, Stuart(2010), *Understanding Peacekeeping*, Polity Press.

Bottomore, T. B.(1991), *A Dictionary of Marxist thought*, Wiley-Blackwell, ISBN 0-631-18082-6, Google Print.

Briggs, R.(2017), "Does Foreign Aid Target the Poorest?", *International Organization*, 71(1).

Dobson, A. P.(2002), "Realism(International Relations)", In: Edward J. Blum, Cara Burninge, Emily Conroy-Krutz, David Kinkela (editors): *America in the World, 1776 to the Present*, Charles Scribner's Sons publication.

Easterday, J.(2012), "Remarks by Jennifer Easterday," Proceedings of the Annual Meeting (American Society of International Law), 106.

Encyclopedia of Sociology(2006), Macmillan Reference.

Hobbes, T.(1968), *Leviathan*, C. B. Macpherson, ed., Harmondsworth: Penguin.

Johnson, A. G.(2000), *The Blackwell dictionary of sociology: a user's guide to sociological language*, Wiley-Blackwell, Google Print.

Jones, B., Carlos P. & J. S. Stephen(2008), *Power and Responsibiity: Building International Order in an Era of Transnational Threat*, Washington DC: Brookings Institution Press.

Kalita, B. & N. Namati(2021), "Marx's concept of class struggle: a study", *international journal of multidisciplinary educational research*. DOI: http://ijmer.in.doi./2021/10.07.248

Kant, I.(1992), "Idea for a Universal History with a Cosmopolitan Purpose"[1784], Kant: Political Writings, Hans Reiss and H. B. Nisbet, eds., Cambridge: Cambridge University Press.; I. Kant, 이한구 역(2008), 『영구평화론: 하나의 철학적 기획(Zum ewigen Frieden. Ein philosophischer Entwurf)』[1795], 서울: 서광사.

Kaur, B.(2018), "Functionalism and regional integration: a theoretical introspection," *Discussant*, 6(1).

Kwon, David C.(2023), *Justice after War: Jus Post Bellum in the 21st Century*, Washington, D.C., The Catholic University of America.

Lancaster, C.(2007), *Foreign aid: diplomacy, development, domestic politics*, University of Chicago Press.

Locke, J.(1980), *Second Treatise of Government*, C. B. MacPherson, ed., Indianapolis: Hackett Publishing Co.

McGlinchey, S., Walters, R., & Scheinpflug, C.(2017), *International relations theory*, Bristol: E-International Relations Publishing, 28.

Moravcsik, A.(1997), "Taking Preferences Seriously: A Liberal Theory of International Relations," *International Organization*, 51(4).

Moravcsik, A.(1998), *The Choice for Europe: Social Purpose and State Power from Messina to Maastricht*, Ithaca: Cornell University Press.

Murray, W. & J. Overton(2016), "Retroliberalism and the new aid regime of the 2010s", *Progress in Development Studies*, 16(3).

Onuf, N. G.(1989), *World of our Making: Rules and Rule in Social Theory and International Relations*, Columbia SC: University of South Carolina Press.

Reichberg, G. M.(2017), *Thomas Aquinas on War and Peace*, Cambridge University Press.

Riddell, R.(2007), *Does Foreign Aid Really Work?*, Oxford University Press, Oxford.

Singer, P.(2007), "Genetically Modified Food and Foreign Aid", *The Brown Journal of World Affairs*, 14(2007).

Stallings, B. & E. M. Kim(2017), *Promoting Development: The Political Economy of East Asian Foreign Aid*, Palgrave Macmillan Singapore.

Patrick, S.(2006), "Weak States and Global Threats: Fact or Fiction?", *The Washington Quarterly*, 29(2).

Stellmach, D. & P. Redfield(2014), *Life in Crisis: The Ethical Journey of Doctors Without Borders*.

Talentino, A. K.(2004), "One Step Forward, One Step Back?: The Development of Peace-building as Concept and Strategy", *Journal of Conflict Studies*, 24(2).

Tangred, S. J., ed.(2002), *Globalization and Maritime Power*, Washington DC: National Defense University.

Taylor, P.(1994), "Functionalism: the Approach of David Mitrany", in A.

J. R. Groom and P. Taylor (eds.), *Frameworks for International Cooperation*, London : Pinter.

Theys, S.(2017). *Constructivism. International relations theory*, E-International Relations Publishing.

UNHCR(2016), Global Trends: Forced Displacement in 2015.

Walzer, M.(1997), *Just and Unjust Wars: A Moral Argument with Historical Illustrations*, New York: Basic Books.

Wendt, A.(1995), "Constructing International Politics", *International Security*, 20(1).

VOA, "세계 난민 현황과 문제"(VOA뉴스, 2023) (https://www.voakorea.com/a/7149867.html, 검색: 2023.12.22).

VOA(2019), "IOM, 2018년 난민길에 4500명 사망 · 실종" (https://www.voakorea.com/a/4735367.html, 검색: 2022.11.27).

10

북한 이해

신원동

서울대학교 사범대학 윤리교육과를 졸업하고 동 대학원에서 「경험주의 교육으로서의 봉사학습과 봉사활동의 실행 양상」으로 박사 학위를 취득하였다. 현재 안동대학교 윤리교육과 교수로 재직하고 있으며, 주요 관심 분야는 도덕·윤리 교과 교육, 통일 교육 등이다. 주요 연구로는 「사회인지 이론의 도덕교육적 함의」, 「도덕과 수업에서 플립러닝 활용을 위한 예비적 고찰」, 「통일교육에서 북한 일상생활 접근의 함의와 적용 방안」, 「인도주의적 개입에 대한 고찰과 도덕교육적 함의」, 「듀이 자유주의의 공동체주의 도덕교육적 함의」 등이 있다.

* 이 장은 『윤리연구』 제142호(2023)에 게재된 「통일교육을 위한 북한 체제의 이해와 제한점」을 수정·보완한 것이다.

I. 서론: 북한 이해의 관점과 북한 연구 방법론

1. 북한 존재의 이중적 성격

남과 북은 오랫동안 같은 민족으로서 역사와 문화, 언어를 공유해 왔으나 해방과 6·25 전쟁을 거치면서 분단을 맞이하게 되었다. 이후 냉전 체제라는 국제적 질서 속에서 서로 다른 체제를 표방하며 정치와 외교, 경제 분야 등에서 서로 적대적 관계를 유지해 왔으나 탈냉전 이후 화해와 협력을 바탕으로 통일을 모색하는 관계로 발전하기도 하였다. 이러한 북한의 존재는 "우리의 안보를 위협하는 경계의 대상이면서 함께 평화통일을 만들어 나가야 할 협력의 대상"(통일부 통일교육원, 2018: 13)이라고 할 수 있다.

분단 극복과 평화의 관점에서 북한을 올바르게 이해하기 위해서는 북한을 우리와 함께 공동체를 이루고 살아가야 할 상대로 인식해야 하며, 객관적으로 이해해야 한다. 또한 북한 체제를 보편적 가치 기준에 근거하여 판단(국립통일교육원, 2023: 11-12)하는 등 북한의 이중적 성격에 대한 균형 있는 인식이 필요하다. 이렇듯 북한은 통일을 이룰 때까지 남북 관계를 함께 발전시켜 나가야 할 동반자이면서 군사적으로 대치하고 있는 대상이기도 하다. 이러한 북한의 이중성은 우리나라의 헌법과 법률, 국제연합 헌장 등에서도 찾아볼 수 있다.

> **대한민국 헌법**
> 제3조 대한민국의 영토는 한반도와 그 부속도서로 한다.

북한이탈주민의 보호 및 정착지원에 관한 법률

제2조(정의)

    1. "북한이탈주민"이란 군사분계선 이북지역에 주소, 직계가족, 배우자, 직장 등을 두고 있는 사람으로서 북한을 벗어난 후 외국 국적을 취득하지 아니한 사람을 말한다.

국제연합 헌장

제1장(목적과 원칙) 제2조 이 기구 및 그 회원국은 제1조에 명시한 목적을 추구함에 있어서 다음의 원칙에 따라 행동한다.

    1. 기구는 모든 회원국의 주권평등 원칙에 기초한다.

제2장(회원국의 지위) 제4조

    1. 국제연합의 회원국 지위는 이 헌장에 규정된 의무를 수락하고, 이러한 의무를 이행할 능력과 의사가 있다고 기구가 판단하는 그 밖의 평화애호국 모두에 개방된다.

    2. 그러한 국가의 국제연합 회원국으로의 승인은 안전보장이사회의 권고에 따라 총회의 결정에 의하여 이루어진다.

대한민국 헌법에는 북한 지역을 포함한 한반도 전체 및 그 부속 도서를 영토로 하고 있으며, 따라서 북한 이탈 주민 중 외국 국적을 취득하지 아니한 경우 남한 국민과 동일하게 보호를 받을 권리가 있다. 그러나 남한과 북한은 1991년 동시에 유엔에 가입함으로써 국제적으로는 각각 동등한 주권국가의 지위를 갖게 되었다. 남북한의 이러한 이중적 성격은 북한이 협력의 대상이면서도 경계의 대상이라는 것과 묘하게 중첩되어 있음을 알 수 있다.

2. 북한 연구 방법론

1) 외재적 접근법

외재적 접근법은 주어진 사회를 그 사회에 내재하지 않는 이념·규범·관행·개념에 따라 설명하고 분석하는 것을 말한다(변종헌, 2014: 40). 대표적인 방법은 전체주의 접근법과 산업사회론에 근거한 체제 비교론을 들 수 있다. 외재적 접근법들은 모두 사회주의를 '밖'으로부터, 즉 시민적 민주주의나 자본주의의 척도로 분석(송두율, 1995a: 208)하려 한다는 점에서 공통점을 지닌다.[1] 전체주의 접근법의 기본 틀을 제공한 프리드리히(C. F. Friedrich)는 사회주의 또는 공산주의의 본질을 ① 하나의 이데올로기, ② 하나의 당, ③ 테러적인 비밀경찰, ④ 정보독점, ⑤ 무력의 독점, ⑥ 중앙집권적 통제 경제의 특징을 지닌 것으로 보았으며, 브레진스키(Z. K. Brezinski)는 사회주의를 숙청 또는 개인 우상의 역사로만 간주하기도 하였다(송두율, 1995a: 206).

냉전 시대 북한 연구 방법론으로 가장 많이 활용된 것은 전체주의 접근법이었다. 냉전 시기 반북·반공 이데올로기에 따른 정치적 제약과 자료 부족, 적절한 연구 방법론의 미적용 등으로 인해 객관적 북한 연구는 거의 찾아보기 어렵고, 이른바 '관변 학자'의 정책 보고서나 이데올로기 비판 차원의 북한 공산주의 비판 연구가 주종을 이루었다(고유환, 2015: 30-31). 맹목적인 냉전 의식과 반공 의식이 다른 어떤 가치보다 우선시되는 상황 하에서 북한은 학문적 연구의 대상이기에 앞서 갈등과 타도의 대상일 수밖에 없었으며, 초기 구미의 소련을 비롯한 공산권 연구에서처럼 북한 연구에서도 특정한 접근법(전체주의)만을 고집할 수밖에 없었다(최완규, 2003: 9-10).

1970년대 중반에는 비교 공산주의 연구의 틀에서 북한 연구 방법론 논의가 전개되었다. 사실 이 시기의 논의 수준은 단지 서구 비교 공산주의의

---

1. 송두율은 자신이 주장한 '내재적(immanent)' 접근법의 반대말을 '외재적(external)'이 아니라 '선험적(transcendental)'이라고 하였음을 밝혀 둔다(송두율, 1995b: 225-226).

연구 성과를 직수입하여 소개하는 정도였다(최완규, 2003: 10-11). 1970년 대와 1980년대에 들어서면서 북한 연구의 양적 성장에도 불구하고 질적으로는 뒤져 있었다. 비교 정치 이론과 비교 공산주의 이론이 도입되는 시기였지만, 북한 연구에서 일부를 제외하고 비교 정치 이론들을 도입한 사례는 많지 않았다(고유환, 2015: 35). 비교 공산주의적 접근법에 의한 북한 연구도 극히 부분적으로 진행된 바 있으나 연구의 범위와 대상이 한정되어 있었다. 이 시기 내재적 논리에 입각한 연구는 진행되지 못했는데(김남식, 1988: 125), 이는 체제 경쟁으로 인한 한계라고 할 수 있다.

그럼에도 불구하고 냉전 시대의 전체주의적 접근법은 전체주의 정치체제의 특징을 잘 요약하고 있다고 평가되기도 하며, 특히 공산주의 체제의 주요한 측면 내지 적어도 그 발전 과정 중의 한 단계를 설명할 수 있는 이론적 설득력을 갖추고 있다고 할 수 있다. 특히 집권화된 정치제도와 리더십의 사회 통제력이 강한 경우 여전히 유효한 접근법이라 하겠다(고유환, 2009: 38). 하지만 전체주의적 접근법은 ① 정태적 속성으로 인해 정치체제의 동태성 파악 불가, ② 전체주의 개념의 모호성, ③ 유사현상 간의 상이점 분석 모호(공산주의와 파시즘의 차이, 공산주의 국가 간 다양성 고려 불가), ④ 전체주의적 독재자의 개성(personality) 과소평가(스탈린과 히틀러의 개성) 등의 한계를 지녔다는 평가를 받고 있다(고유환, 2009: 36). 또한 전체주의적 접근법으로 대표되는 외재적 접근법은 '민주주의(시민적 자본주의)'를 우선 절대적인 가치 체계로 설정해 놓고, 사회주의를 이에 대립되는 절대 악으로 양분하는 단순 논리를 지니고 있다는 점에서 비판을 받기도 하였다.

2) 내재적 접근법

북한 연구 시각에 대한 본격적인 논의와 논쟁은 1980년대 후반에야 시작되었다. 논의의 핵심은 북한 연구에 대한 냉전적 시각의 문제점을 지적하고 내재적 접근법과 같은 대안적 시각을 모색하는 것이었다(최완규, 2003: 14; 고유환, 2015: 36-40). 내재적 접근법은 "사회주의 이념과 현실을 내재적으로 즉 '안'으로부터 분석 비판하여, 사회주의가 자본주의 사회와는 다른 이념과 정책의 바탕 위에 서 있다는 것을 인정하고, 이 사회주의가 이룩한 '성과'를 이 사회가 이미 설정한 이념에 비추어 검토·비판해 보아야 한다는 관점"이다(송두율, 1995a: 208). 즉, 사회주의가 스스로 설정한 이념에 근거하여 사회주의 현실을 평가하고 비교하는 데 중점을 두고 있는 접근법이다.

이러한 내재적 접근법의 특징은 선험적 입장의 오류를 극복하고, 사회주의가 무엇을 지향하고 있고 이러한 목적을 실제로 얼마나 달성하였는가를 사회주의 스스로 이야기하게 함으로써 사회주의의 실체와 기능을 드러내고자 한다는 점에 있다(송두율, 1995a: 210-211). 내재적 접근법은 외재적 접근법의 한계를 극복하려는 대안으로 제시된 인식의 틀로서 북한이라는 대상을 분석할 때 북한의 특수한 상황을 고려하면서 북한 사회의 각종 현상을 이해하려는 접근법이라 하겠다.

이외에도 내재적-비판적 접근법이 있다. 이것은 내재적 접근법을 기반으로 하고 있으며, 그 핵심은 ① 내재적 작동 논리(이념)의 해명과, ② 논리의 현실 정합성에 대한 비판적 규명이라 할 수 있다(이종석, 1990: 88). 즉, 일단 안으로부터 이해한 뒤에 그 검토는 안으로부터 만이 아니라 바깥의 기준을 가지고 검토할 수 있다는 의미이며, 이는 내재적 정합성만이 아니라 바깥의 다른 기준에 의한 평가도 가능하다는 것이다(이종석, 1995: 18).

내재적 접근은 냉전 시대의 왜곡된 북한 연구를 바로잡고 북한 사회를 올바로 이해하는 데 기여했으며(고유환, 2015: 40-41), 기존의 연구 논의에 반성적 성찰의 기회를 제공해 주었다는 점에서 의의를 찾을 수 있다(변종헌, 2014: 48). 그럼에도 불구하고 내재적 접근법은 ① 외재적 접근법 및 내재적 접근법에 대한 편협한 이해, ② 북한 체제의 긍정적인 측면을 부각시키는 논리의 일방성, ③ 북한 체제에 대한 비판적 태도의 회피 또는 결여, ④ 사회주의 붕괴와 변혁 방향을 설명함에 있어서의 무력성 등의 비판을 받았다(강정인, 1993: 14-47).

3) 현상학적 접근법

이 접근법은 북한 사회 연구에서 자료의 부족 문제나 신뢰성의 한계 등의 문제를 해결하기 위해 등장한 방법이다. 즉, 북한 자료에 대한 액면 그대로의 분석을 넘어 자신의 가치나 선입관을 배제한 상태에서 행간에 숨겨진 의미를 찾고, 이면의 동기나 의미를 파악하여 해석적으로 설명하는 일종의 질적 접근이라고 하겠다. 현상학의 철학적 방법에서 판단중지라든가 괄호 안에 넣기라는 절차는 바로 자신의 모든 판단, 편견, 견해들을 정지하고 괄호 안에 묶어 둔 채 현상의 본질을 직관하려는 것인데, 이를 사회과학의 방법으로 도입하면 대상에 대한 판단(가치판단을 포함)을 일단 정지하고 대상을 그 자체로서 이해하려고 하는 접근이 되는 것이다(이온죽, 1995: 21-22).

이 접근법은 외재적 접근법에서의 문제점, 즉 연구자의 가치관이나 선입견에 따른 북한 사회에 대한 판단과 해석이라는 문제를 해결할 수 있다는 장점이 있다고 평가받기도 했다. 그러나 이러한 현상학적 접근법은 내재적 접근법과 유사하며 따라서 내재적 접근법이 받고 있는 비판 또는 한계를 그대로 노출하기도 하였다. 특히 많은 정치 · 사회적 현상에서 나타난 '의도되지 않은 결과'에 대한 설명에 어려움이 있으며, 행위자의 의도와 시각을 중시하는 현상학적 접근법은 행위자의 무의식적 동기 등에 의해 나타난 사회현상이나 사건에 대한 설명에 무력하기 때문에 구조주의적 접근법 등에 의해 보완될 필요가 있다고 비판받기도 하였다(변종헌, 2014: 58).

4) 일상생활 연구 방법

이 연구 방법은 2000년대 초에 새롭게 등장하였는데, 이는 그동안의 북한 연구가 사상, 제도, 지도자, 체제 등 공식 사회의 움직임을 분석하는 위로부터의 연구였다는 반성에서 비롯된 것이다(고유환, 2015: 45). 냉전 시기 남북한 간의 체제 경쟁, 반공 이데올로기, 제한된 자료 등의 문제나 내재적 접근법이 연구 방법론인가, 북한 연구의 인식론 또는 연구 자세인가의 논의는 차치하고서라도 기존의 북한 연구는 북한 주민의 생활이 아닌 주로 통치 이데올로기, 정치체제, 제도 등과 같은 영역이었다는 점은 주지의 사실이다.

앞서 언급한 것과 같이 전체주의적 접근법이나 내재적 접근법이 주로 상부구조 중심의 체제 운영 원리를 설명하는 데 치중함으로써 주민 생활을 중심으로 한 북한 사회의 본질을 제대로 파악하지 못했다는 한계를 노출했다(고유환, 2011: 112-113). 따라서 이 연구 방법의 특징은 이데올로기나 정책 노선 등 거시적 차원이 아닌 실제 사람들의 삶과 변화 양상이라는 미시적 차원에 주목하고 있다는 점이다.

일상(everyday)이라는 개념은 특별하거나 비통상적인 것과 반대되는 통상(Routine)을, 고위직에서 권력을 가진 사람들이 아닌 범상한 사람들(민중)의 생활을, 공적이지 않은 사생활을 의미한다(강수택, 1997: 116-117). 다소 논의의 여지가 있지만, 결국 '일상'이란 특별한 사람들이 아닌 그 사회의 일반적인 개인 또는 집합적 존재가 영위하는 생활이며, 특정한 사건이 아닌 장기간 반복되는 생활이며, 목적의식적이지 않으며 때로는 무의식적으로 진행되는 행위의 연속을 의미한다고 볼 수 있다(조정아 외, 2008: 7).

일상생활에 대해 새로운 관점을 강조하는 것은 큰 의의를 지닌다고 보았는데(강수택, 1998: 25-27), 대표적으로 두 가지를 꼽으면 다음과 같다. 첫째, 경제의 논리, 정치의 논리 등 특정 활동의 논리 대신에 총체적인 생활의 논리(생활의 주체인 인간을 강조하는 인간주의적 관점)를 강조하고 있다. 둘째, 이 관점은 시민, 민중 등으로 불리는 범상한 사람의 보통 일상에 관심을 기울임으로써 아래로부터의 관점을 강조한다는 점이다.

그럼에도 불구하고 북한 일상생활에 대한 연구는 여러 제한이 있다. 북한 주민들의 생활을 직접 관찰할 수 없으며, 북한 주민들의 의식에 대한 질적 연구 역시 현재로서는 가능하지 않다는 점이 가장 큰 이유일 것이다. 북한 이탈 주민에 대한 인터뷰 등을 바탕으로 연구가 일부 가능하지만, 증언에 대한 객관적 확인의 어려움 등으로 인해 여전히 한계를 지니고 있다. 또한 거시적 차원에 대한 고려 없이 일상적 삶에 대한 연구만으로 북한의 체

표 1. 북한 정권 수립 과정

시기		사건	비고
1945	08.17	· 평남 건국준비위원회 결성	위원장: 조만식
		· 조선공산당 평남지구위원회 결성	위원장: 현준혁
	08.27	· 평남인민정치위 출범	소련의 명령으로 평남 건준과 조선공산당 평남지구위원회 합작
	10.13	· 조선공산당 북조선 분국 설치	남한에 박헌영 중심 조선공산당 조직(9.11)
	10.28	· 북조선 5도 인민위원회 및 북조선 행정국 창설	
	12.18	· 북조선공산당으로 개칭	책임비서: 김일성
1946	02.08	· 북조선임시인민위원회 수립	사실상 정부 역할 담당
	08.29	· 북조선노동당 결성	북조선공산당과 신민당(김두봉) 합당
1947	02.20	· 북조선인민위원회 창설	입법기관으로 헌법 및 조선인민군 창설 등 준비
1948	02.08	· 조선인민군 창건	
	09.09	· 조선민주주의인민공화국 성립 선포	내각 수상: 김일성
1949	06.30	· 조선노동당 발족	남조선노동당과 북조선노동당 합당

제와 사회 문화를 온전히 이해하기에는 한계가 있다는 지적도 있다.

II. 북한의 정치체제 및 통치 이념

1. 정권 수립과 정치체제 형성 과정

1) 북한 정권의 수립

1945년 8월 15일 일제의 항복 이후 38도선 이북 지역은 소련군이 점령하였다. 38도선 이북 지역에서의 정권 수립을 위한 권력투쟁 과정에서 김일성은 소련의 비호 아래 정적들을 제거하고 권력을 장악해 나갔다. 〈표 1〉은 북한 정권 수립 과정에서 나타난 대표적인 사건들을 보여 주고 있다.

2) 북한 정치체제의 형성 과정

일제 항복 이후 북한에서는 다양한 정치 세력들이 각축을 벌이고 있었다. 먼저 조만식 중심의 우익 민족진영과 박헌영 중심의 좌익 공산주의 진영이 국내파로서 세력을 형성하고 있었다. 이러한 가운데 허가이 중심의 소련파, 김두봉과 무정 중심의 중국 연안파, 그리고 김일성 중심의 항일 빨치산파가 가세하는 등 다양한 정치 세력들이 경쟁하였는데, 결국 소련의 비호를 받았던 김일성이 정적들을 제거하고 권력을 장악하게 되었다. 북한 정권의 수립과 6·25 전쟁의 발발 과정에서 그동안 탄압을 받던 조만식이 1950년 10월 암살을 당함으로써 민족주의 진영은 와해되었다. 또한 6·25 전쟁 발발 원인과 관련하여 남로당 계열의 숙청이 단행되었으며, 박헌영 역시 간첩 협의로 1950년대 중반에 처형되었다. 또한 1956년 8월에는 김일성 1인 독재에 불만을 품은 연안파 윤공흠 등이 김일성을 축출하고자 시도하였으나 사전에 발각되면서 실패한 사건이 발생하였다. 이는 이른바 '8월 종파사건'으로 불리는데, 이 사건을 계기로 연안파 및 소련파 등 해외파들이 대거 숙청을 당하게 되었다. 한편, 이 시기에 흐루쇼프의 스탈린 격하 운동을 계기로 중·소 간 이념 분쟁이 발생하게 되었는데, 김일성은 자주적 사회주의 국가 건설을 주장하면서 외세 의존적인 해외파들을 추가로 제거하였다. 특히 이러한 일련의 사건들을 겪으면서 자주성을 강조하는 주체사상이 형성되는 계기가 마련되었다.

김일성은 1967년 5월 노동당 중앙위원회 제4기 제15차 전원회의를 계기로 수령 중심의 유일 체제를 구축하기 시작했고, 같은 해 12월 16일 최고인민위원회로부터 '위대한 수령 김일성 동지'로 추대되었다(국립통일교육원, 2023: 30). 김일성이 최고 권력에 오르기까지 가장 든든한 후원자 역할을 담당했던 것은 빨치산파로 불리는 세력들이었다. 그러나 절대 권력을 장악하게 된 김일성은 더 이상의 지지가 필요 없게 됨과 동시에 강력한 경쟁자로서의 위협을 느끼게 된다. 따라서 1960년대 말 이후 빨치산파들을 숙청함과 동시에 1970년 11월 제5차 당대회를 계기로 전문 기술 관료들과 혁명 제2세대 충성 분자들을 중용하기 시작하였다.

　김일성은 1972년 12월, '사회주의 헌법' 제정을 통해 내각제를 폐지하고 국가 주석제를 신설해 국가 주석에 선출되면서 절대 권력자가 되었다. 이후 김일성은 후계 체제 구축을 위한 작업에 착수하였는데, 1974년 2월 당 중앙위원회 제5기 제8차 전원회의에서 김정일이 후계자로 추대되었고, 1980년 10월 제6차 당대회를 통해 권력 승계가 공식화되었다.

　김일성의 사망(1994년 7월 8일) 이후, 김정일은 유훈 통치 기간을 거쳐 1997년 10월에 당 총비서로 추대되었으며, 이후 김정일은 주석제를 폐지하고 국방위원장 중심의 체제를 구축하였다. 2011년 12월 김정일이 사망한 이후, 2012년 노동당 제1비서 및 국방위원회 제1위원장으로 김정은이 추대되면서 3대에 걸친 세습이 완성되었으며, 2016년에 노동당 위원장 및 국무위원회 위원장(기존 국방위원회 대체)으로 추대되었고, 2021년 당 위원장 체제를 당 비서 체제로 환원하여 노동당 총비서에 추대되었다.

2. 통치 이념

1) 주체사상

　해방 직후 북한의 공산주의자들은 마르크스 · 레닌주의 이념을 노골적으로 강조하지는 않았지만, 당시 통치 이념은 마르크스 · 레닌주의가 아니었다고 간주할 수는 없을 것이다(정성장, 2014: 21-22). 주체사상은 1955년 '사상에서의 주체'를 시작으로, 1956년 '경제에서의 자립', 1957년 '정치(내정)에서의 자주', 1962년 '국방에서의 자위', 1966년 '정치(외교)에서의 자주'를 표명하였다. 1967년경 '주체사상'이 유일사상 체계 확립 차원에서 정립되기 시작했고, 1970년 제5차 당대회를 통해 마르크스 · 레닌주의와 동등한 위상을 점하며 노동당의 공식 이념으로 채택되었다. 그리고 1980년 제6차 당대회에서 주체사상은 독자적 통치 이념으로 자리 잡게 되었다(국립통일교육원, 2023: 36).

초기 주체사상은 사상이라고 불리기에 부족함이 많았으며, 오히려 당면한 문제, 예를 들어 종파 사건이나 중·소 분쟁의 파고를 헤쳐 나가기 위한 수단적 성격이 짙었다고 할 수 있다. 이러한 국내외적 난관을 극복하고 결국 1967년 이후 빨치산파를 숙청하고 절대 권력을 장악한 김일성은 당의 유일사상 체계 확립을 강조하기 시작하였다. 1974년 2월, 후계자로 추대된 김정일은 김일성의 사상을 '김일성주의'로 선포하고 김일성주의가 마르크스·레닌주의보다 우월한 사상이라고 주장하였다(정성장, 2014: 25). 김정일은 이데올로기 해석권을 독점하면서 주체사상에 대해 '혁명적 수령관'(혁명 과정에서 수령을 절대화)과 '사회정치적 생명체론'(개개인의 육체적 생명은 유한하지만 사회정치적 생명은 수령-당-대중의 통일체를 이룰 경우 영생한다는 것)을 제시하는 등 이론적 체계화를 진행하였다(국립통일교육원, 2023: 37).

1990년대 전후 소련의 붕괴, 동유럽 및 사회주의권의 붕괴라는 위기에 직면하여 북한은 '우리식 사회주의'를 제시하면서 북한의 사회주의는 다른 나라의 사회주의에 비해 우월하다는 점을 강조하기도 하였다. 그러나 자주나 자립으로 특징지을 수 있는 주체사상의 주장에도 불구하고 현실은 매우 참담하였으며, 이로 인해 주체사상은 그 영향력이 약화되었다. 김일성이 국내외적으로 직면한 난관을 극복하기 위해 제기했던 주체사상은 이후 권력 유지의 수단으로 이용되어 왔다는 비판을 받고 있다.

2) 선군 사상

선군 사상은 급변하는 국제적 환경에 대응하는 차원에서 사회주의 강성국가 건설을 위해 선군 혁명 원리의 구현을 강조한 김정일 시대의 통치 이념이었다(국립통일교육원, 2023: 41). 1994년 김일성의 사망과 이후 3년간의 유훈 통치 시기, 북한은 대내외적으로 혹독한 시련을 맞게 되었는데, 탈냉전 시대의 도래와 사회주의권의 몰락으로 인한 대외적 고립과 더불어 수년에 걸친 자연재해로 인한 경제적 위기 등은 북한 체제의 위기로 작용하였다. 김정일은 이러한 위기에 대한 응전으로 '주체 시대'와 차별적인 '선군 시대'로 규정하고 그에 따른 새로운 실천 이데올로기를 구성해 나감으로써 이를 극복하고자 하였다(강혜석·안경모, 2021: 80).

북한은 2010년 개정 노동당 규약에서 '선군 정치'를 '사회주의 기본 정치 방식'으로 규정하였는데, 선군 정치는 군사력 강화를 최우선 목표로 해 군을 전면에 내세워 혁명과 건설의 어려운 난국을 타개해 나가는 통치 방식이라 하겠다(국립통일교육원, 2023: 40). 한편 북한은 김정은 후계 체계를 구축하는 과정에서 2009년 헌법 개정 및 2010년 노동당 규약 개정 시 '공산주의'에 관한 용어를 삭제하고 주체사상이 유일한 지도 사상임을 명문화하면서 동시에 김정일 시대의 통치 이념으로 '선군 사상'도 명문화하였다(국립통일교육원, 2023: 42).

다만 김정일 체제를 '군부 중심의 위기관리 체제'로 보기보다는 군은 '당의 군대'로서 당의 영도를 받는 대상이며 '군대가 당의 위업에 끝없이 충실'할 것을 요구했다는 점에서 수령과 당에 대한 군대의 무조건적 충실성을 강조하는 것이 선군 정치의 특징이라고 해석할 수 있을 것이다(정성장, 2014: 30-32). 또한 선군 사상에 대해 "주체사상과 동급이라는 정치적 위상에도 불구하고 김정일 시대 내내 이론과 방법 차원에 머물렀으며, 이론적 체계화에 성공한 것으로 보기는 어렵다"는 시각도 있다(강혜석·안경모, 2021: 82-83).

3) 김일성-김정일주의

김정일 사후 권력을 이어받은 김정은은 '김일성-김정일주의'라는 용어를 만들고 당 규약을 통해 이를 '유일한 지도 사상'으로 공식화하였다. 김정일 사망 이후, 2012년 4월 헌법 개정을 통해 "김일성을 영원한 주석으로 김정일을 영원한 국방위원장으로"라고 헌법 서문에 명문화하였으며, 2012년 4월, 2016년 5월, 2021년 1월 당 규약 개정을 통해 '김일성-김정일주의'를 당의 유일한 지도 사상으로 내세웠다(국립통일교육원, 2023: 43). 김일성-김정일주의는 김정일이 정식화한 김일성주의에 김정일의 선군혁명사상, 선군정치이론, 사회주의강성국가이론을 합한 것이라 할 수 있다(정성장, 2014: 39).

김정은은 김일성-김정일주의를 "주체의 사상, 이론, 방법의 전일적인 체계이며 주체시대를 대표하는 위대한 혁명사상"이라고 규정하였는데, 이와 같은 규정은 김일성주의와 거의 동일한 것이다. 이는 김정일주의가 기존의 김일성주의의 체계나 시대 규정에 의미 있는 수정을 가져오지 않았고 단지 김일성주의를 심화 발전시킨 데 그쳤음을 시사하는 것이다(정성장, 2014: 40). 이와 더불어 북한은 온 사회의 김일성-김정일주의화를 통치 논리로 구현하는 실천 담론으로서 '김정일 애국주의'를 제시하였다. 특히, 김정은 정권 초기에 이 용어가 다수 사용되었는데, 이것은 인민들의 애국심을 자극함으로써 당면한 난관을 극복하고 체제를 결속시키기 위한 방편이라고 하겠다.

한편, 김정은 시대에 등장한 통치 담론으로는 '우리 국가제일주의'와 '인민대중제일주의'를 들 수 있다. 먼저 '우리 국가제일주의'가 공식화된 것은 2019년 신년사에서였다. 북한은 우리 국가제일주의를 첫째, 사회주의 조국의 위대성에 대한 긍지와 자부심을 그 핵심으로 하며, 둘째, 나라의 전반적 국력을 최고의 높이로 올려세우려는 강렬한 의지라고 설명하고 있다(강혜석, 2019: 334). 이는 자주성이라는 대외 환경에 대한 방어적 논리를 극복하고 '세계 제일의 존엄한 민족과 강성한 국가'라는 공세적 담론으로의 변화를 의미하며, 한편으로 '핵 무력'의 포기를 전제로 경제 건설에 총력을 집중하겠다는 전략적 노선의 변화를 의미한다 하겠다(강혜석, 2019: 334).

김정은 정권 초기에 등장한 '인민대중제일주의'는 "인민대중의 존엄과 권익을 절대적으로 옹호하고 모든 문제를 인민대중의 무궁무진한 힘에 근거하여 풀어나가며 인민을 위하여 복무하는 정치"를 의미한다(김효은, 2021: 34). 2021년 1월, 제8차 당대회에서 인민대중제일주의를 국가 운영 전 영역에 적용하는 방향으로 전면화, 공식화되기에 이른다. 인민대중제일주의의 특징으로는 인민을 위한 정치, 인민에 대한 포용, 즉 군중 노선의 강화, 세도/관료주의/부정부패와의 투쟁을 들 수 있다. 이는 애민의 리더십, 법치와 정치제도화, 반부패 등을 종합하여 정치적 권위를 세우려는 시도로 보인다(강혜석 · 안경모, 2021: 106-111).

3. 권력 구조

1) 개관

과거 대부분의 사회주의 국가의 특징은 국가의 권력이 당에 집중되어 있었다는 점이다. 북한 역시 '민주주의 중앙집권제' 원칙(사회주의 헌법 제5조)에 의거하여 "조선민주주의인민공화국은 조선로동당의 령도밑에 모든 활동을 진행한다"(사회주의 헌법 제11조)고 규정함으로써 당이 국가와 사회를 지배한다는 특징을 보이고 있다. 민주주의 중앙집권제란 위로부터의 통일적인 지도와 밑으로부터의 창발성을 결합시키는 방식을 의미한다. 특히 북한은 1980년대 중반 김정일에 의해 완성된 '사회정치적 생명체론'을 바탕으로 '수령 중심의 당국가체제'라는 독특한 권력 구조를 갖추고 있다. 사회정치적 생명체론이란 "뇌수로서의 수령, 수령과 인민을 결합시키는 혈관(신경)으로서의 당, 그리고 생명체로서의 인민대중을 삼위일체로 하는 사회유기체론"이다(김갑식, 2014: 62). 개개인의 생명은 유한하지만 수령과 당, 그리고 인민대중이 통일체를 이룬다면 사회정치적 생명은 영원하다는 것이다. 수령 중심의 당국가체제에서는 혁명과 건설의 최고 영도자로서의 노동계급의 수령, 혁명의 참모부로서의 노동계급의 당, 당과 인민대중을 연결시키는 안전 지대로서의 국가기관들, 그리고 당의 혁명적 무장력으로서의 인민군대로 이루어진 전일적인 조직체이다(김갑식, 2014: 64).

김정은은 최고인민회의 제12기 제5차 회의(2012. 4)에서 김정일을 '노동당의 영원한 총비서' 및 '영원한 국방위원장'으로 추대하였으며, 제7차 당대회(2016. 5)에서 당의 최고 영도자인 '노동당 위원장'으로 추대되었고, 곧이어 단행된 헌법 개정을 통해 기존의 국방위원회²를 국무위원회로 변경하고 '국무위원장'으로 추대되었다. 북한의 2019년 개정 헌법에서 국무위원회 위원장은 "국가를 대표하는 최고령도자"로 규정하고 있다(100조). 한편

---

2. 이 시기까지 김정은은 국방위원회 제1위원장이었다.

제8차 당대회(2021. 1)에서는 당 위원장 체제를 당 비서 체제로 환원하고 김정은을 노동당 총비서로 추대하였다.

2) 노동당

조선노동당 규약 서문에 따르면 조선노동당은 "위대한 김일성동지와 김정일동지의 당"으로, "위대한 김일성동지와 김정일동지를 영원히 높이 모시고 경애하는 김정은 동지를 중심으로 하여 조직사상적으로 공고하게 결합된 로동계급과 근로인민대중의 핵심부대, 전위부대"이다. 또한 조선노동당은 "근로인민대중의 모든 정치조직들 가운데서 가장 높은 형태의 정치조직이며 정치, 군사, 경제, 문화를 비롯한 모든 분야를 통일적으로 이끌어나가는 사회의 령도적 정치조직이며 혁명의 참모부"이다. 특히 "경애하는 김정은동지는 위대한 김일성동지와 김정일동지의 혁명위업을 승리로 이끄시는 조선로동당과 조선인민의 위대한 령도자이시다"라고 규정하고 있는데, 결국 당은 수령의 영도를 받아 인민대중을 지도하는 역할을 하는 조직이라고 할 수 있다.

주요 기구로는 공식적 최고 의사 결정 기구인 당대회, 당대회와 당대회 사이에 당의 노선이나 주요 정책 등을 결정하는 당대표자회, 당대회가 열리지 않는 기간 동안 최고 지도 기관으로서의 역할을 대행하며 모든 당 사업을 주관하는 당중앙위원회 등이 있다.

3) 국가기구

헌법에 명시된 국가기구로는 "조선민주주의인민공화국의 최고주권기관"(제87조)인 최고인민회의, "국가주권의 최고정책적 지도기관"(제107조)인 국무위원회, "최고인민회의 휴회 중의 최고주권기관"(제113조)인 최고인민회의 상임위원회, "국가주권의 행정적 집행기관이며 전반적 국가관리기관"(제123조)인 내각 등이 있으며, 그 외에도 검찰소와 재판소, 지방인민회의 및 지방인민위원회 등이 있다.

4) 김정은 체제의 형성

(1) 집권 초기 제한적 유일 지배 체계

1974년 후계자로 내정되고, 1994년 김일성의 사망 이후 유훈 통치 기간을 거쳐 1997년이 되어서야 권력을 승계한 김정일과는 달리 김정은은 2009년에 후계자로 내정되었고, 2011년 김정일 사망 이후 곧바로 권력을 승계하였다. 김정일은 20년 이상의 후계자 검증과 수업을 통해 권력을 승계한 반면, 김정은은 지도자 수업 기간의 부족, 정치적 경험 부족 등으로 인해 초기에는 제한적인 유일 지배 체계를 형성했다고 보는 것이 옳을 것이다. 집권 초기 김정은은 김정일 시대에 유명무실했던 당 시스템을 정상화하여 주요 정책을 결정하고자 하였는데, 이는 김정은의 지도력을 보완하기 위한 나름의 영도 체계를 구성한 것이다(김갑식, 2018: 45). 이로 인해 수령 개인의 카리스마에 의존하던 정치에서 정치 시스템에 의한 정치로의 전환에 합의했던 것처럼 보이며, 카리스마적 리더십의 약화를 제도적 리더십의 강화로 보완하고자 한 것으로 보인다.

(2) 유일 영도 체계의 구축

김정은은 자신의 후견인 역할을 해왔던 리영호를 숙청하고 고모부인 장성택을 처형하는 등 과거 권력 엘리트들을 대체할 젊은 엘리트들을 전면에 내세우면서 권력을 강화해 나갔다. 2016년에는 조선노동당이 '김정은의 당'으로 변화되었으며, 제7차 당대회(2016. 5)에서는 '당 위원장'으로, 최고인민회의 제13기 제4차 회의(2016. 6)에서는 국방위원회를 폐지하고 국무위원회를 신설해서 국무위원장직에 올랐다. 2018년에는 김정은을 중심으로 한 당-국가 체제를 강화하였으며, 2021년 1월의 제8차 당대회에서 김정은은 '총비서'에 추대되었다. 이는 김정은이 김일성, 김정일과 같은 반열에 오른 것을 의미한다(국립통일교육원, 2023: 86-87).

III. 북한 경제체제의 특징과 변화

1. 경제체제의 특징과 정책의 기조

1) 소유 제도

북한의 소유 제도는 국가 소유 중심의 사회주의 소유 제도를 근간으로 개인 소유에 대한 제한적 인정이라는 특징을 지닌다. 북한의 경우 국가와 사회 협동 단체만이 생산수단을 소유할 수 있다(사회주의 헌법 제20조). 국가 소유는 전체 인민의 소유로서 모든 자연부원(천연자원), 철도, 항공운수, 체신기관, 중요 공장, 기업소, 항만, 은행은 국가만이 소유 가능한데, 그 대상에는 제한이 없다(제21조). 사회 협동 단체의 소유는 해당 단체의 근로자들의 집단적 소유를 의미하는데, 토지, 농기계, 배, 중소 공장, 기업소 등이 이에 해당한다(제22조). 개인 소유는 개인적·소비적 목적을 위한 소유로서, 노동에 의한 분배, 국가 및 사회의 추가적 혜택, 텃밭이나 부업을 통한 생산물이 이에 해당한다(제24조). 그러나 1998년 수정 보충을 통해 "그 밖의 합법적 경리활동을 통해 얻은 수입"(제24조)이라는 조항을 추가하고, 특히 텃밭의 경작을 협동농장원만이 수행할 수 있었던 조항을 삭제함으로써 경제난 이후 개인 소유의 대상이 보다 확대되었다고 할 수 있다.

경제난 이후 배급제를 포함한 다양한 중앙집권적 경제 시스템이 한계에 부딪히게 되었으며, 이로 인해 엄격한 소유 제도 또한 점차 이완되고 있는 현실이다. 여러 증언들에 의하면 현재 북한의 주민들은 '살림집, 매대, 소토지'를 3대 재산권으로 인식하고 있다고 한다(통일부 국립통일교육원, 2022: 164). 즉, 개인이 경제활동을 통해 벌어들인 돈을 공장이나 기업에 투자하는 생산수단의 사적 소유 현상이나 살림집 이용증 거래와 같은 주택에 대한 부분적 사적 소유 현상들이 나타나고 있다고 한다.

2) 중앙 집중적 계획경제

북한 경제체제의 특징은 중앙 집중적 계획경제라는 점이다. 이는 다른 사회주의국가에서와 마찬가지로 주요 생산수단을 독점적으로 소유하고 있는 국가가 경제와 관련된 모든 정책들을 결정한다는 의미이다. 이러한 경제 제도의 특징을 북한은 '계획의 일원화 및 세부화 체계'라고 부르고 있다. 계획의 일원화란 경제계획의 작성과 집행 과정에서 국가계획위원회를 중심으로 하부 단위까지 일원화된 체계로 수행한다는 의미이며, 세부화란 모든 세부적 지표까지 작성되고 수행된다는 의미이다. 물론 국가가 실제 생산 활동을 담당하는 경제주체들의 세부적 계획과 수행을 모두 계획한다는 것은 불가능하다. 계획 과정과 방법을 중앙에서 정한 기준에 따르도록 강제하지만(일원화), 세부 계획은 대부분 생산자를 포함한 하급 계획 단위에서 작성된다는(일원화) 것(이석, 2015: 98)이 타당할 수 있다.

이러한 중앙 집중적 계획경제 체제는 사회주의국가들의 몰락과 탈냉전 등의 환경 변화, 경제적 위기의 도래에 직면한 1990년대 이후 한계에 부딪히게 되었다. 2002년 7.1 경제관리개선조치[3](이하 7.1조치) 이후 이 시스템은 중요 지표들(국방, 기간산업 등)만 중앙의 국가계획위원회에서 계획적으로 관리하고 그 외의 경제지표들은 하부 단위에서 자체 계획을 세우도록 하고 있으며, 그 결과에 대해서도 현물 계획에서 액상(금액) 계획으로 전환하여 운용하도록 허용하고 있다(국립통일교육원, 2023: 182).

2012년 김정은은 '12.1 경제관리개선 조치(이른바 12.1 조치)'를 단행했다. 이 조치의 핵심은 중앙 계획경제 방침에 따른 목표량 하달이 아닌 기업소의 독자적 생산계획 수립 및 자체 조달의 기업 책임 관리 방식이다. 경영 권한을 기업소 등에 대폭 위임한 것으로, 소유 제도는 그대로 유지하면서 관리

---

3. 7.1 경제관리개선조치의 주요 특징으로는 물가와 임금의 현실화, 공장과 기업소의 자율성 확대(독립채산제 강화), 그리고 근로자에 대한 물질적 인센티브 강화 등 시장경제적 요소의 일부 도입을 들 수 있다. 이후 현물지표의 축소와 현금 지표의 확대, 기업 자체의 계획지표 확대, 가격의 자율적 결정 권한 확대, 종합시장 개설 등의 추가 조치로 이어졌다.

의 측면에서 경영상의 자율권과 인센티브를 대폭 확대한 것이라 하겠다. 이후 2014년 이른바 "5.30 담화(현실 발전의 요구에 맞게 우리식 경제관리 방법을 확립할 데 대하여)"에서는 사회주의 기업 책임 관리제를 공식화함으로써, 공장이나 기업소의 주도적 기업 활동 장려, 그리고 경영권의 보장을 강조한 바 있다. 현재 북한은 계획경제와 국가·집단 소유라는 사회주의 경제체제를 유지하고 있지만, 그와 동시에 기업 책임 관리와 개인 소유의 확대라는 이중적 양상을 보이고 있다고 하겠다.

3) 시대별 경제정책 기조의 특징

1960년대 김일성은 권력의 공고화와 아울러 사회주의 공업화를 본격적으로 추진하였다. 이 시기 북한은 "자립적 민족경제 건설 노선", "중공업 우선 발전 노선", "경제·국방 건설 병진노선" 등을 경제정책 기조로 삼았는데, 여기에서 "자립적 민족경제 건설 노선"은 국가 내부의 자원과 노력을 통해 자립형 경제를 수립하는 것을 목표로 하는 경제발전 노선이다. "중공업 우선 발전 노선"은 과거 소련이나 중국 등도 추진했던 전략인데, 중공업에 대한 집중적 배분을 통한 불균형적 성장을 바탕으로 자립적 민족경제를 구현하고자 하는 노선이다. "경제·국방 건설 병진노선"은 말 그대로 경제 발전과 국방력 강화를 동시에 추구한다는 노선이다. 과거 소련이나 중국이 자본주의 국가들과의 경쟁에서 국방력의 우위를 확보하기 위해 취했던 정책과 맥을 같이하고 있다.

이러한 북한의 경제정책 기조는 이후 큰 변화 없이 그대로 유지되고 있다. 예를 들어 "경제·국방 건설 병진노선"은 김정일 시대에 "선군경제 건설 노선"으로, 김정은 시대에 "경제·핵무력 건설 병진노선"으로 명칭을 약간 수정했지만 큰 틀에서는 변화가 없다고 보아도 무방하다. 국방 산업의 발전을 통해 경제 발전을 견인한다는 정책은 결과적으로 산업의 불균형, 국제적 제재로 이어지게 되었고, 이로 인해 경제적 어려움이 가중되었다.

이러한 어려움을 타개하고자 김정은은 2018년 4월에 "사회주의 경제건설 총력집중 노선"을 발표하였다. 이것은 당과 국가의 모든 사업을 사회주의 경제 건설에 집중하는 것을 특징으로 하고 있다. 이는 국가 핵 무력 건설의 완성을 선언함과 동시에 자력갱생의 기치를 높여 사회주의 건설을 앞당기겠다는 선언이라고 볼 수 있다. 경제발전 5개년 전략 목표의 달성, 경제개발구 정책 확대와 대외 경제 협력 확대 등을 통해 자립적이고 현대적인 사회주의 경제, 지식 경제를 세워 인민들에게 풍족하고 문화적인 생활을 보장하겠다는 것으로 파악된다. 다만 국제사회의 제재, 코로나 19의 상황 등으로 인해 여전히 어려운 상황이 지속되고 있다.

2. 시장화 현상과 시장에 대한 정책의 변화

1) 시장화 현상

전통적으로 국영 상점과 농민 시장은 배급 체계를 근간으로 하는 경제 시스템에 대한 보완적 역할을 수행해 왔다. 그러나 1990년대 경제 위기에서 나타난 시장의 확산은 국가의 생산 시스템이 제대로 역할을 하지 못하면서 국가의 계획경제 시스템에 근거한 자원 배분 방식은 사실상 무력화되었다. 이런 상황에서 주민들은 필요한 소비품을 확보하기 위해 시장을 활용해야 했고, 시장에서 경제활동을 하는 경제주체들이 증가하면서 시장은 확대되었다. 북한은 이러한 상황을 위기로 인식하였으며, 따라서 제도화를 통해 통제 가능한 영역으로 시장을 포섭하였다(최은주, 2021: 318).

1990년대 말경에 북한의 시장화 현상은 전국적 규모의 유통 네트워크가 형성되기에 이르렀고 주요 시·도에 대규모 도매시장과 함께 특화된 시장들이 발달되어 나갔다(통일부 국립통일교육원, 2022: 194). 김정일 시대인 2002년에 발표된 7.1조치는 자생적으로 증가하고 있던 시장을 국가의 관리 체계 안으로 끌어들이기 위한 조치였다고 평가할 수 있다. 각 경제 단위에 자율권을 일부 부여하고 상설 시장화 조치를 취함에 따라 시장은 더욱 확대되었으며, 이후 계획경제와 비공식 경제 간의 경계가 점차 모호해지는 현상이 나타났다. 종합 시장 이외의 장사 활동(골목 장사, 방문 판매 등), 다양한 서비스업 및 자영업이 발전되어 나갔으며, 공장이나 기업소는 '돈주'의 투자를 받아 운영하는 등의 현상이 나타났다(통일부 국립통일교육원, 2022: 196).

시장이 확대되면서 그에 따른 반사회주의적 현상들이 나타나자 북한은 2005년부터 시장에 대한 통제를 강화하기 시작했다. 예를 들어 국가 식량 전매제를 도입하여 배급제를 부활시키거나 개인의 영리를 위한 노동 금지, 종합 시장에서의 상행위 가능 연령과 시간, 품목과 장소에 대한 규제 등이 그것이다(최은주, 2021: 319). 이러한 시장에 대한 통제는 2009년 11월 30일 화폐개혁 단행 및 종합 시장 철폐에서 정점을 찍게 되었다. 신구 화폐의 교환 비율을 1:100으로 정하고 가구당 10만 원(후에 50만 원)까지만 교환할 수 있는 제한을 가한 화폐개혁과 동시에 종합 시장 폐쇄, 외화 사용 금지와 같은 조치들이 뒤따르면서 북한은 일대 혼란에 빠지게 되었다. 북한 화폐의 가치가 추락했으며, 극심한 인플레이션 현상, 계획경제의 침체 등의 양상을 보이면서 북한의 화폐개혁은 2개월 만에 실패로 끝나게 되었다. 각종 조치들이 철폐되었지만, 여전히 시장 통제에 대한 불안감은 잔존하게 되었으며, 이후 안정성 확보를 위해 관료와의 유착과 같은 불법적 행태들이 확산되고 있다고 보고되기도 하였다. 결국 북한의 시장화는 합법과 비합법의 혼용으로 계획경제와 시장이 공존하는 구조를 고착시키게 되었다(통일부 국립통일교육원, 2022: 197).

2) 시장에 대한 정책 전망

김정은 시대에 들어서면서 시장에 대한 정부의 정책은 시장 활동의 확대 가능성을 열어 두는 방식으로 제도를 변화시키고 있다. 개별경제 단위에게 경영상의 자율권과 초과 생산물에 대한 처분권을 확대하여 생산물을 시장에서 거래할 수 있는 가능성이 열렸다(최은주, 2021: 320). 북한의 이러한 선택은 불가피한 측면이 있는데, 결국 경제주체들에게 제한된 범위에서 권한을 위임하여 경제 위기를 극복하고 현재 시스템의 근간을 유지할 수 있다면, 필요한 공적 질서를 확립하고 강화하는 것이 북한 당국에게도 이익이 되는 선택이 될 것이다(최은주, 2021: 321).

김정은 정권은 초기부터 주민들의 시장 활동에 대한 규제를 거의 실시하지 않고 있다. 이는 ① 시장 활동에 대한 통제 완화, ② 시장을 중심으로 한 평양의 소비 붐 조성, ③ 2012년 6월 28일 '우리식 경제관리방법'이라는 경제관리 개선 조치(6.28 조치) 등의 모습으로 전개되면서 북한의 시장화는 더욱 확대되고 있다(이석, 2015: 119). 이러한 시장의 확대와 발전에는 사금융 분야뿐만 아니라 기업에 대한 투자 활동에 큰 부분을 차지하고 있는 '돈주'가 큰 축을 담당해 왔다(통일부 국립통일교육원, 2022: 198). 또한 사회주의기업책임관리제는 국가 계획 외에도 기업소의 자체 계획을 허용하고 가격이나 임금 결정 등에도 권한을 일부 부여하고 초과 생산품의 시장 판매를 허용하는 등 시장화에 큰 기여를 하고 있다고 평가된다.

2015년 온라인 쇼핑몰인 '옥류'의 등장 이후 여러 쇼핑몰들이 개설되었으며, 평양을 중심으로 슈퍼마켓 진열 방식의 도입 등 북한은 국영 상점을 중심으로 국가의 상업 체계를 복원시키기 위한 정책들을 추진하고 있다. 2021년 조선노동당 제8차 대회에서 사회주의 상업에 대한 언급이나 평양을 중심으로 새로운 판매 전략의 도입 등 이러한 추세는 향후 지속될 것으로 전망된다(최은주, 2021: 328-329).

3. 대외 개방정책과 한계

1) 북한 외교정책의 변화

북한의 외교정책은 국내외의 상황에 따라 다양하게 변화해 왔다. 1950년대 초까지 사회주의권 국가들과 우호를 다지는 데 몰두했던 북한은 1956년 소련에서의 스탈린 격하 운동, 그리고 소련과 중국의 지원을 받은 소련파와 연안파의 김일성에 대한 정치적 공격과 이에 대한 반발로 김일성은 특정 강대국에 예속되지 않는 균형 외교를 추진하면서 외교정책의 다변화를 꾀하게 된다. 1960년대 북한은 중·소 분쟁의 소용돌이 속에서 자주 외교를 추진하였으며, 1970년대 이후 미·중·소의 데탕트 분위기에 편승하여 전 세계의 모든 나라와 친선과 협조 관계를 맺는 다변화 외교를 추진했다. 특히 1980년대에 들어서면서 북한은 제6차 당대회를 기점으로 북한 외교의 기본 원칙을 '자주, 친선, 평화'로 천명하였으며, 이를 바탕으로 자본주의국가와도 관계 개선을 모색하는 등 자연스럽게 대외 개방을 통한 실리 외교를 추진하게 되었다. 그러나 1990년대 이후 소련을 비롯한 사회주의국가들의 몰락, 한·중, 한·러 수교, 김일성의 사망, 그리고 극심한 경제난을 겪게 되면서 체제 생존을 위해 핵을 활용한 벼랑 끝 전술을 바탕으로 미국과 일본과의 국교 정상화 등을 추진하게 되었으나 성공을 거두지는 못했다. 이후 1990년대 말을 기점으로 강성대국 건설을 표방하며 장거리 미사일 발사, 핵실험 등을 실시하는 한편 중국과의 경제 교류를 활발히 진행하면서 남한과의 관계 개선을 모색하기도 하였다. 그러나 미국과의 관계는 여전히 진전되지 못했다. 이후 김정은 체제하에서 북한은 2017년까지 핵실험과 장거리 미사일 발사를 진행하면서 강경한 외교정책을 실시하였다. 그러나 2017년 말 핵 무력 완성을 선언한 이후 남한 및 미국과의 관계 진전을 위해 노력하였다. 그러나 이러한 노력에도 불구하고 미국과의 수교나 정전협정에는 실패하였다.

2) 북한의 대외 개방정책과 한계

북한은 사회주의권의 몰락 등으로 야기된 경제적 어려움을 해결하고자 1990년대 초 나진·선봉 경제특구를 필두로 2002년 "신의주특별행정기본법", "개성공업지구법", "금강산관광지구법"을 제정하면서 총 4개의 경제특구를 지정하였다. 그러나 신의주 초대 행정관 양빈이 탈세 혐의로 체포되었고, 남한의 자본에 의해 운영되던 개성공단의 경우 핵실험과 장거리 미사일 발사로 인해 2016년 2월에 중단되었으며, 금강산 관광의 경우 남한 관광

객 피살 사건을 계기로 2008년 8월에 중단되었다.

이에 2013년 "경제개발구법"을 제정한 이후 2021년 기준 중앙급 10개와 지방급 19개 경제개발구를 설치하고 있다(통일부 국립통일교육원, 2022: 205). 그러나 경제개발구 역시 핵실험이나 미사일 발사 실험 등으로 인한 국제사회의 제제, 남북 관계의 경색 등으로 인해 제대로 추진되고 있지 못하다. 중국의 성공과 달리 북한은 국제사회로부터의 고립뿐만 아니라 외자 유치를 위한 제도나 내부적 인프라 구축이 미흡하기 때문에 정상적 운영을 위해서는 이러한 문제들의 해결이 필요해 보인다.

IV. 북한 주민의 생활과 인권

1. 북한 사회의 특징과 변화 양상

1) 북한 사회의 특징

북한 체제의 특징은 첫째, 집단주의 원칙에 근거한다는 점이다. '하나는 전체를 위하여, 전체는 하나를 위하여'라는 구호에서 보듯이 집단의 가치와 목표를 개인보다 우선시하도록 강요하고 있다는 점이다. 둘째, 사회주의 대가정 체제를 기반으로 하고 있다. 이것은 수령을 아버지로, 당과 인민을 어머니와 자녀의 관계로 여기는 것으로, 결국 수령의 은혜에 대해 인민은 효성과 충성으로 보답해야 한다는 것을 의미한다.

북한은 사회체제를 유지하기 위해 당을 중심으로 전체 사회를 세부적으로 조직화하여 관리하였으며, 다양한 물리적 통제를 통해 사회를 유지하고자 하였다. 또한 주체사상을 기반으로 각종 이념적 학습과 선동을 통해 주민들을 동원하고 통제해 왔다. 이외에도 여러 차례에 걸친 성분 조사, 배급제, 직업이나 교육 혜택에 대한 차등 정책 등을 통해 주민들의 생활을 통제해 왔다.

2) 북한 사회의 변화

북한 사회에 변화를 맞게 되는 계기는 1990년대를 전후 한 사회주의권 국가들의 붕괴와 북한의 심각한 경제난이었다. 앞서 경제체제의 변화에서 언급한 바와 같이, 이 시기 북한에서는 배급 중단으로 인해 시장이 출현하고 점차 성장하는 과정에서 계획경제 체제를 보완하는 역할을 하게 되었다. 이러한 변화에 맞추어 사적 소유제가 공식적·비공식적으로 활성화되었으며, '돈주'를 중심으로 영향력을 확대한 자본 소유자들은 북한의 경제 및 사회 체제의 변화를 주도하는 역할을 하게 되었다. 이로 인해 집단주의 체제를 표방하고 있는 북한은 점차 개인주의가 성장하게 되었다(통일부 국립통일교육원, 2022: 217-218). 조직 생활에는 형식적으로 참여하면서도 개인적 이윤 추구 활동에는 적극적으로 참여하는 양상들을 보인다고 알려져 있다.

이와 함께 비사회주의적 현상의 확대, 즉 북한과 중국 국경 지역에서 활동하는 NGO 단체들, 무역을 통해 남한이나 외국의 노래, 비디오, 책 등이 유포되면서 많은 영향을 미치고 있다고 알려져 있다(정영철, 2014: 269). 또한 디지털 문화가 확산되면서 의사소통 문화가 변화하고 있으며, 불평등의 확산과 함께 지역 간, 세대 간, 계층 간의 격차 역시 확대되고 있다고 알려져 있다.

2. 주민 생활의 특징과 변화

시장의 확대로 인해 북한 사회는 많은 변화를 보이게 되었다. 집단주의의 약화와 개인주의의 확산은 가장 큰 변화 요인 중 하나이다. 과거 북한 주민의 삶을 특징짓는 핵심 용어 중 하나는 조직 생활일 것이다. 북한이라는 거대한 집단주의 사회에 태어난다는 것은 바로 집단생활과 조직 생활을 의미한다고 할 수 있다. 탁아소에서의 집단생활을 시작으로 정규 교육과정인 소학교 때부터 조직 생활을 시작하여 의무교육 이수 기간, 직장 생활을 하는 동안 조직 생활을 하도록 되어 있다. 성인의 경우 조직 생활을 하는 동안 주별, 월별, 분기별, 그리고 연말에 생활 총화를 하도록 되어 있다. 북한 주민들은 일상생활에서 국가의 각종 정책에 의해 동원되는 경우가 많았다. 대표적으로는 천리마 운동, 3대혁명소조운동, 3대혁명붉은기쟁취운동 등이다. 이러한 노력 동원은 대규모 노력 동원을 통해 단기간에 목적을 달성하려는 측면도 있지만, 사회적 집단 경쟁 운동을 통해 사람들의 사상을 개조하는 교양의 의미도 있다(정영철, 2014: 258-260).

과거 의복이나 식량, 주택 등은 모두 국가의 지원 대상이었다. 그러나 경제난 이후 의복이나 식량 등의 상당 부분을 시장을 통해 구입하고 있으며, 주택의 경우에도 비공식적인 방법을 통해 사용권에 대한 매매가 이루어지고 있다고 한다. 북한에서의 노동은 의무 사항으로 학력 수준이나 능력, 또는 성분 등을 고려하여 국가에서 정해 준다. 그러나 경제난 이후 직장 생활에 의한 식량 확보가 어려워지게 됨에 따라 개인적인 장사나 무역 활동 등을 통해 생계를 유지하는 경우가 많아졌다고 한다.

노동시간은 하루 8시간, 정년은 남자 60세, 여자 55세 정도이며, 작업 이후 학습이나 생활 총화를 실시하게 된다. 노동강도는 남한에 비해 높지 않다는 증언이 많고 조직 생활 역시 엄격하지는 않다고 한다(정영철, 2014: 249-251). 휴가는 1년에 15일 내외이고 월차 제도가 있으며, 퇴근 이후에는 노래나 춤, 음주, 스포츠 등의 여가 생활을 즐기는 것으로 알려져 있다. 결혼의 경우 점차 자유연애에 의한 결혼이 확대되고 있으며, 이혼 역시 보장되어 있다. 정년 이후에는 국가에서 주는 일정 양의 배급을 통해 생활을 유지하는데, 운동이나 낚시, 봉사 등의 소일거리를 하면서 시간을 보낸다고 한다.

경제난 이후 시장이 확대되면서 나타난 북한 사회의 가장 큰 변화는 집단주의의 약화와 개인주의의 강화일 것이다. 집단주의적 사회에서는 개인이 차지하는 역할과 기여의 비중이 낮아질수록 사회적 나태 현상이 발생하게 된다. 왜냐하면 공동의 노력에 대한 공동의 보상을 기반으로 하기 때문이다. 북한 사회 역시 이러한 양상을 보이고 있는 것으로 보인다. 또한 공적으로는 집단의 요구에 부응하는 것처럼 보이지만 사적으로는 개인의 이익을 취하는 현상들이 발생하게 되는데, 이렇듯 개인의 선호를 거짓되게 표현하는 양상을 보이는 것으로 알려져 있다.

3. 인권 현황과 과제

북한은 일찍부터 국제사회에서 활발한 활동을 하려 노력해 왔다. 북한은 남한(1990년)보다 빠른 1981년에 국제인권규약 중 흔히 A규약으로 불리는 "경제적 · 사회적 및 문화적 권리에 관한 국제규약(International Covenant on Economic, Social and Cultural Rights)"과 B규약으로 불리는 "시민적 및 정치적 권리에 관한 국제규약(International Covenant on Civil and Political Rights)"에 가입하였으며, 1991년에는 남한과 동시에 UN에 가입하였다. 1990년에는 "UN 아동권리 협약(Convention on the Rights of the Child)"을 비준하는 등 국제사회에서 요구하는 인권 보장을 위한 법적 장치들을 마련하고 있는 듯 보인다. 그러나 이러한 외연과는 다르게 북한의 인권 상황은 상당히 열악한 것으로 평가되고 있다. 거주 이전, 여행, 언론, 종교적 측면은 물론 공개 처형이나 불법 체포 등 신체의 자유 등 여러 측면에서 국제사회는 많은 우려를 표명하고 있다.

이에 과거 유엔인권위원회에서 2003년부터 2005년까지, 현 유엔 인권이사회에서는 2008년부터 2023년(현재)까지 매년 "북한인권결의안"을 채택하여 북한의 열악한 인권 상황에 대한 우려와 개선을 촉구하고 있다. 2014년의 유엔 북한인권조사위원회의 활동, 2017년까지 유엔 안전보장이사회에서의 북한 인권 관련 논의, 그 외 장애인 및 여성 차별 해소를 위한 노력 등 다방면에 걸친 노력에도 불구하고 북한의 인권 상황은 개선되고 있지 않다. 오히려 북한은 이러한 국제사회의 노력에 대해 각국의 인권 기준에 차이가 있다는 문화적 상대주의와 우리식 인권 기준에 입각하여 대응하고 있다. 또한 국제사회의 노력을 주권의 원칙에 입각한 내정간섭이라고 비난하고 있는 실정이다.

북한이 정상 국가로 발돋움하여 국제사회의 일원으로서 개혁과 개방에 의한 경제적 발전과 사회적 발전을 추구하기 위해서는 국제사회의 인권에 대한 요청에 부응할 필요가 있다. 핵실험과 장거리 미사일 발사와 같이 평화를 위협하는 행동을 멈춤과 동시에 인권에 대한 개선 의지가 부족하다면 국제사회의 협력은 기대하기 어렵기 때문이다.

V. 북한의 교육과 문화

1. 교육정책과 12년제 전면적 의무교육

북한 교육의 목표와 방향을 제시하고 있는 것은 1977년에 발표된 "사회주의 교육에 관한 테제"라고 할 수 있다. 여기에서는 "사람들을 자주성과 창조성을 가진 공산주의적 혁명인재로 키우는 것"을 목표로 한다고 규정함으로써 이후 오랫동안 북한 교육의 목표가 되었다. 그러나 경제적 위기와 고난의 행군 시기를 거치면서 북한의 공교육 체제는 무너졌으며, 또한 교육을 통한 인재 육성이라는 목표를 달성하기에는 그 결과가 미미했다고 평가되고 있다. 이에 북한은 2009년 개정 "사회주의 헌법"을 통해 교육의 목표를 "주체형의 새 인간"(2019년 개정에서는 "사회주의건설의 역군"으로 설정하였다)으로 변경하고 김정은 시기 첫 해인 2012년에 전면적인 12년제 의무교육을 실시할 것을 발표하였다. 2013년에 의무교육 강령을 발표하고 이후 전면적 의무교육을 단계적으로 실시하게 되었다.

개정 교육과정의 방향은 첫째, 정치사상 교육 강화, 둘째, 기초과학 분야에 기초하여 컴퓨터 기술 교육과 외국어교육 강화, 셋째, 실험 실습을 통한 응용 실천 능력 향상과 기초 기술 지식 습득이다(조정아 외, 2015: 25). 이 교육과정의 특징은 첫째, 연령상의 특징을 반영하여 초기와 후기 중등교육의 수준을 달리하였으며, 일정 정도의 통합형 교육과정의 적용 시도, 둘째, 사회적·교육적 변화와 요구를 반영하여 정치사상 교육의 강화와 기술 교과의 통합과 신설, 셋째, 영어 과목 시수 증가, 정보 기술 과목의 비중 확대, 넷째, 도시와 농촌 간 과목별 수업 시수의 통일 등이다(조정아 외, 2015: 48-49).

현재 북한은 전면적인 12년제 의무교육(유치원 1년, 소학교 5년, 초급중학교 3년, 고급중학교 3년)을 실시하고 있다. 북한은 건국 초기부터 의무교육을 실시하고자 하는 의지가 강했는데, 1950년에 초등(5년제) 의무교육을 시작으로 1958년 7년(초등 4년, 중학교 3년), 1972년 11년(유치원 1년, 소학교 4년, 중학교 6년) 의무교육을 거쳐 새롭게 개편된 교육과정에서 12년제 의무교육으로 변화되어 왔다. 북한의 경우에도 영재교육 기관(예, 평양 제1중학교, 혁명학원, 평양외국어학원 등)이 있어 대입에서 예비고사 면제, 그리고 대부분 명문 대학인 김일성종합대학, 평양리과대학, 김책공업종합대학 등에 진학하는 특전이 있다고 알려져 있다.

북한도 교육열이 매우 높다고 알려져 있으며, 명문 학교나 명문 대학 진학을 위한 경쟁이 치열하다. 중학교 시기 주간, 월간, 학기말 시험 등을 치르는데, 시험에 대한 부담은 우리와 동일하다고 한다. 특히 북한에서도 사교육 시장이 어느 정도 활성화되어 있다고 하는데, 좋은 학교를 졸업하면 좋은 직장에 배치될 수 있는 가능성이 높아 학업에 대한 경쟁은 남한 못지 않게 치열하다고 한다. 예비시험을 거쳐 본시험에 합격하면 대학에 진학할 수 있는데, 사회생활을 거쳐 대학에 진학하는 학생(소위 직통생)의 비율은 전체 10% 정도로 알려져 있다. 고급 중학교를 졸업하고 직장 또는 군에 입대한 사람들은 이후 직장이나 군의 추천을 받아 대학에 입학하는 경우도 있다고 한다. 북한의 대학은 등록금은 없으나 공부의 의무와 규율이 엄격하다고 알려져 있다. 학기는 4월 1일에 시작하며, 여름방학은 약 30일, 겨울방학은 약 45일, 봄방학은 1주일 정도이다.

2. 문화 예술 정책

사회주의 국가에서 문화 예술은 '사회주의 리얼리즘'으로 대변될 수 있으며, 이는 곧 정치적 이념의 확산과 강화와 밀접하게 관련이 있다. 사회주의 리얼리즘은 현실에 대한 사실적 묘사를 넘어 사회주의 체제가 지향하는 목표를 추구해야 함을 의미한다. 북한 역시 자신들의 정치 이념을 확산시키고 인민대중에게 사회주의 이념을 교육하고 강화하는 수단으로서 문화와 예술을 활용하고 있다. 북한 사회주의 헌법에 따르면 "사회주의적 문화는 근로자들의 창조적 능력을 높이며 건전한 문화정서적 수요를 충족시키는 데 이바지한다."(제39조), "문화혁명을 철저히 수행하여… 높은 문화기술수준을 가진 사회주의건설자로 만들며"(제40조), "국가는 민족적 형식에 사회주의적 내용을 담은 주체적이며 혁명적인 문학예술을 발전시킨다."(제52조)라고 규정함으로써 문화예술 정책의 성격을 밝히고 있다.

김일성과 김정일 시대 북한의 문예 정책은 '주체 문예 이론'의 틀 안에서 추진되었다. 주체 문예 이론은 1960년대 말 주체사상을 형성하는 과정에서 대두된 것으로, 1980년 김정일이 집대성한 것으로 알려져 있다. 주체 문예 이론에 따른 창작의 방법은 주체의 중심에 수령을 두고 이를 바탕으로 현실적 조건과 문학 예술적 요구에 맞게 창조한다는 것을 의미한다. 즉, 문예 활동에서 전문 일꾼 본위로 나가려는 경향을 철저히 경계하여야 하며 창작 사업에서 신비주의를 없애고 문학 예술을 군중적으로 널리 발전시켜야 한다는 것을 의미한다(통일부 국립통일교육원, 2022: 270).

김정은 시대의 문예 정책은 '사회주의 문명 강국'으로 대변될 수 있다. 이는 2012년 신년 공동 사설을 통해 발표된 것으로, 사회주의 문명국이란 '사회주의 문화가 전면적으로 개화 발전하는 나라, 인민들이 높은 창조력과 문화 수준을 지니고 최상의 문명을 최고의 수준에서 창조하며 향유하는 나라'를 의미한다. 그리고 '전체 인민이 높은 문화 지식과 건강한 체력, 고상한 도덕 품성을 지닌 선진적인 나라'를 건설하겠다는 비전을 제시하고 있다. 특히 교육, 보건, 체육 분야와 함께 문화 예술 분야도 일정 수준 이상으로 높여 인문 생활을 풍요롭게 하겠다는 포부를 밝힌 바 있다.

한편 김정은 체제에서는 '국가'를 전면에 내세우고 있는 추세이다. 김정은 체제에서는 수령을 민족의 지도자가 아닌 국가 지도자로 규정하고 있는데, 김정일 애국주의의 강조 역시 애국이 조국관, 인민관, 후대관과 연결되어 있기 때문이다. 1980년대 우리 민족 제일주의가 수령과 민족이 연결되었다면, 김정일 애국주의는 수령과 조국이 연결되어 있다. 김정일 애국주의는 이후 '우리 국가제일주의'의 토대가 되었다(전영선, 2021: 138-139). 따라서 김정은 시대에 문학, 영화, 드라마, 연극, 음악, 미술 등의 문화 예술 정책은 '사회주의 문명강국 건설'과 '우리 국가제일주의'의 기조 아래 실시되고 있다고 볼 수 있다.

참고 문헌

강정인(1993), 「북한 연구방법론: '내재적 접근법'에 대한 비판적 성찰」, 『동아연구』, 26권.

강정인(1998), 「북한연구 방법론: 재론」, 『현대북한연구』, 창간호.

강혜석(2019), 「김정은 시대 통치담론의 변화와 '국가'의 부상: 〈김정일애국주의〉와 〈우리 국가제일주의〉를 중심으로」, 『국제정치논총』 59(3).

강혜석 · 안경모(2021), 「김정은 시대 통치 이데올로기(2012-2021): '선군'에서 '국가와 인민'으로」, 정영철 외(2021), 『김정은의 전략과 북한』, 서울: ㈜사회평론아카데미.

고유환(2009), 「북한연구 방법론의 현황과 과제」, 『통일과 평화』, 창간호.

고유환(2011), 「북한연구에 있어 일상생활연구방법의 가능성과 과제」, 『북한학 연구』, 7(1).

고유환(2013), 「북한연구에서 일상생활연구방법의 가능성과 과제」, 홍민 · 박순성 엮음, 『북한의 권력과 일상생활』, 파주: 한울.

고유환(2015), 「북한연구방법론의 현황과 과제」, 북한연구학회 기획, 조영주 편저, 『북한연구의 새로운 패러다임』, 파주: 한울.

국립통일교육원(2023), 『북한이해』, 서울: 국립통일교육원.

김갑식(2014), 「권력구조와 엘리트」, 장달중 편, 『현대북한학강의』, 서울: ㈜ 사회평론.

김갑식(2018), 「김정은의 수령제」, 박재규 외, 『새로운 북한 이야기』, 파주: 한울 아카데미.

김효은(2021), 「북한의 사상과 인민대중제일주의 연구」, 『통일정책연구』, 30(1).

변종헌(2014), 『남북한 관계와 한반도 통일』, 고양: 인간사랑.

송두율(1995a), 『역사는 끝났는가』, 서울: 당대.

송두율(1995b), 「쟁점: 북한연구에서의 '내재적 방법' 재론」, 『역사비평』, 28호.

이석(2015), 「4장. 경제: 변화와 지속」, 체제통합연구회 편, 『북한의 체제와 정책』, 서울: 명인문화사.

이온죽(1995), 『북한사회연구』, 서울: 서울대학교 출판부.

이종석(1990), 「북한 연구방법론, 비판과 대안」, 『역사비평』, 10호.

이종석(1995), 『현대 북한의 이해』, 서울: 역사비평사.

전영선(2021), 「사회주의 문명국으로의 길, 전망과 과제」, 서울대학교 국제문제연구소 편, 『김정은의 전략과 북한』, 서울: 사회평론아카데미.

정성장(2014), 「통치 이데올로기: 마르크스 · 레닌주의에서 김일성 · 김정일주의로」, 장달중 편, 『현대 북한학 강의』, 서울: 사회평론.

정영철(2014), 「북한주민의 일생과 변화하는 일상」, 장달중 편, 『현대 북한학 강의』, 서울: 사회평론.

조정아 외(2015), 『김정은 시대 북한의 교육정책, 교육과정, 교과서』 KINU 연구총서 15-03, 서울: 통일연구원.

최완규(2003), 「북한연구방법론 논쟁에 대한 성찰적 접근」, 경남대학교 북한대학원 엮음, 『북한연구방법론』, 서울: 한울.

최완규(2007), 「북한 제대로 읽기」, 박재규 편, 『새로운 북한 읽기를 위하여』, 서울: 법문사.

최은주(2021), 「김정은 시대 북한의 경제제도 변화: 계획과 시장의 공존」, 서울대학교 국제문제연구소 편, 『김정은의 전략과 북한』, 서울: 사회평론아카데미.

통일부 국립통일교육원(2022), 『북한이해』, 서울: 국립통일교육원.

통일부 통일교육원(2018), 『평화 · 통일교육: 방향과 관점』, 서울: 통일교육원.

통일 교육의 지향

박찬석

서울대학교 윤리교육과를 졸업하고 서울대학교 사범대학 윤리교육과 대학원에서 「한국 통일교육의 변천에 관한 연구」로 박사 학위를 취득하였다. 현재 공주교육대학교 윤리교육과 교수로 재직하고 있으며, 주요 관심 분야는 도덕 윤리 교육, 통일 교육, 다문화 교육 등이다. 주요 연구 저서로는 『초등교사를 위한 도덕과 교육 실제』(공저), 『초등 도덕과 교육론』(공저), 『북한 교육 연구』(공저), 『남남갈등 대립으로 끝날 것인가』, 『도덕, 통일 그리고 통합』, 『안보통일교육의 이론과 실제』(공저) 등 다수가 있다.

---

* 이 장은 『윤리연구』 140호(2023)에 게재된 「2020년대 중반 이후 통일교육의 지향」을 수정 · 보완하였다.

I. 서론

한국 사회에서의 통일 논의는 늘 새로운 전기를 맞이하다가도 가라앉는, 현실적으로 파악이 어려운 난제이다. 역사적으로 볼 때, 정권이 바뀔 때마다 실지 회복의 북진 통일론 → 유엔 감시하의 인구 비례에 의한 남북한 총선거 → 선 건설 후 통일론 → 평화통일론으로 전개되어 왔다. 그동안 역대 정부가 추진한 통일 정책은 국내외 정세, 정치, 사회문화적 변화 속에서 살아 움직였다. 통일의 지속적 요구는 국토 실지 회복의 통일, 갈등 문제의 해결, 평화의 보장 등으로 언급되어 왔다.

우리의 통일 논의는 민족주의적 논의, 평화주의적 논의, 민주주의적 논의로 접근하여야 한다. 그 이유는 통일 문제에 대해 우리 사회의 다양한 관점을 가진 세대가 갖고 있는 문제를 해소해 주어야 하기 때문이다. 따라서 분단으로 발생된 북한 이탈 주민의 인식과 한국 사회의 저출생 고령화와 국가적인 부강으로 인한 다문화 사회의 현상 속에서 통일의 필요성과 의의에 대한 적극적인 해명과 지속적인 관심이 필요하다.

통일 논의는 통일 편익의 중요성이 부각되면서 분단의 폐해를 설명할 수 있게 되었다. 통일을 향한 남북 정상회담이 수차례 이루어졌고, 그 과정에서 남북한 간의 합의가 실질적으로 맺어지면서 통일론의 가시화가 이루어진 바도 있다. 우리는 우리의 통일을 진행함에 있어서 독일, 베트남, 예멘의 사례가 우리에게 주는 교훈을 잘 파악할 필요성이 있다. 특히 독일의 통일은 통일 이전부터 철저하게 독일의 보편적인 사고를 바탕으로 보이텔스바흐 협약을 통해 이루어진 통일 논의와 교육이 주효하였다. 이러한 전반적인 통일 논리는 국가 간의 통합 이론인 기능주의, 신기능주의, 연방제 등으로 다양한 확장을 가능하게 함으로써 우리의 통일 논의의 풍성화를 꾀하는 기틀을 마련할 수 있을 것이다.

II. 통일의 필요성과 의의

1. 민족주의적 논의

통일은 한 공동체로 살았던 남과 북이 갈라진 것의 복구를 전제로 한 민족적 과제이다. 조선 시대 이후 일제강점기에도 남북의 한반도는 같은 말을 사용하며, 독립을 쟁취하기 위해 갖은 애를 다 쓴 선열들의 의지의 터전이었다. 일본 제국주의의 불법적 병탄에 대항해 싸운 대한민국임시정부와 독립투사들의 염원과 노력으로 얻은 한반도이다. 그럼에도 불구하고 국제 열강들의 합의에 의해 그리고 이에 동조하는 국내 유력 정치인들과 민족 분열 정서에 의해 남북으로 분단되고 말았다. 그래서 통일 문제는 민족 내부의 문제이자 국제 문제라고 할 수 있다(국립통일교육원, 2021: 15).

오늘날 통일을 바라는 마음은 희석되고 있지만, 민족의 불안한 분단 상태를 평화적으로 유지하고자 하는 민족적 정서는 건재하다. 2018년 4월 27일과 5월 26일의 판문점 선언, 그리고 9.18-9.20 평양공동선언을 통해 볼 때, 통일 필요성에 대한 설문 조사에서 그에 대한 반응은 매우 높게 나타났다. 동시에 통일이 불필요하다는 입장은 줄어들었다. 그러나 2020년 2월 하노이 북미 회담이 결렬되면서 남북 관계는 냉각되었다. 이러한 전반적인 과정 속에서 통일의 필요성 여부는 늘 요동친다.

이러한 사안들은 근본적으로 통일에 대한 민족 공동체의 노력이 대내외의 정세에 따라 심하게 요동친다는 것을 보여 주는 사례이다. 따라서 통일의 필요성은 민족사적 요청이며, 세계시민적인 측면에서도 동북아 지역 갈등 해소라는 입장으로 정리될 수 있을 것이다. 분단 이래로 통일 교육의 저류에는 통일에 대한 이견이 존재하고, 민족 동질성, 새로운 민족주의의 시도 등으로 다양화될 공산이 크지만, 민족주의적 요구를 가질 수밖에 없을 것이다. 그러한 사정을 인정하면서 우리 내부는 다양한 통일 교육 논의의 융합 역량을 개발하여야 할 것이다. 오늘날 통일 교육을 생각하면서 우리는 민족주의적 논의에 대해 깊이 재인식할 필요가 있다. 분명 통일 교육의 대상이 다양화된 것은 사실이다. 한민족 의식과 민족의 염원, 형제애로서 남북한 상황 파악하기가 민족주의의 요구인 것이다(박형빈, 2020: 7-8). 이러한 민족주의적 요구에 대해 깊이 파악하고 접근하려는 노력이 요청된다.

2. 평화주의적 논의

반공 교육 → 통일 안보 교육 → 통일 교육으로 우리 사회의 남북 분단 극복 교육은 발전하여 왔다. 그사이에 보수적인 이명박, 박근혜 정부가 통일 교육을 국가 안보를 강화하는 통일 안보 교육으로 후퇴시킨 감이 있었다. 평화를 지향하는 통일 교육의 일각에서는 평화·통일 교육으로 강화되었다. 평화·통일 교육으로 진척된 이유는 2015년 이후 우리 내부 및 남북한의 상황이 비관적 상황 → 낙관적 상황 → 비관적 상황으로 반복적으로 변화하고 있는 것에도 기인한다. 2015년 이래로 비관적인 상황이 낙관적인 상황으로 바뀌면서 북미 회담과 남북 정상의 만남이 이루어졌다. 그러나 낙관적으로 이루어졌던 남북 관계는 2020년대 초에 와서는 신중한 비관적 상황으로 전개되고 있다. 오늘날 통일 교육의 배경적 기초에는 남북 및 남남 갈등의 비관적 상황이 놓여 있다. 그렇기에 통일 논의는 확실하게 우리 사회의 융합을 이룰 수 있는 평화 분위기를 바탕으로 할 필요성이 요청된다.

우리의 통일 정책은 화해·협력 → 남북 연합 → 통일 단계로의 3가지 차원으로 전개됨을 인식할 수 있다. 그러한 입장에서 통일 교육의 내용은 북한 경계론, 우호론 그리고 무관심에 대한 극복 방안을 찾는 차원이다.

첫째, 북한 경계론은 대북 안보를 중심으로 한 반공 교육, 통일 안보 교육 그리고 통일 교육으로 변화해 오면서도 계속 강조하여 왔다. 이에 따라서 통일 교육은 어떤 경우에도 북한에 대한 경계심을 강화하는 안보 논리를 기저에 두고 진행되고 있다.

둘째, 북한과의 우호론도 분단 초기부터 남한의 권위주의 시대였던 1990년대까지는 상당히 위축되어 있었으나, 주류적 안보 논리와 대척하면서도 상호 보완적인 역할을 수행하여 왔다. 특히 1993년 통일 교육 명칭 실현 이후에는 북한 경계론과 대등하게 북한과의 우호론이 정착되고 한국의 각종 민주적 선거에서 양자의 논리가 사회의 주요한 이슈로 자리매김되기도 하였다.

셋째, 이러한 북한 경계론과 북한과의 우호론을 주장하는 그 사이에서 양자의 팽팽한 논리를 극복하고자 하는, 분단 그 자체를 인정하며 남북을 분단국가보다는 각각의 국가로 인식하고자 하는 논리도 성립된다. 이에 통일 교육에서는 개별적인 국가로 인식하는 국민들에게 평화적 논의로 이끌수 있도록 영향을 줄 필요가 있다.

이처럼 통일 교육은 정권에 따라 내용을 달리하면서 발전하여 왔지만, 그럼에도 어느 정권에서도 평화주의적 논의를 무엇보다 강조하였음을 파악할수 있다. 일단 우리 사회는 남북 긴장을 완화하려는 방향성과 상호 불신에 따라 강하게 응징하고자 하는 경향을 갖고 있다. 이러한 양 방향의 입장도 실제로 통일 교육 내용 안에서 평화주의적 논의로 존재한다는 것이다.

그렇기에 북한을 바로 보는 경향에 있어서도 통일 교육은 남북 불신, 남북 우호 그리고 긴장의 유지라는 내용을 함축하고 있다. 특히 2020년대의 대한민국 사회는 통일 교육에 대한 회의가 늘어나면서 영구 분단론의 입장이 대두되고 있다. 물론 통일에 대한 긍정성을 교육하는 통일 교육이지만, 남북의 분단이 장기화되면서 통일에 대한 부정성은 계속 드러나고 있다.

이러한 상황에서도 국가 통일 교육 정책의 진행 과정은 시민적 논의를 부각시켜야 할 시기에 이르렀다. 남북한 갈등 상황이 고조되는 경우, 근본적으로 통일에 대한 시민들의 인식은 매우 보수적이고 소극적인 태도로 바뀌는 것을 알 수 있다. 그리고 대북 인식에 있어서도 국민들의 극단적인 언사나 실천이 문제시되고 있다. 남북 관계가 악화되면 정부와 국민 개개인이 통일 문제에 접근하는 데 있어서 악영향을 주는 경향이 농후하다. 따라서 우리는 남북 관계 상황을 잘 파악하고 스스로 감당하기 어려운 통일 교육을 잘 평가하여 평화통일에 대한 인식을 진척시켜야 할 것이다. 그동안 남북 간, 북미 간 정상들의 여러 차례의 만남은 평화통일 공감대 확산에 많은 영향을 끼쳤다. 그러한 역사를 거쳐, 다시 통일 교육 담론은 지금 한반도 주변에서 전개되는 답보 상태의 남북 관계와 북미 간의 부정적 기류가 반영되고 있다.

3. 민주주의적 논의

그동안 우리 사회의 분단 모순 극복에 중요한 역할을 한 것은 1987년 이후의 민주화 과정이었다. 분단에서 통일로의 길, 그리고 권위주의에서 민주주의로의 길은 절차적, 합리적으로 제시되고 전개되어야 하고, 이는 사회의 성숙한 민주적 발전으로 가능한 것이다. 우리는 통일 교육을 전개할 때 어느 특정 계층, 정파의 논의로 한정하는 것이 아니라, 한반도의 사회 성원 모두의 실천으로 인식할 필요가 있다. 남북한의 실질적인 통일 관련 교육적 시도는 상황 정의(definition of situation)에 놓여 있다. 그럼에도 우리의 통일 교육은 남북한의 상황에 대한 전반적인 내용보다 실제 파악에 집중하려는 노력을 보이고 있다. 물론 북한도 그들의 입장에서 통일을 지향하고 있으나, 남북한의 현실과 상황에 비춰 볼 때, 표준적인 양태에서 벗어나 있는 것이 사실이다. 즉, 남한의 경우, '교육적 논의'와 '통일 지향'으로서의 통일 교육을 추구하려는 논의들이 전개되어 온 지 수십 년이 지났다. 물론 이 통일 교육 논의는 국민적 통일 의지의 실천인 동시에, 한국이 추구하는 통일을 위한 환경의 개선이나 변화의 의지를 반영하기 때문에 많은 난관 속에 존재한다.

이러한 의미에서 2020년대 이후 통일 교육의 담론은 우리 시대의 국내외적 환경과 남북한 관계, 남북한 간의 정서와 사안들을 담고 있다. 그리고 그러한 통일 교육의 논쟁은 민주적인 논의 속에서 남남 갈등의 합리적 인식과 이성적 논의에 따라 해결되어야 한다. 결국 다양한 시각의 통일 교육 담론은 통일 교육에 대한 우리 사회 내부의 '내적 균형 행위(internal balancing)'를 추구하면서 보수와 진보, 중도를 망라하여 건전한 시민적 통일 교육의 지향과 미래를 설정하고 준비하여 온 것이다. 이러한 상황에서 우리가 원하는 통일은 시민적 논의를 주로 하면서, 우리 사회의 통합 능력을 길러 내는 데 주력할 필요가 있다. 즉, 우리 사회는 정부, 사회, 개인을 잘 조율하고 통합해 줄 주체 의식, 자유와 평등 그리고 민주적 문제 해결, 연대 의식을 갖춘 시민이 요구된다.

2020년대 통일 교육은 최근의 포퓰리즘과 반지성주의를 극복하는 숙고적 시민을 갈구한다. 같은 사실도 정반대로 해석하고 이해하는 일들이 너무 많다. 그러한 문제를 극복하기 위해서, 한국 사회는 통일 문제에 있어서도 한국 내부의 갈등을 조장하는 반감을 줄일 수 있는 민주적 해결 방안을 찾아야 한다. 즉, 의견 대립이나 이해 차이로 인한 갈등을 줄이는 것은 앞으로의 통일 교육의 과제이다. 북한과의 통일에 관한 다양한 의견들이 분출되는 것은 분노하거나 대립할 일이 아니라 민주적으로 수렴하면서 입장 차이를 존중하여야 한다. 그래서 갈등을 초래할 문제에 대해 예방할 것은 예방하고, 동시에 지나치게 내부적인 갈등과 반감에 대해서는 일정한 시간을 주는 사회의 민주적 성숙이 필요하다. 단지 단편적 인식으로 통일 문제를 바라보는 사고는 지양되어야 한다. 민주적으로 성숙한 자아는 대상 의존적으로 현상을 볼 것이 아니라, 주체성을 갖고 남북 및 남남 갈등을 '관찰하는 자아'를 통해 현상의 흐름을 성찰할 수 있어야 한다(석자춘, 2021: 158). 이는 통일 교육을 잘 받은 학습자를 양성하는 동시에 일상적 삶에서 화합과 해소의 길을 마련하는 길이다. 이러한 측면에서 남남 및 남북 갈등 현상의 흐름을 잘 관찰하고 공존 가능한 통일 지향적 삶을 지속하려는 노력이 우리 사회에서 요청되는 것이다.

통일 문제에 잘 접근하는 통일 교육의 길은 현상을 어떤 기울어진 고착된 사고 패턴에서 바라보는 것이 아니라 다각적으로 인식하고 직관의 오류에 적극적으로 대응하는 자세를 기르는 데에서 출발하여야 한다(석자춘, 2021: 159). 최근의 사회 변화와 부합하는 측면에서 볼 때, 민주 사회에서 모색되어야 할 방안은 현실에 맞는 시민성을 강화하는 것이다. 디지털 시민성(digital citizenship), 다문화적 시민성(multicultural citizenship), 세계 시민성(world citizenship), 생태 시민성(ecological citizenship)을 갖춘 다중적 시민(multiple citizen)이 적극적으로 사회 통합의 길을 마련할 수 있는 방안을 통일 교육에 도입하여야 한다.

이러한 의미에서 현재의 남북한의 상황은 이전보다 매우 이례적이었다가 다시 냉각되고 있다. 급변 상황은 통일 교육의 다각화에 많은 변수도 되지만, 한편으로는 기회를 제공해 준다고도 볼 수 있다. 즉, 화해와 협력을 바탕으로 전개되는 통일 교육은 실질적으로 평화, 통일, 안보에 대해 냉정하게 파악하는 기회를 제공하여야 한다. 이에 대해 민주적으로 논의하면서 실제적으로 남남 상황이나 남북 관계를 폭넓게 인식하는 계기도 마련되어야 한다. 미래 지향적인 시민적 논의 속에서 준비하는 통일은 다각적인 내용을 보다 면밀하게 분석하고 포용적인 사회적 사안을 찾는 데 중점을 두고 전개될 것이다.

4. 북한 이탈 주민 인식 및 다문화적 접근 논의

통일 담론에서 다양한 이견들이 등장하는 것은 우리 사회가 이전에 겪지 못한 현상들이 나타나기 때문이다. 분단으로 인한 북한 이탈 주민의 발생과 한국 사회의 발전으로 인한 다문화 사회로의 진입과 같은 것이다. 우리의 통일 문제는 민족적 과제이자 동시에 세계사적 논의이다. 이러한 측면에서 우리의 통일은 인류의 보편적 가치와 한민족의 특수한 현실을 고려한 미래적, 창조적, 발전적 통일이라는 의미를 갖는다. 그러한 통일의 미래는 우리 사회가 다양한 구성원들의 행복, 다른 문화에 대한 지식과 호기심 그리고 열린 마음과 이해력을 갖는 사회로 진행하는 것을 의미한다. 그러한 차원에서 북한 이탈 주민 및 다문화 사회로의 진전은 통일 논의 속에 자신의 입장만을 강하게 드러내는 것이 아니라, 포용적 태도의 사회적 대화를 시도하는 것이 필요하다는 것을 함의한다.

통일 논의는 국내외적인 상황을 이해하고 소통을 추진하는 것이다. 즉, 우리는 다양한 입장의 구성원들의 중심을 잘 잡고, 동시에 분명한 객관적 토대를 바탕으로 한 새로운 융합을 지향하는 통일 교육을 실천하여야 한다. 다문화 사회에서 다양한 의견을 갖는 집단들의 차이를 인정하면서도 우리 스스로 통일 과정을 잘 건설하기 위해서는 민주적, 평화적, 갈등 해소적 다문화 시민의 통일관을 잘 반영하여야 할 것이다. 이에 우리 사회의 통일 논의는 열린 민족적 입장에서 '지구적 수준의 양심과 도덕의식의 각성'을 수행하여야 할 것이다. 이를 위해서 남북한 정부는 UN 회원국으로서 인권과 기본적 자유를 증진하고 보호할 의미가 있으며, 다양한 국제 협약상의 의무를 이행하여야 한다. 이러한 차원에서 우리 사회는 북한 김정은 정권을 피해 내려온 북한 이탈 주민이나 더 나은 미래를 위해 이주해 온 다문화 가족들의 삶에 인류 보편적인 인권을 보장하고 세계시민적 논의를 조성할 국가적, 사회적 의무를 수행하여야 할 것이다.

2024년 벽두에 북한은 "통일, 민족, 화해, 협력"과 같은 일단의 통일 논의를 부정하였다. 따라서 우리 정부는 북한의 상황을 잘 파악하여야 한다. 그럼에도 우리 사회에 북한 이탈 주민들이 존재하기 때문에, 남북 갈등 이전에 남남 갈등을 해소할 수 있는 기초를 제공할 필요가 있다. 예를 들면, 북한 인권 문제를 제기하며 남북 접경지대에서 애드벌룬을 띄우고 있는 극단적 보수 집단의 행태에 대해 남북의 우호 관계 지향의 인권 운동을 전개하여야 한다. 정부는 북한의 인권에 대해 지속적인 조치를 취하는 노력을 전개하면서 북한과 우리 내부의 보수 세력을 설득하는 일을 전개하여야 한다.

언제나 우리 정부는 북한 인권에 대해 관심을 갖고, 지속적으로 북한 정부에게 호소하여야 한다. 우리 내부의 인권 문제에도 더욱더 관심을 기울이고 조치를 취할 수 있는 방안을 모색하여야 한다. 잘 생각해 보면, 우리의 통일 담론은 대북 포용을 주장하면서 통일 공감대 확산과 실천 역량을 강화하며 사회적 대화를 주도하는 데 있다.

Ⅲ. 통일 논의에서 진영 논리 완화 모색

통일로 향하는 길을 찾기 위해서는 북한 당국이 보이는 일거수일투족까지 대응하는 것은 곤란하다. 우리 스스로 반북 성향을 조율하면서 남남 갈등이 고조되는 경향을 극복하여야 한다. 통일 교육은 보다 강건한 시민적 기초 위에서 평화 및 통일 지향성을 전개하는 사회적 대화의 토대를 마련하여야 할 것이다.

새로운 정부는 늘 통일 교육에 대한 새로운 기조를 마련하지만, 새 시대에 알맞은 실질적인 통일 교육을 마련하여야 한다. 그 내용은 남북한의 차이와 그에 대한 관점 그리고 우리 사회 내부의 통일에 대한 다양한 논의의 수렴과 포용성을 담고 있어야 한다.

통일 교육의 내용은 보수와 진보 그리고 중도 세력들이 인정하는 북한 인식을 잘 정리하여야 한다. 통일 교육은 북한에 대한 인식의 연계성과 차이성에 유의하면서 통일 지향적 인간상을 구축하는 내용을 담아야 한다. 평화와 안보를 중심축으로 하여 건전한 시민들이 수긍할 수 있는 영역으로 전개되어야 한다. 일반적인 역사적 사실을 확장하는 내용은 삼갈 필요가 있다. 통일 교육에 담아야 할 내용은 역사적인 남북한의 갈등 상황과 원인, 결과 그리고 우리의 안정과 발전을 구현하는 남북 평화 기조 등이다.

그동안 진행되었던 통일 교육은 '통일 의지', '통일 의식', '대북 안보 태세 강화', '통일 미래' 등의 내용에 대해서 주입식의 당위성을 강조하였다. 이제 다양한 수업 기법을 통해 통일 교육 내용을 논의함에 있어서 학습자 스스로 평화와 안보 교육에 더 집중할 수 있게 하여야 한다(이인정, 2021: 180-181).

그러나 그것이 전부는 아니라는 것을 흡수 통일론을 주장하는 보수 세력들은 잘 파악하여야 한다. 즉, '북한에 대한 저자세'는 북한을 어떻게든 대화의 장으로 이끌고 오겠다는 '햇볕 정책론'의 일환인 것이다. 이러한 입장에 대해 진보 정부는 북한 정권의 비신사적인 태도나 행동에 대해서도 지나치게 감싸려는 입장에서 벗어나야 한다.

북한은 8차 당대회와 겨울철 군사 퍼레이드를 '대범하고 강하게' 보였다. 그들은 역사적 지향점에 대해 '우리는 힘이 있다. 강대강이든 선대선이든 우리는 (미국, 한국에) 대화이든 갈등이든 다 열어 놓고 있다'는 메시지를 주고 있다. 이는 북한이 통일 준비에 거리를 두는 행태를 보이는 상태라고 읽을 수 있다.

그렇기에 우리 정부나 국민들은 통일 교육 담론을 잘 구성하고 미래를 견지하여야 한다. 늘 있어 왔던 것처럼 김대중, 노무현, 문재인 정부의 대북 정책을 '북한에 대한 저자세'라고 비난하지 말고, 다양한 입장에서 북한의 태도에 대한 실질적인 통일 담론을 가지고 객관적인 논의를 전개하여야 한다. 북한이 자체적인 발전과 핵무장을 강조하는 시점에서 우리가 남북 대화와 화해를 추진하려면 정부는 실질적인 방안을 찾아 국민 통합적인 대북 제안을 제시하여야 할 것이다.

IV. 남북한 통일 정책의 변화와 시기별 특징

1. 남북한 통일 방안의 비교

통일 문제에 있어서 포용성을 찾는 노력은 상호 인식하고 이해하는 내용을 통해 평화·통일·안보의 통일 교육으로 전개되어야 한다(허영식, 2020: 160-161). 우선 '평화'의 개념이 다양한 만큼 평화교육의 범주 역시 광범위하다. 상식적으로 우리는 평화를 '전쟁이 일어나지 않은 상태'로 파악할 수 있으며, 종전 선언으로 가는 추동력을 밝히는 용어라고 하겠다. 그러나 평화 개념이 기존의 소극적 개념에서 한 걸음 나아가 갈퉁(Johan Galtung)이 말하는 '적극적인 평화(positive peace)' 개념으로 확대되기 위해서는 우리 내부의 대북관과 통일관의 상황을 면밀히 파악하면서 논리를 전개하여야 할 것이다. 분명 남북의 평화는 '폭력이 없는 상태'를 의미한다. 우리 사회의 구성원들은 분단 속에서 폭력, 즉 물리적, 직접적 폭력 외에도 구조적인 폭력을 점진적으로 줄여 가는 과정을 만들어야 한다. 이를 위해서는 포용력을 갖춘 시민들의 동참이 요구된다. 통일 교육에서 시민들은 단순한 안정부터 '구조적 폭력(structural violence)'의 통일 논리까지 파악하여 우리 내부의 진일보한 관용과 이해의 방향을 찾아야 한다.[1]

한반도의 분단 상황을 극복하기 위한 남북한의 노력은 통일 방안으로 드러난다. 우리 정부는 남북한 화해와 교류 협력의 확대를 강조한다. 그 과정에서 민족 공동체의 건설과 점진적이고 단계적인 통일을 지향하는 접근 방법을 모색하고 있다(국립통일교육원, 2021: 174). 이와 달리 북한은 그들의 체제 논리를 내세워 통일의 길을 추진하고 있다.

전반적으로 보면, 통일의 기본 철학에 있어서 한국의 통일 방안은 1970년대 이후 줄곧 자유민주주의를 토대로 접근하여 왔다. 남한은 우선 화해와 협력을 통해 상호 신뢰하면서 민족 공동체의 안녕을 도모하여 왔다. 자유민주주의는 구성원의 권리·자유 보장, 사회적 배제의 배격, 남북한의 다양성 존중을 주요 목표로 하고 있다(국립통일교육원, 2021: 175).

이에 북한은 노동당 제6차 당대회에서 '고려민주연방공화국 창립방안'을

---

1. 갈퉁은 직접적 폭력과 구조적 폭력을 정당화하는 문화적 폭력이 존재함을 역설하고, 이를 또 다른 범주의 폭력으로 설명하고 있다. 우리의 통일 교육도 평화를 막는 폭력에 대한 개념 규정의 외연 확장을 통해 종전 선언의 의미를 부각시킬 필요가 있다(갈퉁, 1996: 19-20).

표 1. "민족공동체 통일방안"(남한)과 "고려민주연방공화국 창립방안"(북한) 비교

구분	민족공동체 통일방안	고려민주연방공화국 창립방안
통일의 기본 철학	자유민주주의	주체사상
통일 원칙	자유, 평화, 민주	자주, 평화, 민족 대단결
통일 주체	민족 구성원 모두	프롤레타리아 계급
통일 과정	화해 협력-남북 연합 -통일국가 완성(3단계)	연방국가의 정치적 완성
통일국가 실현 절차	통일 헌법에 의한 민주적 남북한 총선거	연석회의 방식에 의한 정치 협상
통일국가의 형태	1민족 1국가 1체제 1정부의 통일국가	1민족 1국가 2제도 2정부의 연방국가
통일국가의 기구	통일 정부, 통일 국회	최고민족연방회의, 연방상설위원회
통일국가의 미래상	자유 · 복지 · 인간 존엄성이 보장되는 선진 민주국가	-

제시한 1980년대 이후부터 연방 국가를 완성된 통일국가의 형태로 밝히고 있다. 남북 자치 정부에 더 많은 권한을 부여하면서 장차 중앙정부의 기능을 확대하는 연방제 통일을 주장하였다(국립통일교육원, 2021: 179).

남북한의 통일 방안은 시대적 환경에 따라 변화하면서도 상호 일치된 의견을 보인 바도 있다. 2000년 6.15 공동선언에서 1. 남과 북은 나라의 통일 문제를 그 주인인 우리 민족끼리 서로 힘을 합쳐 평화적으로 해결해 나가기로 하였다. 2. 남과 북은 나라의 통일을 위한 남측의 연합제 안과 북측의 낮은 단계의 연방제 안이 서로 공통성이 있다고 인정하고 앞으로 이 방향에서 통일을 지향시켜 나가기로 하였다.

이러한 공동 선언에 기초하여 볼 때, 남한은 통일국가의 형태를 1민족 1국가 1체제 1정부를 지향하지만, 북한은 1민족 1국가 2체제 2정부를 완성된 것으로 본다. 이러한 과정에서 남북한은 표면적으로는 서로 화해와 협력을 추진하려는 의도를 보이고 있다. 남한의 통일 원칙은 자주, 평화, 민주의 입장을 주장하며, 북한은 자주, 평화, 민족 대단결을 내세운다.

표 2. "민족공동체 통일방안"

1. 화해 협력 단계	분야별 교류 협력 활성화 분단 상태 평화적 관리
2. 남북 연합 단계	교류 협력 제도화 상호 신뢰 구축 민족 동질성 추진
3. 1민족 1국가의 통일국가 완성 단계	통일 헌법에 따른 총선 실시 통일 국회 구성 및 통일 정부 수립

"민족공동체 통일방안"은 노태우 정부의 "한민족공동체 통일방안"을 계승·보완한 김영삼 정부의 통일 방안이다. 이 통일 방안은 이후 남북이 점진적·단계적으로 하나의 민족 공동체를 건설하고자 하는 입장으로 전개되었다. 이후 김대중 정부, 노무현 정부, 이명박 정부, 박근혜 정부 그리고 문재인 정부에 이르기까지 "민족공동체 통일방안"을 바탕으로 한반도의 평화 증진과 남북한 공동 번영을 위한 남북 관계 개선을 위해 노력하였다(국립통일교육원, 2021: 153).

김대중 정부는 대북 화해 협력 정책을 내세웠으며, 금강산 관광과 개성공단의 성과를 얻어 냈다. 이후 노무현 정부도 '평화 번영 정책'으로 2007년 10.4 선언을 남북 정부가 채택하는 등의 2차 남북 정상회담의 성과도 이루었다.

이후 이명박 정부는 남북의 교류와 협력도 중시하였지만, 상호주의에 입각한 '상생·공영의 대북 정책'과 '비핵·개방·3000' 구상으로 한반도의 안정을 위해 북핵 문제 해결을 더 중시하였다. 또한 박근혜 정부는 '한반도 신뢰 프로세스'와 '한반도 평화통일을 위한 구상'을 제안하였다. 이러한 비전에도 불구하고 개성공단을 중단하는 조치를 취하기도 하였다. 문재인 정부는 한반도의 항구적인 평화 정착을 위해 '평화'를 최우선으로 하였으며, 3차례의 남북 정상회담을 실시하기도 하였다.

"민족공동체 통일방안"은 화해 협력 단계, 남북 연합 단계, 1민족 1국가의 통일국가 완성 단계로, 통일로 가는 중간 단계를 구축하였다. 평화 정착과 민족의 동질성 회복을 촉구하는 한편, 남북한의 합의에 의해 법적·제도적 장치를 체계화하였다.

2. 남북 화해 협력의 성과와 그늘

남북 정상회담의 시작은 1994년으로 거슬러 올라간다. 남북한은 1994년 수차례 예비 접촉을 통해 7월 25일부터 29일까지 닷새간 평양에서 첫 남북 정상회담을 개최하기로 합의하였다. 그러나 김일성 주석이 사망(1994. 7. 8)함에 따라 남북 정상회담은 개최되지 못했다.

2000년대 들어 남북 정상회담은 모두 다섯 차례 개최되었다. 첫 번째 정상회담은 2000년 김대중 대통령과 김정일 국방위원장 간에, 그리고 두 번째 정상회담은 2007년 노무현 대통령과 김정일 국방위원장 간에 이루어졌다.

2018년에는 문재인 대통령과 김정은 국무위원장 간에 정상회담이 세 차례 전개되었다. 남북 정상은 4월 27일 판문점 평화의집, 5월 26일 북측 통일각, 그리고 9월 18일부터 20일까지 2박 3일간 평양에서 정상회담을 실시하였다. 세 차례의 정상회담을 통해 남북 관계 발전, 한반도의 완전한 비핵화 및 항구적 평화 정착에 합의하였다. 이를 통해 핵과 인권 문제로 더 이상 유엔 제재를 받지 않는 노력을 요청하기도 한다. 이후 남북 정상은 2019년 6월 30일 판문점에서 열린 남·북·미 3자 회동을 통해 역사적 만남을 갖기도 하였다.

김대중 대통령은 1998년 2월 취임사에서 "북한이 원한다면 정상회담을 개최할 용의가 있다"고 천명하였다. 이후 정부는 기회가 있을 때마다 남북 정상회담과 특사 교환을 제의하였고, 북한이 이에 호응해 오면서 2000년 6월 제1차 남북 정상회담이 개최되었다.

김대중 대통령은 2000년 6월 13일부터 15일까지 평양에서 김정일 국방위원장과 처음으로 남북 정상회담을 갖고 이산가족 문제, 경제 및 사회·

문화 교류 문제 해결을 위한 "6.15 남북공동선언"에 합의하였다. 김대중 정부 시기에 수립된 대북 포용 정책은 이른바 '햇볕 정책'으로 불리며 "6.15 남북공동선언"으로 나타났다. "6.15 남북공동선언"은 남측의 '연합 제안'과 북측의 '낮은 단계의 연방 제안'의 공통점을 확인하였다. 이 조치를 통해 남북한의 통일 접근은 점진적이고 단계적으로 이루어져야 함을 밝혔다.

두 번째 남북 정상회담은 2007년 "10.4 선언"으로 남북 정상 간의 합의가 이루어진다. 노무현 정부의 '평화 번영 정책'은 김대중 정부의 포용 정책을 계승하여 북한과 경제 협력을 확대함으로써 군사 분야에서 긴장을 완화하고 한반도의 평화를 달성하고자 하였다. 노무현 대통령은 2007년 10월 2일부터 4일까지 평양에서 김정일 국방위원장과 남북 정상회담을 가졌다. 정상회담에서 남북은 정전 체제의 종식과 항구적인 평화 체제 구축의 필요성에 대해 공감하고, 직접 관련된 3자 혹은 4자 정상들이 한반도 지역 내에서 만나 종전을 선언하는 문제를 협력적으로 추진하는 데 합의했다. 또한 정치, 군사, 경제, 사회, 문화 분야에서 여러 가지 공동 사업을 하기로 했다. 정상회담 결과 "남북관계 발전과 평화번영을 위한 선언(10.4 선언)"이 채택되었다. "10.4 선언"은 2000년 "6.15 남북공동선언"의 세부 사항에 대한 구체적 이행과 관련된 합의서였다.

이후 '문재인의 한반도 정책'은 남북 관계 단절 상황을 극복하고 화해 협력 및 평화 번영의 구조를 복원하며 북핵 문제를 평화적으로 해결하는 데 주력했다. 특히 대북 정책의 동력과 지속성 확보를 위해 국민적 공감대 형성을 중시하고 우리 사회의 세대·이념 갈등을 완화하는 한편, 한반도의 평화와 번영을 달성하고자 하였다. 따라서 평화공존과 공동 번영을 정책 비전으로 제시하고 우리 주도의 한반도 문제 해결, 강한 안보를 통한 평화 유지, 상호 존중에 기초한 남북 관계 발전, 국민과의 소통과 합의 중시, 국제사회와의 협력을 통한 정책 추진에 힘썼다. 추진 전략을 구사함에 있어 북한에 대한 제재와 대화를 선후 관계의 문제로 볼 것이 아니라, 제재와 대화가 함께 갈 때 북핵 문제 해결의 단초가 열릴 것이라고 인식하였다. 제재·압박 역시 북한을 대화로 유도하는 수단으로 활용했다. 과거 남북 관계가 좋았을 때 북핵 문제에서 진전이 있었고, 한반도 상황도 안정적으로 관리되었음을 인식하고 남북 관계·북핵 문제의 상호 진전을 위한 노력에 집중했다. 아울러 국민적 합의에 기반한 일관성 있는 대북 정책을 추진하고 남북 간 합의를 법제화함으로써 제도화를 통한 지속 가능성을 확보하는 한편, 다양한 교류 협력 사업의 확대를 통해 평화적 통일 기반을 조성하고자 하였다.

2018년 4월 27일 남북 정상회담에서 양 정상은 남북 관계 개선, 군사적 긴장 완화, 한반도 비핵화 및 평화 체제 구축 등 남북 관계 제반 현안에 대해 허심탄회하게 대화를 나누고, "한반도의 평화와 번영, 통일을 위한 판문점선언"(판문점선언)을 발표하였다. 양 정상은 "판문점선언"을 통해 한반도에 전쟁 없는 새로운 평화 시대의 개막을 천명하고, 화해와 평화 번영의 남북 관계로 나아가기 위한 방안에 합의하였다. 첫째, 남북 관계의 획기적 개선을 위해 남북공동연락사무소 설치, 분야별 대화 개최, 다방면의 교류·협력 활성화, 이산가족 상봉 행사 진행, 철도·도로 연결 및 현대화 등에 합의하였다. 둘째, 군사적 긴장 완화와 신뢰 구축을 위해 적대 행위 전면 중지, 서해 평화 수역화, 교류·협력 활성화에 따른 군사적 보장 대책 마련 등에 합의하였다. 셋째, 한반도 비핵화와 평화 정착을 위해 연내 종전 선언, 항구적 평화 체제 구축을 위한 3자 또는 4자 회담 개최를 추진하기로 하였으며, 한반도의 완전한 비핵화가 남북의 공동 목표임을 확인하였다.

첫 만남 이후 한 달 만인 5월 26일, 판문점 통일각에서 2018 제2차 정상회담이 열렸다. 회담에서 양 정상은 북·미 정상회담의 성공과 "종전 선언"의 조속한 이행을 재확인하고, 앞으로도 필요한 경우 격의 없이 소통하기로 합의하였다.

9월 18일부터 20일까지 2박 3일간 개최된 평양 정상회담에서 양 정상은 "판문점선언"의 이행 성과를 평가하고, 향후 남북 관계를 지속적으로 발

11. 통일교육의 지향 **411**

전시켜 나가기 위한 "평양공동선언"도 이루었다. 그러나 이후 남북 관계가 어려워지고 남한에서 정권 교체가 이루어지면서 북한의 행태에 대해 비판적인 국면이 나타났다. 개성 남북연락사무소의 폭파는 남한에 대한 북한의 분노를 보여 주고, 그에 따른 우리의 대응은 급기야 남북 관계를 적대적인 관계로 만들고 있다. 이러한 사태 속에서 우리는 실질적인 전쟁 위험 제거와 근본적인 적대 관계 해소를 위한 방안을 찾아야 하겠다. 한반도에 핵무기와 군사적 위협이 없는 평화를 만들기 위한 우리 정부와 국민들의 노력이 필요한 시기이다.

V. 우리의 통일 준비: 분단 현실 인식과 통일 접근

독일, 베트남, 예멘 등의 통일 사례

l가 추구하는 통일은 자유롭고 민주적인 절차와 방식에 의거하여 평로 이루어져야 한다. 그러한 의미에서 남북한의 모든 주민이 자유롭로운 삶을 영위할 수 있는 통일 미래를 지향한다. 이런 점에서 독남, 예멘이 보여 준 통일 과정은 매우 흥미로운 사례이다.

이룬 각 나라들의 사회 통합을 위한 노력들은 우리 한반도에 많하고 있다. 그 사례들 중에서 독일은 구동독이 구서독과 같이 통살기를 합의하였기에 이루어진 통일이었다. 이에 대해 우리나들은 독일의 통일이 흡수통일이라는 입장을 보이는데, 이는 잘못이다. 독일의 통일 과정은 구동독 주민들의 통일에 대한 강한 의지를 로 이루어진 민주적 평화통일의 모범이라고 볼 수 있다.

이에 베트남의 통일은 베트남 국민들의 통일에 대한 열망이 민주적으로 이지 않고, 공산주의자들의 폭력적 통일 혁명에 의해 이루어진 것이다. 이에 따라 공산 통일에 반대하는 많은 자유 진영 사람들의 보트 피플 문제도 야기하였다. 그러나 베트남 정부는 통일 이후 자체 정비를 통해 유연한 외교를 펼치면서 자유 진영과의 교류 협력을 잘 소화해 내는 국가로 발전하고 있다.

예멘의 통일은 이슬람 자유 진영의 북예멘과 사회주의 진영의 남예멘이 독일 통일의 분위기를 따르는 경향을 보였다. 1990년, 남북 예멘의 양 정치 지도자 간의 남북 정상회담에서 갑자기 합의제 통일이 이루어졌다. 그러나 정치권력의 기계적, 인적 구성에 의한 합의 통일은 서로의 문화적 차이와 정치적 불화로 인하여 1994년부터 내전을 겪게 되었다. 그 과정에서 북예멘 주도의 통일이 이루어졌으나, 오랜 내전으로 국가가 분열되고 공권력이 더 이상 존재하지 않는 '국가 실패'의 모습을 보이고 있다(김연철 외, 2021: 10-11).

세 나라의 통일 사례에서 우리는 전쟁에 의한 통일, 정치 지도자의 합의에 의한 통일이 얼마나 엄청난 문제를 야기하는지 파악하였다. 따라서 우리에게 현실적인 시사를 주는 통일은 독일 통일이다. 그러나 독일 통일도 30년이 지났으나 아직도 산적한 문제가 많다. 따라서 통일 과정에 대한 보다 면밀한 검토와 논의가 요구된다.

독일의 통일을 보다 자세하게 들여다보면 다음과 같다. 통일 독일의 탄생은 구동독이 의회인 인민회의의 결의에 따라 구서독 연방주에 가입하기로 결정하면서 시작되었다. 이를 구서독이 수용하면서 평화적 통일이 이루어지게 되었다. 독일의 통일은 서독 정부의 일관되고 꾸준한 통일 노력, 교류와 협력을 통한 동독의 변화, 집단 안보 체제를 통한 안보 불안 요소의 제거, 세계적 냉전 체제의 붕괴 등 통일 환경의 변화가 복합적으로 작용함으로써 가능하였다.

1980년대 후반 동구권의 개혁 움직임 속에서 동독 주민들은 개혁을 요구하는 시위를 벌였고, 이는 1989년 11월 9일에 동서 분단의 상징이었던 베를린 장벽의 붕괴로 이어졌다. 이후 1990년 3월 역사적인 자유 총선거를 통해 선출된 동독의 드 메지어 연립정부가 서독의 콜 정부와 신속한 통일 협상을 전개했다.

2. 통일 교육의 다양한 접근

통일에 무관심한 세대나 집단, 개인들에게 평화적인 한반도를 유지하고 국가적인 자기 방어를 위한 차원의 안보 교육에서 시민이 원하는 평화 유지의 통일 담론도 논의되어야 한다. 이전의 반공 교육이 주장했던 안보 교육을 벗어나, 동북아의 강대국들의 존재에 대해 더욱 심사숙고하여야 한다. 우리 내부의 다양한 통일 담론을 수렴하고 융합할 수 있는, 그리고 안보 태세를 준비할 수 있는 통일 교육의 내용을 이루어 내야 한다. 또한 우리 사회는 북한과 갈등적인 입장의 담론을 지양하고 다양한 평화적 논의와 범주를 진척시켜야 한다. 통일 담론들은 인간 안보, 사회 안보, 국가 안보에 대해 다각적인 인식들이 융합되는 안보 교육에 기초하여야 할 것이다.

이러한 통일 교육의 내용은 시민적 배려와 실천에 기초해야 한다. 우리 사회에는 여전히 북한을 반국가 단체로 보는 대법원 판례가 존재한다. 국가보안법이 버젓이 존재하고 있다(박성춘, 2018: 135). 그러한 가운데 통일 교육에서 실천하는 통일 담론은 시민들에게 평화, 통일 그리고 안보를 상정한 통일 교육의 환경을 생각하면서 극단의 논리들을 순화하는 것이다. 이제 보다 포용적이고 중용적인 실천을 가능하게 하는 노력이 필요하다.

통일 교육은 세계시민교육, 사회정의 교육, 평화통일 교육, 평화교육, 안보 교육과 그 괘를 같이 한다. 이러한 다양한 논리의 담론들을 통일을 지향하는 교육으로 만들어 가야 한다. 통일 교육은 궁극적인 통일, 평화 그리고 안보로의 길을 국민 통합적 차원에서 찾아 주어야 한다. 즉, 보수와 진보, 중도가 주장하는 통일 교육만 맞다는 논리가 편견이라는 사실도 알아야 한다. 다른 방식으로 전개되는 통일 교육도 서로 인정하고 융합, 포용하여야 한다.

민주 사회에서의 통일 교육 담론은 스스로 포용력을 갖고 수용 가능한 길을 찾도록 스스로 안내하여야 한다. 생각보다 반북, 반공, 친북, 친미, 친외세라고 말한 다양한 통일 교육의 논리들이 우리 사회의 중론적인 통일 교육을 만들어 왔음도 인정할 때가 온 것이다. 그렇기에 말의 논리성에 빠지지 말고 우리의 통일 교육은 보수, 진보, 중도를 구분할 것 없이 우리 사회가 모두 수용하는 교육이어야 한다. 시민적 포용이 가능한 통일 교육 담론이 통일과 평화의 길로 가는 것임을 알 필요가 있다. 잘못된 통일교육의 역사가 있었던 것이 아니라, 궁극적 통일과 평화 그리고 안보의 유지를 위한 다각적인 통일 교육 논리가 계속 생성되고 그 생명력을 가지고 있다. 따라서 통일 교육은 진정으로 한반도의 통일, 평화, 안보의 안정적 지속을 위하여 평화교육, 안보 교육, 지속 가능한 통일 교육, 젠더 시각의 통일 교육, 개방적 민족주의적 통일 교육 등으로 확장되어야 한다. 평화공존과 통일, 번영, 그리고 안보적 안정을 실현하여야 한다. 그러한 기초를 쌓는 내용은 앞으로도 지속적으로 확장되어야 할 것이다.

3. 통일 논의의 접근과 비전

2025년 트럼프 정부가 재출범하면서 남북 정상의 만남과 북미 간의 평화적 논의를 위한 방안이 이루어질 수도 있어 보인다. 분명 북미 및 남북 정상들의 만남은 필요하며, 그로 인한 평화적 논의의 공감대가 확산될 것이다. 이러한 조건을 가능하게 하기 위해서는 그동안 논의된 우리의 통일 교육을 잘 인식할 필요가 있다. 냉정히 생각해 보면, 남과 북은 서로의 평화적 토대를 다르게 설정하고 있는 것을 알 수 있다. 우리는 실질적인 남북 화해와 협력에 바탕을 둔 통일을 주장하지만, 북한은 자주와 대내외적 존재감을 지향하는 그들의 공화국을 잘 구축하는 통일을 내세운다.

물론 남과 북은 자기중심의 통일 논리를 내세우고 있다. 이 과정에서 기능주의적 접근을 고려하는 노력이 필요하다. 우리의 통일 교육은 기능주의적 논리에 입각한 비정치적 논의를 통해 통일 교육의 안정성을 마련하고자 하였다. 1992년 남북기본합의서는 평화와 통일, 안보를 그 중심축으로 삼는 기능주의적 접근의 산물이라고 하겠다.

이후 1994년 북한이 비핵화 조치를 거부함에 따라, 정치 군사적 긴장을 극복하려는 신기능주의적 접근이 우리의 통일 논리에서 부각되었다. 아무리 비군사적 · 정치적 논의를 전개하는 기능주의적 접근을 실시하여도, 북한이 그동안 다양하게 시도해 온 것들을 종합하여 볼 때, 정치적 · 군사적 논의를 의제로 하는 신기능주의적 접근이 요청되었다.

우리의 2020년대 통일 교육은 실현 가능한 목표를 한국적 현실에 부합하게 전개하여야 한다. 그러한 차원에서 남북 연합을 취하여 통일국가를 마련하고자 하는 "민족공동체 통일방안"을 더욱 발전시켜 평화적 문화의 정착을 추구한다는 입장에서 전향적으로 파악할 필요가 있다.

우리의 분단 현실을 소상히 파악 · 극복하는 평화 통일 교육, 통일 안보 교육은 현실적으로 기능주의적 접근, 신기능주의적 접근 그리고 연방적 접근으로 파악할 필요가 있다. 남북한은 양자 모두 평화와 안보 논리를 앞세워 통일 논의의 주도권을 잡으려고 노력한다. 특히 북한은 줄기차게 연방제 통일 방안을 내세워 남북의 내부적인 안정과 건실하고 지속적인 남북 관계를 조성하는 데 한계를 보이고 있다. 신냉전적 상황의 동북아 질서 속에서 북한은 연방제 통일론도 부정하며 다양한 통일 논의의 방법론에 대해 매우 부정적인 입장을 보이고 있다.

따라서 전통적으로 유럽연합의 기초가 된 기능주의와 신기능주의적 접근이, 남북 분단과 갈등의 역사에 비추어 볼 때, 다각적인 통합 논의를 모색하는 데 기초적인 방안이 될 것이다. 일단 비정치적인 교류와 협력이 이루어지면 관용적인 정치의 미래 지향이 형성될 수 있을 것이다. 그리고 주어진 각자의 위치에서 각자의 역할과 기능을 충실히 잘 수행하면 그에 따른 갈등적 요소도 그 해결 방안을 찾아낼 수 있을 것이다. 이러한 입장에서, 남북이 팽팽하게 맞서고 있고 미중의 갈등이 고조되고 있는 현 상황에서도, 1972년 7.4 남북공동성명을 이끌어 낸 것과 같은 민족 내부의 대화와 만남, 그리고 합의 실천을 수행하는 것이 필요하다.

그럼에도 평화와 안보의 범주에서 남북의 신뢰가 조성되지 않는다면, 바로 신기능주의적 통일 논리를 통해 남북의 상호 보완적 평화와 안보의 실체적 신뢰 구축을 이룰 수 있을 것이다. 신기능주의는 자유주의를 배경으로 17세기 이후 국제 정치에 영향을 끼친 이론이다. 역사적으로 현실주의 이론에 대한 대안적 성격을 갖고 대립적인 남과 북이 서로 설득력을 가지려면 사고의 전환이 요청된다. 즉, 서로에게 설득력이 있으려면 갈등보다는 국제 관계나 남북 관계에서 평화와 협력이 우선해야 한다. 이러한 차원에서 기능주의는 갈등과 대립을 극복하는 데 한계를 보이며, 이 한계를 조정할 수 있는 것이 신기능주의이다. 냉전 체제 아래, 미국은 마셜플랜을 중심으로 서유럽에 대한 경제적 재건 지원에 힘썼다. 이 시기 유럽 통합은 주로 경제적 통합이 목표였다. 1951년 유럽석탄철강공동체(ECSC)를 탄생시킨 것이 바로 이러한 배경 속에서 기능주의를 보완, 수정한 신기능주의라고 하겠다.

앞으로 우리의 일상생활 속에서 평화적 문화가 안보적 문화를 가름하게 되면, 우리 사회는 갈퉁이 제기한 '적극적 평화'의 전망으로서 통일 교육을 설정하는 게 가능할 것이다. 이때 통일 교육은 분단의 현실 속에서 우선 평화를 실현 가능한 목표로 설정할 수 있을 것이다. 통일 교육은 구체적으로 분단 구조가 초래하는 안보 위주, 군사 위주, 선제공격 위주의 폐해를 극복하면서도 그 분단의 문제를 파악하여야 한다. 동시에 평화가 갖는 안보의 의미를 되새기는 작업도 요청된다. 그 이유는 남북한의 관계에는 늘 갈등적인 요소가 상존하고 있기 때문이다. 통일 논의에 있어서 기능주의적 접근, 신기능주의적 접근 그리고 연방주의적 접근은 경우에 따라서는 안보 논리를 내세우는 남북의 지배 세력들에게 안보 논리를 합리적으로 설명해 주는 통일 논의 내용을 강화할 수 있을 것이다.

통일 논의의 각 이론들은 각자의 의견을 잘 지켜 주는 내용을 담고 있다.

이러한 측면에서, 즉 평화와 통일 그리고 안보의 논리는 통합 이론의 거대한 실천 과제임을 잊어서는 안 된다. 그 과제를 더욱 슬기롭게 진행하느냐 그렇지 못하느냐에 통합적 통일 논의의 미래가 달려 있는 것이다. 통일 논의는 분단을 고착화하려는 남북의 세력들이 분출하는 갈등 유발적인 의견을 달래 주어야 한다. 그리고 2020년대의 통일 교육은 다름을 인정 · 관용하고, 적대감을 줄이면서, 평화공존을 실현하기 위한 평화통일적 기초와 통일 안보적 대비를 쌓아야 한다. 이렇게 되려면, 우리 사회가 현실적인 좌와 우의 대립 속에서 통일 논의를 일방적으로 파악하지 않고, 긍정성과 부정성을 다각적으로, 비판적으로 성찰하는 기회를 갖추어야 할 것이다.

우리의 통일 미래상은 자유 · 복지 · 인간 존엄성이 보장되는 선진 민주국가를 비전으로 한다. 이를 추진하고 지향하기 위해서는 70년 이상의 분단 상황을 극복하고 적극적인 통일로 가려는 이론적 기반을 계속 찾아 현실에 적용, 실천하여 통합의 긍정적, 부정적 요인을 슬기롭게 관리하는 길을 개척하여야 한다.

VI. 결론

앞으로 통일 교육은 평화의 인식과 더불어 화합과 소통의 진척이라는 새로움을 강화하여야 한다.

첫째, 통일 교육은 평화교육에서 말하는 편견적 인식과 사고, 안보 교육에서 염려하는 전쟁에 대한 무지 극복의 논의를 교육적으로 통합 · 접목하여야 한다. 그동안 남북 · 북미 정상회담 이후 한반도 냉전 극복의 필요성이 증대되고 있다. 이에 따라 남과 북은 남북 관계에 있어서 적대적 관계를 청산하고 분단의 상처를 치유하며 관계의 변화를 필요로 한다. 그러나 북한의 형태가 불안정하기에 우리 내부의 갈등이 증폭되는 경향도 존재한다.

이러한 상황에서 지극히 평화적 논점으로 북한을 이해하려는 입장은 설득력이 부족하다. 따라서 우리의 통일 교육은 평화라는 측면에서 인간 안보, 사회 안보, 국가 안보에 대한 인식을 구축하여야 한다. 한마디로 통일 교육은 편견 극복, 개개인의 도덕적 각성, 이산가족 문제나 남남 갈등 문제와 같이 인간 안보와 사회, 국가 안보에 대해 인식하고 보수와 진보의 날선 공방을 화해와 치유로 이끌 수 있는 합의 및 초당적 협력이 요구된다.

둘째, 통일 교육은 그동안의 기능주의적 접근과 신기능주의적 접근 그리고 연방주의적 접근을 통해 동북아 평화에 대해 적극적인 자세를 갖추어야 한다. 우리의 통일과 평화는 국제적으로 미국, 중국, 일본, 러시아와의 관계 정상화를 통해 남북 간에도 평화, 안전, 질서를 유지하는 것이다. 그렇기에 기존의 대북 안보에 기초한 안보 교육은 남북한의 사실상의 평화 정착 노력을 기초로 비핵화를 이루려는 대안적 신기능주의의 입장에서 접근하여야 한다. 앞으로 북한의 비핵화를 이루려면 국내외적으로 다양한 협정과 협력이 요청된다. 이러한 공간에서 경제적 교류 협력은 기능주의적 방식으로 접근하고, 정치 군사적 문제는 신기능주의 및 연방주의를 통해 '실질적 평화'를 이루는 과정을 거쳐야 한다. 이를 통해 남북한은 정치, 군사적 신뢰 구축을 포함하는 '사실상의 평화'를 국내외 현장 속에서 실천하여야 한다. 사실상의 평화 수준은 이전의 대북 국가 안보 교육의 차원을 뛰어넘어 비핵화의 한반도를 만드는 것이다. 이를 위해서는 남북 평화의 속도도 우리 내부의 중장기적 계획을 가지고 학교 통일 교육이나 사회 통일 교육을 실천할 수 있는 인내심을 가져야 한다. 기존의 적대적 인식이 안보 교육에 중요한 영향을 끼쳤다면, 평화와 안보의 안정감을 얻기 위해서는 오랜 기간 동안의 화해 협력의 평화 통일 교육과 대북 압박의 통일 안보 교육이 의미 있는 논의 속에서 잘 정립되어 있어야 한다(한만길, 2019: 137-139).

셋째, 통일 교육은 현장에서 평화와 통일, 안보를 이상적으로 논의하면서 담대한 현실적 변화가 이루어질 수 있도록 유도해야 한다. 지난 몇 년간 남북 군사 회담 이후 군사적 신뢰 구축이 진행된 바 있다. 그러나 평화를 위한 공동 노력은 아직도 그 결실을 구현하기에는 어려운 점이 많다. 우리는 북한의 실체를 정확히 알고 있지 못하며, 북한은 더욱더 우리를 알려고 하지 않는다. 그렇기에 학교 현장에서도 북한에서 실시되는 모든 정치, 경제, 사회, 교육, 행정, 문화에 대한 올바른 이해와 실천이 필요하다. 모든 교육 공간에서 군사적 긴장과 충돌의 근원이 되는 일체의 적대적 행위를 잘 파악하고 그것의 폐해를 배워야 한다. 그리고 북한에 대해 지나치게 폄하하거나 이상적으로 보는 일방적인 근시안적 시각은 극복되어야 한다. 즉, 일상 생활 속에서 평화통일과 안보의 실천인 안정적 생활이 구현되어야 한다. 평화는 일상적인 삶의 맥락 속에서 한 인간의 평화를 실현하는 자아와 사회 조건이 마련되어야 이루어지는 것이다(박보영, 2006: 53). 평화는 앞으로 보다 치밀한 준비와 수렴 과정이 요청된다. 그렇기에 통일 공감대 확산 교육이 지향하는 통일의 내용이 완성되려면 정부 부처의 적극적인 의지와 전문가들의 자유로운 통일 교육적 논의가 보장되어야 한다.

넷째, 2020년대 통일 교육 내용은 좌나 우로 편향되게 논의하는 경향에서 벗어나려는 노력과 동시에 대척점에 있는 논리에 대해 소통, 경청하여야 한다. 이러한 논리를 강화하는 길은 평화 능력과 소통 능력 그리고 국내적 안정을 강화하는 데 있다. 전반적인 통일 교육 관련 교육과정은 심의에서부터 실시까지 전문가들의 구성에 있어서 진중한 진단과 논의가 필요하다. 통일 교육 전문가들은 통일에 대해 전향적인 자세를 가져야 하며, 평화에 대한 논의를 더욱 확충할 필요가 있다. 평화에 대한 논의나 국가보안법 개정 요구 등의 진보적 논리에 대해 종북 논리라고 느끼는 보수주의자들이 존재한다. 따라서 진보 세력들이 보수주의자들의 지나친 친미 경향을 보면 분노하듯이, 보수 세력은 진보 세력이 북한에 대해 무장 해제식 논리를 보인다고 느낀다. 이러한 제반 상황을 해제하고 지속 가능한 통일 교육으로 나아갈 수 있도록 보수와 진보 세력들은 인내하며 기다려야 한다. 그렇기에 자기주장에만 매몰되지 말고 최대한 사상의 자유를 만끽하며 다양한 통일 논의와 그것이 제기하는 문제의식에 귀를 기울여야 한다. 그 이유는 평화의 능력은 화해와 용서의 능력이고, 앞으로 통일 교육의 방향은 평화 논리로 안착해 그에 기초한 안보 상황이 실행되어야 하기 때문이다.

평화와 통일 그리고 안정적 안보를 위한 통일 교육은 보다 포용적인 헌법 정신에 기초한 인권 존중, 배려, 정의, 책임과 잘 조화되어야 한다. 그동안의 통일 교육이 설령 일부에서 편향성을 가지고 있었다고 하더라도, 평화 통일 교육은 학교나 현장에서 지나치게 편향된 정치 수업을 거부하도록 개방되어 있어야 한다(장은주, 2017: 172-173).

앞으로 통일 교육의 진행은 남북한에 대한 인식과 관리라는 차원에서 남남 및 남북 갈등에서 빚어진 지나친 논리 싸움에 머물지 말고 대안으로서의 평화와 안보를 구축할 수 있는 목표, 내용, 평가를 우선으로 해야 한다. 즉, 정치 논리들이 상호 적대적이더라도 통일 교육은 다양한 입장을 바라보고 상호 보완적이며 포용적으로 진행되어야 한다. 그러한 인식이 가능해져야 대한민국의 구성원들이 진정으로 평화 능력, 안보 능력을 실천하는 통일 동력을 갖춘 통일 교육을 학습하게 되는 것이다. 즉, 우리 사회에서 극단적으로 대립하는 남남 갈등은 남북의 신뢰 이전에 우리 내부의 포용과 소통으로 다시 조율될 필요가 있다. 남북한의 신뢰를 형성하여 남북 관계를 발전시키고 한반도에 평화를 정착시키는 일은 통일의 기반을 구축하는 융합적 통일 교육을 실현하는 것이다.

참고 문헌

고정식 · 길은배 · 김용재 · 고성호 외(2004), 『통일지향 교육 페러다임 정립과 추진 방안』, 서울: 통일연구원.

국립통일교육원(2021), 『통일문제이해』, 서울: 국립통일교육원.

김연철 외(2021), 『인제대학교 통일교육선도대학사업단 통일교육』, 서울: 늘품플러스.

김영환(2016), 「기능주의 관점에서 본 대북정책의 한계와 대안」(경남대학교 대학원 박사학위논문).

박노자(2006), 『당신들의 대한민국2』, 서울: 한겨레신문사.

박성춘(2018), 「문화간 감수성의 통일교육적 함의 연구」, 『윤리교육연구』48권, 한국윤리교육학회.

박종철(1993), 「민족주의의 개념 및 한국민족주의의 특성」, 『통일이념으로서의 민족주의』(민족통일연구원 개원 2주년 기념 국내학술회의 발표논문집).

박형빈(2020), 「도덕철학 및 도덕심리학 기반 대화형 통일교육의 필요성과 방향」, 서울교대 통일교육선도대학 사업단 편집, 『새로운 세대를 위한 통일교육의 과제와 전망』, 서울: 서울교대 통일교육선도대학 사업단.

석자춘(2021), 「직관에서 기인하는 통일담론의 오류 극복」, 『도덕윤리과교육』 제72호, 한국도덕윤리과교육학회.

신복용(1993), 「통일시대의 한국민족주의」, 『통일문제연구』 제5권 1호, 서울: 통일원.

심성보(2011), 『민주시민교육』, 서울: 살림터.

아리스토텔레스, 천병희 역(2013), 『니코마코스 윤리학』, 서울: 숲.

오기성(2016), 『인문학으로 다가가는 통일교육』, 서울: 양성원.

유홍림(2005), 「현대 사회의 특성과 정치의 역할」, 『현대 정치의 이해』. 고양: 인간사랑.

이인정(2021), 「시민참여형 평화 · 통일교육 프로그램에 관한 연구」, 『도덕윤리과교육』 제72호, 한국도덕윤리과교육학회.

이지영·이원희(2022), 「국가 간 의료지원의 공급 불균형 문제와 해결」, 『저스티스』 통권 제189호, 한국법학원.

임현진 · 정영철(2005), 『21세기 통일한국을 향한 모색』, 서울: 서울대학교출판사.

장은주(2017), 『시민교육이 희망이다: 한국 민주시민교육의 철학과 실천 모델』, 서울: 피어나.

정수복(2007), 『한국의 문화적 문법』, 서울: 생각의 나무.

조민(1994), 『한국민족주의 연구』, 민족통일연구원 연구보고서 94-24, 서울: 민족통일연구원.

차기벽(1990), 『민족주의원론』, 서울: 한길사.

추병완(2007), 「다문화 사회에 필요한 한국인의 새로운 가치관」, 2007 보건복지부 저출산 고령화 문제 대비 세미나 자료집.

최현호(2003), 『남북한 민족통합론』, 서울: 형설출판사.

한만길(2019), 「평화통일교육의 방법과 내용 고찰」, 『통일정책연구』 제28권 1호.

한배호(1992), 「정치변동과 국가 · 사회의 긴장관계」, 한국사회학회 · 한국정치학회 편, 『한국의 국가와 시민사회』, 서울: 한울.

허영식(2020), 『다양성과 세계시민교육』, 서울: 박영스토리.

Anthony Giddens, 진덕규 옮김(1992), *Nation State and Violence* , 『민족국가와 폭력』, 서울: 삼지원.

Calton J. Hayes(1960), *Nationalism: A Religion*, New York: The Macmillan Co..

Chong-Do Hah and Martin(1975), "Toward a Synthesis of Conflict and Integration Theories of Nationalism", *World Politics*, vol. 27. no. 3.

E. Carr(1968), *Nationalism and After*, London: The Macmillan Co..

Hans Kohn(1965), *Nationalism: its Meaning and History*, Princeton: D. Van Nostrand Co..

I. Kant(1992), "Idea for a Universal History with a Cosmopolitan Purpose" [1784], *Kant: Political Writings*, Hans Reiss and H. B. Nisbet, eds., Cambridge: Cambridge University Press.; I. Kant, 이한구 역(2008), 『영구평화론: 하나의 철학적 기획(Zum ewigen Frieden. Ein philosophischer Entwurf)』[1795], 서울: 서광사.

UNHCR, *Global Trends: Forced Displacement in 2015*, (2016)

VOA, "세계 난민 현황과 문제"(VOA뉴스, 2023) (https://www.voakorea.com/a/7149867.html, 검색: 2023.12.22.)